Heinrich Otte

Glockenkunde

ISBN/EAN: 9783744637961

Hergestellt in Europa, USA, Kanada, Australien, Japan

Cover: Foto ©Andreas Hilbeck / pixelio.de

Weitere Bücher finden Sie auf **www.hansebooks.com**

GLOCKENKUNDE.

VON

D. Dr. HEINRICH OTTE.

MIT HOLZSCHNITTEN UND ZWEI LITHOGRAPHIERTEN TAFELN.

ZWEITE VERBESSERTE UND VERMEHRTE AUFLAGE.

LEIPZIG.

T. O. WEIGEL.

1884.

Vorwort

zur ersten, im Jahre 1858 erschienenen Auflage.

— ·

Es war im Jahre 1851, als mir der hochbetagte, ehrwürdige Gruber nicht lange vor seinem Tode durch Vermittelung eines gemeinschaft-
lichen Freundes den Auftrag erteilte, für die von ihm herausgegebene
Hallesche Encyklopädie den Artikel „Glocke“ zu schreiben. Bei damals
günstiger Musse erklärte ich freudig meine Bereitwilligkeit und durfte auf
eine möglichst allseitige Behandlung des für mich anziehenden Themas
um so mehr eingehen, als mir einerseits kein äusseres Mass für den Umfang der Arbeit gesetzt war, und anderseits der Druck der Encyklopädie
so langsam fortschritt, dass ich eine geraume Zeit vor mir zu haben gewiss sein konnte. Die Unterstützung, deren ich bedurfte, wurde mir von
allen Seiten, wohin ich mich unter Berufung auf den hochgeachteten
Namen meines Auftraggebers wandte, auf das freundlichste zu teil, und
es gelang mir, mehrere mir bis dahin persönlich unbekannte Gelehrte
und Techniker ins Interesse zu ziehen, namentlich auch für das ganz
unangebaute Gebiet der musikalischen Eigenschaften der Glocke, welches
zu betreten ich wagen musste, wenn ich keine Lücke lassen wollte. Bei
dem bedeutenden Anwachs der Materialien hatte ich mich eines sehr ge-
drängten Vortrages zu befleissigen und musste besonders in der Anfüh-
rung von Beispielen und Belegstellen sparsam sein, um nicht zuletzt statt
des verlangten „Artikels“ ein Buch abzuliefern. In zwei Jahren kam ich
zum Abschlusse, und in der Erwartung, dass ich zur Einsendung meiner
Arbeit zu seiner Zeit aufgefordert werden würde, legte ich die fertige
Abhandlung ruhig in mein Pult, unvergessen jedoch, neuere Ergebnisse
gelegentlich einzuschalten und nachzutragen.

Inzwischen war endlich nach Verlauf von sechs Jahren im Sommer
1857 der Druck der Encyklopädie von Ga (wo derselbe im Jahre 1851
stand) bis Gl fortgeschritten, und ich hatte die Überraschung gelegentlich zu erfahren, dass nach dem Tode des seligen Gruber, in dessen
hinterlassenen Papieren nicht die entfernteste Notiz über einen mir erteilten Auftrag vorfindlich gewesen, der Artikel „Glocke“ anderweitig ver-
geben und bereits druckfertig dem Verleger der Encyklopädie eingereicht
worden sei. Unter diesen Umständen gerate ich in Gefahr, denjenigen
verehrten Männern gegenüber, die mich, ohne mich persönlich zu kennen,

um des Gruberschen Auftrages willen so freundlich litterarisch unterstützt hatten, in einem zweifelhaften Lichte zu erscheinen und mich selbst vor meinen Bekannten, die von meiner Arbeit erfahren hatten, zu kompromittieren. Deshalb entschloss ich mich zu gegenwärtiger Herausgabe meiner Schrift, welcher ich den Titel „Glockenkunde" gegeben habe, da ich glaube, dass der Inhalt denselben rechtfertigen wird.

Vorwort
zur zweiten Auflage.

Die immerhin etwas unliebsame Täuschung, welche für mich mit der ersten Herausgabe meiner Schrift über die Glocken verknüpft war, sollte sich durch ein günstiges Geschick in einen Vorteil verwandeln. Meine Arbeit, die in der grossen Halleschen Encyklopädie wohl fast unbeachtet geblieben wäre, wurde durch ihre selbständige Veröffentlichung allgemeiner bekannt und erfreute sich einer beifälligen Aufnahme. Der Absatz des kleinen Buches konnte in dem beschränkten Kreise der sich dafür Interessierenden nur ein allmählicher sein, die Nachfrage erwies sich jedoch so nachhaltig, dass die Verlagshandlung, nachdem der Vorrat in fünfundzwanzig Jahren erschöpft war, glaubte mir zu einer neuen Auflage die Hand bieten zu sollen. An diesen Erfolg hatte ich zwar nicht im entferntesten denken können, war dessenungeachtet aber aus alter Vorliebe für den Gegenstand beflissen gewesen, im stillen für mich an meiner Schrift zu bessern und gelegentlich weiter zu bauen. So wäre die Veranstaltung einer neuen Auflage für mich ein leichtes gewesen, hätte nicht vor sieben Jahren eine Feuersbrunst alle meine Papiere und Bücher in Asche verwandelt. Wenn es mir in meinem hohen Greisenalter dennoch möglich geworden ist, die Glockenkunde mit Benutzung der neueren Litteratur in der gegenwärtigen, verbesserten und ansehnlich vermehrten Auflage erscheinen zu lassen, so verdanke ich diese Gunst nächst Gott, der mir Lust und Kraft zu litterarischer Beschäftigung bis hierher gnädig erhalten hat, der gütigen Beihilfe freundlicher Korrespondenten des In- und Auslandes, vor allen den Beiträgen der Herren Bauinspektor G. Sommer in Wernigerode und Oberpfarrer E. Wernicke in Loburg, die mir die reichen Früchte ihrer einschläglichen Studien in freigebigster Weise zur Verfügung gestellt haben. Ihnen, sowie den Herren Glockengiessereibesitzern, welche mir für mein Buch bereitwilligst Mitteilungen über den Umfang ihrer Geschäftsthätigkeit gemacht haben, bleibe ich zu verbindlichem Danke verpflichtet.

Merseburg, den 8. September 1884.

Heinrich Otte,
Ehren-Doktor der Theologie und der Philosophie,
Pastor emer. von Fröhden bei Jüterbogk.

Inhalt.

Übersicht der Litteratur

in chronologischer Reihenfolge.

A. Schriften historisch-antiquarischen und liturgischen Inhalts.

Hieronymi Magii Anglariensis de tintinnabulis liber posthumus cum notis
  Swertii F., abgedruckt in A. H. de Sallengre, Nov. thesaurus antiqui-
  tatum Romanarum Tom. 2. Halae Comitum 1718. p. 1156—1200 u. im letzten
  Separatabdruck herausgegeben von A. Lazzarini, Rom 1822. (Die älteste
  Monographie über die Glocken, die der gelehrte Verfasser in der türkischen
  Gefangenschaft, in welcher er 1572 oder 1573 stranguliert wurde, von allen
  Büchern entblösst bei nächtlicher Weile vollendet hatte, und woraus die zahl-
  reichen Dissertationen des 17. u. 18. Jahrh. über diesen Gegenstand haupt-
  sächlich geschöpft sind.)
Rocca. Angelus, de campanis commentarius ad sanctam eccl. catholicam. Ro-
  mae 1612. 4. Abgedr. bei Sallengre a. a. O. p. 1233 ff.; auch im Thesaurus
  pontif. sacrarumque antiquitatum; ed. 2da Romana. Romae 1745. Tom. I.
  p. 151—196.
Stockflet, Arn., de campanarum usu. Altdorf 1665. 12.
Reimann, Jo. Chr., Dissert. de campanis. Jenaci 1679. 46 S. 4. (Hallische
  Univ.-Bibl.: Kefersteinsche Samml. Bd. 293.)
Bierstädt, Alexius, Dissert. de campanarum materia et forma (Praeside Nicolao
  Eggers). (Jena 1685.) 6 Bg. 4. (Von späteren Schriftstellern häufig un-
  richtig unter dem Namen des Präses Eggers citiert.)
Derselbe, Dissert. de origine et nomine campanarum. Jena 1685. 4.
Stohr, Joh. Maur., Dissert. de campanis templorum (Praeside P. Chr. Hilscher).
  Lipsiae 1692. 3½, Bg. 4. (Zuweilen unrichtig unter dem Namen Hilscher
  angeführt).
Pacichellii, J. B., de tintinnabulo Nolano lucubratio. Napoli 1693. 12.
Wallerii, Harald., Dissert. de campanis et praecipuis earum usibus. Holm. 1694. 8
Mizler, St. A., de campanis. Viteb. 1695. 4.
Thiers, J.-B., Traité des cloches. Paris 1719. 12. Abgedruckt in: Texier,
  Dictionnaire d'orfèvrerie. Paris 1857. p. 391—435.
Irenius Montanus, Historische Nachrichten von den Glocken, deren Ursprung,
  Materie, Nutzen und Missbrauch. Chemnitz 1726. 8.

Otte, Glockenkunde. 1

Franke, Dan. Chr., Programma von den Glocken. Mühlheim a. Rh. 1736.

Eschenwecker, Joh. Mich., Dissert. de eo quod justum est circa campanas. Vom Recht der Glocken. (Praeside J. F. Ludewig.) Hal. Magd. 1739. 72 S. 4. (Hallische Univ.-Bibliothek a. a. O. Bd. 24. — Gewöhnlich unter dem Namen des Präses citiert.)

Baulacre, Recherches sur les horloges et sur les cloches des églises, im Journal Helvétique 1750 u. 1751.

W. C. J. (Chrysander), Antiquar. Nachrichten von den Kirchenglocken; in der Zugabe zu den Hannöverschen gelehrten Anzeigen vom J. 1754. Sp. 69—196. (Auch: Rinteln 1755. 8.)

Carré, Rémi, Recueil curieux et édifiant sur les cloches. Cologne 1757.

Cancellieri, F., le due nuove campane di Campidoglio. Rom 1806.

Ledebur, Leop. v., Glocken im Fürstentum Minden u. in der Grafsch. Ravensberg, in seinem Allgemeinen Archiv für die Geschichtskunde des Preuss. Staates. Bd. VIII. 1832. S. 71 ff.

Barraud, Notice sur les cloches (in de Caumont, Bulletin monumental. Vol. X. 1844. p. 93 — 129).

Schuegraf, Kurze Geschichte der Erfindung der Glocken, insbes. geschichtliche Nachrichten über die ältesten Glocken und Glockengiesser der Stadt Regensburg, in Verhandlungen des histor. Vereines von Oberpfalz und Regensburg. Bd. IX. (N. Folge Bd. I.) 1845. S. 294 — 308.

Gatty, Alfr., the Bell, its origin, history and uses. London 1848.

Arneth, J. C., Beschreibung der Turmglocken zu St. Florian. Wien 1851.

Ellacombe, H. T., Paper on Bells, in Report of Bristol Architectural Society. 1850. Angezeigt im Quarterly Review. Nr. CXC. Sept. 1854. p. 308 — 337.

Corblet, Jules, Liturgie des cloches. Amiens 1855.

Otte, H., Mittelalterliche Glocken im Stift Merseburg, in der Zeitschrift für christliche Archäologie u. Kunst, herausgegeb. von Ferd. v. Quast u H. Otte. Bd. I (1856). S. 81—85. Bd. II (1858). S. 35—37.

Lukis, W. C., an account of church-bells. London and Oxford 1857.

Zehe, B., Histor. Notizen über die Glockengiesserkunst des Mittelalters, grösstenteils gesammelt aus den Glockeninschriften der Diözese Münster. Münster 1857. 16 S. 8.

Die Glocken. (Auszug aus Barraud, Abhandl. sur les cloches in Didron, Annales archéol. Vol. XII. Livr. 6 sqq., und Jules Corblet, Notice historique et liturgique sur les cloches in der Revue de l'art chrétien. Livr. 2 sqq., sowie aus mehreren in der englischen Zeitschr. The Builder, Jahrgang 1856, enthaltenen Abhandlungen.) Im Organ für christliche Kunst, herausgegeb. von F. Baudri. Köln 1857, Nr. 11—14, 16, 17 u. 23. 1858, Nr. 2 u. 12.

Die Glocke. Eine archäologische Studie, in der Wiener Zeitung u. Abendblatt 1857. Nr. 173.

Unger, F., zur Geschichte der Kirchtürme, in den Bonner Jahrbüchern XXIX (1857). (Geschichte u. Bedeutung der Glocken S. 32 f.)

Klunzinger, C., zur Glockenkunde in Württemberg, in den Württembergischen Jahrbüchern 1857. Heft 2.

Kratz, J. M., ein Beitrag zur Geschichte der Glocken, im Organ für christliche Kunst 1858. Nr. 6. S. 64.

Ledebur, Leop. v., Beiträge zur Glockenkunde in der Mittelmark, in den Märk. Forschungen Bd. 6 (1858). S. 122 ff.

Die Glockenkunde in Alt-Bayern, in der Augsburger Postzeitung 1858, Nr. 65.

Publications de la société pour la recherche etc. des monuments à Luxembourg 1858. p. 123 (4 Taf. spätmittelalterlicher Glockeninschriften aus dem Luxemburgischen).

Smeddingk, Erste chronologische Glockengiesser-Reihe, im Organ für christliche Kunst 1858, Nr. 13—21. (Eine zweite Reihe ist nicht erschienen.)

(Sauveter), Essay sur le symbolisme de la cloche. Bayonne 1859.

Müller, F., zur älteren siebenbürgischen Glockenkunde, im Archiv des Vereins für siebenbürgische Landeskunde. Neue Folge IV. 2. 1860.

Ueber Glocken, deren Alter, Form, Inschriften u. Schicksale, besonders in Deutschland, in der Augsburger Postzeitung 1861. Beilage zu Nr. 40 u. 41.

Hitzinger, zur Geschichte alter Glocken in Krain, in den Mitteilungen des histor. Vereines für Krain. Jahrgang 1862.

Edel, F. W., von den Glocken. Strassburg 1862.

Straub, A., Nachlese zur Glockenkunde, aus dem Elsass; im Organ für christliche Kunst 1863, Nr. 6.

van Endert, über Glocken; ebd. Nr. 7.

Vallois, les cloches de Péronne. Péronne 1865.

Kratz, M., Histor. Nachrichten über die Glocken im Dom zu Hildesheim, in Zeitschr. des histor. Vereins für Niedersachsen 1865. S. 357 ff.

Dergny, les cloches du pays de Bray. I. II. 1863. 1866.

Neue Beiträge zur Glockenkunde, im Organ für christliche Kunst 1866, Nr. 2.

E., die Glocke eine Erfindung des christlichen Nordens. im christlichen Kunstblatt, herausgegeb. von Grüneisen etc. 1866, Nr. 6 u. 7.

Derselbe, Glockeninschriften als Zeugen kirchlichen Glaubens, ebd. Nr. 10—12.

Busl, C. A., zur Glockenkunde, im Katholischen Kirchenblatt für die Diözese Rottenburg. 1866. Nr. 31 f. (Vergl. hierzu: Pastoralblatt dieser Diözese. 1882. Beilage Nr. 1 f.)

Tettau, W. J. A. v., der Meister u. die Kosten des Gusses der grossen Domglocke zu Erfurt. 1866. Nachträge zu dieser Abhandlung (1868); im Sonderabdruck aus den Mitteilungen des Vereins für die Geschichte u. Altertumskunde von Erfurt 2, 129 ff.

Gleitz, K. A., Geschichtliches über die grosse Glocke, die übrigen Glocken des Domes u. einige Glocken der Severikirche zu Erfurt; desgl. über die Stimmung u. Harmonie dieser Glocken. Erfurt 1867.

Sommer, G., zur Glockenkunde, im Anzeiger des Germanischen Museums 1867. Nr. 9. Sp. 274—277.

Nordhoff, J. B., über das Leben u. die Arbeiten des Wolter Westerhues, Glockengiessers zu Münster, im Organ für christliche Kunst 1868, Nr. 4 u. 1869, Nr. 2.

Löbe, Beitrag zu den Glockeninschriften, in den Mitteilungen der Geschichte etc. des Osterlandes VII. 2. Altenburg 1869.

Jacobs, Ed., Alte Glocken der Grafschaft Wernigerode, im christlichen Kunstblatt 1869, Nr. 9; vergl. Zeitschr. des Harzvereins 1869. 1, 39.

Zur älteren Glockenkunde, im Katholik, herausgegeb. von Heinrich u. Moufang. 1869. Heft 11 u. 12.

C. O., Geschichtliche u. artistische Notizen über Glocken, im Organ für christliche Kunst 1871, Nr. 11—13.

Kratz, M., über die Glocken des Domes in Hildesheim, im Feuilleton der Hildesheimer Ztg. 1872, Nr. 276—288.

Sulzberger, Sammlung aller Thurgauischen Glockeninschriften, in Thurgauer Beiträgen XIII. Frauenfeld 1872.

Bautraxler, G., Wert der Glockenkunde, im Kirchenschmuck (Sekkau). Graz 1872, Nr. 8—12 u. 1873, Nr. 1—5.

Hach, Th., Beiträge zur Lübeckischen Glockenkunde, in der Zeitschrift des Vereins für Lübeckische Geschichte. 1872. 3, 593 ff.

Nebe, G., die Halberstädter Glocken, in der Zeitschrift des Harz-Vereins für Geschichte etc. 1876. 9, 286.

Wernicke, E., Beiträge zur Glockenkunde aus Brandenburg a. H., im „Bär" 1876, Nr. 20 u. 21.

Voges, mittelalterliche Glockeninschriften aus dem Herzogtum Braunschweig, im Anzeiger des Germanischen Museums 1876, Nr. 7.

Cassel, Paulus, Turm u. Glocke (Symbol u. Name). Berlin 1877.

Blavignac, J. Dan., la cloche. Études sur son histoire et sur les rapports avec la société aux différents âges. Genève 1877. (XXVIII u. 478 S.)

Grössler, Herm., Glocken des Mansfelder Seekreises, in der Zeitschrift des Harz-Vereins etc. 1878. 11, 26—46. Mit 3 Taf.

Nüscheler-Usteri, die Inschriften u. Giesser der Glocken im Kanton Schaffhausen, in Beiträge zur vaterländischen Geschichte IV. Schaffhausen 1878.

Tissot, Ch. Eug., les vieilles cloches de Valangin, im Musée Neuchâtelois. 1878. 15, 97—108.

Sommer, G., Glockenschau, als Anhang zu den Heften 1—9 der Bau- u. Kunstdenkmäler der Provinz Sachsen. 1878—1883.

Lederle, die Kirchenglocken, ihre Geschichte etc. für die Pfarrämter, Bauämter etc. Karlsruhe, Badenia. (40 S.)

Luschin v. Ebengreuth, A., Münzen als Glockenzierrat, in den Mitteilungen der k. k. Central-Kommission. Neue Folge 1880. 6, LXXI ff.

Boeckeler, H., Beiträge zur Glockenkunde. Mit 28 autogr. Taf. Aachen 1882. V u. 151 S. (Vergl. die Anzeigen von Steph. Beissel in den Stimmen aus Maria-Laach. 1882. S. 426 ff. u. von Hugo Loersch in der Zeitschrift des Aachener Geschichtsvereins 1882. 4, 348 –353.)

Derselbe, die Muttergottesglocke der Münsterkirche in Aachen. Aachen 1882. (40 S.)

Loersch, Hugo, Meister u Entstehungszeit der grossen Glocke von St. Peter zu Aachen, in der Zeitschrift des Aachener Geschichtsvereins. 1882. 4, 318—333.

Nüscheler-Usteri, Glockeninschriften im reformirten Teile des Kantons Bern, im Archiv des historischen Vereins des Kantons Bern. 1882. IX. 3.

Hach, Th., Münzen u. Denkmünzen als Glockenzierrat, im christlichen Kunstblatt. 1883, Nr 1, S. 9—14.

R. F., von Glocken, im „Daheim" 1883. 2 Beilage zu Nr. 27.

Geiges, F., Unsere Glocken, im „Schau in's Land" (Zeitschrift des Breisgau-Vereins) 1883. X. S. 3—9. Mit 1 Taf.

Ausserdem finden sich in allen Encyklopädien (Konversationslexikons) und ähnlichen Nachschlagewerken Artikel über die Glocken; von genannten Verfassern:

Daniel in der Hallischen Encyklop. (Ersch u. Gruber) Sekt. 1. Bd. 70; Grüneisen in Herzog's theolog. Encyklop. Bd. 5; Viollet-le-Duc, Dictionnaire de l'architecture française. T. 3 (Artikel Cloche); Müller und Mothes, Illustriertes archäologisches Wörterbuch. Bd. 1. u. s. w. — Ebenfalls werden die Glocken in den zahlreichen Werken der Theologen über den christlichen Kultus besprochen, gelegentlich auch in Reisebeschreibungen, Ortschroniken, Einzelbeschreibungen von Kirchen etc.

B. Schriften technischen Inhalts.

Biringoccio, Pirotechnia. Vinegia 1540, dann 1558. Die Ausgabe von 1558 befindet sich in der Universitäts-Bibliothek zu Göttingen (Ars militar. 183); eine französische Übersetzung erschien von Jacques Vincent zu Paris 1556 u. später öfter. (Dieses mit Holzschnitten illustrierte Werk enthält in seinem VI. Buche von Kap. 10—15 (Fol. 94—100 der Ausgabe von 1558) die älteste gedruckte Anweisung zur Glockengiesserei.)

Stedman, Fab., Tintinnalogia or the art of ringing. 1668 u. bis 1680 in 3 Aufl. Campanalogia improved or the art of ringing made easy. London 1733.

Roujoux, der künstliche u. harmonische Glockengiesser. Augsburg 1766.

Hahn, J. H. Gottfr., Campanalogie oder Anweisung, wie Läut- u. Uhrglocken verfertigt etc. werden. Erfurt 1802.

Ueber die wichtige Erfindung, gesprungene Glocken ohne Umguss — — — zum Gebrauche wieder herzustellen. Vorangehend: Gemeinnützige Belehrungen über die Glocken überhaupt etc. Quedlinburg 1821.

Launay, der vollkommene Glockengiesser. Aus dem Französischen. Quedlinburg 1834.

Pfnor, über die Akustik der Glocken, in den Verhandlungen des hessischen Gewerbevereins (Darmstadt) 1848.

Otto, H., über Alter u. Technik der Glockeninschriften, im deutschen Kunstblatt 1852, S. 409.

(Zebe, B.), über die Glockengiesserkunst u. die Gussstahlglocken, im Organ für christliche Kunst 1853, Nr. 11.

S . . . . . k, über eherne Glocken u. Gussstahlglocken. Ebd. Nr. 14 u. 15.

Harzer, Fr., die Glockengiesserei mit ihren Nebenarbeiten. Weimar 1854.

Perroy, Ed., Montage des cloches et construction des beffrois, in der Revue de l'architecture. 1855.

Ellacombe, H. T., an affectionate adress to ringers in every church and parish London 1855.

Stein, A. G., Fingerzeige für Kirchenvorstände bei Anschaffung neuer Glocken, im Organ für christliche Kunst 1867, Nr. 9 u. 10.

Schafhäutl, über die Töne der Glocken u. die Kunst des Glockengiessers überhaupt, im Kunst- u. Gewerbeblatt für Bayern 1868.

Rau, Ed., Glockengiesserkunst, in der Wiener Allgemeinen Bauzeitung 1872. S. 330 ff. (Mit 4 schönen Tafeln, im Texte jedoch fast ganz aus Otte's Glockenkunde 1. Auflage 1858 entlehnt.)

Hübner, T., die Glocke an krummer Schwingungsachse. Bonn 1875. (5 S.) Mit 1 lithographierten Tafel.

Veltmann, W., über die Bewegung einer Glocke, in Dingler's polytechnischem Journal 1876, Bd. 220 (Heft 6). S. 481—495.

Von den zu *A* angeführten Schriften behandeln besonders L u k i s u. B ö c k e l e r auch Technisches; ausserdem sind zu beachten die betreffenden Artikel in der grossen Pariser Encyklopädie (Arts et Métiers T. 1); in K r ü n i t z, Encyklopädie Bd. 19; in der Hallischen Encyklopädie (Sekt. I Bd. 70) die Artikel Glocke und Glockengut von C. R e i n w a r t h; Glockenspiel von D ö r i n g; in P r e c h t l's Encyklopädie Bd. 7 der Artikel Glocke von K a r m a r s c h; in V i o l l e t - l e - D u c, Dictionnaire de l'archit. T. 2 der Artikel Beffroi de charpente u. T. 3 Cloche; ferner P l u c h e, Schauplatz der Natur (1766), Bd. 7; S p r e n g e l, Handwerke u. Künste, Bd. 6; B e c k m a n n, Beiträge zur Geschichte der Erfindungen, Bd. 2; D o u n d o r f f, Geschichte der Erfindungen, Bd. 2 u. 6 u. a. m.; die Schriften der Physiker: C h l a d n i, Akustik. S. 192 ff.; E u l e r, de sono campanarum in den Nov. comment. acad. scient. Petropol. T. 10; B i n d s e i l, Akustik. S. 402 ff.; M u n c k e, der Artikel Schall in G e h l e r, Physikalisches Lexikon, Bd. 8. S. 261 ff.; auch die Schriften der musikalischen Theoretiker: M e r s e n n e, Harmonie universelle. l. VII; K i r c h e r, Musurgia. T. 1 u. a. m.

I. Vom Ursprunge und von der Einführung der Glocken.

Unter allen Völkern der alten Welt im Morgen- und im Abendlande finden wir den Gebrauch der Schellen und kleinen Glocken, am ausgedehntesten indes bei den Römern, wo die Glocken schon als öffentliches Versammlungszeichen bei Eröffnung der Bäder, welche im Winter um die neunte, im Sommer um die achte Stunde erfolgte, gedient zu haben scheinen: wenigstens hat man in einem Epigramme des Martial (14, 163) das „*sonat aes thermarum*" und in einem Briefe des Plinius (3, 1) den Ausdruck „*hora balinei nuntiata est*" hierauf gedeutet. Dass dagegen die ersten Christen sich der Glocken als Versammlungszeichen zu ihren gottesdienstlichen Zusammenkünften, welche ungeachtet der Verfolgungen schon im dritten Jahrhundert einen hinlänglich öffentlichen Charakter hatten, bedient hätten, davon findet sich nirgend eine Spur. Die Nachricht des Baronius (Annal. ad a. 58 n. 102), dass in den Zeiten der Verfolgungen die christlichen Gemeinde-Versammlungen durch Boten (θεοδρόμοι) seien angesagt worden, erweist sich, insofern dieselbe nur auf einige missverstandene Stellen in den Briefen des Ignatius gestützt wird, wie Bona (Rer. liturg. 1, 21 — Tom. 2, p. 127. Aug. Taurin. 1749) und Bingham (Origines. Vol. 3. l. 8. c. 7, p. 280) erwiesen haben, als grundlos. Dagegen lässt sich für das vierte Jahrhundert aus der Apologie des Athanasius an den Constantius (Opp. 1, 682), wo es von einer unvorbereiteten Versammlung heisst, man wäre οὐκ ἐκ παρεγγελίας, also ohne Ankündigung, zusammengekommen, indirekt beweisen, dass sonst eine παρεγγελία, eine Voranzeige des Gottesdienstes gebräuchlich sein musste. Gleichzeitig findet sich der Gebrauch eines eigentlichen Versammlungszeichens in den ägyptischen Klöstern erwähnt, wo (Regula Pachomii c. 3 u. 9 bei Hol-

s t e n . cod. regularum T. 4) die Ordnungsstrafe gegen diejenigen festgesetzt
wird, welche nach dem Klange der Tuba zu spät zur Sammlung erschienen;
auch bei dem Syrer Ephraem (Paraenes. 43) ist von einem Bruder die
Rede, welcher „*signo ad synaxin et officium dato*“ als der letzte gekommen
sei und nachher als der erste von allen die Versammlung wieder zu verlassen sich unterstanden habe.   Diese sich an die Mosaische Anordnung
(Num. 10, 2 — 11) anlehnende Sitte herrschte in manchen Klöstern auch
noch im sechsten Jahrhundert, wo nach dem Berichte des Sinaitischen
Abtes Climacus (Scala paradisi gr. 18. — Bibl. patr. ed. Paris. 1654.
5, 244) die Brüder durch das Zeichen der heiligen Tuba zusammengerufen
wurden. — In den Nonnenklöstern zu Bethlehem versammelten sich, wie
aus Hieronymus (ep. 19 ad Marcell., de aegrot. Blesillae. Opp. 4, 50)
erhellt, die Schwestern nach Absingung des Wortes „*Hallelujah*“ anscheinend
durch diejenige Nonne, welche zuerst erwacht war.   Anderwärts berief damals der Abt die Mönche, wie Palladius (hist. lausiaca c. 104 in Co-
teler, monument. eccl. Gr. T. 3), Cassian von Massilia (Institut. coenob.
4, 12) und Andere berichten, durch Anklopfen mit dem Weckhammer an
die Thüren der Zellen, was noch im siebenten Jahrhundert (bei Joh. Moschus
— vgl. Bingham a. a. O. 3, 282) vorkommt und sich in einzelnen Klöstern
bis ius spätere Mittelalter erhielt.[1]   Aus dieser häuslichen Gewohnheit der
Klöster scheint sich dann, doch wohl nicht vor dem achten Jahrhundert
(vgl. Bona a. a. O. Tom. 2, p. 129), zu allgemeinerer Geltung als öffentliches Versammlungszeichen herangebildet zu haben der noch heute im
ganzen christlichen Oriente, teilweise neben den Glocken, übliche Gebrauch
der heiligen Hölzer.   Die Praxis dieses Hölzerschlagens besteht in der
griechischen Kirche darin, dass ein Geistlicher ($\lambda\iota\alpha\sigma\nu\nu\dot{\alpha}\varkappa\tau\eta\varsigma$) mit einem
Hammer auf ein langes dünnes Brett, welches er vor sich mit dem linken
Arme balanciert, nach einem bestimmten Rhythmus klopft und durch dieses
Trommeln auf verschiedenen Stellen des Brettes verschiedene, starke und
schwächere, höhere und tiefere Töne hervorbringt.   Das Instrument selbst,
von dem Hier. Maggi[2] eine ausführliche Beschreibung und Didron
(Annales archéol. 5, 148) eine von einem Neugriechen verfertigte Abbildung
liefert, heisst $\sigma\eta\mu\alpha\nu\tau\varrho\grave{o}\nu$, $\sigma\eta\mu\alpha\nu\tau\dot{\eta}\rho$, $\sigma\eta\mu\alpha\nu\tau\dot{\eta}\varrho\iota o\nu$ (d. i. *signum*) und kommt
grösser und kleiner ($\chi\epsilon\iota\varrho o\sigma\eta\mu\alpha\nu\tau\varrho\grave{o}\nu$), aus Holz und aus Eisenblech ($\dot{\alpha}\gamma\iota o\sigma\iota$-

---

[1] So hängt noch unten in einer Ecke der alten Chorstühle der Viktorskirche
zu Xanten der kleine Eisenhammer, dessen Ton die Kanoniker zum Kapitel berief.
Vergl. Beissel, Steph., Baugesch. der Kirche des h. Viktor zu Xanten. 1883. S. 67.

[2] De tintinnabulis c. 16, bei Sallengre, Nov. thesaurus etc. p. 1190. —
Vergl. auch Alt, H., der christl. Kultus. 2 Aufl. Berlin 1851. I. S. 66.

δηρον) vor.[1] Dass dieses Zeichengeben auf einem Brett, sicherlich ein uralter und mehreren morgenländischen Völkern eigener Gebrauch, auch bei den Chinesen im 13. Jahrhundert zur Verkündigung der Tagesstunden oder bei Feuersbrünsten und Aufständen durch eigens dazu bestellte Wächter zu geschehen pflegte, bezeugt Marco Polo (bei Jäck, Taschenbibliothek der Reisen durch China 1. 2, 37 f.).

Während also in der morgenländischen Kirche das Semantron üblich wurde, finden wir im Abendlande, zuerst erwähnt nach der Mitte des sechsten Jahrhunderts in den Schriften des heiligen Gregor von Tours[2], ein Signum, welches zu Anfang des Gottesdienstes und zur Bezeichnung der kanonischen Stunden mit einem Seile bewegt wird. Dass hierunter die Glocke zu verstehen sei, erhellt aus den Schriftstellern der folgenden Jahrhunderte bis ins zehnte und elfte, von welchen die Glocken noch häufig *signa* genannt werden, sowie aus dem amtlichen Sprachgebrauche der katholischen Kirche, nach welchem die Glocke *signum ecclesiae* genannt wird.[3] Auch haben wir dafür ein ausdrückliches Zeugnis aus der ersten Hälfte des neunten Jahrhunderts, des Reichenauer Abtes Walafried Strabo[4] nämlich, welcher hinzufügt, man versichere, dass Italien das Vaterland der Glocken sei, dass dieselben, deren Gebrauch nicht zu den alten Gewohnheiten gehöre, zuerst in der Stadt Nola in Campanien seien angefertigt

[1] Ein grösseres, zwischen zwei Pfählen unter einem Schutzdach aufgehängtes, mit Eisenstreifen beschlagenes Schallbrett befindet sich z. B. vor der Klosterkirche Stiris in Rumelien und wird von zwei Mönchen mit gekrümmten eisernen Hämmern bearbeitet; vergl. die Abbildung im (Stuttg.) Illustr. Sonntagsblatt 1883, Nr. 40 zu S. 160.

[2] Gregor. Turon., de miraculis S. Martini 2,28: *Reverti autem cupiens nocte ad funem illum de quo signum commovetur adveni.* — Ibid. 3, 23: *Interea, signum movetur horis matutinis, aggregatur et populus.* — Ejusd hist. Franc. 3, 15: *Dum per plateam praeterirent, signum ad matutinas motum est.* — Ejusd. vitae patrum c. 4 im Leben des Gregor von Langres: *Observatores, ostium baptisterii observatum invenientes, clave sua solita aperiebant: commotoque signo sanctus dei, sicut reliqui omnes ad officium dominicum consurgebant;* im Leben des Nicetius von Lyon: *Presbyter audiens jussit signum ad vigilias commoveri.*

[3] Pontificale Roman. lib. 2 die Rubrik: *De benedictione signi vel campanae.*

[4] Walafried Strabo, de exord. et increment. rer. eccl. c. 5: *De vasis fusilibus vel etiam productilibus, quae simpliciter signa vocantur, quia eorum sonoritate quibusdam pulsibus excitata, significantur horae, quibus in domus dei statuta celebrantur officia: de his, inquam, hic dicendum videtur, quod eorum usus non adeo apud antiquos habitus proditur. Eorum usum primo apud Italos affirmant inventum. Unde et a Campania, quae est Italiae provincia, eadem rasa maiora quidem campanae dicuntur: minora vero, quae et a sono tintinnabula vocantur, nolas appellant a Nola eiusdem civitate Campaniae, ubi eadem vasa primo sunt commentata.*

worden, und dass davon der Name *campana* für die grösseren und *nola*
für die kleineren Glocken oder Schellen hergenommen sei.   Diese Etymo-
logie des Wortes *campana*, welches anscheinend zuerst bei Cumeuäus
Albus, Abt auf der schottischen Insel Hy um 660, im Leben des heiligen
Columba in der Bedeutung Glocke[1] vorkommt, wird um so mehr für
richtig anzuerkennen sein, als nicht bloss das kampanische Kupfer[2] und
die daraus angefertigten Geräte[3], sondern auch die kampanischen Gefässe
aus gebrannter Erde[4] schon bei den Alten berühmt waren, und beide
Künste, die Formerei aus Erde und die Erzgiesserei, finden bei der Anfertigung von Glocken vereinigte Anwendung.   Dagegen ist die Herleitung des
Wortes nola, welches schon bei einem Fabeldichter des vierten Jahrhunderts als klingende Schelle an dem Halsbande eines bissigen Hundes
nachgewiesen ist[5], von dem Stadtnamen Nola nichts weniger als sicher.[6]

---

[1] Vita S. Columbae c. 22 bei Mabillon, Annal. Bened. Sec. 1: *Media nocte
pulsante campana;* und c. 25: (Columba) *quadam die ministro suo campanum
subito pulsare praecepit, cuius sonitu fratres excitati ecclesiam protinus sunt
ingressi.* — Vgl. Bona a. a. O., S. 134 f. (Ueber die Form *Campanum* sc. aes
vgl. Du Cange, Gloss. med. et inf. lat. ed. Henschel 2, 59.) — Früher schon
erscheint das Wort *campana* bei Isidorus von Hispalis, † 636 (Orig. 16, 24:
*campana, statera unius lancis, e regione Italiae nomen accepit, ubi primum eius
usus repertus est*), in der Bedeutung Schnellwage, wie Diez (Wörterb. der
roman. Sprachen, 4. Ausg., S. 83) sagt, „wegen der Ähnlichkeit der Einrichtung,
und entsprechende Bedeutungen hat auch das wallonische *cumpene*, Wagschale,
Brunnenschwengel. Bei Beda und fast allen Späteren zeigt *campana* oder *campanum* nur die Bedeutung Glocke; Anastasius Bibliothec. (9. Jh.) kennt beide
Bedeutungen Glocke und Schnellwage.“ Auch das griechische Zeitwort καμπα-
νίζειν = wägen, ist aus *campana* gebildet; vergl. P. Cassel (Turm und Glocke,
S. 14), welcher meint, dass *campana* nur aus Missverständnis der angeführten
Stelle des Isidorus bei den mittelalterlichen Liturgen eine Bezeichnung der
Glocke geworden sei.

[2] Plinius H. N. 34, c. 2 u. 8.

[3] Horatii Serm. I. sat. 6, 118, wozu der Scholiast bemerkt: *Capuae hodie
aerea vasa studiosius fabricari dicuntur.* Vgl. Isidorus Hisp., Orig. 16, 19.

[4] Horatius a. a. O., II. 3, 144.

[5] Avienus, Fab. 7, v. 6—9:

> *Hunc dominus, ne quem probitas simulata lateret,*
> *Iusserat in rabido gutture ferre nolam;*
> *Faucibus innexis crepitantia subligat aera,*
> *Quae facili motu signa cavenda darent.*

P. Cassel, der a. a. O., S. 12 die ganze Fabel mitteilt, weist aus dem Zusammenhange nach, dass die für das ungewöhnliche *nolam* anderweitig (Schel-
ler, Latein. Wörterb. unter *nola*) vorgeschlagene Lesart *notam* nur Konjektur ist.

[6] Die Adjektivform von Nola (*Nõla*) müsste *Nolana* heissen; ferner ist das
o in *nola* bei Avienus nicht lang, sondern kurz gebraucht, bei Prudentius

Schon Hospinianus, de templis (Tiguri 1603), p. 338, erwähnt eine onomapoetische Bildung, für welche sich auch P. Cassel a. a. O. S. 14 entscheidet und auf das celtische *noll, nell* = tönen, engl. *knoll* = läuten hinweist.

Wenn sich nun, anscheinend lediglich in Anknüpfung an die beiden Wörter *campana* und *nola*, jedoch wohl erst seit dem 15. und 16. Jahrhundert, die fast allgemeine Überlieferung gebildet hat, dass der berühmte Bischof Paulinus von Nola (um 400) der Erfinder der Kirchenglocken sei, lässt sich dieselbe durch kein älteres Zeugnis bestätigen und wird dadurch höchst zweifelhaft, dass Paulinus selbst in der genauen, bis ins Einzelne gehenden Beschreibung (ep. 12 ad Sever.) zweier von ihm zu Nola erbauten Kirchen der Glocken keine Erwähnung thut, ebensowenig als sein Zeitgenosse Hieronymus, welcher in mehreren seiner zahlreichen Schriften dazu öftere Veranlassung gehabt hätte. [1] Ebensowenig beglaubigt ist die Annahme Anderer unter den Neueren [2], welche den Nachfolger Gregors des Grossen, den Papst Sabinianus (um 604) als Erfinder der Kirchenglocken nennen, während doch vor seiner Zeit, wie bereits oben erwähnt, die Glocken in Frankreich schon in kirchlichem Gebrauche waren; dagegen ist es wahrscheinlich, obgleich Anastasius, dessen Pontifikal-Buch indes erst vom Jahre 708 an ausführlich wird, davon schweigt, dass Sabinianus in den Kirchen, namentlich aber in der Peterskirche zu Rom, die Bezeichnung der Tagesstunden durch Glockenschlag des Gottesdienstes halber angeordnet hat [3], was das damalige Vorhandensein von Kirchenglocken demnach voraussetzen würde, deren erste Einführung dunkel bleibt. Wenn wir jedoch dieselben bereits nach der Mitte des sechsten Jahrhunderts in der fränkischen Kirche nicht nur, sondern unter Columba († 599) selbst in einem Kloster auf der entlegenen schottischen Insel Hy (St. Iona) gebräuchlich finden, und wenn dem irischen Mönche Dagäus († um 586) in Kloster Kieran, ob auch mit Übertreibung, nachgerühmt wird, er habe „*trecentas campanas*" verfertigt [4], so wird, da nicht der

(Peristephanon Passio XI, p. 208: *Campanus Capuae jamque Nolanus adest*), wie P. Cassel a. a. O. S. 13 bemerkt, freilich auch in dem aus dem Stadtnamen gebildeten Adjektivum.

[1] In einer diesem Kirchenvater von Lupus von Olmedo († 1433) untergeschobenen Schrift „*Regula monacharum*" kommen c. 33 und 39 „*campanellae*" und der „*campanilis sonus*" vor. Vgl. Hieronymi Opp. 5, 421.

[2] Vgl. Irenius Montanus, historische Nachricht von den Glocken. S. 16 f.

[3] Kreuser, Christlicher Kirchenbau 1, 168. Vgl. Platina, de vitis pontif. (Colon. Ub. 1600), p. 84.

[4] *Kal. Cassel* in Actis SS. Aug. III, 666, angeführt von W. Wattenbach in der Zeitschr. für christl. Archäologie und Kunst I, S. 22.

Norden, sondern Italien die eigentliche Heimat der Glocken sein soll, der
erste kirchliche Glockengebrauch daselbst in eine nicht unbedeutend frühere
Zeit versetzt werden müssen. Zieht man ferner in Betracht, dass schon
bei den alten Römern Klingeln als häusliche Weck-, wohl auch als öffentliche Versammlungszeichen üblich waren, so wird man auf die Vermutung
geführt, dass sich der Glockengebrauch ohne eigentliche Unterbrechung
aus der alten in die mittleren Zeiten fortgepflanzt habe, vielleicht zuerst
aus Gründen der Zweckmässigkeit von diesem oder jenem Kloster auf-
genommen worden und allmählich zur gemeinen kirchlichen Sitte ange-
wachsen sei, so dass wie im späteren Mittelalter aus den kleinen nach
und nach die Riesenglocken hervorgingen, so im frühesten aus den häuslichen Klingeln die ersten bescheidenen Glocken der Klöster und Kirchen. [1]

Seit dem siebenten Jahrhundert finden sich nun im ganzen Abendlande immer zahlreichere Spuren vom kirchlichen Gebrauche der Glocken.
Als König Clothar die Stadt Sens in Burgund im Jahre 615 belagerte,
begab sich Bischof Lupus in die dortige Stephanskirche, und rührte *(tan-
gere)*, um das Volk zu versammeln, das „*signum ecclesiae*": da wurden die
Feinde von so grossem Schrecken ergriffen, dass sie schleunige Flucht
nahmen. [2] — Als dem Bischof Rigobert von Reims (um 700) zwei Glocken
entwendet und nach der Gascogne gebracht worden waren, wusste er sich
sein Eigentum auf wunderbare Weise wieder zu verschaffen, und in der
betreffenden Erzählung des Flodoard ist vom kirchlichen Glockengebrauche als von etwas Gewöhnlichem die Rede. [3] — Als Erinharius,
Propst in Wandrille, zwischen 734 und 738 die dortige Michaeliskirche erbaut hatte, liess er in dem Türmchen derselben, wie es
kirchlicher Brauch war[4], eine Glocke aufhängen. — Gleichzeitig
gilt auch in England der Klang der Glocken für etwas Bekanntes,
und von hier aus, so scheint es, mag der Gebrauch derselben zuerst nach
Deutschland verpflanzt worden sein; mindestens findet sich erwähnt,
dass der englische Abt Gutberct, ein Schüler Beda's, dem Bischof Lullus

---

[1] Als der heilige Benedikt um 495 seinen Aufenthalt in einer unzugänglichen
Felskluft bei Subiaco genommen hatte, wo er von einem vertrauten römischen
Mönche mit Nahrung versorgt wurde, befestigte dieser an das Seil, womit er den
Brotkorb in die Schlucht hinabliess, um dem Heiligen seine Ankunft kundzuthun,
ein *parvum tintinnabulum*. — Gab es vielleicht schon damals „*majora tintinnabula?*" — Vergl. Gregorii M. dial. 2, 1.
[2] Baronius, annal. eccl. ad a. 615.
[3] Flodoard, hist. Rhemens. 2, 12. — Vergl. Binterim, Denkwürdigkeiten IV. 1, 291.
[4] *Ut moris est ecclesiarum*; vergl. Gesta abb. Fontanell. bei Pertz, Monum.
Germ. SS. 2, 284.

eine Glocke übersendet hatte. [1] — In Spanien, wo die Christen unter arabischer Herrschaft bis zum Jahre 850 sich für die freie Ausübung ihrer Religion des gesetzlichen Schutzes erfreut hatten, waren sie dennoch dem Spotte des muhamedanischen Volkes ausgesetzt; besonders war es auch das Läuten der Glocken, wodurch in den Kirchen zu allen kanonischen Stunden die Gemeinde versammelt wurde, welches Anlass zu Schmähungen des christlichen Glaubens gab [2]; und als bald nachher nicht ohne Ver-schuldung schwärmerisch übertreibender christlicher Eiferer der Argwohn und die Verfolgungssucht des Kalifen rege gemacht war, liess derselbe die Glocken samt den Zinnen der Kirchen hinabstürzen. [3] Aus dieser Nach-richt erhellt, dass man ursprünglich die Glocken über den Kirchdächern

---

[1] Gutberct schreibt (Bonifacii ep., ed. Würdtwein, ep. 124, p. 311): *Clocam qualem ad manum habui* (eine Handglocke — vergl. Didron, Annales archéol. 4, 97) *tuae paternitati mittere curavimus.* — Das Wort *cloca* kommt hier als Lateinisches zuerst vor, da in einem Briefe des Bonifatius selbst (a. a. O. ep. 37, p. 84), wo zwar einige Hss. „*cloccam unam*" haben, die Lesart „*donum unum*" die richtige sein möchte. Anderweite Formen (vergl. Du Cange, Gloss. t. 2) sind: *cloècum, glogga, glocca, gloccum, clocha, clochum, klockum, chlochia, cloqua.* Als deutsches erscheint das Wort nicht vor dem neunten Jahrhundert. Graff, Sprachschatz 4, 292 führt an: *glocca* in Emmeramer Glos-sen des elften Jahrhunderts; *glogga* in einer Hs. des neunten Jahrhunderts; *clocca* in St. Galler Glossen des neunten Jahrhunderts. — Hoffmann von Fal-lersleben, Althochdeutsche Glossen, S. 57: *cloca, clica* in einer Wiener Hs. des zehnten Jahrhunderts. — Angelsächsisch *clucge* (achtes Jahrhundert), irisch *clog*, kymr. *cloch*, auch im romanischen Sprachgebiete: provenzalisch *cloca, clocha*, piemontesisch und comask *cioca*, französisch *cloche* (während südlichere Mundarten mit Italienern, Spaniern und Portugiesen das ältere *campana, cam-pano, campaine, campainha, cambano* gebrauchen); im Niederdeutschen *klocke*, dänisch *klokke*, schwedisch *klocka*. Das englische *clock* hat die Bedeutung Uhr angenommen (die Glocke selbst heisst *bell* von „bellen", onomapoetisch). Nach Diez a. a. O. S. 549 ist die Herkunft des Wortes unsicher; man leitet es ab von dem verlorenen althochdeutschen Thema CHLACHAN (*frangi, rumpi, clangere*), was Grimm (Haupt, Zeitschr. für deutsch. Altert. 6, 237) indes nicht wagen mochte; vom angelsächsischen *cloccan*, englischen *cluck*, glucken, was P. Cassel (a. a. O. S. 17) mit Hinweisung auf „die Gluckhenne" (Matth. 23, 36) sehr ent-schieden annimmt, während Diez bemerkt, dass es der Bedeutung nicht zusage; das französische *cloche* von *clocher* — hinken, in Beziehung auf das Hin- und Herschwanken beim Läuten. — Jedenfalls ist das Wort schallmalend, wie (nach Diez) schon Notker bemerkte: — *a sono vocis, quod grammatici facticium vocant, ut tintinnabulum et clocca* (Wackernagel, Voces animantium, p. 91). — Auch das chinesische *tchong* ist onomapoetisch.

[2] Paulus Alvarus. Indiculus luminosus (in Florez, España sagrada. Ed. III. Madr. 1792. 2, 229). — Vergl. Neander, Kirchengesch. 4, 91.

[3] *Excelsa pinnacula, signorum gestamina.* Siehe die Stelle des Eulogius († 859) bei Bona a. a. O. S. 134.

aufzuhängen pflegte, vermutlich, wie diese Sitte auch nach Entstehung der
Glockentürme von Einigen beibehalten wurde [1] und z. B. noch an Dorfkirchen des 12. und 13. Jahrhunderts im Magdeburgischen östlich der
Elbe beobachtet wird, zwischen zwei Pfeilern, in welche die westliche
Giebelwand zinnenartig ausläuft. [2] Mit dieser einfachsten Art, die Glocken
anzubringen, reichte man indes nur so lange aus, als die Kirchen nur ein
signum, eine Glocke besassen, was bis zum achten Jahrhundert überall
der Fall gewesen zu sein scheint; sobald das Bedürfnis mehrerer Glocken
entstanden war [3], wurden auch besondere Glockentürme erforderlich, zuerst
wohl blosse Dachreiter [4] auf den Kirchen, dann, wie man in Italien die
meisten Beispiele davon findet, neben den Kirchen, dann an denselben,
endlich im gotischen Stile organisch mit dem ganzen Kirchengebäude verbunden.

Die Zeit um die Mitte des neunten Jahrhunderts kann als die Epoche
bezeichnet werden, seit welcher der kirchliche Glockengebrauch als ein
ritus oecumenicus anzusehen ist: wir finden von da an die Glocken nicht
bloss in den Klöstern und in den Städten, sondern auch auf den Dörfern [5],
vielleicht sogar auf letzteren früher noch als in den Städten, um entfernt
wohnende Pfarrkinder herbeizurufen. — Auch in die morgenländische Kirche
ging damals der Gebrauch der Glocken über, indem im Jahre 865 (Baronius, Annal. ad a. 865. n. 105. Vgl. Bona a. a. O. S. 129) Herzog Ursus

---

[1] Der Benediktiner Letald am Ende des zehnten Jahrhunderts sagt in dem
Buche von den Wundern des Abts Maximinus von Mesmin bei Orleans (n. 3 —
in Mabillon, Annal. Bened. sec. 1): *Signum usibus ecclesiae praeparari iusserat,
quod secundum quorundam morem per tectum ecclesiae elevatum est.*

[2] Vergl. N. Mitt. des Thür.-Sächs. Vereins III. 4, 106. Dergleichen Glocken-
giebel sind in Frankreich und England sehr häufig, auch für mehrere Glocken
eingerichtet.

[3] Bei dem Tode des Abts Sturmi wurden nach dem Berichte seines Schü-
lers Eigil (Pertz, Mon. germ. SS. 2, 377) zu Fulda alle Glocken (*omnes glog-
gae*) geläutet, also doch mindestens drei. — In der Traditio Abbatissae Emhildae
(bei Schannat, Corp. trad. Fuld. n. 140, p. 68) um 800 kommen vor: *glockae IV.
et unum tintinnabulum.*

[4] Nach Anastasius baute Stephan III. im Jahre 770 einen Turm auf
St. Peter zu Rom für drei Glocken (Du Cange, ed. Henschel 2, 59). — In
dem Inventar der Michaeliskirche auf der Insel Staphinsere (n. 2 Breviarium Caroli M. c. a. 813, in Monum. Boica 7, 84) heisst es: .... *pendentes super eandem
ecclesiam signa bona II etc.* — In der um 734–738 erbauten Michaeliskirche zu
St. Wandrille (oben S. 12) war eine *turricula* zur Aufnahme der Glocke bestimmt.

[5] Nach dem Traditionsbuche von St. Emeramm (Pezii, thesaur. noviss.
anecd. I. 3, 210) besass die Dorfkirche von Puebach in der Oberpfalz bereits im
Jahre 864 eine *campana aenea* und ein *tintinnabulum.*

Patriciacus von Venedig dem griechischen Kaiser Michael mit zwölf prächtigen Erzglocken ein Geschenk machte, welche auf einem bei der heiligen Sophia zu Konstantinopel erbauten Turme ihre Stelle fanden.[1] Doch hielt man mit der berufenen orientalischen Zähigkeit und Stabilität an dem Gebrauch des alten Semandron fest, — nicht wegen Mangel an Erz, sondern wegen des Altertums, sagt Fortunatus (de eccl. off. 4, 21. cf. 1, 12) — so dass sich die Glocken nicht überallhin gleichmässig ausbreiteten[2], und überdies wurden dieselben nach der Eroberung Konstantinopels durch die Türken im Jahre 1452, meist wohl aus religiöser Antipathie[3], mit Ausnahme einiger entlegenen Klöster[4], förmlich wieder ausgerottet.

---

[1] Nach Anderen (s. Du Cange a. a. O., S. 60) sollen die Glocken erst im Jahre 874 von Venedig nach Griechenland gekommen sein.

[2] Albert von Aachen, histor. Hierosol. 6, 40 sagt, dass die ersten Glocken zu Jerusalem erst von den Kreuzfahrern unter Gottfried von Bouillon seien eingeführt worden.

[3] Schon unter den Arabern in Spanien waren die Glocken verhasst (s. S. 13). und der türkische Schriftsteller Saadeddin hielt es für keinen der geringsten Vorteile der Eroberung von Jerusalem, dass die abscheulichen Glocken dadurch seien zum Schweigen gebracht worden (Penny Magazine 3, 404). Überhaupt scheint auch anderen Nicht-Christen der Glockenklang widerwärtig: die jüdischen Rabbinen sind übel darauf zu sprechen, und es mag dahingestellt bleiben, ob aus innerlicher Verachtung des Glockenaberglaubens der Christen. R. Bechai d. J. (im 13. Jahrhundert) beschuldigt die Edomiten (d. i. die Christen), dass sie das Läuten auf ihren Türmen, welches bei keinem andern Volke gebräuchlich sei, von heidnischen Zauberern hergenommen hätten. (Comment. in libr. Moys. fol. 96. col. 1.) Im Sepher Nizzach heisst es zu Jes. 5, 18: „Das sind die Seile, womit sie die Glocken (הקלבם) in dem Hause ihrer Gräuel zum Dienste ihres Gottes ziehen.“ Eifrige Juden verfehlten in früheren Zeiten wenigstens nie, wenn sie das christliche Glockengeläute hörten, die Verwünschungsformel zu murmeln: *Moschech bacherel jippol baschefel, bacherel moschech jippol bachoschech* (d. i. Wer ziehet am Seil, soll fallen in Kot; am Seile wer ziehet, soll fallen in Finsternis). Vergl. Alt, der christliche Kultus I, S. 64; Augusti, Denkwürdigkeiten 4, 13. — In dem Leben des heiligen Anschar, geschrieben um 870 (Pertz a. a. O. 2, 716), wird erzählt, dass König Horicus der Kirche zu Schleswig, „quod antea nefandum paganis ridebatur“, den Gebrauch einer Glocke gestattet habe.

[4] Didron fand im Jahre 1839 in den Klöstern auf dem Berge Athos Glocken vor, und schon Altatius erwähnt aus den Erzählungen eines Freundes, dass daselbst mehrere und sogar sehr alte Glocken, sowie auch Schlaguhren befindlich wären. (Annales archéol. 5, 164. Bulletin monumental 10, 99.) — Auch auf dem Libanon und in anderen Klöstern unter türkischer Landeshoheit kommen Glocken vor. (Korte, das gelobte Land 1, 438.) — Alle diese Glocken scheinen jedoch nur sehr klein zu sein.

II. Von der Weihe und der Taufe der Glocken.

Die kirchliche Weihe der Glocken, ehe sie ihrer Bestimmung über-
geben werden, ist für ebenso alt zu erachten, wie der kirchliche Gebrauch
der Glocken überhaupt: denn es finden sich neben der alten Kirchweihe
schon sehr frühzeitige Spuren von einer Weihung einzelner kirchlichen
Geräte, und im Zeitalter Gregors des Grossen, in welches, wie wir gesehen haben, die Einführung der Glocken zu fallen scheint, war das kirchliche Zeremoniell bereits vollständig ausgebildet. Bei dem sich damals
immer mehr zum Magischen hinneigenden christlichen Zeitgeiste konnte es
nicht fehlen, dass man diese Weihe nicht sowohl für einen angemessenen
frommen Gebrauch zur Erweckung des christlichen Volkes ansah, als vielmehr dem Wahne Raum gab, dass durch die geistliche Benediktion den
geweihten kirchlichen Geräten besondere höhere Gaben und Kräfte mitgeteilt würden, welche sie vor der Weihe und ohne sie nicht besässen.
Dass sich namentlich an die Glockenweihe *(benedictio signi vel campanae)*
frühzeitig abergläubische Vorstellungen angeknüpft haben müssen, lässt sich
aus einem die Glockentaufe betreffenden Verbote Karls des Grossen vom
Jahre 789 schliessen: *Ut clocas non baptizent nec cartas per perticas appen-
dant propter grandinem* (vergl. Pertz, Monumenta 3 [Legum 1], 69). Da es
dem Gesetzgeber nicht in den Sinn gekommen sein konnte, die kirchliche
Weihe der Glocken als solche schlechthin zu verbieten, so kann das Verbot auch nicht gegen die Handlung selbst, sondern nur gegen gewisse damit
verbundene Missbräuche gerichtet gewesen sein. Letztere werden allerdings
nicht genannt, da aber das Gesetz die zwiefache Bestimmung enthält, das
Verbot der Glockentaufe und das Verbot des Aufhängens von Zetteln an
Stangen „propter grandinem", so wird es gestattet sein, die letzten Worte
auch auf die erste Hälfte des Gesetzes zu beziehen, also den Sinn so zu
fassen, dass beides verboten sein solle: des Hagels, überhaupt des Unwetters
wegen Glocken zu taufen und (mit Gebets- oder Zauberformeln beschriebene)
Zettel an Stangen aufzuhängen. Auf letzteren Umstand fällt genügendes
Licht durch die Erzählung des Gregor von Tours (de miraculis Martini.
1, 34), dass, da einer seiner Weinberge alljährlich durch Hagel verwüst-
wurde, er an einem der höchsten Bäume ein Stück Wachs befestigte,
welches vom Grabe des h. Martin hergenommen war, wonach der Ort ver-
schont blieb. Dass aber die Glocken behufs Abwendung von Hagel

---

[1] Die Abwendung des Hagels wird in zahlreichen Glockeninschriften besonders betont, z. B. auf der Brigittenglocke der Pfarrkirche zu Burtscheid aus
14. Jahrhundert: *Grando michi cedit, tonitru fugit, ignis obedit.*

Sturm und Unwetter getauft (d. i. geweiht) wurden, und, da hier wie gegen manchen andern Missbrauch der evangelische Sinn Kaiser Karls des Grossen [1] nicht durchgedrungen zu sein scheint, noch gegenwärtig in der katholischen Kirche getauft werden, erhellt aus unbefangener Betrachtung des Rituale, ist auch von den Verteidigern der katholischen Glockentaufe wohl nirgends in Abrede gestellt, höchstens mit Stillschweigen übergangen worden.

Solche Glocken, welche wie die städtischen Bannglocken ausschliesslich weltlichen Zwecken dienen, werden nicht kirchlich geweiht, und wenn, wie es bei der Gegenreformation im 17. Jahrhundert in Deutschland und Frankreich oft der Fall war, mit akatholischen Kirchen auch die Glocken derselben an die Katholiken übergingen, wurden sie, wovon sich nach Blavignac S. 461 viele Beispiele nachweisen lassen, zuerst exorcisiert und dann getauft. [2]

Die liturgischen Vorschriften über die Glockenweihe, welche wegen des dabei in Anwendung kommenden heiligen Chrisma zum bischöflichen Amte gehört, obgleich es den Äbten nachgelassen war, die eigenen Glocken ihrer Klöster zu weihen [3], finden sich, in wesentlicher Übereinstimmung mit den übrigen alten Ritualen [4], in dem Pontificale Romanum (Bruxelles 1735. 2, 447 ff.) und sind folgende: Ehe die Glocke auf den Turm gebracht wird, hängt man dieselbe in Mannshöhe so auf, dass man bequem herumgehen und das Innere und Äussere berühren kann; dann wird neben der zu weihenden Glocke für den Bischof ein Sessel hingestellt, sowie auf einen Tisch verschiedene Gefässe: der Weihkessel mit Wasser, ein Salzfass, ein reines Leinentuch zum Abtrocknen der Glocke, eine Flasche mit dem Öl der Kranken, das heilige Chrisma, Thymian, Weihrauch, Myrrhen und das Rauchfass mit Feuer. Der Diakonus bekleidet sich mit dem Schultertuch.

---

[1] Schnaase (Geschichte der bild. Künste 3, 557) hat das karoling. Verbot der Glockentaufe auf die Namengebung bezogen, aber letztere ist doch nur ein unwesentliches Moment, wie bei der Kindertaufe auch bei der kirchlichen Weihe der Glocken. — Dass sich das Verbot hauptsächlich auf die mit abergläubischen Vorstellungen verbundene Weihe von Hausuhren beziehe (Boeckeler. Beitr. zur Glockenkunde, S. 8), kann nur als Verlegenheitsauskunft gelten.

[2] Als nach der Aufhebung des Edikts von Nantes 1685 die Katholiken zu St. Barthélemi eine Glocke aus der zur Zerstörung verurteilten protestantischen Kirche in La Rochelle erworben hatten, wurde die Glocke zuerst begraben, dann zum Zeichen ihrer Wiedergeburt wieder exhumiert und hierauf nach förmlicher Abschwörung ihrer früheren Irrtümer getauft. So erzählt wenigstens der streng katholische Konvertit Blavignac, la cloche a. a. O.

[3] Die Nachweisungen aus den Kanonisten s. bei Eschenwecker, vom Recht der Glocken. S. 19.

[4] Menard, ad Sacramentarium Gregor. Paris 1642. p. 207. Martène. de ritibus. Rotomag. 1702. p. 369, 248 u. 269.

der Alba, dem Gürtel, dem Manipul, der Stola und einer weissen Dalmatica.
Nachdem diese Anordnungen getroffen sind, hat sich der Bischof in der
Sakristei mit dem Schultertuch, der Alba, dem Gürtel, der Stola und mit
einem weissen Messgewande bekleidet; eine einfache Mitra auf dem Haupte,
den Hirtenstab in der Rechten, begiebt er sich nach der Glocke, setzt sich
vor derselben nieder und recitiert mit den Ministranten den 50. 53. 56.
66. 69. 85. und 129. Psalm, wobei am Ende jedes einzelnen Psalms das
Gloria Patri und das *Sicut erat* eingeschoben wird. Dann erhebt sich der
Pontifex, segnet mit bedecktem Haupte das Salz und das Wasser nach der
bei der Grundsteinlegung der Kirchen vorgeschriebenen Weise, und spricht
stehend barhaupt das Gebet *Bene † dic Domine hanc aquam etc.* Nun
streut er das Salz in das Wasser, in der Gestalt des Kreuzes, sagend:
Commistio salis et aquae etc. mit dem darauf folgenden Gebete, wie bei
der Grundsteinlegung der Kirchen, bedeckt das Haupt wieder und fängt an
die Glocke zu waschen, womit die dienenden Geistlichen fortfahren. Nachdem die ganze Glocke innen und aussen gewaschen ist, wird sie von den
Ministranten abgetrocknet; inzwischen setzt sich der Bischof und spricht
mit anderen Ministranten die sechs letzten Psalmen (145—150), wie vorhin
mit Einschiebung des *Gloria Patri* und des *Sicut erat* nach jedem Psalme.
Darauf steht er wieder auf, macht mit dem rechten Daumen mit dem
h. Öle der Kranken das Zeichen des Kreuzes äusserlich auf die Glocke,
legt die Mitra ab und betet: *Deus, qui per beatum Moysem etc.* Nachdem er sich wieder bedeckt hat, trocknet er die Ölkreuze ab und stimmt
im achten Ton die Antiphon an: *Vox domini* (Psalm 29, 3). Nun folgt
der Psalm 28 mit dem *Gloria* und *Sicut*, worauf die Antiphon wiederholt
wird. Inzwischen macht der Bischof stehend mit dem rechten Daumen
äusserlich sieben Kreuze mit dem Öl auf die Glocke und innerlich mit
dem Chrisma, wobei er bei jedem Kreuze spricht: *Sancti † ficetur et conse-
†cretur, Domine, signum istud, in nomine Pa † tris et Fi † lii et Spiritus † Sancti. In honorem Sancti N. Pax tibi.* (Nach den Vorschriften
des Lütticher Rituale [Martène a. a. O. S. 370] werden von den sieben
äusseren Kreuzen vier in gleichen Abständen unten am Kranze gemacht
und die übrigen drei oben um die Haube der Glocke, so dass sie mit den
unteren Dreiecke bilden; die vier inneren Kreuze werden in gleichen Abständen von einander an den Schlagring gezeichnet. — Zum Auffangen
des abtriefenden Weihwassers wird ein Gefäss unter die Glocke gestellt,
und die Trockentücher werden nach beendigter Räucherung verbrannt.)
Wenn dies geschehen und der Gesang zu Ende ist, betet der Bischof stehend
und barhaupt die Kollekte: *Omnipotens sempiterne deus etc.* (worin die
bezeichnenden Worte: *Tu hoc tintinnabulum coelesti be ne † dictione per-*

funde, ut ante sonitum eius longius effugentur ignita iacula inimici, percussio fulminum etc.). Darauf setzt und bedeckt sich der Pontifex, streut auf das Rauchfass Thymian, Weihrauch und Myrrhen, oder was von diesem Rauchwerk gerade zu haben ist, und das Rauchfass wird unter die Glocke gestellt, so dass sie den ganzen Rauch in sich aufnimmt, während der Chor im achten Ton die Antiphon singt: *Deus in sancto etc.* (Psalm 76. 14). Dann folgt der 76. Psalm mit dem *Gloria* und *Sicut,* worauf sich der Bischof wieder erhebt und mit entblösstem Haupte die Kollekte *Omnipotens dominator Christe etc.* (worin, wie vorhin Gott Vater, nun auch Christus angerufen wird: *Tu hoc tintinnabulum S. Spiritus rore perfunde, ut etc.).* Zuletzt endlich spricht der Diakonus: *Dominus vobiscum (R. Et cum spiritu tuo)* und verliest die Perikope Luc. 10, 38—42, nach deren Beendigung der Bischof das ihm dargereichte Evangelienbuch küsst, über die geweihte Glocke das Kreuz macht, sich bedeckt und entfernt.

Abgesehen von der ermüdenden Wiederholung derselben Gedanken und Worte in den verschiedenen Gebeten dieser Liturgie, beweist schon, im Vergleich mit dem viel einfacheren und kürzeren Ritus bei der Weihung anderer heiligen Geräte, die Länge derselben (das Ritual der Karmeliter bei Martène a. a. O. S. 371 enthält ein bei weitem einfacheres Zeremoniell ohne Anwendung des Chrisma, weshalb auch ein gewöhnlicher Priester als Konsekrator hinreicht) die ganz besondere, übertrieben zu nennende Wichtigkeit, welche das Mittelalter auf die Benediktion der Glocken zu legen beflissen war, und wenn auch die Kirche stets weit entfernt gewesen ist, den Glocken und anderen leblosen Dingen das Sakrament der heiligen Taufe zu erteilen, so ist es doch, indem die äusseren Gebräuche bei der Glockenweihe mit den wesentlichsten Zeremonien bei der Kindertaufe übereinkommen, fast als eine notwendige Folge anzusehen, dass in der Laienwelt, welche von allen den lateinischen Gebeten nichts verstand und nur dem äusseren Ritus zu folgen vermochte, nicht bloss der Name, sondern auch der Begriff einer wirklichen Glockentaufe üblich werden konnte. Auch wird sich die katholische Kirche von dem Vorwurf nicht reinigen können, den Irrtum des Volkes nicht bloss nie bekämpft, sondern vielmehr durch weitere Ausspinnung der Zeremonien ihrerseits noch bestärkt zu haben [1]; wir rechnen dahin die Namengebung und die Zuziehung von Gevattern.

Was zunächst die Namengebung anbetrifft, so lässt sich voraus-

---

[1] Benedikt XIV. (1740—1758) sagt Inst. 47: *Animadvertendum est, huic benedictioni nomen baptismi concedi, quod quidem ecclesia non comprobavit, sed tantum aequo animo patitur.*

setzen, dass, so lange jede Kirche nur Ein Signum hatte, das Bedürfnis
dazu nicht vorhanden war, sondern erst dann eintrat, als es im achten
Jahrhundert gebräuchlich wurde, mehrere Glocken zu einem Geläute zu vereinigen, um die einzelnen näher bezeichnen zu können, und um sie in der
Praxis nicht miteinander zu verwechseln. Das Naheliegende dieser ursprünglich kein religiöses Moment an sich habenden Gewohnheit geht schon
daraus hervor, dass auch die Chinesen ihren Glocken Namen geben [1] —
wie aus ähnlicher Veranlassung alle Nationen den Schiffen Namen beilegen
und sie taufen; gerade die an sich unschuldige Namengebung aber scheint,
in Verbindung mit den übrigen Zeremonien, den volksmässigen Begriff der
Taufe zu bedingen, weshalb auch wohl von einer Taufe der Kirchen und
Altäre die Rede ist [2], indem diese bei ihrer Konsekration einem bestimmten
Heiligen dediciert werden. — Die ältesten bekannten Beispiele von Glockennamen fallen in das letzte Viertel des zehnten Jahrhunderts, und Papst
Johann XIII., welcher im Jahre 968 einer Glocke der Laterankirche —
nach sich oder nach dem Patron der Kirche — den Namen Johannes
beilegte, wird gewöhnlich als Vater dieser Sitte bezeichnet [3]; allein etwa
gleichzeitig legte auch der im Jahre 975 verstorbene Benediktiner-Abt
Turketul von Croyland in Lincoln einer grossen Glocke nach dem Patron
seines Klosters den Namen Guthlac bei, und sein Nachfolger Egelric goss
ein aus sechs Glocken bestehendes Geläut: die beiden grössten Glocken
nannte er Bartholomäus und Bettelin, die beiden mittleren Turketul und
Tatwin, die beiden kleinsten endlich Pega und Bega.[4] — Nach dem Bericht des Mönchs Helgald von Fleury (um 1050) liess um das Jahr 1000
König Robert von Frankreich für die Aniannskirche in Orleans fünf Glocken
giessen, deren grösste dem Geber zu Ehren Robertus genannt wurde.[5] —
Einer aus derselben Zeit rührenden Nachricht zufolge liess der Abt Teuto
von St. Maur-les-Fossés für die von ihm neu errichtete Klosterkirche zwei
kostbare Glocken anfertigen, deren einer er seinen Namen beilegte.[6] —
Schon aus diesen ältesten Beispielen erhellt, dass man die Glockennamen
von den Patronen oder Donatoren herzunehmen liebte; und wie man in

[1] Nach der Angabe des Jesuiten Le Comte (Nouveaux mémoires sur l'état
de la Chine. Amsterdam 1698. 1, 116) heissen die vier grossen Glocken in Nanking: Tchoüi, die Hängende; Ché, die Essende; Choüi oder So, die Schlafende;
Fi, die Fliegende.

[2] Bona a. a. O. S. 139. Luther bei Walch 11, 63.

[3] Baronius, Annal. ad a. 968.

[4] Ingulfus, Hist. script. post Bedam (ed. Saville. London 1596), fol.
505 b. — Vergl. Mabillon, Act. Bened. sec. 5. p. 619.

[5] Martène a. a. O. S. 368.

[6] Martène a. a. O. S. 369.

der älteren Zeit männliche Namen vorgezogen zu haben scheint, indem nur die beiden kleinsten Glocken Egelrics die weiblichen Namen Pega und Bega führten, so wählte man späterhin am häufigsten weibliche, wogegen sich männliche Glockennamen seltener vorfinden. (Der Dom von Erfurt hat vier Glocken mit männlichen Namen: Andreas, Joseph, Christoph und Johannes, sämtlich erst aus dem 18. Jahrhundert; die Sigismund-Glocke der Marienkirche in Danzig war unter diesem Namen schon im Mittelalter vorhanden.) — Zu Anfang des zwölften Jahrhunderts liess Abt Rudolf von St. Trou sechzehn Glocken giessen und umgiessen, welche alle weiblich benannt wurden, selbst dann, wenn sie ihre Namen von männlichen Heiligen erhielten: *Aurelia*, *Benedicta*, *Nicolaa*, *Truda*, *Stephania*; eine nicht für das Kloster selbst, sondern für die Pfarrkirche St. Maria bestimmte Glocke wurde *Filiola* getauft, und der Name einer andern Glocke *Angustia* sollte daran erinnern, dass die Abtei im Jahre 800 von dem Herzoge von Löwen mit Feuer und Schwert verwüstet worden war.[1] — Nach dem Chartularium von Laon schenkte Bischof Wilhelm von Troyes auf seinem Sterbebette der Kirche zu Laon im Jahre 1272 eine Glocke, welche *Guillemette* genannt und zum Läuten während der Prozession des heiligen Sakraments bestimmt wurde.[2] Manche andere Glockennamen sind nicht sowohl Nomina propria, als appellativa, z. B. die Sonntagsglocke *Dominica* von 1575 und die vermutlich für die kleinen Feste bestimmte, im Jahre 1667 umgegossene *Apostolica* des Domes zu Magdeburg; die grösste Glocke daselbst heisst *Maxima*, und die auf dem Dome zu Halberstadt *Domina*; auf dem Dome zu Merseburg findet sich eine *Quarta* und eine *Nona*, beide von 1458; auf dem Freisinger Dome giebt es eine *Sechserin*, *Fünferin*, *Viererin* u. s. w. bis *Einserin*. Die beiden grössten mittelalterlichen Glocken des Kölner Domes von 1448 und 1449 heissen *Preciosa* und *Speciosa*; eine Glocke zu Hildesheim aus dem elften Jahrhundert hiess *Cantabona*, eine andere, ursprünglich vielleicht ebenso alte zu Merseburg heisst *Clinsa* d. i. Klingerin, im Volksmunde *Schnarre*; eine Glocke zu Rouen hiess *Rourelle* (von *rouoier*, dem Schnurren der Katzen). — Beim Umgusse älterer Glocken behielt man entweder den alten Namen bei oder wechselte denselben, während zuweilen der ursprüngliche Name im Volksmunde fortlebte. Die grosse Glocke von Erfurt, welche an die Stelle ihrer im Jahre 1472 geschmolzenen Vorgängerin 1497 trat und wie diese *Maria Gloriosa* getauft wurde, heisst im Volke die grosse Susanna, wie es scheint korrumpiert aus

---

[1] Spicileg. chronic. abbat. S. Trudonis. 7, 459. — Vergl. Bulletin monumental 10, 102.

[2] Bulletin. mon. a a. O. S. 120

Osanna (Luther bei Walch 11, 63), ähnlich schallmalend, wie bei den
Franzosen *Bourdon* (Brummer) überhaupt Bezeichnung einer grossen Glocke
ist.[1] — In Oxford lebt der „*Great Tom*" ebenfalls noch fort, obgleich die
betreffende Glocke schon bei einem Umgusse unter der blutigen Maria nach
dieser Königin Maria genannt wurde. — Ebenso wie die Kirchenglocken
hatten auch die ausschliesslich für weltliche Zwecke bestimmten Rathaus-
glocken, welchen eine kirchliche Weihe nicht zu teil wurde, ihre Namen,
wie es scheint ebenfalls oft mit Beziehung auf ihren Gebrauch: so heissen
zwei Glocken auf dem grossen Uhrturme des alten Rathauses von Rouen,
welche anscheinend aus dem 13. Jahrhundert herrühren, die eine *Cache-
Ribaud*, die andere *Rourelle*[2], und eine Glocke des Rathauses zu Breslau,
ursprünglich vom Jahre 1360, heisst *Pfennige*. — Endlich hat man zu
unterscheiden zwischen eigentlichen Taufnamen und gewissen bloss volksmässigen Benennungen: wie wenn eine Glocke des alten Doms von Köln
wegen ihres rauhen Tones das *Bäuerlehen* und eine andere auf der Cäcilienkirche daselbst der *Saufang* genannt wurde; auch der Name der *Butter-
glocke* auf dem vom Erlös des für das Butteressen zur Fastenzeit erteilten
Dispens erbauten Butterturme zu Rouen, und der Name *Pummerin* für
eine Glocke von St. Stephan in Wien und *Bramme* für eine Glocke in
Calbe a. S. gehören hierher, teilweise auch die in alten Inventarien des
Domes zu Halberstadt den dortigen Glocken gegebenen Benennungen:
Donna (d. i. Domina), *Osanna*, erste und zweite *Spendeglocke*, *Langhals*,
Bratwurst, *Sauerkohl*, *Lämmchen*, *Stimpimp*, *Adam*. Die jetzige Schlag-
glocke im Rathausturm zu Rheinberg von 1727 heisst im Volksmunde die
Butter-Agnes, vielleicht weil sie in früherer Zeit geläutet wurde, wenn
der Buttermarkt angehen sollte.

For unumgänglich notwendig hat man es jedoch keineswegs gehalten,
den Glocken bei ihrer Weihung auch einen Namen beizulegen: denn nach
Martène's Zeugnis ist, wie in dem römischen Pontifikale, so in den meisten
übrigen alten Ritualbüchern von der Namengebung nichts erwähnt, und das
Pontifikalbuch des Remigius von Reims aus dem zwölften Jahrhundert stellt
die Beobachtung dieser Sitte dem freien Ermessen anheim: „*si velis.*"[3]
Dagegen nimmt gerade die Namengebung in einem Lütticher Rituale, wo

[1] Der bekannte Spruch: „Die grosse Susanna treibet die Teufel von danna"
wird nicht bloss von der Erfurter Riesin angeführt, sondern auch von einer im
Jahre 1472 geschmolzenen grossen Glocke der Pfarrkirche zu Schwabach von 1415,
bei welcher eine Jungfrau, Namens Susanna, Patenstelle vertreten und ein Stück
Feld zum Eingebinde gegeben hatte. Vergl. Aufsess, Anzeiger für Kunde des
teut. M.-A. 1832. S. 66 f.

[2] Richard, Cloches du Beffroy de Rouen (Rouen 1847. 11 S. 8).

[3] Martène a. a. O. S. 369.

die Glocke mindestens elfmal namentlich augerufen wird, die hervorragendste
Stellung in der ganzen Feierlichkeit ein, bei welcher wir hier auch der
Zeugen oder Paten Erwähnung gethan finden[1]; allerdings nicht gerade
unter diesem Namen, aber soweit die äusseren Gebräuche darüber ent-
scheiden können, offenbar in dieser Stellung, wie denn, abgesehen von der
mindestens zweifelhaften amtlichen Ansicht der Kirche, im späteren Mittelalter die grosse Masse des Volks sich keines Unterschiedes bewusst war
zwischen Glockentaufe und Kindertaufe, und zwischen dem Gevatterstande bei
einer Glocke oder bei einem Kinde: man erliess förmliche Gevatterbriefe[2] und
machte einen Unterschied zwischen Paten und Zeugen (Gross-Paten und Godten).
Die Paten mussten ein an die Glocke gebundenes Seil anfassen, dem Weih-
bischof die Namen der Glocke, wie bei der Taufe der Kinder Gebrauch,
nachsprechen und eine Verehrung (Eingebinde) machen[3]; der Glocke wurde
nach der Taufe ein Westerhemd angelegt. Überdies war die Feierlichkeit
durch die Zuziehung des bischöflichen Suffragans, dem ein Geschenk gemacht werden musste, und durch das darauf folgende Festmahl oft sehr
kostspieliger Natur[4], weshalb man viele und reiche Zeugen einlud, um sich
an den Patengeschenken wieder schadlos zu halten. Unter diesen Umständen

---

[1] Martène a. a. O. S. 370 f. — Rocca (de campanis, im: Thesaurus pontif. antiquitat. 1, 165) nennt die Zuziehung eines Mannes und einer Frau aus den angesehenen
Gemeindegliedern als Paten eine namentlich in Spanien übliche Sitte.

[2] Einen dergleichen von den Alterleuten zu Weissenfels an den Rat zu
Merseburg vom Jahre 1423 findet man in Thümmel, Weissenfelser Neujahrs-
blatt von 1838, S. 4, und einen ähnlichen von dem Kirchenpatronat und den
Alterleuten zu Klein-Vargula bei Langensalza an den Rat zu Tennstädt von 1516
in J. Chr. Olearius, Syntagma rer. Thuring. p. 364 f. und daraus im Christl.
Kunstbl. 1866, S. 166 abgedruckt. Derselbe lautet: „*Unsre freundlichen Dienste
zuvor. Ersame, weise Herren. Wir seynd willens, will's Gott, unsre Glocken
auf den Sonntag Exaltationis S. Crucis nächstkommende nach Ordnung der Heiligen Christlichen Kirche zu weyhen und taufen zu lassen: Ist unsre gütliche
Bitt, wollet auf vermeldte Zeit um Gottes Willen bey uns samt andern unsren
guten Freunden erscheinend und Gross-Pate mit sein. Wollet das Lohn von
dem Allerhöchsten Gott und dem Patrono S. Sixto und der heiligen Jungfrauen
S. Julianen nehmen, so wollen wirs willig gern verdienen. Datum Sonntag nach
Egidii anno 1516.*"

[3] Eine Glocke zu Notre-Dame du Thil bei Beauvais von 1580 ist fast ganz
mit einer Inschrift bedeckt, in welcher die Zeugen und Gevattern mit allen ihren
Titeln aufgeführt werden. Vergl. Bulletin monumental 10, 108 f. — Bei der Taufe
der grossen Glocke für den Dom zu Halle unter Erzbischof Albrecht vertrat der
Stadtrat durch vier Deputierte Patenstelle und verehrte 50 Fl. Vergl. Olearius,
Halygraph. p. 236.

[4] Die beiden Mahlzeiten bei der Taufe der im Jahre 1510 gegossenen Wein-
und Messglocke auf der Moritzkirche zu Koburg z. B. kosteten dem Rat 114 Fl.

drangen die deutschen Reichsstände auf der Versammlung zu Nürnberg 1522
in dem 51sten Beschwerdepunkte bei dem päpstlichen Legaten auf Abstellung der mit der Glockenweihe verbundenen volksverführerischen und kostspieligen Missbräuche, wollten sich jedoch, obschon sie das Unevangelische der
ganzen Zeremonie anerkannten, das übrige (Weihwasser, Salz, Räucherwerk
u. s. w.) noch gefallen lassen, falls nur jedem Priester die Weihe, nach gewohnter
Weise und ohne Kostenaufwand für die Laien, vorzunehmen nachgelassen
würde.[1] Hieran knüpfte sich nun ein Streit zwischen den katholischen
und protestantischen Theologen, in welchem letztere es den Gegnern dadurch leicht machten, dass sie den Terminus „Taufe" zu stark urgierend,
lediglich im Hinblick auf den äusseren Ritus die katholische Kirche be-
schuldigten, leblose Dinge taufen zu wollen (vergl. Luther bei Walch
19, 1491), welches die Gegenpartei mit Hinweisung auf ihre nur von einer
benedictio campanarum sprechenden Ritualien als sinnlos und lächerlich zu-
rückwies (vergl. Sala zu Bona a. a. O. S. 138 f.). Dagegen war es
eine schwache Ausflucht der Katholischen, dass sie, da die Übereinstimmung der äusseren Gebräuche bei der Taufe und bei der Glockenweihe nicht
in Abrede zu stellen war, um den Verdacht einer Persiflage des heiligen
Sakraments (Luther sagt auf Deutsch „*Affenspiel*") von sich abzuwenden,
allegorisierend erklärten, es sei nicht die Taufe, sondern nur ein Sinnbild
derselben, was den Glocken zu teil würde.[2] Abgesehen von dem Volksverführerischen in jener anstössigen Übereinstimmung des äusseren Ritus
liegt das eigentlich Unevangelische der katholischen Glockenweihe in der
magischen Konsekrations-Theorie der katholischen Kirche, wie sich dieselbe
in denjenigen Gebeten des römischen Pontifikale, wo geradezu von Erfüllung
der leblosen Glocke mit dem heiligen Geiste die Rede ist, deutlich dar-
legt, mögen die Satzungen des sich im Gewissen getroffen fühlenden Pro-
vinzial-Konzils zu Köln vom Jahre 1536 (vergl. Sala zu Bona a. a. O.)
immerhin das Wegerklären des Magischen versucht haben. Dass der Glocke
durch die bischöfliche Weihe höhere Kräfte, besonders zur Vertreibung
der bösen Geister und Unwetter, zu teil werden, ist der Satz, den die
katholische Rechtgläubigkeit festhalten[3], der evangelische Sinn dagegen

---

6 Pfd. 23 Pf. (vergl. Aufsess a. a. O. S. 141); dies erscheint jedoch noch
mässig, denn nach dem ständischen Gravamen (s. die folgende Anmerk.) sollen in
einem „schlechten Dorfe" dabei oft etliche 100 Gulden darauf gegangen sein.

[1] Siehe den Text des ständischen Gravamens bei Bingham a. a. O. 4,
184 f. aus: Wolf, Lect. memorab. cent. XVI. ann. 1561. p. 539 f.

[2] Marténe a. a. O. S. 368.

[3] Steph. Durant, de rit. eccl. cathol. 1, 22 (Col. Agripp. 1592, p. 177): *Ad
abigendos et propulsandos malignos spiritus, visum est patribus eas lacare, bene-*

im Bunde mit dem gesunden Menschenverstande verwerfen muss: die Kraft des lebendigen Gottesgeistes ist nur mitteilbar dem Lebendigen, nicht aber dem Toten.[1]

Der Streit über die Glockentaufe [2] dauerte zwischen beiden Kirchen bis ins 18. Jahrhundert fort, zuletzt aber waren es katholische Rationalisten, welche die Entschuldigungen der römischen Verteidiger für seicht erklärt [3] und sich am stärksten gegen diesen ihnen verabscheuungswürdigen Gebrauch ihrer Kirche ausgesprochen haben [4], während andere katholische Schriftsteller das magische Element des Rituale lediglich mit Stillschweigen übergingen. [5] Wenn endlich ein Vertreter [6] der neueren, wenn auch nicht neuesten und approbierten katholischen Rechtgläubigkeit sich über die Glockenweihe folgendermassen ausspricht: „Wenn man erwägt, wie bedeutungsvoll diese metallene Zunge (die Glocke) ist, und wie viel Freud und Leid sie verkündet: so hat die Kirche volles Recht, auch bei dieser Gelegenheit durch einen frommen christlichen Spruch an den Ernst und Wechsel des Lebens zu erinnern" — so könnte sich, wenn nur die magischen Zeremonien nicht wären, die evangelische Kirche mit diesem schönen Worte um so mehr einverstanden erklären, als sie ein solches „Erinnern"

---

dicere et ungere, ut vestimenta ecclesiastica etc. — Völlig korrekt sagt unter Berufung auf B e n g e r , Pastoraltheologie 2, 139 B o e c k e l e r (a. a. O. S. 72 f.): „Die Glocke der katholischen Kirche ist nicht ein blosses Naturkind — —. Die Segnung ist die Thür, wodurch sie aus der Natur in die katholische Kirche gelangt, vom Fluche der Natur befreit und mit der Segenskraft der Kirche erfüllt wird — —. Die katholische Glocke ist getauft und hat durch die Segensgebete der Kirche gleichsam auch eine Seele, einen Geist bekommen." — Wenn B r e n n e r (Geschichtl. Darstellung der Verrichtung der Taufe, S. 183) sagt: Die Glockentaufe ist daher jetzt eine blosse Benennung der Weihe, welche mit d e n s e l b e n Z e r e m o n i e n auch bei anderen Gegenständen, z. B. Tempeln, Altären, Gefässen vorgenommen wird — so steht diese beschönigende Behauptung im Widerspruche mit den Ritualien.

[1] Art. Smalcald. ed. M a r h e i n e c k e , p. 85. — Form. Concord. VII. ed. Rechenb. p. 750.

[2] Siehe die Litteratur bei Sala zu Bona a. a. O. S. 138 f. und bei B i n g - h a m , Origines 11, 4 §. 2 (ed. G r i s c h o w 4, 148). Vergl. P. V e r g e r i u s , de aquae bened. et campanae baptizatae origine. — G. H. G o e t z e , de baptismo campanarum. Lubec. 1712. — J. H e r m a n n s e n , de bapt. camp. Holmiae 1728. — A u g u s t i , Denkwürdigkeiten 7, 114; 10, 208; 11, 421. — D a n i e l in der Encyklop. von Ersch u. Gruber. I. Sect. 70, 99.

[3] M i c h l , Kirchengesch. 2. Aufl. 2, 146 f.

[4] Die kathol. Kirche Schlesiens. S. 323 ff.

[5] Z. B. G r u n d m e y e r , Lexikon der röm.-kathol. Kirchengebräuche, unter G l o c k e .

[6] W a l t h e r , Lehrb. des Kirchenrechts. § 273.

nicht bloss für ihr Recht erkennt, sondern für ihre Pflicht gegen die
gläubige Gemeinde ansieht und beobachtet; es vertritt daher die Stelle
der katholischen Glockentaufe bei den Protestanten die Glockenpredigt,
von welcher sich indes schon Spuren vor der Reformation finden: das
Lütticher Rituale (Martène a. a. O. S. 371) z. B. stellt es dem Konsekrator frei, nach vollbrachter Weihe das Volk über die Ursache derselben zu belehren, dass dadurch nämlich die Glocken gegen Unwetter und
teuflische Aufeindungen gekräftigt würden, während das Kölner Provinzial-
Konzil von 1536 das Volk zu belehren verordnet, „ut signatis potius,
quam signis inhaereat“. [1] — Die älteren protestantischen Glockenpredigten [2]
sind meist teils archäologischen, teils gegen die katholische Glockentaufe
polemischen Inhalts und riefen katholische Gegenpredigten hervor; die
späteren rationalistischen handeln namentlich in ästhetisch-sittlicher Beziehung über den verschiedenen Gebrauch der Kirchenglocken im Sinne
von Schillers „Lied von der Glocke“; die neueren stellen sich mehr auf
einen kirchlich-gläubigen Standpunkt. [3] — In der Regel erhalten die
Glocken der Protestanten keine eigenen Namen; ein sinniges Beispiel vom
Gegenteil giebt eine Glocke, welche König Friedrich Wilhelm IV. von
Preussen der Kirche in Oranienburg zur 200jährigen Stiftungsfeier der
Stadt im Jahre 1850 geschenkt und derselben den Namen „Zuversicht“
beigelegt hat, hergenommen aus dem „eigenen Liede“ der ehemaligen Stif-
terin der Stadt, Kurfürstin Luise von Brandenburg: Jesus, meine Zuver-

---

[1] P. 9, c. 14 (T. 6 conc. Germ., p. 295).

[2] Z. B. von Superint. Helwig Garthius über 4. Mose 10, 7—10 (Oschatz
1606), von D. Schubartus über das Sonntagsevangelium Matth. 22, 1—14 (Halle
1662), von Diakonus M. Seebisch (Dresden 1675), von Hofpred. Lic. Sam. Baldovius über Ps. 27, 4 (Schloss Bevern 1680), von Superint. Jac. Wächtler in
Belzig 1697 über das Sonntagsevangel. Matth. 22, 15—22 (abgedr. in Eilers,
Chron. Belticense, S. 172 ff.). — Die Predigt von Baldovius handelt nur im
Eingange von den Glocken und beginnt mit dem Votum:

> Gott, der uns zu der heilgen Stät
> Zu seinem Wort und zum Gebet
> Durch Glocken rufet früh und spat,
> Helf, dass zu seines Namens Ruhm
> Wir gerne gehn zum Heiligtum,
> Uns auferbaun im Christentum
> Durchs Gesetz und Evangelium,
> Bis unser Jesus kommt heran
> Und zeucht die letzte Glocke an.

[3] Z. B.: U. Böttcher, Pastor zu Pinne, bei der Einweihung der ersten
Glocke zu Lewitz-Hauland 1854. Rede über den Namen derselben „Gratia“, abgedr. in den Werderschen Bibelberichten 1855, Nr. 10, S. 73—78.

sicht. Nach vorangegangener geistlichen Weiherede auf einem Platze der
Stadt wurde die geschmückte Glocke in Prozession zur Kirche geführt,
wo demnächst die eigentliche Glockenpredigt gehalten wurde.

Schliesslich mag die ältere Praxis der lutherischen Kirche Erwähnung
finden, wonach, da das Werk des Glockengusses ein gefährliches ist, kirchliche Fürbitten für das Gelingen desselben stattfanden [1], wie auch schon,
falls die Glocken innerhalb der Klöster gegossen wurden, in der katholischen Kirche ähnliche Gebete angeordnet sind [2], und in mancher Giesshütte
herrscht noch die fromme Sitte, mit entblösstem Haupte ein stilles Gebet
zu verrichten, während sich die Form füllt. — Die bischöfliche Kirche
Englands allein scheint jede religiöse Feierlichkeit bei der Erwerbung
neuer Glocken aufgegeben zu haben; es ist dort lediglich das in katho-
lischer Zeit mit der Glockentaufe verbundene Volksfest übrig geblieben und
in widerwärtige Roheit ausgeartet. [3] — In Frankreich ist es üblich, nach
der Einweihung neuer Glocken Geschenke an das versammelte Volk zu
verteilen. [4]

III. Vom Gebrauche der Glocken.

Die in der Konsekrations-Liturgie enthaltenen Gebete deuten auf eine
zwiefache Bestimmung der Glocken hin: einmal sollen sie dienen als Versammlungszeichen für die Gemeinde, dann als Abwehr der Dämonen und

[1] **Eschenwecker**, vom Recht der Glocken, S. 19. — Eine Fürbitte für
den Guss der Apostolica des Magdeburger Domes 1689 ist mitgeteilt in den Ge-
schichtsbl. für Stadt und Land Magdeburg. 1868. III, 460.

[2] **Martène** a. a. O. S. 371. — Als beim Gusse der grossen Glocke des Erfurter Domes am 8. Juli 1497 die Speise um 10 Uhr Abends flüssig war, kamen
die Geistlichen der Kirche mit Litaneien und dem heiligen Sakrament und setzten
es auf einen Tisch, der schön geschmückt war mit mancherlei Blumen und wohl-
riechenden Kräutern, vielen Lichtern und Fahnen und Kerzen. Als alles gelungen
und das Werk vollbracht war, sangen die Geistlichen das Tedeum. Vergl. v. Tettau, der Meister u. s. w. der gr. Domgl. zu Erfurt, S. 8.

[3] **Gatty**, the Bell, p. 29: *Then commences the profane christening. In
the bell, which has been inverted for the purpose, mine host mixes a motly com-
pound of beer, rum etc., which is liberally dispensed to the good-humoured by-
standers.*

[4] Als im Jahre 1863 in Dijon drei neue Glocken eingeweiht worden waren,
warf man in Anschluss an die kirchliche Feier von einer Galerie der Kathedrale
eine halbe Stunde lang über 400 Pfund Bonbons unter die unten versammelte
Menge des Volkes, das sich lustig darum balgte. Unter die Armen wurden
23 Centner Semmelbrot verteilt. Vergl. Blavignac, la cloche, p. 371.

der von denselben kommenden bösen Einflüsse. Aus dieser zwiefachen,
überhaupt aus der mehrfachen Bestimmung der Glocken erwuchs, um Irrtum zu vermeiden, sehr frühzeitig das Bedürfnis mehrere Glocken von
verschiedener Grösse und von verschiedenem Ton anzuschaffen, von denen
die einen den verschiedenen Versammlungszwecken, die anderen der Abwehr der bösen Geister u. s. w. vorzugsweise gewidmet wurden; es finden
sich daher selbst in den kleinsten Pfarrkirchen mindestens immer zwei
Glocken, gewöhnlich aber drei, schon um der vollständigeren Harmonie
willen: wo sich weniger finden, ist Mittellosigkeit, wo sich mehr finden,
Reichtum der Kirchenfabriken und höhere Bedeutung der betreffenden
Kirchen die gewöhnliche Ursache. Carl Borromäus († 1584) setzt für
seinen Mailänder Erzsprengel (de instructione fabricae 1, 25) für eine
Kathedrale sieben oder mindestens fünf Glocken fest, für eine Kollegiatkirche drei, für eine Pfarrkirche ebenfalls drei oder wenigstens zwei
Glocken. — Bei gewissen Veranlassungen pflegt nur eine, bei anderen
pflegen mehrere, bei besonders feierlichen Gelegenheiten alle Glocken, zuweilen aller Kirchen eines Ortes zugleich gebraucht zu werden, worüber
die nähere Bestimmung meistens auf dem örtlichen Herkommen, bisweilen
auf ausserordentlichen obrigkeitlichen Befehlen beruht. — Dem ursprünglich bloss kirchlichen Glockengebrauche gesellte sich bei weiterer Aus-
bildung des Städtewesens der bürgerliche Gebrauch hinzu, und infolge der
verschiedenen Bestimmung der an einem Orte vorhandenen verschiedenen
Glocken für kirchliche oder bürgerliche Zwecke wurden zur näheren Bezeichnung derselben besondere Gattungsnamen üblich. Der leichteren
Übersichtlichkeit wegen knüpfen wir unsere ferneren Bemerkungen über
den Gebrauch der Glocken an die bezeichnenden Namen der einzelnen
Gattungen derselben, indem wir zunächst die kirchlichen und dann die
bürgerlichen Zwecke in Betracht nehmen.

Sonntagsglocke, *Dominica,* **Predigtglocke,** als Bezeichnung derjenigen Glocke, die vorzugsweise an jedem Sonntage gebraucht wird, um
den Anfang des Gottesdienstes zu bezeichnen. — Die Gemeinde wird zu
dem sonntäglichen Gottesdienste durch in Zwischenräumen von einer Halben-
oder Viertelstunde dreimal (*ad invocandum, ad congregandum et ad inchoandum.* Durand, Rationale l. l. c. 4, n. 12) oder mindestens zweimal wiederholtes Läuten eingeladen. Die öftere Wiederholung in zwei
oder drei Pulsen [1] (französisch *couplets*) geschieht wegen der entfernter

---

[1] Ein langer Puls dauert eine Viertelstunde. — Nach einer Aachener
General-Vikariats-Verordnung vom Jahre 1820 (Rumpf, Handb für Geistliche,
S. 394 ff.) soll ein Puls (*une volée*) nur zehn Minuten dauern dürfen; nach einer

Wohnenden und um vor Verspätung zu warnen. Das erste Läuten heisst das
Vorläuten, das letzte Läuten *(ad inchoandum)* das Einläuten; es geschieht gewöhnlich mit allen Glocken *(compulsare.* Cf. Beleth, Divin.
offic. explicatio. c. 86: *classicum pulsare.* Vergl. Sala zu Bona a. a. O.
S. 140. Französisch: *à toute volée, au tour entier).* — Am Sonnabend
(wie auch am Vorabend der hohen Feste) pflegt mit dem Abendläuten ein
Einläuten des folgenden Sonntages (oder Festtages) zur Vorbereitung
des Volkes verbunden zu werden. Zu Wochengottesdiensten wird gewöhnlich nur mit einer Glocke ein Puls geläutet *(simpulsare* i. e. *simpliciter
pulsare.* Vergl. Beleth a. a. O.). — Wenn in katholischen Kirchen an
Werktagen ausser der Messe des Pfarrers noch andere Messen gelesen
werden, so wird zu letzteren nur mit einem Glöckchen (Alltagsglocke)
geläutet (geglöckelt). — Die an vielen Orten herrschende Sitte, vor dem
eigentlichen Geläute erst mit sogenannten kleinen Stimmglocken (Signier-
glocken) zu stimmen (dingeln, bimmeln), schreibt sich daher, dass dadurch ursprünglich seitens des Ostiarius oder eigentlichen Glöckners das
Zeichen zum Erscheinen der übrigen Pulsanten gegeben wurde.[1] — Als
Regel kann aufgestellt werden, dass in allen abendländischen Kirchen-
gesellschaften, falls ihnen überhaupt das Recht zusteht Glocken zu halten,
nie ein öffentlicher Gottesdienst stattfindet, zu dessen Beginn die Gemeinde
nicht durch Läuten eingeladen würde. Ebenfalls wird besonders auf dem
Lande und in kleineren Städten zu kirchlichen Amtshandlungen (Taufen[2]
und Trauungen[3]) geläutet, was jedoch in der Provinz Brandenburg bei
Taufen ausserehelicher Kinder und bei Trauungen gefallener Bräute nach
neuerer strenger Praxis zu unterbleiben hat, da solche in der Stille vor
sich gehen müssen. — Beim Militär-Gottesdienste im Felde giebt ein
Trommelwirbel das Zeichen; auch auf der Insel Sicilien wurde seit den
Zeiten der Araber noch im Jahre 1800 durch trommelnde Kirchendiener
der beginnende Gottesdienst verkündigt.[4] — Auf armen Filialdörfern mag
es noch hin und wieder vorkommen, dass der Küster durch den Ausruf
einer bestimmten Phrase zum Gottesdienste einladet.

Verfügung der Regierung zu Frankfurt a. O. (ebendas. S. 579) nur eine halbe
Viertelstunde. An anderen Orten rechnet man 50—120 Schläge auf einen Puls.
[1] Kölner Domblatt 1851, Nr. 74.
[2] In der Nikolaikirche zu Greifswald und in Tennstedt (Thüringen) wird die
kleinste Glocke Taufglocke genannt. — Wenn zur Taufe recht lange geläutet
wird, so wird nach dem erzgebirgischen Volksaberglauben das Kind klug.
[3] Zuweilen (wie in Ilsenburg, Hannover u. s. w.) mit einer besonderen
Brautglocke.
[4] Hager, déscription de Palermo et de la Sicile, bei Blavignac, la
cloche, p. 208.

In der römisch-katholischen Kirche schweigen die Glocken zum
Zeichen der Trauer in den drei letzten Tagen der Charwoche von der
Vesper des Mittwochs an bis zu dem Zeitpunkte, wo am grossen Sabbath
das Gloria in excelsis gesungen wird; doch darf mit dem Läuten in keiner
Kirche früher angefangen werden, als bis die Kathedrale der Mutterkirche
des Ortes (in Rom St. Peter) das Zeichen dazu gegeben hat, nach einem
Edikte Leos X. von 1518 bei 100 Dukaten Strafe. (Rocca a. a. O.
S. 184; Blavignac a. a. O. S. 393.)

Die griechische Kirche kennt diese Sitte nicht, im Gegenteil tönen
in Athen am Charfreitage die Trauerglocken sämtlicher Kirchen den ganzen
Tag über. [1] — Auch in der evangelischen Kirche findet am Charfreitage
das gewöhnliche Festgeläut statt. — Das am Charfreitag nachmittags von
4 bis 5 Uhr in Merseburg übliche feierliche Läuten mit allen Glocken
sämtlicher Kirchen schreibt sich erst aus der Zeit des letzten dortigen
Herzogs her, wo es im Jahre 1735 „Gott zu Ehren und zu des Herzogs
Erbauung" anbefohlen wurde. Nach Herzog Heinrichs 1738 erfolgtem
Tode unterblieb dieses Läuten wieder, wurde indes 1759 durch Konsisto-
rialverfügung für das ganze Stift abermals angeordnet. Auf dem Markte
wurden seit 1761 nach beendigtem Läuten einige Passionslieder mit In-
strumentalbegleitung gesungen, woran viele Landleute teilnahmen, die nach
alt hergebrachter Unsitte am Charfreitage in der Stadt ihre Festeinkäufe
machten und nachher truppweise die Merkwürdigkeiten des Domes und
besonders die grossen Glocken desselben in Augenschein nahmen. Nachdem das Zusammenströmen des Landvolkes nach der Stadt unter der
preussischen Regierung nach und nach aufgehört hat, wird auf dem Markte
nicht mehr gesungen, aber das Läuten besteht noch fort. [2] — In einigen
pommerschen Dorfkirchen (Gross-Justin, Schwiersen u. s. w.) singt am
Schlusse des Charfreitagsgottesdienstes die Gemeinde das aus elf Versen
bestehende Lied: „Nun giebt mein Jesus gute Nacht", unter Glockengeläute, wobei das sanfte Orgelspiel nach jeder Strophe eine Pause macht. [3]

In der Zeit, wo in der katholischen Kirche die metallenen Glocken
stumm und ihre Seile in die Höhe gezogen sind, rufen in Rückerinnerung
an die alte Sitte der heiligen Hölzer Holzklappern, provinziell Cres-
sellen, auch Radschen, Raspeln, Knarren (crepitacula ecclesiastica) genannt,
zum Gottesdienste. Die grösseren, auf den Kirchtürmen (z. B. in der
Kreuzkirche zu Breslau und in vielen Kirchen Schlesiens) befindlichen In-

---

[1] P. v. Maligno in Über Land und Meer 1882/83, Nr. 25, S. 495.
[2] Merseb. Kreisbl. 1863. Beilage zu Stück 26.
[3] Werdersche Bibelberichte 1855, Nr. 10, S. 78.

strumente dieser Art sind Drehwalzen, durch welche Holzfedern in Bewegung gesetzt werden, die angeblich ein weithin hörbares Klappern erzeugen. Fig. 1 stellt die auf dem Pfarrturme zu Habelschwerdt befindliche Raspel von 0,75 × 1,00 m Flächenraum dar, die zwar in der betreffenden Zeit benutzt wird, was aber nur den Eingeweihten bekannt ist, da sie unten von niemand gehört wird. [1] Statt der Messschellen kommen Handklappern verschiedener Art (vergl. Fig. 2) zur Verwendung. [2] — In Rom verstummen auch die öffentlichen Schlaguhren; deshalb laufen die Buben mit grossen Klappern auf den Strassen umher, um durch diese Instrumente

Fig. 1.   Fig. 2.

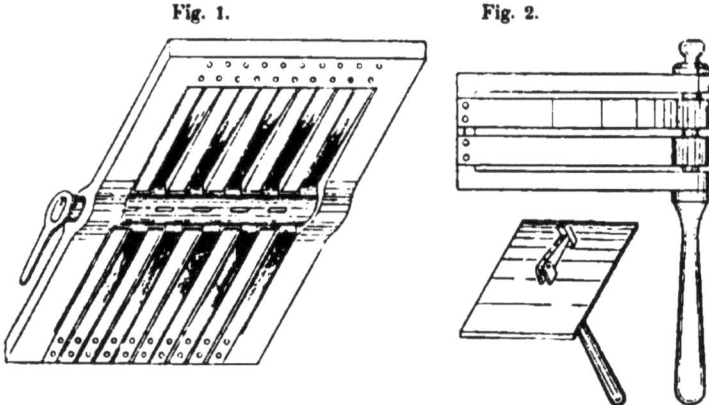

den Gang der Zeit anzuzeigen, wodurch ein sehr unfeierlicher Lärm entsteht. [3] Solches Umherlaufen der Strassenjugend mit schnarrenden Klappern in den drei letzten Tagen der stillen Woche kommt auch in Städten des katholischen Deutschlands vor.

Während des Interdikts ist der Gebrauch der Glocken aufs strengste

———

[1] Winkles, French Cathedrals p. 80 erwähnt einen hölzernen Kranich (grue) in der Kathedrale zu Chartres, der in der Leidenswoche gebraucht wurde und einen erstaunlichen Lärm verursacht. Vergl. Kreuser, Kirchenbau 1, 167. — Einer hölzernen Charfreitagsglocke im Dom zu Braunschweig gedenkt Krünitz. Encyklopädie 19. 24.

[2] Die deutsche Gesellschaft zu Leipzig ist im Besitz einer hölzernen Handglocke, welche sonst bei den scherzhaften Gebräuchen der akademischen Deposition in Anwendung kam. — Über grosse und kleine Instrumente dieser Art in französischen Kirchen und ihre provinziellen Benennungen (traquet, matraca, tartarelle etc.) s. Blavignac a. a. O. S. 394.

[3] Vergl. W. Müller, Rom, Römer und Römerinnen 1818. 2, 182 f.

verboten, und auch wo Milderungen eintreten, bleibt das Läuten stets
untersagt; ja nicht einmal die kanonischen Stunden dürfen durch Glocken
bezeichnet werden, doch ist zuweilen das Läuten zur Predigt und früh,
mittags und abends nachgelassen. [1] Die älteste Erwähnung dieses Verbotes
findet sich bereits in der ersten Hälfte des siebenten Jahrhunderts: die
Glocke einer im Bann befindlichen Kirche versagt von selbst den Ton,
und erhält ihn erst wieder nach Aufhebung des Bannes (St. Ouen, Vita
Eligii 2, 21 bei D'Achery, Spicileg. 5, 250. Vergl. Bona a. a. O.
S. 134).

Festglocke, gewöhnlich eine sehr grosse, darum schwer in Bewegung
zu setzende Glocke grösserer Kirchen, welche nur an den hohen Festen
und bei besonders feierlichen Gelegenheiten gebraucht wird. Von dem
häufigeren Gebrauche hält neben der liturgischen Forderung eines ausgezeichneten Festgeläutes schon die Kostspieligkeit ab, sowie der Umstand,
dass durch das Schwingen sehr schwerer Massen das Gebäude leidet. Als
hohe Feste wurden im Mittelalter diejenigen betrachtet, deren Oktav ebenfalls gefeiert wurde; ihnen ging auch eine Vigilie voran, an welcher ein
vorbereitendes Läuten stattfand, welches noch jetzt an den Vorabenden
der hohen Feste allgemein üblich ist. — Im Magdeburgischen und Sächsischen wird an vielen Orten an den drei Hauptfesten, des ersten Tages
früh um 4 Uhr zur Mette geläutet, aber wohl nur in der Christnacht eine
Mettenpredigt gehalten (Magdeb. Kirchenordn. c. 6, §. 9). — Abgesehen vom
Charfreitage, wo die Glocken bei den Römisch-Katholischen schweigen
(s. oben S. 30), wird im katholischen Süddeutschland an jedem Freitag (um
9 Uhr vormittags, resp. 3 Uhr nachmittags) die Todesstunde (Schiedung)
Jesu mit einer besonderen Glocke beläutet, die deshalb **Scheidglocke**
genannt wird; diese Sitte soll auf einer Verordnung des Erzbischofs Eber-
hard von Salzburg aus dem Anfange des 15. Jahrhunderts beruhen (Gerbert, de cantu et musica sacra 2, 242 f.) und sich erst später nach Italien verpflanzt haben, wo P. Benedikt XIV. unterm 13. Dezember 1740
dieses Läuten für die ganze katholische Kirche gebot und daran einen
Ablass von 100 Tagen knüpfte, wenn dabei für Ausrottung der Ketzer
gebetet werde. Das Läuten dieser Glocke findet sich in Süddeutschland
auch bei evangelischen Gemeinden, nur dass aus lokalen Gründen die
Stunde hier und da eine andere ist. In neuerer Zeit haben einige katholische Provinzen auch am Donnerstage nach dem Abendgebetläuten noch
ein besonderes Läuten, die sogenannte **Angst**, eingeführt, zum Gedächt-

---

[1] Gonz. Tellez, Comment. in Decretal. Francf. 1690. 1. 187. — Vergl.
Rocca a. a. O. S. 184, wo auch Ausnahmen erwähnt sind.

nisse an den Seelenkampf Jesu in Gethsemane. [1] — Die Gewohnheit, die
Stunde des eintretenden Neujahres mit Geläute zu begrüssen, ist in England üblich [2], auch in der deutschen Schweiz [3], dürfte aber in Deutschland,
wo sie sich vorfindet, wie z. B. in Weissenfels, Merseburg, Treuenbrietzen u. s. w.,
wohl erst aus neuerer Zeit herrühren. — In der katholischen Kirche wird
durch besonders feierliche Anwendung der Glocken das Fronleichnamsfest
ausgezeichnet, wo dem Volke das sonst verpönte Beiern (Anschlagen der
in Ruhe bleibenden Glocke mit dem Klöppel) gestattet ist. — In Russland steht es am Ostersonntage jedem Menschen, selbst jedem Kinde frei,
den Kirchturm zu besteigen und so lange zu beiern, als es ihm beliebt,
so dass man bei dem grossen Überflusse von Glocken aller Art, womit die
grösseren Städte versehen sind, vor Glockenlärm sein eigenes Wort auf
der Gasse kaum hören kann. Das gemeine Volk läuft in Scharen nach den
Kirchen, nicht um am Festgottesdienste teilzunehmen, sondern um mit den
Glocken zu lärmen. [4]

Ehrenglocke, Freudenglocke. — Dem Festgeläute reiht sich an der
Gebrauch der Glocken bei freudigen Veranlassungen [5] überhaupt: bei Ein-
zügen der Fürsten und Prälaten, zur Sieges- und Friedensfeier u. s. w.
Der Ursprung dieser Sitte wurzelt darin, dass man hohe geistliche und
weltliche Herren bei ihrer Ankunft in einer Stadt zunächst in die Kirche
zu geleiten pflegte, worüber sich besondere rituelle Vorschriften finden
(*Ordo ad recipiendum processionaliter Praelatum, Imperatorem, Regem etc.*
in Ps. 3 des Pontif. Rom.). Ein Recht zu solchem feierlichen Empfange
gebührt Prälaten und Äbten nur in ihrem Sprengel, Fürsten und Herren
nur in ihrem Gebiet; gegen fremde Würdenträger ist die Ehrenbezeigung
des Glockengeläutes eine lediglich freiwillige. — Als im Jahre 969 Kaiser
Otto der Grosse in Rom erfuhr, dass bei einem Fürstentage in Magdeburg
Erzbischof Adalbert den Herzog Hermann Billing von Sachsen unter dem
Geläute aller Glocken und mit angezündeten Lichtern empfangen und in
Prozession in die Kirche geleitet hatte, musste Adalbert auf Befehl des

---

[1] Christl. Kunstbl. 1866, S. 158.
[2] Gatty, the bell, p. 64.
[3] Blavignac, la cloche, p. 67.
[4] Röhr, Krit. Pred.-Bibliothek 12, 547.
[5] Kurz vor der Ankunft des Papstes Pius VI. in Wien im Jahre 1782 fragte
der Erzbischof Migazzi zu Wien den Kaiser Joseph II., ob der Papst mit Glockenläuten empfangen werden solle. Mich wundert's, antwortete Joseph, dass Sie
darum fragen, die Glocken sind ja Ihre Artillerie! (Vergl. Hahn, Campanologie,
S. 180.) — Diese Anekdote charakterisiert treffend das im Laufe der Zeiten fast
völlig verweltlichte Ehrengeläute.

darüber erzürnten Kaisers demselben so viele Pferde senden, als dem
Herzog waren Glocken geläutet oder Kerzen angezündet worden. (Thiet-
mari Chron. II. 20; rec. Wagner p. 35.) — Als Bischof Bernward von
Hildesheim im Jahre 1000 nach Vercelli kam, wurde er von dem dortigen
Bischof Leo unter Läutung aller Glocken bewillkommnet. (Calvoer, Sax.
inf. p. 426.) — Als im Jahre 1100 die Kreuzfahrer nach Brüssel zurück-
kehrten, zogen die Frauen der Stadt ihren heimkehrenden Männern ent-
gegen und trugen sie unter Glockenläuten nach Hause, weshalb am Frauen-
abend (19. Januar) alle Glocken in Brüssel eine Stunde lang geläutet
werden (J. W. Wolf, Niederländ. Sagen, S. 139 u. 172). — Als um das
Jahr 1114 Kaiser Heinrich V. vor dem Kloster des heiligen Ermenold
vorüberzog, hatte dieser den Mut, das Glockenläuten zu verweigern, weil
der Kaiser im Banne war. (Rocca a. a. O. S. 182.) — Als der Kaiser
Karl IV. 1378 nach Frankreich kam, wurde er in den Städten ohne
Glockenläuten empfangen, weil dieses ein Zeichen der Oberherrlichkeit sei.
(Du Cange a. a. O. s. v. *Campanarum pulsatio.*) — Bei der Geburt
eines Dauphin von Frankreich wurde auf dem Stadthause zu Paris drei
Tage und drei Nächte hindurch geläutet. (Blavignac a. a. O. S. 112.)

Horaglocke, Stundenglocke, *Horologium,* **Uhrglocke, Seigerschelle.**
— **Betglocke, Morgen-, Mittag- und Abendläuten, Vesperglocke,** *Igni-
tegium,* **Achtglocke, Feierabendglocke, Thorglocke, Weinglocke.** —
Ave Maria Glocke, *Angelus.* — **Wandelglocke, Sanktusglocke.** —
Türkenglocke, Eilfglocke u. s. w. — Wie wir im I. Abschnitt sahen,
soll es Papst Sabinianus gewesen sein, welcher zu Anfang des siebenten
Jahrhunderts die Bezeichnung der kanonischen Stunden durch Glockenklang, also ein siebenmaliges Läuten innerhalb 24 Stunden — viermal bei
Tage und dreimal bei Nacht — angeordnet hat. Dies geschah bald mit
einer, bald mit mehreren Glocken, teils in einem, teils in zwei bis vier
Pulsen, so dass den Tag über ein zwölfmaliges Läuten stattfand, und mit
besonderen Modifikationen in der Fastenzeit.[1] Man richtete sich dabei
nach Sonnen-, Sand- und Wasseruhren, mit welchen letzteren schon im
neunten Jahrhundert eine Vorrichtung zur hörbaren Bezeichnung der Stunden verbunden war: stündlich fiel eine bestimmte Anzahl von Metall-

---

[1] Vergl. die etwas verworrenen Angaben bei Durand a a. O. l. 1. c. 4.
n. 9—13 u. l. 5. c. 3. n. 30, aber auch Beleth a. a. O. — Auf dem Convente
zu Aachen unter Ludwig dem Frommen im Jahre 817 war festgesetzt worden,
dass zur dritten, sechsten und neunten Stunde nur „*duo signa*" geläutet werden
sollten. Vergl. Gerbert, de cantu et musica sacra 2. 101, nach: Tom. 2. conc.
Germ. p. 6.

kügelchen auf ein untergestelltes Cymbalum hinab [1], und im zwölften Jahrhundert befanden sich an den Uhren *Nolulae* (Beleth a. a. O.). Diese *Horologia* [2] dienten indes nur als Aushilfe der Sonnenuhren zur Regelung des Horaläutens, welches mit der allmählichen Einführung der öffentlichen Turmuhren seit der Mitte des 14. Jahrhunderts [3] sich nach und nach lediglich auf Kloster- und Stiftskirchen beschränkt hat. [4] — Die protestantische Kirche, welche die „Sieben Zeiten“ als opus operatum verwarf, beließ jedoch in den beibehaltenen Stiftern in Sachsen, Brandenburg u. s. w. den Horadienst in alter Form zwar, aber mit evangelischen Gesängen; aus unbekannten Gründen — vielleicht, weil der Natur der Sache nach ein totes Werk daraus wurde — ist derselbe indes auch hier bis auf sehr geringe Überreste nach und nach abgestorben. Im Dome zu Merseburg z. B. wurde in der ersten Hälfte des laufenden Jahrhunderts allwöchentlich nur noch einmal Hora gehalten, wo die „Horabimmel“ und die „Quarta“ die Vicarien zu einem viertelstündigen Gottesdienste rief; jetzt hat auch dies aufgehört.

[1] Annales Franc. ad a. 807. Vergl. (Chrysander) Antiquar. Nachricht v. Kirchenglocken (Zugabe zu den Hannöver. gel. Anzeigen vom J. 1754), S. 71, 72.

[2] Durand a. a. O. l. 1. c. 1. n. 35: *Horologium, per quod horae leguntur, i. e. colliguntur.*

[3] Vergl. Beckmann, Beitr. zur Gesch. der Erfindungen 1, 151 f. u. 305 ff. — Wenn für die Kathedrale zu Canterbury im Jahre 1292 ein „*novum orologium magnum*“ für 30 L. angeschafft wurde, so ist darunter sicherlich keine Turmuhr zu verstehen, da das Wort clock, welches im neueren Englisch ausschliesslich die Bedeutung Uhr hat, noch im 14. Jahrhundert als Bezeichnung der Glocke vorkommt, welche zu gewissen Zeiten nach einer Sonnenuhr angeschlagen wurde, und es bei Schriftstellern des 15. und 16. Jahrhunderts zuweilen noch zweifelhaft ist, ob man unter clock eine Glocke oder eine Uhr zu verstehen hat. — In Frankreich war auf dem Schlosse Montargis eine Uhrglocke vom Jahre 1353, in Valenciennes eine solche von 1368. (Blavignac a. a. O. S. 69.) — Die Viertelstundenglocke des Doms von Magdeburg deutet durch ihre Inschrift: Mccccxcvi *completum est orologium istud*, darauf hin, dass die erste Turmuhr daselbst 1396 beschafft worden sein mag, wie dies auf dem dortigen Rathause im Jahre 1420 geschah.

[4] Eine alte Vorschrift des Benediktinerklosters St. Blasien besagt: *Incipiat [Secretarius] sonare duabus scillis ad matutinum. Postea fiat compulsatio ab omnibus campanis in choro, quae compulsatio dicitur terracio, quae vulgariter dicitur Schrecki. Deinde sonentur maiores campanae in angulari usque ad introitum scholarium. Tunc faciant ternas orationes in choro, deinde incipiant XV gradus. Interim pulsentur iterum maiores campanae in angulari, ut prius usque nocturnum XV. graduum. Cum legunt secundum nocturnum XV. graduum, pulsentur duae maximae campanae in choro. Ad finem tertii nocturni graduum fit compulsatio ab omnibus campanis tam in choro, quam in angulari.* — Cf. Gerbert, de cantu et musica sacra 2, 164.

3*

Als Rückerinnerung an das ursprüngliche Stundenläuten und gewisser-
massen als ein Überrest desselben kann das noch allgemein verbreitete
Morgen-, Mittag- und Abendläuten angesehen werden, welches unter
dem Namen der Betglocke bekannt ist und aus einem dreimaligen Anschlagen des Klöppels an eine grosse Glocke besteht oder doch stets damit
endet. Wenn eine kleine Glocke dazu verwendet wird, so geschieht es in
der Weise, dass man die Glocke in Schwingung versetzt und nach dem
zweiten Schlage plötzlich wieder anhält, wodurch, indem der Klöppel noch
einmal zurückprallt, der Rhythmus eines Amphimacers ($\prime \smile \cdot$) entsteht.
Dieses dreimalige (oder neunmalige) Anschlagen, welches man seit dem
15. Jahrhundert *„da pacem läuten"* oder *„pro pace schlagen"* nannte [1],
scheint aus der frühen Zeit herzurühren, wo durch päpstliche Verordnung
in dem Agnus Dei der Messe statt des ursprünglich dreimal wiederholten
„miserere nobis" das dritte *„miserere nobis"* mit *„da nobis pacem"* vertauscht wurde, wozu kirchliche Notstände die Veranlassung gegeben haben
sollen [2]; doch wird für den Ursprung dieser Sitte auch die Bulle pro pace
angeführt, in welcher zur Erflehung des Friedens unter den christlichen
Fürsten behufs ihrer Einigung zu einem Kreuzzuge Papst Nikolaus III.
(1277—1280) ein Gebet um den allgemeinen Frieden anordnete, welches
in den Mess-Kanon vor dem Agnus dei eingeschaltet wurde. [3] Ob diese
Anordnungen das später zur Verherrlichung der Transsubstantiation übliche
dreimalige Glockenanschlagen während der Messe, die sogenannte Wandel-,
Speise- oder Sanktus-Glocke, zur Folge gehabt haben, bleibt ungewiss [4], ebenso die etwaige Beziehung derselben auf das Morgen-, Mittag-

—

[1] Statuten der Fronleichnams- und Marien-Brüderschaft in Müncheberg vom
Jahre 1446 (Gerken, Cod. diplom. 4, 609): denen, welche beim Anschlagen der
Glocke *pro pace* morgens und abends ein P. N. und drei A. M. für den Frieden
und die Einigkeit der Kirche beten u. s. w.

[2] Innocentius III. (1198—1216), Mysterior. missae l. 6. c. 4. — Vergl.
Rocca a. a. O. S. 187.

[3] Rocca a. a. O. S. 186.

[4] Das Läuten während der Elevation oder *„paulo ante"* war in Frankreich
schon zu Anfang des zwölften Jahrhunderts gebräuchlich (Tom. 7. conc. Binii
p. 1. c. 14; und Ivo von Chartres [† 1115], Epist. 142) und soll in Deutschland erst im Jahre 1203 durch den päpstlichen Legaten Guido, früheren Abt von
Citeaux, eingeführt worden sein (Cäsarius v. Heisterbach [um 1220], Dial.
l. 9. c. 57. — Vergl. Bona a. a. O. c. 13); in Italien noch später erst um 1238
durch Gregor IX. (Rocca a. a. O. S. 177). — In England heisst die Messglocke
Sanctus bell oder *Sacringe bell* und wurde nicht bloss bei der Elevation, sondern
schon vorher während des Sanktus am Schlusse des Ordo missae geläutet, um
das Volk auf den Beginn des Mess-Kanon aufmerksam zu machen (Bloxam,
Principles of gothic eccl. architecture. 4th ed. p. 170). Übrigens hat man hier

und Abendläuten, welches in der katholischen Kirche zu Ehren der heiligen Jungfrau geschieht [1] und nach dem dazu verordneten Gebete „der Engel des Herrn", Angelus oder Ave Maria, in Frankreich wegen des damit verbundenen Ablasses auch Pardon genannt wird. [2] Bei den Protestanten hat man diese Gewohnheit, nach kurzer lokalen Unterbrechung in der ersten Zeit, in Übereinstimmung mit den Reichsabschieden von 1544 (§ 58), 1567 (§ 37) und 1598 (§ 46), auf den Wunsch des Volkes und nach den Verordnungen frommer Fürsten bei Lutheranern und Reformierten beibehalten, als öffentliche Ermahnung zum rechten christlichen Gebete, namentlich um ein friedsames und geruhiges Leben unter einem guten, christlichen Regiment, weshalb der Gesang des Liedes: Verleih uns Frieden gnädiglich u. s. w. (die luthersche Übersetzung des alten Da pacem, domine) empfohlen ward. [3] Auch sollte dieses dreimalige tägliche Läuten auf dem Lande den Mangel öffentlicher Uhren einigermassen ersetzen und den Anfang der Schul- und Betstunden genauer bezeichnen [4], wie denn in der Praxis das Frühläuten zum Schulläuten, und das Mittag- und Abend-

die in der Kirche selbst während der Messe von dem Ministranten geschwungene Handglocke, die mit einem Handgriffe versehene Messschelle, von der gleichen Zwecken für die ausserhalb der Kirche befindlichen Gläubigen dienenden im Chortürmchen aufgehängten kleinen Glocke (Silberglocke) zu unterscheiden, auf welche letztere eine Verordnung des Bischofs Stephan von Canterbury (Cironius, de celebratione missae c. 1) und eine Satzung des Konzils von Tarragona im Jahre 1406 Bezug hat; beim Ertönen dieser Glocke sollen alle draussen Befindliche die Kniee beugen und um Indulgenz flehen. (Vergl. Gonz. Tellez a. a. O. 1, 636.) — Wenn hin und wieder (in Sachsen und Ostpreussen) die Protestanten das Wandelglöckchen während der Einsetzungsworte um der Schwachen willen beibehielten (Eschenwecker, vom Recht der Glocken, S. 22), so konnte dies nur in dem von Luther (Jenaer D. W. 1, 436. b) angedeuteten Sinne der lauten, öffentlichen Verkündigung geschehen, oder zur Herbeirufung der Kommunikanten.

[1] Daher der erzgebirgische Provinzialismus: An die Marg (d. i. Marienglocke) schlagen, — Reimann, de campanis, p. 24.

[2] Das Läuten muss so lange dauern, als das vorgeschriebene Gebet (Gerbert a. a. O. 2, 243), welches mit der Fürbitte für die Verstorbenen (Requiescant in pace. — Vergl. Rocca a. a. O. S. 178 f.) endet, aber nur von der Geistlichkeit gebetet wird, während sich das ungelehrte Volk gewöhnlich mit dem V. U. und dem A. M. begnügt.

[3] Vergl. Braunschw K.-Ordn. von 1569, S. 157. — Kursächs. General-Artikel von 1580. § IX. 81. b. — Andachtsanstalten des Landgr. Georg v. Hessen. Marburg 1633. S. 3 u. 35. — In der Schwed. K.-Ordn. Karls XI. von 1687, c. 12, p. 55, wird als Gegenstand des Gebetes auch „ein seliges Ende" mit angeführt. — Chrysander a. a. O. S. 185 ff.

[4] Amtsbl. der Preuss. Reg. zu Bromberg von 1830, S. 841.

läuten für die auf dem Felde beschäftigten Arbeiter zu einem Zeichen der
Heimkehr grösstenteils herabgesunken ist, woüber schon zu Anfang des
18. Jahrhunderts geklagt wurde. [1] — Übrigens ist die Stunde des Bet-
glockeschlagens eine sehr verschiedene: früh, von Sonnenaufgang bis 9 Uhr;
mittags, von 11—1 Uhr (daher z. B. der Name Eilfglocke); abends,
von 3 Uhr bis Sonnenuntergang (daher z. B. der Name Achtglocke), in
Rom und Italien eine halbe Stunde nach Sonnenuntergang; an manchen
Orten früh und abends nach den Jahreszeiten verschieden. Wo, wie z. B.
in Schweden, nur ein zweimaliges Läuten der Betglocke üblich ist, geschieht
es gemeiniglich vormittags (um 10 Uhr) und nachmittags (um 4 Uhr). —
An Sonn- und Festtagen pflegt statt des Mittagläutens die Betglocke am
Schlusse des Hauptgottesdienstes, an Busstagen schon während des auf die
Predigt folgenden V. U. angeschlagen zu werden.

Der eigentliche Ursprung der Betglocke lässt sich nicht mit Bestimmt-
heit nachweisen, doch wurde zuerst das Abendläuten, dann das Morgenläuten und zuletzt das Mittagläuten eingeführt, und scheinen nach dem
Sprichworte „Not lehrt beten" stets ausserordentliche Notstände der Christen-
heit die Veranlassung gegeben zu haben. — Von dem Abendläuten finden
sich die ältesten sicheren Spuren anscheinend nach der Mitte des elften
Jahrhunderts in England, jedoch lediglich als Einrichtung der Feuer- und
Sicherheits-Polizei, nämlich die noch jetzt in England unter dem Namen
Curfew (d. i. couvre feu) bell oder Ignitegium bekannte Glocke,
nach deren Läuten abends um 7 oder 8 Uhr jedermann Feuer und Licht
auslöschen musste, und niemand ohne Leuchte sich auf der Strasse an-
treffen lassen durfte. [2] Nach der gewöhnlichen Annahme soll dieses Gesetz von Wilhelm dem Eroberer ausgegangen sein, der es dem Lande als
ein Zeichen der vollständigen Unterjochung, oder um nächtliche Zusammen-
künfte von Verschwörern zu verhindern, aufgelegt habe; allein es sind genügende Anzeigen dafür vorhanden, dass dieselbe Einrichtung zu derselben
Zeit auch in Frankreich, Italien, Schottland und vermutlich in allen europäischen Ländern bestand und wohl allein den Zweck hatte, die bei den
allgemein üblichen Holzbauten besonders gefährlichen Feuersbrünste und
nächtliche Raubanfälle zu verhindern. [3] In England soll diese Verordnung
in ihrer ganzen Strenge nur unter der Regierung Wilhelms I. und II.

---

[1] Vergl. Calvoer, Rituale eccl. 2, 218. — Die Betglocke als kirchlich-
amtliche Mahnung zum Gebete ist sicherlich rein evangelisch, als etwaiges Signal
jedoch zum Abbeten bestimmter Formulare verwerflich.

[2] Vergl. Du Cange a. a. O. unter Ignitegium. — Beckmann a. a. O. 2, 439 f.

[3] Henry, Hist. of Great-Britain. 3, 567. (Lond. 1777.)

(1066—1100) gehandhabt worden sein [1]; doch schlossen sich andere ähnliche Polizei-Einrichtungen daran an oder traten an die Stelle derselben, z. B. die Wein- oder Trinkerglocke (campana bibitorum, vigneron), welche, in Frankreich schon 1291 üblich, den Gastgebern die Polizeistunde andeutete. [2] Das religiöse Moment der Marienverehrung kam erst dadurch hinzu, dass Joh. Bonaventura im Generalkapitel des Franziskanerordens zu Pisa 1262 seinen Ordensgeistlichen vorschrieb, die Gläubigen zu ermahnen, bei dem Abendläuten durch ein dreimaliges Ave Maria das Geheimnis der Menschwerdung des Herrn zu verehren, was durch eine Bulle Johanns XXII. vom 13. Oktober 1318 unter Erteilung von einigen Tagen Ablass die päpstliche Bestätigung erhielt [3], und durch eine französische Kirchenversammlung vom Jahre 1347 neu eingeschärft wurde. [4] Es wäre aber wohl möglich, dass dieser Papst eine um hundert Jahre ältere Anordnung, welche Gregor IX. (1227—1241) gelegentlich seiner Streitigkeiten mit Kaiser Friedrich II. getroffen haben soll, nur mit dem Abendläuten in Verbindung gebracht hätte, dass nämlich zu gewissen Stunden des Tages auf ein mit der Glocke gegebenes Zeichen in den Kirchen das Salve regina gesungen, und die heilige Jungfrau bei Glockengeläute angerufen werden solle, und zwar an Stelle einer nach dem Verluste des heiligen Grabes in Vergessenheit geratenen noch älteren Einrichtung Urbans II., welcher auf der Kirchenversammlung zu Clermont 1095 die Früh- und Abendglocke als Gebetzeichen gegen die Ungläubigen und für das Seelenheil der gebliebenen Kreuzfahrer vorgeschrieben habe. [5] — Durch Breve vom 14. September 1724 verhiess Benedikt XIII. vollkommenen Ablass monatlich einmal denen, welche beim Angelus zugleich die Ausrottung der Ketzer und die Erhöhung der Kirche zu einem frommen Herzenswunsche machten. [6]

---

[1] Brand, Popular antiqu. 4th. ed. 2, 136.

[2] Du Cange a. a. O. unter Campana bibitorum. — Zu Würzburg hiess die Weinglocke Schlafglocke (Organ f. christl. Kunst 1857, S. 190) und zu Ulm Narrenglocke (Iren. Montanus, Histor. Nachr. v. d. Glocken, S. 87). — Auch die Thor-, Sperr- oder Schliessglocke gehört hierher, nach deren Schall die Stadtthore geschlossen und während der Nacht nur gegen Entrichtung des Thorgeldes geöffnet wurden.

[3] Schneider, Jos, die Ablässe, S. 197 (7. Aufl., 1881).

[4] Conc. Sennonense a. 1347, c. 13 (bei Du Cange a. a. O.): *Praecipimus, quod observetur inviolabiliter ordinatio facta per S. M. Joannem P. P. XXII. de dicendo ter A. M. tempore seu hora ignitegii.*

[5] Arnold Wion, Lignum vitae l. 5. embl. 3, c. 20, § 2 und aus demselben bei Ferreolus Locrius, Maria augusta l. 7, c. 16; Rocca a. a. O. S. 179.

[6] Raccolta etc. (1877), S. 159; vergl. Schneider, Jos., a. a O. S. 199

Das Morgenläuten als ein Weckzeichen *(evigilans-stultum)* in den Klöstern und als Ruf zur Frühmesse ist sicherlich so lange im Gebrauche der Kirche als die Glocken überhaupt, und verband man im zehnten Jahrhundert damit das Andenken an die Auferstehung des Erlösers[1]; als Betglocke scheint es zwar schon im zwölften Jahrhundert vorzukommen[2], ist aber, wenigstens in Deutschland, wohl erst im 15. Jahrhundert allgemein üblich geworden.[3] Das Mittagläuten als sogenannte Türkenglocke endlich beruht auf einer Anordnung des Papstes Calixt III., der alsbald nach seiner Konsekration im Jahre 1455 in einem öffentlichen Konsistorium, wegen der Erscheinung eines kritischen roten Kometen, woraus Pest, Teuerung und Niederlagen prophezeit wurden, das Mittagsgebet wider den Türken, dem er den Krieg ankündigte, einführte.[4] — In Frankreich ordnete König Ludwig XI. (1461—1483) die Mittags-Ave-Mariaglocke zur Erflehung des allgemeinen Friedens an[5], und auf dem Reichstage zu Speyer 1542 wurde das Mittagläuten wider den Türken wegen drohender grosser Gefahr für das deutsche Reich wiederholentlich anbefohlen.[6]

Totenglocke, Seelenglocke, Sterbeglocke, Zügenglocke, Grabgeläute, Trauerläuten. — Die Totenglocke ist ihrem Ursprunge nach eine Betglocke, hervorgegangen aus dem Verlangen frommer Sterbender, sich der Fürbitte der Gläubigen um ein sanftes seliges Ende zu versichern[7], und diese Sitte reicht bis in die ältesten Zeiten des Glockengebrauches hinauf; es finden sich Spuren derselben im achten Jahrhundert. Als Abt Sturm

---

[1] Consuetudines monast. S. Vitoni Virdunensis: *Cum lucem ales nunciaverit, dabuntur omnia signa in resurrectione Domini nostri.* Vergl. Beckmann a. a. O. 1. 152.

[2] Rupert v. Deutz († 1135), de divin. off. l. 1. c. 16: *Trinum itaque solemnis diei classicum, id est matutinum, vespertinum et quod ad missae pulsatur initium etc.* Vergl. Rocca a. a. O. S. 175.

[3] Das Konzil zu Mainz vom Jahre 1423 (T. 5. Conc. Germ. p. 209) setzt fest, dass um Sonnenaufgang täglich, ebenso wie bisher bei Sonnenuntergang zu Ehren der Verkündigung geschehen, zu Ehren der Kompassion der Jungfrau Maria dreimal Betglocke werden geschlagen solle. — Vergl. Gerbert a. a. O. 2, 243. — In Halle a. d. S. wurde erst kurz vor 1499 „aufgerichtet, dass man alle morgen frühe eher und wann man die erste frühemesse ... anheben will, dreyen pro pace schlagen soll ... inmassen sonst des abends gewöhnlich u. s. w." Vergl. Dreihaupt, Beschr. des Saalkreises 1, 1034.

[4] Platina, de vitis pontif. Roman. p. 317.

[5] Gaguin, hist. Francor. l. 10. c. 12. Vergl. Rocca a. a. O. S. 179 f. — Das erste Mal in Frankreich ertönte die Mittags-Betglocke zu Clery am 1. Mai 1472. Vergl. Bulletin monumental 12, 600.

[6] Iren. Montanus a. a. O. S. 81.

[7] Steph. Durant, de rit. eccl. cathol. p. 176.

zu Fulda im Jahre 799 seinen Tod herannahen fühlte, hiess er schleunigst mit allen Glocken läuten, damit die Brüder, von seinem nahen Ende unterrichtet, in der Kirche versammelt, inbrünstig für ihn beten möchten.[1] Aus naheliegenden Gründen wurde übrigens die Totenglocke gewöhnlich erst nach dem eingetretenen Ende des Sterbenden, überhaupt also am Todestage desselben geläutet, und pflegte man Geschlecht und Stand des Verstorbenen durch besondere Modifikationen des Geläutes anzudeuten. Bei einer sterbenden Frau wurde im 12. und 13. Jahrhundert zweimal, für einen Mann dreimal geläutet; für einen Geistlichen dagegen so oft, als er Weihen hatte, und das letzte Mal mit allen Glocken, damit das Volk wissen möchte, für wen es beten solle.[2] Der Gebrauch dieser S e e l e n g l o c k e hat sich nicht überall in der Kirche bis auf die Gegenwart erhalten, oder ist doch in das freie Belieben der Hinterbliebenen gestellt worden.[3] Am seltensten finden wir ihn in protestantischen Ländern, mit Ausnahme von England, wo die Passing Bell noch jetzt üblich ist, um die Nachbarschaft von einem eingetretenen Todesfalle zu benachrichtigen[4]; in Norddeutschland findet sich in manchen Gegenden unter den Landgemeinden noch die Sitte des Läutens am Todestage, um der Gemeinde einen eingetretenen Todesfall zu verkündigen (was im Anhalt-Köthenschen heisst: „einen Leichenzug thun"), oder man läutet (z. B. auf dem Fläming bei Jüterbogk) in der Zeit, wo für den Verstorbenen das Grab gegraben wird. Allgemein herrschend dagegen, etwa mit Ausnahme einzelner grossen Städte, ist das Glockenläuten während des Leichenbegängnisses zur Vermehrung der Feierlichkeit. Im Mittelalter beabsichtigte man durch dieses Läuten die bösen Geister von der Leichenprozession abzuhalten[5], weshalb nicht bloss die Kirchenglocken gingen, sondern auch von den im Zuge befindlichen Personen Handglocken[6]

---

[1] Eigil, Vita Sturmii, in Pertz, Monumenta 2, 377. — Auch bei Beda, Hist. eccl. 4, 23 wird die Totenglocke als gemeine Sitte der Klöster erwähnt. Die Synode zu Calcut in Northumberland im Jahre 787 setzte fest, dass nach dem Absterben des Bischofs auf ein mit der Glocke gegebenes Zeichen „omnis famulorum dei coetus" zur Kirche kommen solle. Vergl. Sala zu Bona a. a. O. 2, 134.

[2] Durand, Rationale. l. 1. c. 4. n. 13, nach Beleth a. a. O. S. 567.

[3] Aachener General-Vikariats-Verordn. von 1820, in Rumpf, Handbuch u. s. w. S. 396.

[4] Penny Cyclopaedia 4, 188.

[5] Durand a. a. O.: Campanae in processionibus pulsantur, ut daemones timentes fugiant. Es gilt dies nicht bloss von Leichenzügen, sondern von allen Prozessionen und Bittgängen überhaupt. Cf. l. 4. c. 6. n. 19.

[6] Campanae manuales ad mortuos (Du Cange a. a. O.) kommen schon im 14. Jahrhundert vor beim Leichenbegängnisse König Eduards von England und in Frankreich noch bei dem Begräbnisse Ludwigs XIV., wo es von den Parisern

— eine Art tönender Weihwedel — geschwungen wurden. In Frankreich ging der „*crieur des défunts*" mit einer „*sonnette des trépassés*" dem Kondukte voraus, und bei dem Leichenbegängnisse Franz I. im Jahre 1547 begleiteten die 24 „*crieurs de Paris*" unter fortwährendem Geklingel den Zug, indem sie an den Strassenecken das Volk zum Gebete für die Seele der allerchristlichsten Majestät in hochtönenden Phrasen aufriefen (Blavignac a. a. O. S. 334). — Der auf das Magische drängende Zeitgeist der Epoche, wo die Glocken aufkamen, und der aus derselben herrührende Weiheritus dürfte zur Erklärung einer solchen des Christentums unwürdigen Sitte ausreichen, ohne dass es nötig wäre, dabei auf den Gebrauch des tönenden Erzes bei heidnischen Leichenbegängnissen und Aufzügen zurückzugeben.[1]

---

ins Lächerliche gezogen wurde (Blavignac a. a. O. S. 334); man ersetzte daher die Klingeln bei dem Kondukte Mirabeaus am 4. April 1791 um die Sache feierlicher zu machen durch den chinesischen Tamtam (ebend. S. 322). — Wenn das höchste Gut zu einem Kranken getragen wird, geht jemand mit einer Schelle voraus, mit welcher er von Zeit zu Zeit ein Zeichen giebt, „um die Ordnung und Ehrfurcht vor dem h. Sakramente zu handhaben" (Rumpf a. a. O. S. 396). Gleiches verordnet schon eine Synode zu Lerida im Jahre 1219 (Gonz. Tellez a. a. O. 1, 636), eine Synode zu Worcester im Jahre 1240 und eine Synode zu Würzburg von 1287. (Gerbert a. a. O. 2, 163 f.) — Wenn der Papst reist, geht das Venerabile auf einem weissen Zelter voraus, dem ein „*tintinnabulum bene sonans*" um den Hals gehängt ist (Rocca, de s. s. Christi corpore Roman. pontif. iter facientibus praeferendo. Rom. 1591, im Thesaurus T. 1). — Dass solche tragbare Glocken auf den britischen Inseln für heilig gehalten und Eide darauf abgelegt wurden, zeigt Du Cange a. a. O.: *Campanae bajulae*, und dieser Gebrauch hat sich unter dem irischen Volke bis in unsere Zeiten erhalten: man hat die uralte sogen. Clog-Orgha („goldene Glocke") in der Gegend von Clare im Jahre 1832 in der ländlichen Kriminalrechtspflege benutzt, und es ist der Fall vorgekommen, dass Diebe lieber ihr Verbrechen gestanden oder heimlich das entwendete Gut wieder brachten, ehe sie sich entschlossen, einen falschen Reinigungseid auf die heilige Glocke abzulegen. Diese Glocke, ohne jede Spur eines Klöppels, von ziemlich rohem Bronzegusse, von ovaler Form und mit Platten von vergoldetem Silber überzogen, befindet sich seit der Regierungszeit der Königin Elisabeth in dem Besitz einer Familie Keane aus Beech Park (Morgenblatt 1853, Nr. 34, S. 415). — Handglocken führten auch die Bettler im M.-A.; ob aber die Glocke, welche der h. Antonius der Einsiedler gewöhnlich auf seinem T-förmigen Stabe oder in der Hand als Attribut führt, eine Bettlerglocke ist, oder eine andere Bedeutung hat, bleibt ungewiss. — Vergl. (Helmsdörfer) Christl. Kunstsymbolik, S. 73.

[1] Über den antik-heidnischen Gebrauch, Dämonen durch tönendes Erz zu verscheuchen, s. die betreffende Litteratur bei Gonz. Tellez a. a. O. 1, 636, und bei Chrysander a. a. O. S. 175. — Rocca (de campanis a. a. O. S. 181) sagt, die Dämonen würden von den Leichenbegängnissen durch den Ton der Glocken zwar abgehalten, aber nur insofern letztere geweiht seien; der heidnische Glockenlärm habe daher diesen Zweck nicht erreichen können.

Eifernde Stimmen in der reformierten Kirche wollten um jenes Aberglaubens willen das Grabgeläute ganz abgestellt wissen[1], sind aber damit nicht durchgedrungen.[2]

Das Grabgeläute soll im allgemeinen zwar keinem Verstorbenen verweigert werden, doch ist es in manchen Fällen einzuschränken: bei gemütskranken Selbstmördern z. B. auf das halbe Geläute *(au demi tour)*; bei Untersuchungsgefangenen auf Eine Glocke; Exkommunizierten, Verächtern des Wortes und der Sakramente, zurechnungsfähigen Selbstmördern, wird es gänzlich verweigert, ebenso geständigen und überführten Verbrechern: nicht zur Strafe an dem Leichnam, sondern zur Abschreckung Anderer.[3] — Da jeder in seiner Parochie begraben zu werden pflegt, so findet auch das Grabgeläute nur in dieser statt, doch ist das Ausläuten einer Leiche auch in anderen Kirchspielen gestattet, falls nur die eigentliche Pfarrkirche des Verstorbenen darunter keinen Schaden leidet.[4] — Im Mittelalter aber scheint man das Gepränge eines Leichenbegängnisses auch durch Läuten in mehreren Kirchen eines Ortes übertrieben zu haben; es findet sich wenigstens ein die Stadt Bologna betreffendes Verbot aus dem zwölften Jahrhundert, dass nur die Glocken der Pfarrkirche bei Begräbnissen sollten gebraucht werden dürfen.[5] — Das Läuten selbst geschieht mit mehr oder weniger Glocken, zuweilen mit allen vorhandenen, zuweilen als Auszeichnung mit einer besonderen, grösseren Sterbeglocke, je nach dem Stande des Verstorbenen und nach der Bezahlung.[6] In mehreren Städten der Lausitz, z. B. in Zittau, sind die sogenannten Beierleichen ein Vorrecht der angeseheneren Bürger: es wird dabei, während die übrigen Glocken alle läuten, von Zeit zu Zeit die grösste Glocke nur angeschlagen, d. i. gebeiert.[7]

[1] Eschenwecker a. a. O. S. 24 führt dafür die Dordrechter Synode (1618 bis 1619) an. — Eine Synode von Neuchâtel hatte schon 1564 beantragt, *„que la sonnerie pour les morts, même un tas de prières que les anciens font au temple, soient de tout mises en bas, et les temples fermés."* (Blavignac a. a. O. S. 118.)

[2] Vergl. Pfälz. K.-Ordn. von 1560, S. 390. — Schwed. K.-Ordn. (Stockholm 1687). S. 91. — Erstere ordnet das Grabgeläute als Versammlungszeichen für das Gefolge an, letztere *„nicht aus einigem Aberglauben, sondern ... bei Nachlebenden christliche Gedanken von der Sterblichkeit zu erwecken."* Chrysander a. a. O. S. 174.

[3] S. die Belege bei Eschenwecker a. a. O. S. 39 ff.

[4] Ebend. S. 54.

[5] Hüllmann, Städtewesen des M.-A. 4, 164 (nach Ghirardacci 1, 347).

[6] Reimann, de campanis S. 43: bei vornehmen Leichen wird „ihnen in drei Zeichen geläutet". — Im Preuss. Reg.-Bez. Frankfurt darf auf den Dörfern bei Leichen nicht mehr als in drei Pulsen geläutet werden. Vergl. Rumpf a. a. O. S. 579.

[7] Richter, A. D., de funeribus ... Beyerleichen. (Zittau 1764.) S. 3.

— In manchen italienischen Ortschaften pflegt man bei Begräbnissen die Glocken so zu läuten, dass der Klöppel nur auf einer Seite anschlägt, und zwar in langsamem Zeitmass, gleichsam um die Trauer auszudrücken.[1]

Das Trauerläuten, welches nach dem Ableben des Landesherrn (des Königs von Preussen z. B. vierzehn Tage lang, mittags von 12 bis 1 Uhr[2]), des Kirchenpatrons oder des Gerichtsherrn durch einen nach jedes Ortes Gewohnheit bestimmten Zeitraum (Preuss. Allgem. L. R. II. 11. § 593) in sämtlichen Kirchen des betreffenden Gebietes oder Patronats stattzufinden pflegt, muss als eine Art des Ehrengeläutes angesehen werden und gehört zur Landes- oder Kirchentrauer. In der mittelalterlichen Kirche schwiegen die Glocken zur Zeit der öffentlichen Trauer[3]; es dürfte daher das Trauerläuten erst späteren Ursprunges sein. — Nach dem Tode eines deutschen Kaisers fand das Trauergeläute im ganzen Reiche statt, auf Anordnung der Stände[4]; sonst wird es von dem legitimen Nachfolger und Erben, jedoch nicht mit Umgehung der kirchlichen Behörde veranlasst. — Insofern das Ausläuten der gutsherrlichen Leichen als eine Feudallast der Unterthanen anzusehen war, ist es durch die neuere Gesetzgebung aufgehoben.[5] — An manchen Orten gehört das Trauerläuten um den Kirchenpatron zu den Obliegenheiten des Küsters, während es bei dem Tode eines eingepfarrten Gerichtsherrn von den Gerichts-Eingesessenen besorgt werden musste. Das Trauerläuten um den Landesherrn geschieht nach jedes Landes und Ortes Gewohnheit auf Kosten der Kirche, der Gemeinde oder des Staates.

Wetterglocke, Donnerglocke, Feuerglocke, Sturmglocke. — Der Gebrauch der Glocken bei Ungewittern, welcher in seinem ersten Ursprung, ebenso wie die Totenglocke, ein Zeichen zum Gebete um Abwendung der drohenden Gefahr gewesen sein mag, nahm jedoch ebenfalls schon frühzeitig, mindestens zur Zeit der Entstehung des Weih-Rituals, die magische Richtung des Zeitgeistes, und ungeachtet des karolingischen Verbotes der Glockentaufe (um des Hagels willen; siehe oben Seite 16), setzte sich der Aberglaube an eine übernatürliche Wirkung des Glockenklanges wider feindselige, dämonische Naturkräfte immer fester, und die Mahnung an das

[1] Rocca a. a. O. S. 181.

[2] Landestrauer-Reglement vom 7. Oktober 1797.

[3] Du Cange a. a. O: Campanarum sonitum intermissum in luctu publico colligitur ex Matth. Paris. ann. 1172. p. 88.

[4] Eschenwecker a. a. O. S. 39 ff., nach: Böhmer, de eo, quod iustum est circa luctum publicum. § 26 f.

[5] Preuss. Gesetz vom 2. März 1850. § 2 ad 8.

Beten[1] zu Dem, der hier allein Schutz verleihen kann, trat immer weiter
zurück und geriet in fast völlige Vergessenheit. Die Erregung böser, ver-
derblicher Wetter wurde den Dämonen zugeschrieben, und da die Glocken
infolge ihrer Weihung gegen diese kräftig sein mussten, so sollten sie auch
zum Schutze gegen die von denselben ausgehenden schädlichen Wirkungen
dienen[2]: nicht bloss gegen Wetterschaden aller Art, als Blitz, Wolkenbruch,
Hagel, Frost, Sturm u. s. w., sondern auch gegen andere Übel, die Pest,
überhaupt Krankheiten, Unfruchtbarkeit der Weiber[3], Diebstahl[4] u. s. w.
und manche in dieser Beziehung als besonders kräftig in Ruf stehende
Glocken wurden durch die Opfer der Gläubigen keine unbedeutende Ein-
nahmequelle für die betreffenden Kirchen.[5] Die Reformation erweckte
indes das Gewissen des katholischen Klerus in Deutschland, und man fing
an, sich der Duldung und Begünstigung jenes Unfugs innerlich zu schämen,
weshalb ein Provinzial-Konzil zu Köln im Jahre 1536 die objektive Wirkung der Glocken auf Abwendung der bösen Wetter in Abrede stellte und
von den durch den Glockenruf erweckten Gebeten der Gläubigen für abhängig erklärte[6], was indes vom Standpunkte des in Geltung gebliebenen
Weihrituals als heterodox wird müssen bezeichnet werden. Als am Schlusse
des 16. und zu Anfang des folgenden Jahrhunderts Physiker, wie Baco von
Verulam und Cartesius, entdeckt zu haben glaubten, dass die angeblich erfah-
rungsmässige Zerteilung der dicken Gewitterwolken durch das Glockenläuten
lediglich von der Lufterschütterung herrühre[7], so wurde dies von recht-
gläubigen Theologen für einige Fälle zwar zugegeben, in der Hauptsache

[1] Du Cange a. a. O.: *Campanas pulsari pro fructibus terrae, ut pro iis
conservandis populus oret, praecipiunt Stat. synod. eccl. Carcass. ann. 1321.*
[2] Durand a. a. O. l. 1. c. 4. n. 16: *Daemones ... campanas audientes ...
fugiant et a tempestatis concitatione quiescant, et ... fideles ... provocentur ...
orationi insistere.*
[3] In der Andreaskirche von Mantua wird eine Glocke gegen weibliche Unfruchtbarkeit erwähnt bei Stohr, de campanis c. 5. §. 8.
[4] Nach dem ostpreussischen Volksaberglauben kann, so lange die Kirchenglocken läuten, ein Dieb nicht aus der Stelle. In Masuren bittet manchmal der
Bestohlene den Küster um ein Läuten, damit er den Dieb fassen könne.
[5] Die grösste Glocke des ehemaligen Klosters Neu-Werk bei Halle a. d. S.
soll soviel Einkünfte wie ein Rittergut gehabt haben, weil ihr eine besondere
Kraft, den Teufel zu vertreiben, die Seelen aus dem Fegefeuer zu erlösen u. a. m.
zugeschrieben wurde. — Vergl. Dreyhaupt, Beschreibung des Saalkreises 1, 701.
— Für ganz besonders kräftig gegen böse Wetter galt auch das Geläute der
Cyriacuskirche in dem Dorfe Obergreislau bei Weissenfels, „*das Bellen der Cy-
riaxhunde*". Vergl. Geo. Ernst Otto, Geschichte u. s. w. von Weissenfels. 1796,
S. 435.
[6] Sala zu Bona a. a. O. 2, 138.
[7] Vergl. die Beweisstellen bei Iren. Montanus a. a. O. S. 133 ff.

jedoch für eine Folge der Konsekration der Glocken erklärt [1], wie ja auch
der Kanonendonner nur insofern eine Zerteilung des Gewölkes zu bewirken
vermöge, wenn mit geweihtem Pulver geschossen werde. Bis ins 18. Jahrhundert blieb es eine Streitfrage, ob die Erschütterung der Luft, die durch
das Läuten hervorgebracht werde, zur Zerteilung der Wetterwolke hinreichend sei oder nicht [2], wobei endlich diejenigen Recht behielten, welche
sich dawider erklärten; ja, das tiefere Eindringen in die Erkenntnis der
beim Gewitter thätigen Naturkräfte führte zuletzt zu der Ansicht, dass das
Glockenläuten bei Gewittern gefährlich sei [3], weshalb es von Polizei wegen
verboten wurde [4], wobei sich das katholische Volk und der Klerus beruhigt

---

[1] **Rocca** a. a. O. S. 182. — Vergl. **Chrysander** a. a. O. S. 161—162.

[2] **Stockfleth** (de campanarum usu (1665) p. 174) und **Iren. Montanus**
(1726) sprechen sich dafür aus; **Model** (Diss. an campanarum sonitus fulgura
impedire possit?), **Fischer**, Joh. Nep. (Beweiss, dass das Glockenläuten bei
Gewittern mehr schädlich als nützlich sey. München 1784) u. A. dawider. —
Vergl. **Chrysander** a. a. O. S. 177. — Der berühmte Physiker **Arago** erklärte
(Annuaire du Bureau des Longitudes von 1839): *Dans l'état actuel de la science,
il n'est pas prouvé que le son des cloches rende les coups de tonnerre plus im-
minents, plus dangereux; il n'est pas prouvé qu'un grand bruit ait jamais fait
tomber la foudre sur des bâtiments que, sans cela, elle n'aurait point frappés.*
Vergl. **Blavignac** a. a. O. S. 157.

[3] Nach einem Berichte von **Deslandes** in den Abhandlungen der Pariser
Akademie der Wissensch. von 1719, der damals allgemeines Aufsehen erregte,
wurden bei einem Gewitter in der Nacht vom 14. auf den 15. April 1718 in
einem kleinen Bezirke der Nieder-Bretagne (von Landerneau bis St. Paul de Léon)
24 nicht weit voneinander gelegene Kirchen, in welchen man, obgleich es Charfreitag war, wo die Glocken nach kirchlicher Sitte zu schweigen hatten (s. oben
S. 30), dennoch läutete, vom Blitze entzündet, während andere, dazwischen gelegene, in welchen nicht geläutet wurde, unbeschädigt blieben. Es war dies
freilich eine Gewissensfrage gewesen, ob man bei Gewittern in den drei letzten
Tagen der stillen Woche mit den Glocken läuten dürfe oder nicht; die damalige
Erfahrung sprach dagegen. Vergl. **Krünitz**, Ökonom. Encyklop. 18, 263; **Fischer** a. a. O. S. 12; **Blavignac** a. a. O. S. 156.

[4] In Frankreich 1784, und 1787 verschärft, bei 10 Frcs. und im Wieder-
holungsfalle 60 Frcs. Strafe (**Blavignac** S. 155), in Bayern schon 1783. Hier
begnügte man sich nicht mit dem Läuten der Kirchenglocken, sondern hatte den
Gebrauch, wenn eine Gewitterwolke im Anzuge war, mit einer kleinen Handglocke,
einem sogenannten Lorettoglöckchen, im Hause herumzulaufen oder zum
Fenster herauszuschellen (**Fischer** a. a. O. S. 40). — In Rheinpreussen finden
sich noch Verbote aus neuerer Zeit, z. B. eine Verf. der Reg. zu Trier vom
1. Oktober 1821 (**Fürstenthal**, Sammlung aller das Kirchen- u. s. w. Wesen
betr. Gesetze 1, 510): „Wenn Gewitter am Himmel stehen, dürfen die Glocken
nicht geläutet werden." — Vergl. **Grundmeyer**, Lex. der röm.-kathol. Kirchengebräuche, Artikel „Glocke".

zu haben scheint.[1] — Die protestantische Kirche musste sich vom evangelischen Standpunkte aus von vorn herein gegen das Wetterläuten erklären, insofern das Volk an eine magische Wirkung desselben glaubte; wo
man dieses Läuten beibehielt — und die Abschaffung gelang nicht überall,
weil das Landvolk in seiner Gewitterfurcht daran hing, und die Küster
besondere Emolumente unter jenem Titel erhielten[2] —, war es die von
Luther (Walch 10, 1966) kräftig befürwortete Pflicht der Geistlichen, den
Glockenruf in der Gewitternot als ein Weckzeichen zum frommen Gebete
zu erklären.[3]

Von dem besprochenen Wetterläuten völlig verschieden ist der Gebrauch der Glocken bei schlimmem Wetter als Warnungs- und Rettungszeichen für Reisende. Nicht bloss in Schweden, sondern auch in
den Alpenländern, in den Sevennen, in der Auvergne, in mehreren Teilen
des Elsass und des Grossherzogtums Baden ist es Sitte, an stürmischen
Winterabenden von 7 bis 10 Uhr von Dorf zu Dorf zu läuten, um ver-
spätete oder verirrte Reisende im Schnee zurechtzuweisen. Ebenso wurde
1851 in Russland von Polizei wegen das Läuten der Dorfkirchen-Glocken
bei Tage und bei Nacht angeordnet, um bei heftigem Schneegestöber Reisenden das Auffinden eines Zufluchtsortes zu erleichtern.[4] Gleichem Zwecke
dient das Glöcklein des Klosters auf dem St. Bernhard, sowie die erst
neuerer Zeit angehörige Stiftung einer Glocke auf dem hohen Veen und
auf dem Splügen, aber schon im Mittelalter liessen die Hospitalritter von

---

[1] In einer 1841 erlassenen Pastoral-Instruktion des Kardinals Giraud (s.
den ausführlichen Text bei Blavignac a a. O. S. 162) wird der Glaube an die
Kraft des Wetterläutens aus religiösen Gründen entschieden gemissbilligt

[2] „Die Wettergarbe" (s. Chladni, Inventarium templorum, p. 479), „das
Donnerbier" (s. Unger, Sal. Glo., Chronik der Stadt Cölleda, S. 168).

[3] Im Libell. visitatorum de 1528, c. 16 wird die Beibehaltung des Wetterläutens in Luthers Sinn gestattet; dagegen in der Kirchenordn. des Burggrafen
Heinrich V. von Plauen von 1552 als ärgerlich und nach Papsttum stinkend bezeichnet und in den Kursächs. General-Artikeln von 1580 (Art. 39. c) als ab-
göttisch schlechthin verboten. Die Magdeb. Kirchenordn. von 1685 c. 8. § 10
erlaubt das Wetterläuten unter gehörigem Vorbehalt, während Graf Heinrich XII.
von Reuss-Schleiz noch 1762 sogar befahl, dass bei einem Gewitter nahe oder
über einem Orte dreimal nach einander mit zwei Glocken geläutet und dem
Glöckner nach der Ernte dafür die Wettergarbe von jedem Gutsbesitzer entrichtet
werden solle (Gebhardt, Herm., Thüring. Kirchengesch. 3, 240). In der Mark
wie in Pommern, bestand diese Sitte bis in neuere Zeit fort, und noch eine Verf.
der Preuss. Reg. zu Frankfurt vom 7. Juli 1815 (Rumpf a. a. O. S. 397) rechnet
auffälliger Weise das „Gewitterläuten" zu demjenigen Gebrauche der Glocken,
wozu dieselben von der weltlichen Obrigkeit öfters in Anspruch genommen würden.

[4] Berlin. (Vossische) Zeitg. 1851. Nr. 236, Erste Beil. S. 3.

Altopascio (bei Lucca) des Nachts eine deshalb „la Smarrita" genannte und daselbst noch vorhandene Glocke läuten, um die in den nahen Wäldern verirrten Wanderer wieder zurecht zu bringen und sie nach ihrem Kloster zu leiten.[1] — Einem ähnlichen Rettungszeichen in alter Zeit, wo überhaupt Glocken die Stelle der Leuchttürme vertreten zu haben scheinen, verdankt der Glocken-Felsen (Bell-rock) an der Ostküste von Schottland inmitten der Tay Bay seinen Namen, wo die Mönche von Aberbrothok eine Glocke aufgehängt hatten, die sie beim Steigen und Fallen des Meeres zur Warnung der Schiffer vor dem bei gewöhnlicher Flut fast völlig vom Wasser bedeckten Felsen zu läuten pflegten. Auch auf dem seit 1811 daselbst errichteten Leuchtturme werden noch jetzt bei nebligem Wetter die Signale durch zwei Glocken von beträchtlicher Grösse gegeben.[2] Ähnliches geschah in französischen Häfen: zu Dieppe, St.-Valéry, Bourg d'Ault u. s. w. — In Bergwerken (z. B. in Freiberg) ertönt bei jeder Hebung des Gestänges ein heller Glockenschlag: ein Verstummen des letzteren würde eine Stockung in der Maschinerie, somit Gefahr und Unglück anzeigen.

Der Wetterglocke verwandt erscheint die Sturmglocke (franz. *tocsin*: von *toquer le sain*, die Glocke [sain = signum] anschlagen, in Flandern *orde*: von *ordre* = Befehl), insofern der Aberglaube des Mittelalters auch diesem Gebrauche rettende Kräfte zuschrieb, und man dieselbe in Zeiten der Not und Angst, bei feindlichen Überfällen, Feuersbrünsten, Überschwemmungen u. s. w. zu läuten pflegte, wenngleich dies ursprünglich auch nur den Sinn gehabt haben mag, die Wehrlosen zum Gebete zu rufen, während

[1] Nach briefl. Mitteil. des Grafen Ed. Mella in Vercelli. — An den Gebrauch der Glocken zur Rettung Verirrter knüpfen sich allerlei Sagen: Schalkhausen bei Ansbach hiess eigentlich Schallhausen. Einst hatte sich ein Fräulein von Dornberg im Waldesdickicht jener Gegend verirrt, und ihre Angst sie zum Gebete getrieben. Da ertönte das Glöcklein eines Eremiten im Waldesthal und der Schall führte sie zu seiner Klause; aus Dankbarkeit stiftete sie an dieser Stelle eine Kapelle und stattete dieselbe mit Glocken aus. Ähnliches wird auch von dem dicht dabei gelegenen Flecken Rossstall berichtet, wo sich ein ausgezeichnetes Geläute befindet. In Langingen erscheint diese Sage in weiterer Ausführung. Hier wurden die Glocken von drei verirrten und erretteten Fräulein vom Dillenberg auf das von ihnen zum Dank für ihre Rettung gebaute Spital gestiftet. Einst wollte ein träger Mesaner das Läuten daselbst abschaffen, weil ohnehin des Läutens genug im Orte sei; aber da erschienen ihm im Abenddämmer in der Kirche drei schneeweisse Jungfrauen mit ernster Gebärde und strafendem Blick. Er erkannte wohl, was sie wollten und wartete vonstundan seines Läutens emsiglich. (Christl Kunstbl. 1866, S. 103.)

[2] (Brockhaus) Konvers.-Lex., Artikel „Bell Rock" nach dem Supplement der Cyclopaedia Britannica.

die wehrhafte Mannschaft dadurch ein Zeichen erhielt, zur Rettung und Verteidigung zu eilen. So begab sich bei einer Belagerung von Sens im Jahre 615 der Bischof Lupus im Vertrauen auf den Herrn in die dortige Stephanskirche und rührte die Glocke, um das Volk zusammenzurufen: darüber erschrak der Feind so sehr, dass er sein Heil in der schleunigsten Flucht suchte.[1] Diesen Erfolg schreiben zwar einzelne unter den katholischen Schriftstellern dem frommen Gebete des heiligen Bischofs zu, die meisten jedoch sehen darin lediglich eine Zauberwirkung der geweihten Glocke und teilen den Glauben des Volkes, dass man durch Glockenklang Feinde vertreiben und Feuersbrünste löschen könne.[2] Nach dem Falle dieses Wahnes in der Reformationszeit versuchte man zwar durch Verordnungen (Magdeb. Polizei-Ordnung c. 33. § 37) in einzelnen evangelischen Ländern die Sturmglocke als Betglocke zu erklären und zum Zeugnis dessen das Läuten derselben mit dem Betglockeschlagen abwechseln zu lassen; es lag aber in der Natur der ganzen Sache, dass das Läuten unter solchen Umständen zunächst nicht zum Beten und zu kirchlicher Versammlung, sondern zu bürgerlichen Zwecken zusammenrufen musste, weshalb der Gebrauch der Sturmglocke, z. B. bei Verfolgung von Räubern und Zigeunern (Reichsabschied von 1548 § 20; Kursächs. Polizei-Ordnung von 1661. Tit. II. Rubr. „Von Zigäunern"; ebenso ein verschärftes Königl. Preuss. Edikt vom 25. Januar 1707) — übrigens nirgends ein wirkliches Läuten, sondern ein blosses Anschlagen — überall als eine polizeiliche Einrichtung angesehen wird und dem sonstigen rein kirchlichen Charakter der Glocken Abbruch zu thun geeignet ist.

Die in betreff des Glockengebrauches zu rein weltlichen Zwecken unausbleiblichen Kollisionen zwischen geistlichen und weltlichen Behörden, sowie das geistliche Verbieten der Kirchenglocken während des Interdikts scheinen, indem die weltlichen Behörden nach Unabhängigkeit in dieser Hinsicht strebten, die Veranlassung gewesen zu sein, dass die Stadtgemeinden im Mittelalter sich eigene Glocken beschafften, die sie auf mit den Rathäusern, Kaufhallen, Thoren und anderen städtischen Gebäuden in Verbindung stehenden Glockentürmen anbrachten.[3] Diese Glocken heissen Bürger-

---

[1] Baronius, Annal. eccles. ad a. 615. Vergl. Rheinwald, Archäologie. S. 149.

[2] Die Clemenskirche zu Drontheim hatte eine Glocke, Glöd genannt, berühmt wegen ihres starken Klanges; nach einer Sage hörten die Soldaten Magnus des Guten ihren Klang in einer Schlacht gegen die Wenden und wurden dadurch zum Kampfe ermuntert. Minutoli, Dom zu Drontheim, S. 38.

[3] Vergl. Viollet-le-Duc, Dict. de l'architecture 2, 193—197: *Beffroi de commune.*

glocken (Bauerglocken auf den Dörfern), Gemeindeglocken,
Bannglocken *(campanae bannales, campanae communiae, campanae com-
munitatis;* altfranzösisch: *la bancloche, bancloque, cloche du ban;* angelsächs.: *mötbel* [von *möt* = Volk, und *bel* = Glocke]), und bei ihrem
Läuten waren alle Eingesessenen des Stadtbannes gehalten, sich zu dem
Bürgergeding einzufinden. Nicht immer begnügten sich die Städte mit
einer solchen Glocke, sondern beschafften sich mehrere von verschiedener
Grösse, deren jede einzelne ihre besondere Bestimmung hatte. So bestellte z. B. die Stadt Peronne im Jahre 1369 eine Bannglocke von
4 — 5000, eine Wachtglocke von 1600 — 1800 und eine Glocke des Ma-
yeur von ungefähr 1000 Pfund.[1] Auch waren auf den Wällen der Städte,
z. B. in Genf, in bestimmten Entfernungen mit Wachen besetzte Glocken
aufgehängt, um beim Herannahen eines Feindes die Verteidiger zu alar-
mieren. Die Sitte, die Bürger durch Glockenklang zu kriegerischen Zwecken
zusammenzurufen, kommt schon zu Anfang des elften Jahrhunderts vor:
Thietmar von Merseburg (Chronicon 6, 9; rec. Wagner, p. 143) erzählt,
dass bei einem beabsichtigten nächtlichen Überfalle von Prag im Jahre 1004
daselbst um Mitternacht die Glocken der nahe gelegenen Stadt Wisselrad,
welche die Bürger zum Kriege riefen *(campanas cives ad bellum sonitu
hortantes),* gehört worden seien; eigentliche städtische Bannglocken, auf
besonderen Glockentürmen[2] (zuweilen aber auch auf einem bestimmten
Turme der Hauptkirche, z. B. auf den Domen zu Metz, Soissons und St.
Quentin), die als ein Ausfluss des Stadtrechtes galten, scheinen sich dagegen erst seit dem zwölften Jahrhundert vorzufinden, namentlich in Belgien
und Frankreich, wo sie unter den fortwährenden Kämpfen bis ins 16. Jahrhundert eine nicht unbedeutende politische Rolle spielten. — Die Floren-
tiner hatten zur Zeit Kaiser Friedrichs II. eine Glocke, welche sie Marti-
nella nannten und einen ganzen Monat vor dem Ausbruche einer Fehde zu
läuten pflegten, damit sich der Feind bereit halten möge. Das ausziehende
Heer nahm diese Glocke (auf dem Caroccio, dem Staats-Streitwagen) mit
sich, um nach ihrem Schalle den Wachtdienst und sonstige militärische

---

[1] Zeitschr. des Aachener Geschichtsvereins 4, 320.

[2] Diese nicht kirchlichen Glockentürme heissen zum Unterschiede von den
kirchlichen Campanarien und Clocarien im mittelalterlichen Latein: *Berfredus,
Verfredus, Belfredus;* altfranzösisch: *Belefroy, Belfroit, Beaufroy,* was ursprünglich einen transportablen Holzturm zu bezeichnen scheint, in welchem Falle die
Ableitung von dem angelsächs. *bel* = Glocke zu verwerfen wäre. Im jetzigen
Englisch bezeichnet das Wort *belfry* jeden Glockenturm überhaupt, namentlich
auch den eigentlichen Glockenstuhl; letztere Bedeutung hat auch das französische *beffroi* neben der ursprünglichen eines städtischen Glockenturmes. Vergl.
Du Cange a. a. O.: *Belfredus.* — Penny Cyclopaedia: *Belfry.*

Geschäfte zu regeln.[1] — Aufstände der Städte gegen die Landesherren
gaben diesen die Veranlassung, denselben das Baurecht und die Baunglocke
zu entziehen: dies geschah im Jahre 1179 seitens des Königs Philipp August
mit der Stadt Hesdin; ähnliches Schicksal widerfuhr im Jahre 1295 der
Stadt Laon und unter Philipp von Valois 1328 der Stadt Ypern. In
Cambray wurde auf Befehl Kaiser Friedrichs II. 1236 die Baunglocke herabgenommen, und der städtische Glockenturm zerstört.[2] — In Gent verlangte
Kaiser Karl V. nach Dämpfung eines Aufruhrs, dass die auf dem Stadt-
turme befindliche Glocke zerschlagen werden sollte, gab indes auf Bitten
der angesehenen Einwohner so viel nach, dass sie nur durch Herausschlagen
eines Stückes aus dem Rande unbrauchbar zum Läuten gemacht wurde,
und mit heiserem Klange nur noch als Uhrglocke dienen durfte.[3] — Es
müssen diese Konfiskationen der Baunglocken als Strafe für das ungesetz-
liche Sturmläuten bei Rebellionen angesehen werden, wie denn auch der
belagernde Feind den Belagerten den Glockengebrauch zu verbieten pflegte
und im Falle der Nichtbefolgung nach der Eroberung der Stadt, besonders
wenn diese mit schwerem Geschütze beschossen worden war, dem Kriegs-
rechte gemäss die Glocken entweder in Beschlag nahm oder dafür eine
besondere Kontribution (das Glockengeld, *les cloches*) beanspruchte. Dies
kam in Kriegsläuften auch in Beziehung auf die Kirchenglocken zur Anwendung[4], und es finden sich viele Beispiele aus alter und neuer Zeit,
dass der Feind die also eroberten Glocken fortschleppte und in den Kirchen
des eigenen Landes aufhängen liess.[5] — Auch in Städten, die von Feinden

---

[1] **Machiavelli**, Hist. Florent. l. 2. Lugd. Bat. 1645. p. 67. Diese Glocke,
welche den Florentinern in der Schlacht bei Monte-Aperto abgenommen wurde,
soll auf dem Kampanile des Doms zu Siena der Sage nach noch vorhanden sein
Vergl. Organ für christl. Kunst 1857, Nr. 11, S. 122, und weiter unten Abschnitt IV,
S. 88, Fig. 5.

[2] Die betr. Beweisstellen s. bei **Du Cango** unter *Campana bannalis*.

[3] **Iren. Montanus** a. a. O. S. 65.

[4] So musste das thüring. Städtchen Cölleda 1634 die grosse Glocke der
Wipertikirche für eine grosse Summe Geldes von den Pappenheimern auslösen,
als aber nach der Zeit eine andere feindliche Partei einrückte, konnte die Stadt
wegen Geldmangel die Glocke nicht abermals ranzionieren; sie wurde zu guterletzt
eine Viertelstunde lang geläutet unter Vergiessung vieler Thränen der grossen
Menge Volks, darauf heruntergeworfen, weggeführt und verkauft. Vergl. **Unger**
a. a. O. S. 204. — Im Jahre 1807 musste die Stadt Danzig ihre Glocken bei
Napoleon mit Geld auslösen.

[5] Auf dem Kapitole in Rom befindet sich z. B. die alte Thorglocke von
Viterbo, die nach Dämpfung eines Aufruhrs im Jahre 1200 fortgebracht wurde.
In Ispahan ist eine 1662 von Schah Abbas in der portugiesischen Festung Ormus
eroberte Glocke mit der christlichen Inschrift Ave Maria. In Frankreich bezeugen

besetzt waren, fanden Einschräukungen des bürgerlichen Glockengebrauches
statt; so durfte z. B. in Halle a. d. S. die Thorglocke während der
Besatzung durch die Kaiserlichen im 30 jährigen Kriege 25 Jahre laug
uicht geläutet werden.[1] — Je nach den verschiedenen Zwecken, welchen
die bürgerlichen Gemeindeglocken dienen, tragen dieselben verschiedene
Namen. In Memmingen wurde nach Beendigung der Fronmesse das Rats-
glöcklein bei St. Martin geläutet, und wer von den Ratsherren bei dem
zweiten Zeichen noch nicht auf der Ratsstube war, zahlte drei Pfennig
Strafe. In Würzburg läutete im 14. Jahrhundert zur Zeit der Weinbergs-
arbeiten des Morgens die Heckerglocke, auf deren Zeichen die Wein-
bergsarbeiter sich für den Tag verdingen mussten; später kommende wurden
nicht mehr angenommen. In Aachen bezeichnete die Werkglocke morgens und abends Beginn und Ende der Arbeit. In Danzig rief allabendlich
die Bierglocke die Gäste in den Artushof auf die Bänke. In rheinischen Städten war der Nachtwächter verpflichtet, viertelstündlich die
Wachtglocke anzuschlagen. In Messstädten (Frankfurt, Strassburg, Leipzig,
Naumburg a. d. S.) wird der Markt mit der Messglocke ein- und aus-
geläutet, was an die kirchliche Entstehung dieser Jahrmärkte erinnert und Beginn und Ende der Messprivilegien und Freiheiten[2] verkündigt, welches Zeichen
auf französischen Jahrmärkten durch Trompetenschall gegeben wird.[3] Die
Ziusglocke (z. B. in Freiburg i. B.) mahnt die Steuerpflichtigen an die
Zahlung; die Mordglocke (zu Strassburg) rief auf Befehl des Ammans
die bewaffneten Bürger zusammen. In mehreren Städten von Savoyen (z. B.
in Annecy 1742) gab die Empata (von *pasta* = Teig) das Zeichen zum
Kneten des Brotteigs. Im spanischen Amerika wird die Cabildo-Glocke
zur Zusammenberufung von Volksversammlungen und in Kalifornien bei
Ausübung der Volksjustiz die Lynch-Glocke geläutet u. s. w. — Da zu
diesen verschiedenen bürgerlichen Zwecken an vielen Orten und namentlich
auf dem Lande die Kirchenglocken verwendet werden, so waren Verordnungen zur Verhütung des Missbrauches um so mehr erforderlich, als an
manchen Orten die Bauern „zum gemeinen Biersaufen"[4] oder (wie noch bei

viele niederländische, englische und spanische Glockeninschriften die fremd-
ländische Kriegsbeute, und auf dem nördlichen Turme von N. D. in Paris hängt
die grosse Glocke aus dem 1855 eroberten Sebastopol. Aus Indien und China
sind Glocken nach England gekommen. Vergl. Blavignac a. a. O. S. 46.

[1] Olearius, Halygraphia. Ps. 2. p. 367 und 443
[2] Über hiermit zusammenhängende Rechtsfragen in Beziehung auf die Leipziger Messe s. Eschenwecker a. a. O. S. 63 ff.
[3] Savary, Dictionn. de commerce 2. 654 f.
[4] Chursächs. General-Artikel von 1580. XXXIX.

Menschengedenken in dem Dorfe Bocho bei Jüterbogk) durch die Bull-glocke zur Besichtigung des Samenrindes zusammengeläutet wurden. In vielen, besonders in französischen Ortschaften war es üblich, die Stunde des Gassenkehrens durch Läuten zu bezeichnen, was in Coutances erst 1840 auf Vorstellung des Bischofs abgestellt wurde. [1] In Bonn ist das Kehr-glöckchen, eine Kirchenglocke, die sonst nachmittags 2 Uhr, jetzt früh morgens an die Strassenreinigung erinnert, als polizeiliche Einrichtung noch immer üblich. Der Glockengebrauch behufs der Frondienste galt in einem deutschen Lande für erlaubt, in einem andern für verboten. — Im deut-schen Reiche ist erst neuerlichst den Ortsvorständen aufgegeben worden, bei Mobilmachungen des Kriegsheeres das Eintreffen der Ordre, unter gleich-zeitiger Anzeige an die Kirchenbeamten, der Gemeinde durch Glockenläuten sofort zu verkünden. — In gewissen Städten des Preuss. Reg.-Bezirks Frank-furt a. O., wo alt-berühmte, treffliche Glockengeläute vorhanden sind, war es unter bestimmten Einschränkungen zwar, aber doch noch in neuerer Zeit gestattet, auf Begehren von Privatpersonen, die daran Wohlgefallen fanden, die Glocken gegen Bezahlung an die Kirchenkassen zu läuten. [2] Überhaupt soll nach dem Preuss. Ministerialreskript vom 30. Juni 1842 der Gebrauch der Kirchenglocken bei billigen desfallsigen Anträgen auch zu ausserkirchlichen Zwecken nicht versagt werden. [3]

Klageglocke, Gerichtsglocke, Diebesglocke, Arm-Sünderglocke, Schandglocke. — Für das Alter der Sitte, dass der Kläger behufs Zu-sammenrufung der Richter eine öffentlich aufgehängte Glocke läutete, sprechen mehrere Sagen, z. B. die von der Schlange, welche zu Zürich bei Kaiser Karl die Kröte verklagte [4], oder die von dem Schimmel zu Wineta, welcher als Kläger wegen Undank seines Herrn auftrat. [5] — Dass die Mitglieder geistlicher Gerichtshöfe durch Glockenläuten versammelt wurden, war als congregatio cleri in der Ordnung, und diese Sitte ging wohl erst auf die weltlichen Gerichte über. In England wurden im 14. Jahrhundert die ersten nicht kirchlichen Läutglocken (oder Uhren? — clocks) für die Gerichtshöfe von den Strafgeldern der Parteien angeschafft und sowohl zum Zusammenrufen der Richter, als auch der Zeugen und Parteien benutzt. [6] — In der Karolina (Art. 82) wird verordnet, an den Gerichtstagen zur gewöhnlichen Tageszeit das peinliche Gericht mit der gewöhnlichen Glocke

---

[1] Blavignac a. a. O. S. 65.
[2] Rumpf a. a. O. S. 397 f.
[3] Ministerialbl. 1842, S. 263.
[4] Grimm, Deutsche Sagen, 2, 130.
[5] (O. Schulz), Berlin Lesebuch, 1. 160.
[6] Beckmann a. a. O. 1, 307 f.

(Diebesglocke) zu beläuten, damit sich Richter und Urteiler an die
Gerichtsstätte verfügen, was damals schon eine althergebrachte Gewohnheit
war. Als solche galt bereits um die Mitte des 15. Jahrhunderts das Läuten
der Blutglocke *(campana sanguinis)* auf dem Dom zu Köln, wenn man
über Blut richtete. [1] — Die Arm-Sünderglocke *(cloche des patiens)*,
gewöhnlich eine nichtkirchliche, in England eine nur zu diesem Zwecke
bestimmte, pflegte bei der Ausführung und Hinrichtung der Verbrecher
geläutet zu werden; wenn aber das Preuss. Strafgesetz vom Jahre 1851 (§ 8)
die Vollstreckung des Todesurteils durch das Läuten einer Glocke anzu-
kündigen und damit bis zum Schlusse der Hinrichtung fortzufahren verordnet, so soll darunter das Läuten einer Kirchenglocke verstanden und dabei
die Konfession des Delinquenten berücksichtigt werden [2]; doch geschieht dies
gegenwärtig in Berlin mit einer Glocke der Strafanstalt, auf deren Hofe
die Hinrichtung vollzogen wird, durch einen Gefängnisbeamten. In Aachen
gebrauchte man dazu die Bannglocke, wobei die Volksetymologie des
18. Jahrhunderts an die „Bangigkeit" des zum Tode Geführten anknüpfte.
Auf der Arm-Sünderglocke zu Bern hat man die Namen aller derjenigen
eingraviert, bei deren Exekution dieselbe geläutet worden ist. [3] In Lausanne soll die Glocke Clémence der Liebfrauenkirche um 1518 von einer
begnadigten vornehmen Verbrecherin zur Sühne gestiftet sein und ist mit
einem Relief geschmückt, welches dieselbe auf dem Schaffot kniend darstellt: der Henker hat sie bei den Haaren ergriffen, aber ein Engel hindert
ihn an der Führung des Todesstreiches. [4] — In der Festung Neisse wurde
jeden Abend um neun Uhr mit einer kleinen Glocke des Rathauses geläutet,
die das Volk Arm-Sünderglocke nannte und an dieses seit 1844 aufge-
gebene Herkommen knüpfte sich die unverbürgte Rede von einer angeblich
über die Stadt verhängten Strafmassregel des Königs Friedrich II. — Nach
dem Hanseatischen Rechte wird über Bankerottierer, auch bei Austreibung
von Verbrechern die Schandglocke *(cloche de l'ignominie)* geläutet [5],

---

[1] Kölner Domblatt 1851. Nr. 74.

[2] Berlin. (Vossische) Zeitung 1852. Nr. 114. S. 3.

[3] Blavignac a. a. O. S. 192.

[4] Ebend. S. 191. — Es liegt übrigens die Vermutung nahe, dass das Relief
das Martyrium irgend einer Heiligen darstellt und sich die Sage lediglich an das
von dem Volke nicht verstandene Bild geknüpft hat.

[5] Eschenwecker a. a. O. S. 34. — Sokrates (Hist. eccl. 5, 18) erzählt,
dass man zur Zeit des Kaisers Theodosius zu Rom über Ehebrecherinnen, welche
zur Strafe öffentlicher Schändung preisgegeben worden seien, behufs Bekannt-
machung dieser Schmach mit Schellen geläutet habe (pulsarentur tintinnabula):
also ein sehr altes Beispiel von dem Gebrauche einer Schandglocke, jedoch ebensowenig in irgend einem Zusammenhange mit dem späteren, als die angebliche

was vielleicht daraus entstanden ist, dass die Verkündigung des kirchlichen Bannes dem Ritual gemäss unter dem Läuten einer Glocke zu geschehen hat, worauf sich der Spruch bezieht: *Maledici nola, libro et candela.* [1] — Schon ein Konzil zu Montpellier verordnet im Jahre 1214, dass über die Landfriedensbrecher, als über kirchlich Exkommunizierte, geläutet werden solle. [2]

Glockengebrauch in den Klöstern und Häusern u. s. w. — Den Klöstern war nach Verordnungen mehrerer Päpste [3], namentlich wenn sie, wie die Bettelklöster gewöhnlich, in den Städten lagen, nur ein eingeschränkter, nicht sowohl öffentlicher, als vielmehr bloss häuslicher Gebrauch der Glocken gestattet, was nichts anderes heissen kann, als dass sie nur kleine und wenige Glocken haben durften. Die meisten Orden, selbst die Predigermönche, deren Statut ausdrücklich nur Eine Glocke gestattete, wussten sich jedoch nach und nach darüber wegzusetzen, und die päpstlichen Verbote galten für obsolet [4]; nur diejenigen Orden, deren Tendenz überhaupt allem Prunke abhold war, wie Cisterzienser und Bettelmönche, bedienten sich fortgesetzt nur weniger und kleiner Glocken, die von Einer Person geläutet werden konnten. Namentlich warfen die Cisterzienser den Cluniazensern vor, dass sie viele Glocken von verschiedenem Ton und Gewicht hätten, von denen einzelne kaum von zwei Mönchen könnten geläutet werden; dies sei ein unnützer Kostenaufwand, der keinen andern Nutzen gewähre, als dass manche Mönche nach der grossen Anstrengung gebrechlich würden. [5] — Es fehlte in den Städten nicht an Streitigkeiten zwischen Klöstern und Pfarren über das Läuten; auch stritten erstere sich untereinander: wie einst die Humiliaten mit einem andern Orden darüber, welches Kloster den Anfang mit dem Frühläuten zu machen habe — was dahin entschieden wurde: *quod, qui primo surgeret, primo pulsare deberet.* [6] — Die Franziskaner läuteten die Hungerglocke, wenn die Lebensmittel zu Ende gingen, um mildthätige Herzen zu neuen Spenden zu ermuntern. [7] — Des Läutens in den Klöstern war überhaupt bei Tag und Nacht kein

Sitte der heidnischen Griechen, den zur Richtstätte geführten Übelthätern Schellen an den Hals zu hängen (vergl. Chladni, Inventarium templorum, p. 470), mit der späteren Arm-Sünderglocke und dem Schellenwerk (roman. *chalvert*) der Baugefangenen.

[1] Eschenwecker a. a. O. S. 27.
[2] Du Cange a. a. O. unter *Campanas pulsare.*
[3] Gonz. Tellez a. a. O. 5, 495—497.
[4] Steph. Durant, de ritibus, p. 178.
[5] Ed. Martène, thesaurus nov. anecdot. 5, 1586.
[6] Rocca a. a. O. 1, 184.
[7] Blavignac a. a. O. S. 168.

Ende, und ein italienischer Prälat des 17. Jahrhunderts sehnt sich nach
Erneuerung der alten Verbote, indem durch das viele Läuten in manchen
Klöstern eher Ungeduld und Unwille als Erbauung bei den Gläubigen er-
weckt werde.[1]

Der Gebrauch kleiner Glocken im Innern der Klöster wird im zwölften
Jahrhundert als ein dreifacher geschildert: *Tintinnabulum pulsatur in
triclinio et in refectorio, cymbalum in choro, nola in monasterio*[2]; überhaupt ist, wie schon bei den Alten, der **h ä u s l i c h e G e b r a u c h** der Schellen und Glocken auch im Mittelalter ein sehr mannigfaltiger gewesen, und
möge nur Erwähnung finden, dass die den Diener rufende oder Ruhe ge-
bietende Glocke des Vorsitzenden in beratenden Versammlungen nicht bloss in
Italien schon im 16. Jahrhundert bekannt war[3], sondern auch in Deutschland
gebräuchlich gewesen sein wird.[4] — Der gegenwärtige Gebrauch der Glocken
in Fabriken und Bergwerken, auf Schiffen und Eisenbahnen, in Schulen u. s. w.
und wie schon bei den Alten an Thüren, in Zimmern, bei Lastieren und
Viehherden u. s. w. ist bekannt. — Im 15. Jahrhundert trugen vornehme
Personen in Deutschland und Frankreich an ihren Staatskleidern Schellen
und Glocken, zuweilen silberne Gürtel mit Glocken von 10, 12, 15 und
angeblich sogar von 120 Mark Schwere[5]; der Ursprung dieser Mode ist
unbekannt: früher schon kommen die Schellenkappen der Narren vor, und
Geistliche trugen, vielleicht nach Analogie des hohepriesterlichen Kleides
bei den Juden (Exod. 28, 33; 39, 25. 26. Sir. 45, 11), schon im zehnten
Jahrhundert und wohl seit den ältesten Zeiten Schellen an ihren Gewändern.[6]

Gebrauch der Glocken bei nicht-christlichen Völkern. — Die
antiken Glöckchen und Schellen sind nicht bloss unter den christlichen
Völkern des Abendlandes zu grossen Glocken umgebildet worden, sondern
dasselbe ist auch unter verschiedenen heidnischen Völkerschaften in Asien

---

[1] Casalius, de vet. sacr. christ. ritibus (Francf. et Hannov. 1681), p. 245.
[2] Vergl. Beleth a. a. O. c. 86, welcher ausserdem noch anführt: *Nolula in
horologia, campana in turribus*. — Vergl. auch Durand a. a. O. l. 1. c. 4. n. 11.
[3] Magius, de tintinnabulis. c. 18. — Vergl. Rocca a. a. O. 1, 183.
[4] Im Märkischen Provinz.-Museum zu Berlin befindet sich eine aus dem Rathause zu Spandau stammende Handglocke mit der Jahreszahl 1553. Dieselbe ist mit
Geige spielenden und sich anderweit divertierenden Affendarstellungen geschmückt;
und Abgüsse nach demselben Modell kommen gelegentlich in Süddeutschland auch
unter der Bezeichnung von Messschellen (z. B. zu Stuttgart in Privatbesitz mit
der Jahreszahl 1549) vor; der Meister, der diese Glöckchen offenbar fabrikmässig
zu jedem beliebigen kirchlichen oder profanen Gebrauche verfertigte, nennt sich
auf denselben: Johannes a Fine.
[5] Chrysander a. a. O. S. 93 f. — Blavignac a. a. O. S. 340 ff.
[6] Chrysander a. a. O. S. 95 f.

vielleicht schon früher geschehen, woraus die offenbar geringe Vorliebe der orientalischen Christen für den kirchlichen Glockengebrauch zu erklären sein könnte. [1]

In den Originalwörterbüchern des Sanskrit aus den ersten Jahrhunderten hat bereits die Glocke einen echt sanskritischen Namen, *ghana* und *ghati*, die Tönende (von *han* = schlagen), woher *ghatika*, die Stunde, und im Hitopadesa, einem Werke des fünften Jahrhunderts, wird schon ein solches Glöckchen von einem Diebe gestohlen und gerät in die Hände eines Affen, der durch das Geklingel entdeckt wird. [2]

Die grossen Glocken der Chinesen werden indes nicht geläutet, sondern nur mit hölzernen Keulen geschlagen; ihr Klang ist auch vermöge ihrer cylindrischen Form durchaus unharmonisch, und der Gebrauch derselben scheint überall nicht mit dem Kultus zusammenzuhängen, sondern nur bürgerlichen Zwecken gewidmet zu sein. Die mythischen Jahrbücher der Chinesen erzählen aus der Regierungszeit des Kaisers Hoang-ti: Ling-lüne, gebürtig aus Yuene-yu gegen Abend von Ta-hia, nahm Rohr aus dem Thal Ilion-ki und blies hinein, und dies gab Gelegenheit zur Erfindung der Glocken. Darauf goss Yong-yuene auf Befehl des Kaisers Hoang-ti zwölf Glocken von Kupfer, welche mit den Monden übereinstimmten und dienten, die fünf Töne zu stimmen, die Jahreszeiten festzusetzen u. s. w. [3] — Marco Polo, der Reisende des 13. Jahrhunderts, erzählt, dass, wenn in Tatu (Peking) abends die Turmglocke aus der Mitte der Stadt ertöne, jedermann nach Hause zurückkehre [4]; doch erwähnt er anderwärts (bei Quinsay oder Hang-tsche), dass die Tagesstunden von Wächtern durch Schlagen auf ein dürres Brett seien bezeichnet worden. [5] — In dem Bericht über die Gesandtschaftsreise des persischen Schachs Rokh an den Kaiser in China in den Jahren 1419—1421 wird von der Stadt des Chans (Khanbalik oder Khanbalu) gemeldet, dass auf dem Hofe des kaiserlichen Palastes ein Turm stand, über dessen Thoren eine grosse Trommel mit einer Glocke ange-

---

[1] Rubruquis erzählt (im Jahre 1254) von den buddhistischen Kiguren: Auch haben sie Glocken, und ziemlich grosse, wie in Europa die Christen; deshalb — meint der Mönch — hätten die Christen der orientalischen Kirche den Gebrauch der Glocken verweigert, um nicht diesen Götzenanbetern zu gleichen. — Vergl. Ritter, Erdkunde 7, 438.

[2] Bohlen, das alte Indien 1, 346. — Der Gebrauch der Glocken bei den Buddhisten, häufig erwähnt in dem Werke von Spence Hardy, the Eastern Monachism. London 1850.

[3] Goguet, Ursprung der Gesetze u. s. w., übers. von Hamberger. 3, 273 f.

[4] Jack, Taschenbibliothek der Reisen durch China. I. 2, 14.

[5] Ebend. S. 37 f

bracht war, worauf zwei Personen Zeichen geben mussten, sobald der Kaiser sich auf dem Throne zeigte. [1] — Die ausführlichsten Nachrichten über die grossen chinesischen Glocken haben die französischen Jesuiten der Missionen des 16. und 17. Jahrhunderts gegeben. Auf den Türmen des Klosters Nanhoa sahen im Jahre 1589 die Väter Almeide und Ricci Glocken, unter welchen eine war, wie sie sich nicht erinnerten in Europa gesehen zu haben. [2] Le Comte führt es als gewiss an, dass die Chinesen in allen ihren Städten sehr grosse Glocken haben, um die Nachtwachen damit zu bezeichnen, deren es gewöhnlich fünf giebt, welche um 7 oder 8 Uhr abends anfangen. Beim Beginn der ersten thut man einen einzigen Schlag, den man bald darauf wiederholt, und so fort zwei Stunden lang bis zur zweiten Wache. Von neuem werden zwei Schläge gethan, womit bis zur dritten Wache fortgefahren wird; ebenso wird in der dritten, vierten und fünften Wache die Anzahl der Schläge je um einen vermehrt, so dass man wie nach einer Repetieruhr jeden Augenblick weiss, wie viel Zeit es ist. An anderen Orten bediente man sich zu demselben Zwecke und in gleicher Weise einer grossen Trommel. [3] — Derselbe Missionär fand zu Nanking mehrere grosse Glocken auf der Erde, unter deren Gewicht der Turm, auf dem sie ehemals befindlich waren, zusammengestürzt war; ebenso lagen in Peking sieben grosse Glocken, welche der Kaiser Yong-lo zur Feier der Übersiedelung seiner Residenz von Nanking nach Peking um das Jahr 1403 soll haben giessen lassen, und scheinen dieselben bei den Kriegsstürmen, unter welchen China im Jahre 1644 seine angestammten Herrscher verlor, herabgestürzt worden zu sein; sie waren so lange unbeachtet geblieben, bis die Jesuiten Adam und Verbiest, welche sich durch Einführung der Schlaguhren und überhaupt durch mathematische und mechanische Künste bei Hofe beliebt zu machen wussten, auf den Wunsch der vier Gouverneure des Reichs die eine dieser Glocken wieder aufhingen. [4] — Eine Glocke von dem Tempel in Ning-po wurde bei Gelegenheit der englischen Expedition nach China genommen und nach England gebracht; sie war erst 1839 gegossen, hat mehr als neun Fuss im Durchmesser und ist jetzt im Buckingham-Palast. [5] — In Kioto (sonst Mijako) auf der Insel Nippon befindet sich eine Riesenglocke, die 17 Fuss 2½ Zoll hoch sein und

---

[1] Jäck a. a. O. S. 86.
[2] Ebend. S. 163.
[3] Le Comte, Nouveaux mémoires sur la Chine. 3. édit. Amsterdam 1698. 1, 115 ff.
[4] Kircher, China illustrata. Amsterd. 1667. p. 222. — Penny Magazine 1834, p. 406.
[5] Blavignac a. a. O. S. 321.

20 400 Centner wiegen soll. [1] — Die kleinen Glocken der Chinesen, die sie als Vogelscheuchen und zum Zierat der Dächer u. s. w. gebrauchen, bestehen, nach den auf der Londoner Industrie-Ausstellung im Jahre 1851 befindlich gewesenen Exemplaren zu urteilen, grösstenteils aus Metallstücken in der Form eines etwas gekrümmten länglichen Vierecks; andere chinesische Glocken nähern sich der Form nach sehr unseren Kasserollen. [2]

Auch die Birmanen haben eine grosse Vorliebe für die Glocken, und eine im Jahre 1791 gegossene, Mana-Ganda genannte Glocke, welche 1853 im Kriege von den Engländern aus der Dagon Pagode in Rangûn genommen wurde, ward auf 17 000 Pfund geschätzt. Sie hat etwa 7½ Fuss im Durchmesser, ist mit einer übermässig langen, 12 zeiligen Pali-Inschrift historischen Inhalts bedeckt und hängt auf einer kleinen Erhöhung. Als sie zu Schiffe weggeführt werden sollte, fiel sie in den Irawadi, wurde aber später wieder herausgefischt und an ihre alte Stelle gebracht, wo die Opfernden äusserlich daran schlagen, um den Genien ihr Erscheinen anzumelden. [3] — Zu Pegû hängen auf der Nordseite des Gaudma-Tempels drei grosse Glocken, und jeder Opfernde schlägt zunächst mit einem Hirschhorne wechselsweise an die Glocken und auf die Erde, um den Gott von seiner Ankunft zu benachrichtigen. [4] — In Japan soll es auch goldene Glocken geben, und unter den amerikanischen Völkerschaften angeblich eiserne oder kupferne. [5]

Musikalischer Gebrauch der Glocken. — Glockenspiele. — Herdengeläute. — Jedes nur einigermassen gebildete Ohr verlangt, dass die zu einem Geläute gehörigen Glocken von verschiedenen Tönen eine melodische und harmonische Wirkung hervorbringen sollen, und ein auf Erreichung dieses Zweckes gerichtetes Streben ist im Mittelalter sicherlich schon frühzeitig thätig gewesen. Der leichteren Technik wegen beschäftigte man sich zunächst wohl mit der harmonischen Abstimmung von Glöckchen, und in einer dem sechsten Jahrhundert zugeschriebenen Handschrift des Klosters St. Blasien findet sich bereits die Zeichnung eines Mönches, welcher ein aus fünf Glöckchen, die nebeneinander an einem Stabe vor ihm aufgehängt

---

[1] Neue Gartenlaube 1883, Nr. 9, S. 36.

[2] Berlin. (Vossische) Zeitg. 1851. Nr. 172. Erste Beil. S. 4.

[3] Vergl. über diese Glocke: Quarterly Review (1854) Nr. 190. — Blavignac a. a. O. 206. Ein Faksimile der Inschrift (mit engl. Übersetzung) in Bd. XVI. der Asiatic Researches (Calcutta). Die französische Übersetzung im Nouveau Journal Asiatique nimmt über 200 Oktavzeilen ein und findet sich bei Blavignac in einem 23 Zeilen langen Auszuge.

[4] Jäck, Taschenbibliothek der Reisen durch Ost-, West- und Süd-Indien. II. 2, 217.

[5] Chladni, Inventarium templorum, p. 469.

sind, bestehendes Glockenspiel mit einem Hämmerchen rührt[1]: nicht unwahrscheinlich bediente man sich solcher Vorrichtungen zur Bestimmung
der Töne des Kirchengesanges, unterhielt sich auch wohl an der Mannig-
faltigkeit aller möglichen Tonfolgen und berechnete die verschiedenen Kom-
binationen. Solche musikalische Versuche mit Glocken wurden in den
Klöstern bis in die neuere Zeit vielfach angestellt[2] und haben sich namentlich in England, wo der Buchdrucker **Fabian Stedmann** (geb. zu Cambridge 1631) durch eine besondere Schrift[3] Anleitung zur Kunst des
„*change ringing in regular peals*" gab, seit dem 17. Jahrhundert zu einer
eigentümlichen Volksbelustigung ausgebildet. Es giebt unter Leitung besonderer Vorsteher *(warners)* Gesellschaften von mehreren jungen Männern,
z. B. ehemals die *Society of College Youths*, welche im Lande umherziehend
ihre Übungen auf den Kirchtürmen anstellen und ganze Tage lang von früh
bis in die späte Nacht alle irgend möglichen Melodienreihen lediglich nach
den Regeln der Kombinations-Rechnung, ohne alles eigentlich musikalische
Interesse, durchzuläuten unermüdlich sind. Man fand, dass in einer Stunde
jemand 720 Veränderungen mit 12 Glocken auszuführen im Stande sei,
und berechnete nun, dass, da mit 12 Glocken überhaupt 479 001 600 Ton-
versetzungen möglich sind, zur Absolvierung derselben eine Zeit von 57 Jahren,
10 Monaten und 10 Tagen erforderlich sein würde. Auch giebt es für
gewisse Toureihen und Rhythmen besondere Kunstausdrücke, z. B.: *Hun-
ting, dodging, snapping* und *place making; single bob, plain bob, grandsire
bob, single bob minor, grandsire treble, bob major, caters, ten-in* oder *bob
royal, cinques, twelve-in* oder *bob maximus* u. s. w. — Der Geschicklich-
keit und Beharrlichkeit der Engländer im Läuten solcher Toureihen, zu
denen 5, 8, 10 bis höchstens 12 Glocken erforderlich sind, soll das Land
den Namen „*the ringing island*" zu verdanken gehabt haben, und vor
etwa 30 Jahren wurde die Anzahl der „*ringer*" auf nicht weniger als
70 000 veranschlagt.[4] — Die Heimat der eigentlichen Glockenspiele jedoch
sind die Niederlande, wo das erste grössere zu Alost im Jahre 1487 von

[1] **Gerbert**, de cantu et musica sacra. 1. Tab. 26. n. 3. — Auf einem Stein-
relief zu Bocherville (Abbild. bei Otte. Kunstarchäol. 5. Aufl. 1, 331) sind es
nur vier Glöckchen, wie auch das franz. carillon (gleichsam quadrilio) = Glockenspiel, auf die Vierzahl deutet.

[2] **Mersenne**, Harmonic universelle. Paris 1636. Livre VII. p. 18.

[3] **Tintinnalogia**, or the art of ringing 1668, welche bis 1680 drei Auflagen
erlebte und noch im Jahre 1733 unter dem Titel „Campanologia improved or the
art of ringing made easy" zu London abermals in verbesserter Gestalt erschien.

[4] **Burney**, General Hist. of Music. Lond. 1789. 3, 413. — **Hawkins**, Hist.
of Music 4, 211. — Penny Cyclopaedia 4, 188. — **Gatty**, the Bell. p. 57 sqq —
Ellacombe, an address to ringers. 1855. — Der Beschreibung zufolge scheint

einem irren Künstler verfertigt worden sein soll. Sie bestehen aus vier oder mehr Oktaven diatonisch oder chromatisch abgestimmter Glocken und einer mechanischen Vorrichtung zum Anschlagen derselben. Letztere war ursprünglich sehr einfach, dieselbe wie bei dem sogen. Beiern[1]: der Klöppel jeder einzelnen Glocke wird mittels eines um den unteren Stumpf desselben geschlungenen Seils seitwärts in wagerechter Richtung befestigt, und an die Mitte dieses Seiles ein Strang geknüpft, den man durch eine im Fussboden der Glockenstube befindliche Öffnung in ein tiefer gelegenes Stockwerk des Turmes hinableitet und hier mit einem hölzernen Tritte (wie an einem Webestuhle) in Verbindung bringt. Wird nun dieser Tritt durch Faust oder Fuss des Glockenisten niedergedrückt, so schlägt der Klöppel an die Glocke, prallt aber durch das Nachlassen des wagerechten Seiles sogleich wieder zurück, ohne jenseits die Glocke noch einmal treffen zu können. Es ist nun jede einzelne Glocke mit der beschriebenen Vorrichtung versehen, und die Tritte sind in ein Manual für die behandschuhten Fäuste und in ein Pedal für die Füsse des Kampanisten verteilt, der nun das Glockenspiel nach Art des Orgelschlagens behandeln kann. Diese ursprüngliche mangelhafte Mechanik wich bald künstlicheren Vorrichtungen: an die Stelle der Seile traten Drähte, und statt der Klöppel liess man federnde Hämmer innerlich oder äusserlich an die Glocke schlagen, so dass der Mechanismus dem der Klavier-Instrumente sehr ähnlich wurde. Endlich brachte man das Glockenspiel mit Uhrwerken und Walzen in Verbindung, so dass die Kunst des Glockenisten entbehrlich wurde, obgleich viele Glockenspiele (z. B. die in Berlin und Potsdam) eine zwiefache Vorrichtung haben: ein selbstspielendes Uhrwerk und ein Klavier für den Kampanisten. In den Niederlanden findet man ziemlich in allen Städten auf Kirch- und Stadthaustürmen Glockenspiele: die

es sich bei dem *change-ringing* übrigens nicht um blosses Beiern zu handeln, und es ist schwer, sich einen deutlichen Begriff davon zu machen. — Als im April 1870 in Lausanne plötzlich die Sturmglocke ertönte, und niemand zu sagen wusste weshalb, fand man auf dem Turme einen englischen Touristen, welcher nach seiner Erklärung vergleichende Studien über den Ton der Glocken auf dem Kontinent machte; er wurde mit einer leichten Geldstrafe entlassen. (Blavignac a. a. O. S. 415.)

[1] Abbild. und Beschreib. in: Schütze, Holstein. Idiotikon. 1, 87. — Das Beiern ist namentlich im Rheinland und in Westfalen als eigentümliche Volksbelustigung an den Vorabenden hoher Feste üblich; eine Person dirigiert dabei oft vier Glocken mit Händen und Füssen; es geschieht im lebhaften Tempo und macht einen freudigen Eindruck. — Wenn in den Stadtrechnungen von Audenarde zum Jahre 1408—9 (angeführt bei Blavignac a. a. O. S. 148) ein Unterschied gemacht ist zwischen „*sonner la cloche*" und „*sonner le carillon*", wofür ein Mann Bezahlung empfängt, so ist unter letzterer Verrichtung wahrscheinlich das Beiern mit einem Viergeläut zu verstehen.

älteren sollen minder harmonisch klingen, als die im 17. Jahrhundert ent-
standenen, unter welchen sich durch besonderen Wohlklang auszeichnen:
Zütphen mit 26 Glocken von 14 000 Pfund Gesamtgewicht; Enkhusen, ebenfalls mit 26 Glocken, aber von 16 000 Pfd.; Deventer mit 25 Glocken von
14 000 Pfd.; Bois-le-duc, auf dem Rathause, mit 15 Glocken von 17 000 Pfd.;
Utrecht, auf der Jakobikirche, mit 25 Glocken von 11 000 Pfd.; Amsterdam,
auf der Börse, mit 20 Glocken von 25 000 Pfd.; alle diese verfertigt von
dem Lothringer Franz Hemony zu Zütphen in der Zeit von 1645—1653,
von dem auch das auf dem Schlosse zu Darmstadt befindliche von 28 Glocken
herrührt.[1] Dem Ruhm des genannten Meisters steht nur gleich der Am-
sterdamer Glockengiesser de Graave, welcher im Jahre 1714 das Glockenspiel auf der reformierten Parochialkirche zu Berlin von 35 Glocken verfertigte. Eben so viele Glocken, im Gesamtgewicht von 9 016 Pfd., hat
auch das 1736 in Holland gegossene Glockenspiel der Katharinenkirche zu
Danzig, zu welchem der dortige Uhrmacher Daniel Böttcher 1741 eine
Walze von $4\frac{1}{2}$ Fuss Länge und 6 Fuss 8 Zoll Dicke verfertigte mit
7260 Löchern für die Notenstäbe; es kostete 30 000 Danziger Gulden.[2]
Auch das Glockenspiel zu Malmedy, gegossen 1781—1786 von Martin
Legros und seinem Sohne, mit einem Getriebe von G. J. Lejoncque besteht
aus 35 Glocken. Noch grösser sind die Glockenspiele zu Brügge (1675
mit 42, später, nach seiner Zerstörung durch den Blitz im Jahre 1741,
wiederhergestellt mit 47 Glocken von $\frac{1}{9}$ bis 5 Fuss Durchmesser) und
zu Antwerpen (1540 mit 60, jetzt mit 90 Glocken, deren kleinste einen
Durchmesser von 15 Zoll hat), das grösste von allen aber ist das Glockenspiel zu Delft, welches nach dem Journal des savants von 1695 angeblich „800 timbres“, und nach den Délices des Pays-Bas von 1743 sogar
mehr als „mille cloches“ enthalten soll.[3] — Bemerkenswert als eines der
ältesten in Deutschland ist das 1565 von Heinrich von Trier gegossene,
aus 12 Glocken (mit den Namen der Apostel) bestehende Glockenspiel
der Annakirche zu Düren; die Glocken desselben sind nicht gross: die
grösste hat 0,89, die kleinste 0,31 Durchmesser. Die Walze des von Heinrich
Ny in Hassel verfertigten Uhrwerkes hat in jeder Reihe 24 Löcher, je
zwei für einen Ton.[4] — Das an Stelle des alten Aachener „Tinktanks“
1857 in Malmedy gegossene, aus 32 Glocken bestehende neue Glockenspiel
für den Münsterturm wird wegen seiner unreinen Stimmung als völlig miss-

---

[1] Schott, Magia naturae 2, 358 ff.
[2] v. Duisburg, Versuch einer Beschreib. der See- und Handelsstadt Danzig
(Danzig 1816), S. 240.
[3] Vergl. Blavignac a. a. O. S. 149 f.
[4] Vergl. Boeckeler, Beitr. zur Glockenkunde, S. 34.

raten geschildert.[1] — Nach der Stimmung und der Schwere der Glocken werden die Glockenspiele in fünf Klassen geteilt: 1) Glockenspiele von A Chorton, mit 36—40 Glocken, zum Gewicht von 36 000 Pfd., z. B. auf dem Rathause zu Amsterdam. 2) Glockenspiele vom B Chorton, von 30 000 Pfd. Gewicht. 3) Glockenspiele von C Chorton von 24 000 Pfd.; z. B. auf der Garnisonkirche zu Potsdam, welches im königl. Giesshause zu Berlin gegossen ist. 4) Glockenspiele von D Chorton zu 20 000 Pfd., wie das zu Berlin. 5) Glockenspiele von F Chorton. Die dritte Gattung entspricht der Stimmung der im Chorton stehenden Orgeln, die beiden ersten stehen bezichentlich eine kleine Terz und einen Ton tiefer, die beiden letzten um einen Ton, resp. um eine Quarte höher.[2] — Es eignen sich aus vorliegenden Gründen die Glockenspiele nur zur Ausführung feierlicher Musikstücke, als Choräle, Psalmen, Hymnen u. s. w., weshalb schon die Synode zu Haarlem im Jahre 1564 den Vortrag unpassender und mutwilliger Gesänge rügte, ein Verbot, welches von mehreren niederländischen und rheinischen Synoden des 17. Jahrhunderts wiederholt wurde.[3] — Wo die mit Uhrwerken in Verbindung stehenden Glockenspiele fast unaufhörlich (in Berlin und Potsdam z. B. jede Achtelstunde mit einer Kadenz) sich hören lassen, müssten sie den Anwohnern höchst lästig werden, wenn nicht bald Gewöhnung und Abstumpfung des Ohres einzutreten pflegte. — Freies Spiel auf den Tastaturen findet nur bei bestimmten feierlichen Veranlassungen statt, und unter den niederländischen Glockenisten des 18. Jahrhunderts zeichneten sich einzelne durch Virtuosenkünste besonders aus. Scheppen zu Löwen soll ein sehr schweres Violinsolo ausgeführt haben, und Potthoff in Amsterdam, der eben so berühmt war, komponierte dreistimmige Stücke

---

[1] Vergl. Boeckeler, Beitr. zur Glockenkunde, S. 42.

[2] Über das Technische der Glockenspiele vergl. Krünitz, Encyklopädie. 19, 183 ff. und Taf. 3, auch Kircher, Musurgia, 2, 336 und Taf. 19.

[3] Vergl. Gerbert, de cantu et musica sacra. 2, 240. — Das vom Volke „Singeuhr" benannte Glockenspiel zu Berlin spielt halbstündlich einen Choralvers und monatlich wird damit gewechselt, da das Werk zu zwölf Melodien eingerichtet ist, unter denen sich so schwierige befinden, wie: An Wasserflüssen Babylon u. s. w. Das aus 40 Glocken bestehende Potsdamer Glockenspiel, welches im Jahre 1736 angefertigt wurde und 27 000 Thlr. kostete, spielt das ganze Jahr hindurch bei jeder vollen Stunde den Choral: Lobe den Herren, den mächtigen u. s. w. und bei jeder halben Stunde die bekannte Volksweise: Üb' immer Treu und Redlichkeit, nach welcher auch Mozarts „Ein Mädchen oder Weibchen" gesungen wird. Das nur aus acht Glocken bestehende, 1749 verfertigte Glockenspiel in Genf scheint stets nur weltliche Weisen gespielt zu haben, in der Revolutionszeit sogar die berüchtigte Carmagnole, dann wieder ,,Ou peut on être mieux etc." und seit seiner Wiederherstellung im Jahre 1849 vier ziemlich leichtfertige Lieder; vergl. Blavignac a. a. O. S. 151 f.

für sein ungefüges Instrument. Ein blinder Organist derselben Stadt trug 1772 Fugen mit Läufern und Trillern auf dem Glockenspiele des dortigen Rathauses vor, obgleich jede Taste ein Gewicht von 2 Pfund erforderte. [1]

Erwähnenswert sind die im Thüringer Walde gebräuchlichen, nach einer eigentümlichen naturwüchsigen musikalischen Theorie abgestimmten Herdengeläute, deren Schellen aus mit Messing zusammengelötetem Eisenblech bestehen, und welche nach der dort üblichen Terminologie in grobsche (tiefe) und kingsche (hohe) eingeteilt werden. Erstere stimmen in B-dur, letztere in einer beliebigen höheren Tonart, wobei der Akkord dreierlei sein kann: 1) der reine Dreiklang („nach dem Signalhorn gestimmt"); 2) der Sexten-Akkord („nach der Klarinette gestimmt"), 3) der Quartsexten-Akkord („nach der Bergmannszither gestimmt"). Die einzelnen Intervalle haben eigentümliche Namen: Ganzer Stumpf (Tonika), Mittelstumpf (Terz), Mengel (Quinte), Halbstumpf (Oktav), Auwschellen (Terz der Oktav), Beischlag (Quinte derselben), Lammschellen (2te Oktav), grober Biller (Terz der 2ten Oktav), klorer Biller (Quinte derselben), Gitzer und Gitzerchen (3te Oktav und was noch folgt). Bei einem Geläute im Sexten-Akkord wird die tiefste Schelle (die Untersexte der Tonika) Konderbass genannt, und beim Quartsexten-Akkord heisst der tiefste Ton (die Unterquarte der Tonika) Generalbass. [2] — Die schweizer Kuhglocken (Treichele, Tryrhele, franz. toupins) sind aus einer Metallkomposition, haben die Form eines unten abgeschnittenen Eies oder Granatapfels, und die grössten halten etwa 25 Liter; ihre gute Anfertigung ist ein Geheimnis der Privatindustrie. [3]

Die im Orchester und als besonderes Register mancher Orgeln sonst gebräuchlichen Glockenspiele sind in neuerer Zeit durch Stahlfedern ersetzt, welche weniger kosten und eine reinere Abstimmung zulassen, als die Glocken.

Die Glasglocken der Harmonika sind schalenförmig; eine mittels eines Fusstrittes drehbare gemeinschaftliche Achse geht durch die Mitte derselben, und der Ton wird durch Streichen der Ränder mit den benetzten Fingerspitzen hervorgebracht.

Rechtsverhältnisse. — Nach den Grundsätzen der katholischen Kirche sind die Glocken *res sacrae;* denn sie werden kirchlich geweiht, sind zu heiligen Zwecken bestimmt und sollen nur von geweihten Personen geläutet werden. [4] Das Läuten der Glocken wurde in den frühesten Zeiten auf

---

[1] Döring bei Ersch und Gruber, Encyklop. I. 70. 98. — Blavignac a. a. O. S. 148 ff.

[2] Ausführliches hierüber s. in der Illustr. Zeitung vom 13. Juni 1857 (Bd 28. Nr. 728). S. 728.

[3] Blavignac a. a. O. S. 336.

[4] Durand a. a. O. l. 1. c. 4. n. 7.

Grund karolingischer Verordnungen von den Priestern selbst besorgt. [1] Die
in den Kathedralen damit beauftragten Priester werden *Clokemanni* genannt. [2] Nach dem kanonischen Rechte (c. 2, X. de offic. cust.) ist der
Küster gehalten, die einzelnen kanonischen Stunden unter Zustimmung des
Archidiakonus durch Läuten anzuzeigen. — Die Kölner Synode vom Jahre
1300 verordnet can. 7, dass als *campanarii* nur *litterati* angenommen werden sollen, welche in Ermangelung eines Respondenten bei der Messe am
Altare zu assistieren haben. [3] — Nach dem Ordo Romanus gehört das Läuten
zu den Verrichtungen des Ostiarius, welcher während dieses Geschäftes,
weil es zu seinem Amte gehört, mit seinem Amtskleide, dem Superpelliceum,
bekleidet sein muss. [4] Gegenwärtig sind jedoch in der katholischen, wie in
der evangelischen Kirche die Pulsanten grösstenteils gewöhnliche Arbeiter,
welche dabei unter der nächsten Aufsicht des Küsters oder Glöckners zu
stehen pflegen. In Landkirchen hat der Küster das Läuten zu besorgen;
insofern das Küsteramt mit dem Schulamte in Einer Person vereinigt ist,
hat es in neuerer Zeit nicht an Stimmen gefehlt, welche das Läuten für
eine des Lehrers unwürdige oder ihm doch zu grosse körperliche Anstrengung zumutende mechanische Verrichtung erklärt haben. Das Überlassen
desselben an Schulknaben ist ein unverantwortliches Ärgernis, dem nur dadurch abgeholfen werden kann, dass den Lehrern die ihnen lästige Ver-
pflichtung abgenommen wird.

Das Recht Glocken zu halten steht nur den eigentlichen Kirchen mit

[1] Aquis ann. 801 bei Pertz, Vol. legum 1, 87. Vergl. Capitul. Caroli M. l. 6,
c. 168 (171).

[2] Du Cange a. a. O. unter *Campanarum pulsationem.*

[3] Eschenwecker a. a. O. S. 26. — Diese Campanarii bildeten oft eigene
Brüderschaften. So waren es in Köln die zwölf weltlichen Margaretenbrüder,
die das Läuten der Domglocken besorgten, es aber schon 1670 „*seit unvordenk-
lichen Jahren*" anderen gegen Bezahlung überlassen hatten (Organ für christliche
Kunst 1857, S. 145). — In der Amtsstadt Ehrenfriedersdorf im sächsischen Erzgebirge besteht seit Anfang des 17. Jahrhunderts eine Turmbrüderschaft,
welcher das Läuten bei jeder festlichen Gelegenheit obliegt. Im Jahre 1772, wo
in dem Städtchen 596 Menschen Hungers starben, war der Verein bis auf drei
Mitglieder ausgestorben, doch kamen diese ihrer Pflicht mit Hilfe ihrer Frauen
getreulich nach, bis sich die Brüderschaft wieder durch neue Mitglieder ergänzt
hatte. Die Brüder halten alljährlich zum Hauptquartal am 7. Januar unter den
Klängen eines Chorals einen festlichen Umzug (C Jul. Böttcher, Germania sacra,
1874, S. 654). — In Spanien sah ein Reisender vor etwa 30 Jahren in den Domen
von Sevilla und Granada das Läuten durch Vermummte als Bussübung verrichten
(Organ u. s. w., a. a. O.).

[4] Bona a. a. O. p. 138 u. 373. — Vergl. Pontif. Rom. 1, 21; 3, 653.

Ausschluss der Privatkapellen zu[1], und ist auch da, wo verschiedene Kon-
fessionen nebeneinander geduldet werden, in der Regel ein Privilegium der
herrschenden Religionspartei. In Beziehung auf den öffentlichen Gottesdienst
ist zwischen Katholiken und Protestanten durch den Westfälischen Frieden
(Art. 5, § 31. — Vergl. Eschenwecker a. a. O. S. 55) bestimmt, dass
auf die Observanz von 1624 zurückzugehen ist, und die Glocken derjenigen
Partei zustehen sollen, welche im gedachten Jahre sich im Besitze derselben
befand. — Bei ehrenvollen Begräbnissen haben nach § 35 a. a. O. (Eschenwecker, S. 51 f.) Katholiken und Augsburgische Konfessions-Verwandte
gegen Zahlung der Gebühren an die betreffende Pfarrkirche gleiche Rechte;
doch sind leider noch in allerneuester Zeit im Rheinlande und im Erfur-
tischen bei der Beerdigung von Akatholiken ärgerliche Streitigkeiten und
selbst Gewaltsamkeiten vorgekommen. — Ein Streitfall zwischen Lutheranern
und Reformierten in Köthen wurde von den Juristen-Fakultäten zu Jena
und Halle auf Grund der Bestimmungen des Westfälischen Friedens entschieden.[2] — Nach dem Kirchenrechte der Protestanten, welche im katholischen Sinne *res sacrae* überhaupt nicht kennen, sind die Glocken, da sie
nicht ausschliesslich zum heiligen Gebrauche bestimmt sind, weder *res sacrae*,
noch *res profanae*. — Die Kirchenglocken sind zwar im allgemeinen Eigentum der kirchlichen Gemeinde, und die Gestattung ihres Mitgebrauches für
geeignete nicht-kirchliche Zwecke hat von der kirchlichen Behörde auszu-
gehen, wobei der betreffende Pfarrer die nächste Instanz repräsentiert[3];
allein die Einzel-Gemeinde hat über die ihr zugehörigen Glocken keine
unbeschränkte Disposition, ist vielmehr darin demjenigen untergeordnet,
welcher das höchste Recht in geistlichen und weltlichen Dingen ausübt und
auch über die Glocken und ihre Substanz zum öffentlichen Nutzen in letzter
Instanz verfügt.[4] Schon die alte Kirche gestattete, *res sacrae* in höchster
und absoluter Not zu profanen Zwecken zu gebrauchen[5], und die Fürsten
haben nicht selten in Notfällen das Kirchengut auch gegen den Willen der
Geistlichen veräussert. Besonders verhängnisvoll wurde in dieser Hinsicht
die Erfindung der Kanonen für die Kirchenglocken, welche seitdem in Kriegs-
zeiten häufig in die Stückgiessereien wandern mussten. Das vielleicht erste
Beispiel dieser Art gab Kurfürst Friedrich I. von Brandenburg, dessen Geld-
not im Jahre 1414 so gross war, dass er, um sich den nötigen Kriegs-

---

[1] c. X. de privil. — d. 1. de cons. c. 33 sqq.
[2] Eschenwecker a. a. O. S. 52 ff.
[3] Preuss. Allgem. L. R. II. 11. § 191. — Vergl. Heckert, Handb. der kirchl.
Gesetzgebung Preussens, 1, 49.
[4] Eschenwecker a. a. O. S. 61.
[5] Bingham, Origines 3, 338; 2, 296—298.

apparat gegen den märkischen Adel zu verschaffen, Glocken der Marienkirche in Berlin dazu benutzen musste, um Büchsen (Kanonen) daraus giessen
zu lassen, was dem frommen Fürsten noch auf dem Sterbebette das Gewissen drückte, und was er seine Söhne in seinem Testamente beauftragte,
nach seinem Tode wieder gut zu machen.[1] — Auch Peter der Grosse liess
bei 500 Glocken zu Kanonen umgiessen[2]; der grossartigste Feldzug gegen
dieselben aber fand zur Zeit des National-Konvents in Frankreich statt,
und, nachdem ein darauf gerichtetes Dekret vom 30. Juni 1791 noch nicht
hinreichend durchgegriffen hatte, erwarb sich der Generalrat der Gemeinde
Lisieux den übeln Ruhm, durch eine bezügliche Petition das Dekret der Con-
vention nationale vom 23/25. Févr. 1793 hervorgerufen zu haben, welches
die Gemeinden ermächtigte, *„à convertir leurs cloches en canons"*. Ein
förmlicher Fanatismus bemächtigte sich der Massen, jene für den Kultus
der grossen Nation entbehrlichen Meubles auszurotten, und das Gesetz vom
11. April 1796 untersagte nun geradezu den Gebrauch der Glocken und
jede andere Art der Einladung zu irgend einem Kultus. Zum Zerschlagen
der grossen, nicht anders von den Türmen zu schaffenden Bourdons kon-
struierte man besondere Maschinen, und acht Mann arbeiteten sechs Wochen
lang an der Zertrümmerung der aus dem Jahre 1472 herrührenden 25000
Pfund schweren zweiten Glocke von Notre-Name zu Paris.[3] Hunderte, ja
tausende von Glocken wanderten in die Stückgiessereien und Münzstätten[4],
wo man sie gar nicht alle einzuschmelzen vermochte, so dass nach Wieder-
einführung des christlichen Gottesdienstes im Jahre 1802 Kaiser Napoleon I.
später Gelegenheit fand, gar manche Glocke wieder an Kirchen zu ver-
schenken.[5] Da jede Gemeinde eine Glocke zu dem damals so häufigen
Sturmläuten hatte behalten dürfen, gab man sich die Mühe die alten In-

---

[1] Riedel, Zehn Jahre aus der Gesch. der Ahnherren des Preuss. Königs-
hauses, S. 242. — Vergl. Minutoli, Friedrich I. 1, 335. — Ebenso war es die
Not, die den Herzog Karl von Burgund nach dem Verluste seiner Artillerie bei
Grandson 1475 bewog, neue Kanonen aus Kirchenglocken und Küchengeräten
giessen zu lassen (Blavignac a. a. O. S. 417).

[2] Voltaire, Charles XII Leipzig 1816. S. 48.

[3] Barraud im Bulletin monumental 10, 103. — Blavignac a. a. O. S. 418
bis 421, 432.

[4] Es kommen Medaillen aus dem Jahre 1793 vor, welche aus Glockengut
fabriziert sind, mit folgender Legende:

>*Monument de vanité*
>*Détruit pour l'utilité*
>*L'an deux de la liberté.*

[5] Vergl.: Die wichtige Erfindung, gesprungene Glocken wiederherzustellen.
S. 82 f.

schriften u. s. w. abzufeilen und dafür eine Jakobinermütze und das bekannte Schiboleth der Republik „*Liberté, Egalité, Fraternité*", wie z. B. auf der kleinen Glocke zu Rueil bei Paris, darauf anzubringen. — Der Verfügung des Staates dürften, wie die öffentlichen, auch solche Glocken unterliegen, welche, wie die Pfänner- oder Partikulierglocke (von 1468) auf der Marktkirche zu Halle, Privateigentum von Korporationen sind. — Der Diebstahl an Glocken ist nach katholischen Grundsätzen (und der Karolina, Art. 172) als Sakrilegium anzusehen: zu Giebichenstein bei Halle wurden im Jahre 1643 zwei Glockendiebe, der eine mit dem Strange, der andere mit dem Schwerte gestraft.[1]

Das Glockengeld ist eine Abgabe, zu deren Entrichtung die Einlieger und Dienstboten in Schwedisch-Pommern verpflichtet sind.[2]

IV. Von der Verfertigung der Glocken.

Wenn wir, abgesehen von den antik-römischen Klingeln (*tintinnabula*)[3], zunächst den Stoff in Betracht ziehen, so finden wir im früheren Mittelalter zweierlei Arten von Glocken: eiserne, geschmiedete, und bronzene, gegossene. Diesen Unterschied setzt Walafried Strabo (Rer. eccl. c. 5), wenn er redet „*de vasis fusilibus vel etiam productilibus*", und er findet sich wieder in einem Visitations-Berichte des Bischofs Erchambert von Freising († 853), wo in dem Inventar einer Landkirche (*ad Perechirichum*) erwähnt werden: *campanae duae, una aerea et alia ferrea.*[4] Hieraus ergiebt sich die Grundlosigkeit der Annahme Pelliccia's (de christ. eccl. politia. Ed. Ritter 1, 167 sq.), welcher unter *campana* oder *nola* ausschliesslich bronzene, und unter *tintinnabulum* eiserne Glocken verstanden wissen will.

---

[1] Olearius, Halygraphie, 2, 423.

[2] Fürstenthal, Samml. aller das Kirchen- u.s.w. Wesen betr. Gesetze, 1, 510.

[3] Barraud (im Bulletin monumental 10, 95) erwähnt eine kleine Bronze-Glocke, mit der Aufschrift: *Firmi balneatoris*, welche, aus den Römerzeiten herrührend, in den Bädern des Diokletian im Jahre 1548 gefunden sein soll und sich im Besitze des Ursinus befand. — Bei Gerbert (de cantu et mus. a. 2. Taf. 35. n. 1) findet sich die Abbildung eines in den Trümmern von Augst bei Basel gefundenen, unten beschädigten, kegelförmigen Glöckchens, welches oben in einen Ring ausläuft; sonst pflegen die römischen Glocken unten quadratisch zu sein. — Über römische Erzglöckchen: in Neuss s. Bonner Jahrb. V. S. 413, in Nymwegen ebend. VII, S. 69.

[4] Meichelbeck, Hist. Fris. I. 1, 126.

Sehr wahrscheinlich waren die aus Eisenblech verfertigten Glocken die
ältesten, oder man wählte sie nur als Notbehelf, wenn zur Beschaffung des
teuern Erzes die Mittel fehlten. Gegenwärtig sind, mit Ausnahme etwa von
Irland, wo es noch mehrfach uralte eiserne oder Bronze-Blechglocken von
ovaler Form zu geben scheint[1], diese alten Blechglocken äusserst selten.

Die bekannteste ist die von der Cäcilienkirche zu Köln im
städtischen Museum daselbst: sie hat die Form der sogen.
Kuhschellen, besteht aus drei mit kupfernen Nägeln zusammen-
genieteten Platten und soll aus der Zeit des Erzbischofs Kunibert um 613 herrühren; ihre Weite beträgt am ovalen Rande
0,36 und 0,22, ihre Höhe 0,41. Im Volksmunde heisst sie der
Saufang und soll im Peterspfuhl — dies ist der Name einer
Strasse in Köln — von Schweinen ausgewühlt worden sein.[2]
Ihr sehr ähnlich sind die (im Organ für christl. Kunst 1857

Fig. 3.

zu Nr. 23 Fig. 1 abgebildete) Glocke der heiligen Godeberta von 0,28 Höhe
und 0,22 grösstem Durchmesser in Notre-Dame zu Noyon und die tradi-
tionell von dem heiligen Columban herrührende im Schatze des Klosters
St. Gallen. Auch Glocken zu Murnau und zu Motting in Bayern (letztere
aus Bronzeplatten bestehend)[3] sollen von derselben Art sein, und Pelliccia
erwähnt a. a. O. eine solche, die aus einem Benediktinerkloster herstammte

---

[1] Morgenblatt 1853, Nr. 34, S. 415. — Quarterly Review No. 190 (vergl.
Berlinische Nachrichten 1854, Nr. 268). Die alten irischen Glocken scheinen mit
der frühesten Geschichte der Einführung des Christentumes in England und Irland in Verbindung zu stehen. Sie sind zuweilen zwar aus einem dunkelfarbigen
Erz gegossen, viereckig, 8—12 Zoll hoch und etwa 6 Zoll weit, meistens aber bestehen sie aus 2 bis 3 Platten, welche zusammengenietet und nachher in eine Masse
zusammengeschmolzen sind, und zwar vermittelst eines Verfahrens, dessen man sich
gegenwärtig nicht mehr bedient. Drei dieser Glocken sollen sogar Eigentum des
heiligen Patrik gewesen sein. — Auch eine von Blavignac a. a. O. 325 be-
sprochene derartige Glocke zu Leon soll englischen Ursprungs sein: sie ist aus
Kupferblech geschmiedet, 9 Zoll hoch, von pyramidaler Form über einer rechteckigen Basis von 6 × 4 Zoll und wiegt 8½ Pfund. Der aufgenietete Henkel zeigt
Spuren von Versilberung und endet in Form von Blättern, deren Geäder aus ein-
geschlagenen kleinen Kreisen besteht und an merovingische Verzierungsweise erinnert.

[2] Vergl. die Beschreibung von v. Lassaulx in der 2. Aufl. von Klein's Rhein-
reise, S. 493, und die Abbildung Fig. 3 (nach Didron, Annales archéol. IV, p. 95).

[3] Eine „aus metallenen Platten gestaltete" Glocke, befindet sich nach brief-
licher Mitteilung des Grafen Ed. Mella zu Vercelli im antiquarischen Museum
zu Turin; sie ist mit den Wappen der Sebaudischen Herzoge verziert, aber von
unbekannter Herkunft. Da ihre Entstehung der Zeit um 1300 zugeschrieben wird,
müsste diese Technik in Italien noch sehr spät geübt worden sein.

und sich zu seiner Zeit in einer Kirche zu Benevent befand. — Viereckige
Glocken aus Schmiedeeisen sollen in Skandinavien vorkommen.

Das alte Glockengut, die Glockenspeise (franz. *métal neuf*)
bestand wie das moderne, aus einer Legierung von Kupfer und Zinn, und
die Erzählung des St. Galler Mönchs (de Carolo M. 1, 29 bei Pertz,
Monum. 2, 744) von einem Glockengiesser, welcher von Karl dem Grossen,
um eine Glocke von vorzüglichem Tone giessen zu können, ausser vielem
Kupfer mindestens 100 Pfund Silber, welches er hernach unterschlug, erbat,
scheint die Quelle der unzähligen Sagen von silbernen oder mit Silber
legierten Kirchenglocken zu sein, obwohl letzteres in der That in einzelnen
Fällen geschehen sein mag. [1] Dagegen ist es bei weitem wahrscheinlicher,
dass man, wenn es an Zinn fehlte, das Glockenmetall mit Blei zu vermischen
sich genötigt sah: der Abt Gozbert von Tegernsee († 1001) wendet sich
brieflich, als er eine grosse Glocke giessen wollte, an einen auswärtigen
Freund und bittet ihn um Übersendung von Kupfer, Zinn oder auch Blei,
da in den vaterländischen Städten alle diese Metalle um keinen Preis zu
erlangen wären. [2] — Theophilus (Sched. div. artium c. 62, Ausg. von
Ilg 1, 265) im zwölften Jahrhundert sagt, das Glockenmetall bestehe aus
Kupfer, dem ein Fünfteil Zinn beigemischt wird, in dem offenbar von einem
andern Verfasser herrührenden Kapitel (84) vom Glockenguss S. 325 dagegen ist missverständlich von 4 Teilen Kupfer und 5 Teilen Zinn die Rede.
— Im 13. Jahrhundert, im 36. Jahre der Regierung Heinrichs III. von
England (1216—1272) sollten drei Glocken für die Kirche zu Dover gegossen werden: man verlangte dazu 1050 Pfund Kupfer und 500 Pfund Zinn. [3]

---

[1] Vielfach geht die Rede, dass die Glockengiesser das von frommen Leuten
während des Schmelzprozesses der Speise eingeworfene Silber unterschlagen hätten,
und wie eine solche Unterschlagung möglich gewesen sei, hat Reinwarth (in
Ersch und Gruber, Encykl. I. 70, 96) aus der eigentümlichen Bauart des Schmelz-
ofens nachgewiesen. Das durch das Loch für das Feuermaterial eingeworfene
Silber fiel gar nicht in die Metallmasse, sondern auf den Rost des Ofens, und
durch diesen in die Asche; anderseits enthalten aber die während der französischen Schreckensherrschaft aus eingeschmolzenen Glocken verfertigten Sousstücke
(oben S. 67) in der That freilich sehr geringe Menge Silber (,,*cependant il
s'y en trouve*'' sagt Viollet-le-Duc, Dict. de l'archit. 3. S. 282). so dass also
die Sage von silberhaltigen Glocken nicht ganz grundlos zu sein scheint. Eine
Glocke in Carouge bei Genf von 238 Pfund, deren Metall aus 78 Teilen Kupfer
und 22 Teilen Zinn besteht, enthielt nach Blavignac a. a. O. S. 365 ,,*18 onces
d'argent à 993 millièmes*''.

[2] Petz, Anecdot. VI. 1. p. 129. n. 16. — Vergl Günthner, Geschichte der
literar. Anstalten in Bayern. 1, 382.

[3] Quarterly Review (Berlin Nachrichten 1854, Nr. 267) a. a. O.

— Im Jahre 1830 feilte der Chemiker Girardin in Rouen von der S. 21 f.
erwähnten Glocke Rouvelle (aus dem 13. bis 14. Jahrhundert), von deren
Silbergehalt man fabelte, so viel ab, als zu einer Analyse erforderlich war;
dieselbe ergab:

Kupfer	. . . .	71
Zinn	. . . .	26
Zink	. . . .	1,80
Eisen	. . . .	1,20

100

und eine 1849 angestellte Analyse der Schwesterglocke Cache-ribaud ergab
das nämliche Resultat.[1] — Die grosse Glocke zu Erfurt von 1497 enthält
nach v. Tettau (Nachträge u. s. w. S. 2) 20 Prozent Zinn und 80 Prozent
Kupfer, sonst aber keine Beimischung. — Im 16. Jahrhundert pflegte man
in Italien auf 100 Pfund Kupfer 23 bis 26 Pfund Zinn (bei grösseren Glocken
den geringeren, bei kleineren den grösseren Zusatz) zu nehmen; auch bezogen die italienischen Glockengiesser aus Deutschland Antimon, indem durch
Beimischung eines gewissen Teiles von diesem Metall (etwa 2 Pfund auf
100 Pfund Kupfer) der Klang bedeutend verstärkt werden sollte.[2] — Die
Glocken des Glockenspiels zu Darmstadt aus dem 17. Jahrhundert enthalten
nach einer chemischen Analyse

Zinn	 21,50
Blei	 2,00
Kupfer	 74,00
Nickel	 2,50

nebst Spuren von Eisen und Arsenik.[3] — Die Angaben über die Zusammen-
setzung des Glockengutes sind übrigens so verschieden, dass auf 100 Teile
Kupfer 12 bis 50 Teile Zinn angeraten werden; gewöhnlich aber werden
4 Teile Garkupfer und 1 Teil englisches Zinn als die zweckmässigste Legierung empfohlen. Eine chemische Analyse eines chinesischen Tamtam
(oder Gong-gong) ergab 78 Teile Kupfer und 22 Teile Zinn[4], und dieses
Mischungsverhältnis wird auch bei Glocken zweckmässig sein. Beim Umgiessen alter Glocken gebietet die Vorsicht, das wieder zu verwendende Metall
vorher durch wiederholtes Schmelzen und Puddeln (Umrühren) zu reinigen,
dabei aber zu beachten, dass dadurch die Masse härter und spröder wird
und deshalb einen Zusatz von Kupfer erheischt. — Wenn alte Kanonen

[1] Blavignac a. a. O. S. 264; vergl. Reinwarth in Ersch und Gruber,
Encykl. I. 70, 96—98.

[2] Biringoccio, Pirotechnia. Vineg. 1558. Fol. 28 u. 74.

[3] Harzer, Glockengiesserei, S. 83.

[4] Karmarsch in Prechtl's Encyklopädie 7. 81.

zum Giessen von Glocken benutzt werden [1], so ist ein Zusatz von Zinn erforderlich, weil das Kanonenmetall, welches aus circa 90—93 Prozent Kupfer
und 10 bis 7 Prozent Zinn besteht, zu weich ist.   Zu dem Gusse der grossen
Glocke für St. Stephan in Wien gab der Kaiser Joseph I. im Jahre 1711
330 Centner Kanonenmetall (von 180 eroberten türkischen Geschützen) und
der Magistrat 40 Centner reines Schlaggenwalder Zinn.   Der Glockengiesser
Morel zu Lyon nahm 1862 zum Gusse des Geläutes für den Dom zu Dijon
78 Teile bestes französisches Kanonenmetall und 22 Teile englisches Zinn. —
Kupfer wird durch geringen Zusatz von Zinn schon hart, mit zunehmendem
Zinngehalt immer härter und gelbweisser, zuletzt weiss; spröder, auf einer
gewissen Stufe des Mischungsverhältnisses stahlhart, krystallinisch und blau-
weiss; dann nimmt bei noch steigendem Zinngehalt die Sprödigkeit wieder
ab, die Dehnbarkeit zu, die Farbe wird gelbweisser, und zuletzt bei geringem
Kupfergehalt erscheint das Zinn nur härter, ganz wie bei der beginnenden
Reihe das Kupfer.[2]   Hieraus folgt, dass eine Legierung, welche überwiegend
viel Zinn und wenig Kupfer enthält, ebenfalls zum Giessen von Glocken
tauglich sein müsste, wie man denn in Frankreich in der That in neuerer
Zeit Handglocken aus einer Mischung von 19 Teilen Zinn, 1 Teil Kupfer
und sehr wenig Antimon mit gutem Erfolge gegossen hat.[3]   Diese Legierung ist von weisser Farbe, während das normale Glockengut rötlich weiss
aussehen und sich beim Reiben mit Tuch lebhafter rot färben muss.   Eine
gelbliche Farbe würde auf Messing oder doch auf schlechtes Kupfer deuten,
eine silbergraue auf zu starken Zinngehalt.   Im Laufe der Zeit nehmen die
Glocken durch Oxydierung eine andere Färbung an: manche, und nicht
bloss solche, die den Witterungseinflüssen stark ausgesetzt sind, werden

---

[1] Wie in Kriegen die Kirchenglocken zum Kanonengiessen genommen worden sind (s. oben S. 66), so haben anderseits die Sieger eroberte Kanonen zum
Glockengusse hergegeben.   Eines der ältesten Beispiele sind wohl die 11 bei
Magdeburg eroberten Kanonen, die von Tilly der Kirche Mariä-Himmelfahrt in
Köln 1631 zum Glockengusse überlassen wurden (Böckeler a. a. O. S. 63).   In
neuester Zeit sind nicht bloss die Kölner Kaiserglocke, die Gloriosa des Frank-
furter Domes und die beiden grössten Glocken der Nikolaikirche zu Hamburg, sondern auch viele kleinere Kirchenglocken aus eroberten Geschützen gegossen worden.
— Wenn in der französischen Revolution Soustücke aus Glockenmetall gemacht worden sind, so hat nach Einführung des neuen deutschen Reichsgeldes der evangelische Gustav-Adolf-Verein in unseren Tagen alte verrufene Kupfermünzen des
Thalerfusses gesammelt und zur Glockenspeise verwendet. — Die kleine Glocke
auf dem Kapitol zu Rom ist 1804 aus antiken Bronzefragmenten gegossen worden
(Blavignac a. a. O. S. 424).

[2] Meyer in Erdmann's Journal für Chemie 18, 10.

[3] Karmarsch a. a. O. S. 82.

schwarz wie Gusseisen, andere werden bräunlich oder schmutzig dunkelgrau, setzen auch wohl Grünspan an, im ganzen nur wenige bedecken sich mit edler Patina. Die Gründe dieser Erscheinung sind nicht aufgeklärt; viel wird dabei doch wohl von der Beschaffenheit der Metalle und deren Legierungsverhältnis abhängen. — Im Bruche muss gutes Glockengut, wenn es im Momente des Gusses den gehörigen hohen Temperaturgrad erreicht hatte, ein dichtes und feines Korn zeigen; kann man das Korn wegen zu grosser Feinheit kaum wahrnehmen, so enthält die Legierung zu viel Zinn; ein schiefriger, grobzähniger Bruch dagegen deutet auf zu starken Kupfergehalt. Nach diesen Merkmalen pflegt das Glockenmetall von Praktikern beurteilt zu werden; in den Zeiten der Alchymie bediente man sich zu diesem Zwecke der Wünschelrute. [1] — Zu guter Glockenspeise darf nur gutes, reines Rotkupfer und bleifreies Zinn genommen werden; Zusätze von Zink, Messing, Blei, Wismut u. s. w. sind nur für Uhrschalen und Klingeln statthaft, für Läuteglocken ganz verwerflich. — Das Gewicht eines Kubikfusses Glockengut ist auf 500—505 Pfund ermittelt.

Bei dem hohen Preise des Glockenmetalls hat man seit dem 17. Jahrhundert Versuche mit Gusseisen gemacht. In Genf wurden seit 1610 eiserne Glocken fabriziert [2], später auch in Wien und Berlin. Man verfertigte dieselben nach den nämlichen Schablonen wie die Bronzeglocken, nur im allgemeinen, und besonders in der Zone, wo der Klöppel anschlägt, etwas stärker; der Ton war stark, aber rauh und weniger klangreich; dessen ungeachtet würden sie sich durch ihre Wohlfeilheit immerhin empfohlen haben, wenn nicht im leicht möglichen Falle des Zerspringens das Metall völlig wertlos wäre. Die jetzt aufgehobene Königl. Eisengiesserei in Berlin pflegte Glocken von 1 Pfd. bis zu 30 Ctr. Schwere vorrätig zu halten und überliess es den Käufern, sich die musikalischen Verhältnisse selbst auszuproben. Der Preis für Glocken von 10 Pfd. an betrug, einschliesslich des geschmiedeten Klöppels und des ledernen Riemens zur Befestigung desselben, für den Ctr. acht Thaler, aber eine Garantie gegen das Zerspringen, das schon bei dem erstmaligen Läuten nicht ausser der Möglichkeit lag, konnte nicht geleistet werden; die Glocken fanden daher meist nur als Geschenke des Königs Friedrich Willhelm III. an arme Landgemeinden Absatz und wurden, wenn sie sprangen, in diesem Falle den Beschenkten von der Giesserei durch neue ersetzt. In neuester Zeit hört man nichts mehr von gusseisernen Glocken.

[1] Roujoux (der künstliche und harmonische Glockengiesser, S. 93 ff.) giebt das dabei beobachtete Verfahren an, dem er guten Glauben schenkt, obwohl er Pastor (in Fismes) war und sein Buch 1765 schrieb.

[2] Blavignac a. a. O. S. 187.

Ganz unvergleichlich und in jeder Beziehung besser sind die Gussstahlglocken [1], welche seit dem Jahre 1852 von der Giesserei des Vereins
für Bergbau und Gussstahlfabrikation zu Bochum in Westfalen geliefert
werden. Freilich waren es nicht bloss die nicht konkurrenzfähigen kleineren
Glockengiesser, welche sich gegen diese nur in einer grösseren Fabrik
durchzuführende neue Erfindung sträubten, sondern auch andere gewichtige
Stimmen, wie z. B. noch 1865 der katholische Piusverein zu Trier [2], haben
sich dagegen ausgesprochen, während andere günstig urteilten. Der Gustav-
Adolf-Verein in Schlesien hat mit Gussstahlglocken glückliche Proben gemacht und sie wegen ihres guten Klanges, ihrer Dauerhaftigkeit und Wohlfeilheit bei der Hauptversammlung in Heidelberg 1855 empfohlen. [3] Die
Klangfarbe kann allerdings nicht die Fülle, Weichheit. Schwellung und
Rundung guter Bronzeglocken haben, was in der verschiedenen Rigidität
und Tenazität beider Metalle begründet ist, weshalb auch die Bochumer
Fabrik selbst die Vereinigung von Bronze- und Gussstahlglocken in demselben Geläute widerraten hat. [4] Wenn aber, wie Böckeler a. a. O.

----

[1] London Journal of arts, Mai 1864, p. 264: „Die vorzugsweise zur Anfertigung von Glocken verwendete Legierung besteht aus 20 Teilen Bandeisen oder
Eisendrehspänen oder Weissblechabschnitzeln, 80 Teilen Stahlblech oder Stahl
in anderer Form, 4 Teilen Mangan, 4 Teilen Borax. Zur Darstellung einer sehr
festen Legierung werden 2—3 Teile Wolfram zugesetzt. Ist der Kupolofen gehörig vorgerichtet, so wird das Eisen und der Stahl, dann das Mangan und darnach
der Borax, und zuletzt eine frische Charge Koks oder Steinkohlen aufgegeben,
so dass das Metall im Ofen in direkter Berührung mit dem Brennmaterial ist.
Nachdem das Metallgemisch niedergeschmolzen, wird es in die Formen abge-
stochen. — — — „Sollen dergleichen Glocken das äussere Ansehen (!) von
Bronze oder Kupfer erhalten, so werden sie zu diesem Behufe noch in ein gal-
vanoplastisches Bad gebracht."
[2] Organ für christliche Kunst 1866, S. 123; auch C. Otto (ebend. 1872,
Nr. 11, 13, 19) ist heftiger Gegner.
[3] Grüneisen in Herzog und Plitt, Realencyklop. 5, 192. — Auch W. Eng.
Giefers hat sich im Organ für christl. Kunst 1869, Nr. 24 sehr günstig ausgesprochen.
[4] In dem von der Fabrik 1878 ausgegebenen Prospekt S. 4. — Die Gründe
für die nicht in Abrede zu stellende Verschiedenheit der Klangfarbe von Bronze-
und Stahlglocken, die bei grossen Glocken unangenehmer hervortritt als bei kleineren,
sind in einem trefflichen Artikel von S . . . . k aus Köln im Organ für christliche
Kunst 1853, Nr. 14 f. auseinandergesetzt. Diese Verschiedenheit wird hier S. 121
auch graphisch veranschaulicht:

Bronzeglocke.   Gussstahlglocke.

Hieraus dürfte sich auch erklären, dass unter Umständen Stahlglocken in grösserer Entfernung (weitertragend) gehört werden können als Bronzeglocken. Viele

S. 114 bemerkt, die auf der Industrieausstellung zu Düsseldorf 1852 aus-
gestellten Gussstahlglocken allesamt unrichtige Tonverhältnisse hatten, so
war das nicht die Schuld des Metalles, sondern der Form und vielleicht
auch des Gusses, welche Fehler später nach den gemachten Erfahrungen
vermieden werden konnten. Auf der Ausstellung zu Paris von 1867 fanden
die vier Gussstahlglocken beifällige Beurteilung: drei derselben von 170,
80 und 35 Ctr. bildeten ein harmonisches Dreiklang-Geläute, und die vierte
war eine Riesenglocke von 295 Ctr. Eine 1873 in Wien ausgestellte
Glocke war auch mit Wappen und Inschriften geschmückt. Die mehr-
seitig ausgesprochenen Zweifel an der Haltbarkeit der Stahlglocken haben
bisher keine Bestätigung gefunden, da von den mehr als 2000 Kirchenglocken, welche die Fabrik im Laufe der Jahre geliefert hat (kleine
Glocken, die angeschlagen werden, ausgenommen), so weit bekannt, bisher
keine einzige gesprungen ist; überdies leistet dieselbe für Läuteglocken eine
5jährige Garantie gegen das Zerspringen und übernimmt ausserdem nach
Ablauf der Garantiezeit das Umgiessen gesprungener Gussstahlglocken für
den halben Verkaufspreis der neuen Glocken. Letzterer beträgt für Glocken
bis einschliesslich drei Ctr. schwer pro Ctr. 80 Mark, bei schwererem Gewicht
nur 65 Mark pro Ctr.; Verzierungen und Inschriften, sowie der Klöppel
werden ausserdem noch besonders berechnet. Da die Stahlglocken nur
etwa halb soviel kosten wie Bronzeglocken, so dürfen sich ärmere Kirchengemeinden ohne Risiko an denselben genügen lassen, was auch seitens der
Gegner nicht in Abrede gestellt wird.

Die Gussstahlglocken sind übrigens nicht zu verwechseln mit den
früher als Ersatzmittel der Glocken anderweitig empfohlenen Stahlstab-
Geläuten[1], die in Amerika häufig sein sollen, in Deutschland indes nicht
haben in Aufnahme kommen wollen: für Dorfkirchen möchten dieselben
allenfalls ausreichen; ein etwa im Jahre 1837 in Potsdam auf der (baulich
bedenklichen) Nikolaikirche damit angestellter Versuch fiel sehr unbefriedi-
gend aus und verdrängte bald den Gedanken, statt der Glocken Stahlstäbe
zu benutzen.[2]

---

unter den hunderten von günstigen der Fabrik erteilten Zeugnissen bekunden,
dass die Stahlglocken 2 bis 3 Stunden weit vernehmbar sind.

[1] Prechtl, Encyklopädie 5, 550. — (Hartmann) Zeitschrift für Gewerb-
treibende 6, 305. — Die Beschreibung eines Modells zu einem Stahlstäbegeläute
u. s. w. siehe in Bd. 11 der Verhandl. des Vereins zur Beförderung des Gewerbfleisses in Preussen.

[2] Der Klang der Stahlstäbe ist zu schwach, um weithin gehört werden zu
können; es heben sich bei ihnen die von der äusseren und inneren Fläche ausgehenden Schallwellenzüge einander auf, während dieselben bei Glocken erst nach

Der Preis der Bronze-Glocken berechnet sich gegenwärtig durchschnittlich auf 144 Mark pro Ctr.; je nach dem jedesmaligen Marktpreise des Kupfers und Zinns, je nach der Einfachheit oder dem Reichtum der Verzierungen, je nach dem höheren oder geringeren Preise des Arbeitslohnes und der Materialien am Verfertigungsorte, je nach dem grösseren oder geringeren Gewichte der Glocken (grössere lassen sich verhältnismässig billiger herstellen als kleinere) auf 125 bis 150 Mark. Solide Glockengiesser unserer Zeit klagen über das auch auf diesem Gebiete der Industrie einreissende Submissionsverfahren an den Mindestfordernden, mit der Devise „billig und schlecht", und über gewisse schwindelhafte Manöver, durch die sich einzelne Spekulanten Bestellungen zu verschaffen suchen und das Gewerbe herunterbringen. Das Akkordwesen begann zwar schon zu Ende des 15. Jahrhunderts, aber man gab in älterer Zeit denjenigen Konkurrenten den Vorzug, von welchen man sich die besten Leistungen versprechen durfte, ein Grundsatz, den einsichtige Interessenten allerdings auch gegenwärtig befolgen.

Folgende Notizen über die Kosten der Glocken in früherer Zeit sind nicht ohne antiquarisches Interesse. Im Jahre 1372 wurden vom dritten Sonntag nach Ostern bis Christi Himmelfahrt in Xanten für die Viktorkirche zwei Glocken gegossen zum Gewichte von 1250 Pfd. Der brabantische Meister de Veghel mit seinem Sohne erhielt per 100 Pfd. 9$\frac{1}{3}$ sol., im Ganzen 9 mrc. 8$\frac{2}{3}$ sol. und für den dann folgenden Guss einer grösseren Glocke von 1900 Pfd. 14 mrc. 9 sol. 4 den.; drei Jahre später für zwei weitere Glocken einen Lohn von 15$\frac{1}{3}$ mrc. Da die grosse Glocke missraten war, wurde sie 1376 umgegossen, wofür 15$\frac{3}{4}$ mrc. bezahlt wurden. Ausserdem stellte das Stiftskapitel das Material, das gewöhnlichere Handwerkszeug und die Arbeitsleute und zahlte das Kostgeld. Das Glockengut bestand aus dem alten Metall der bei dem Stadtbrande am 1. April 1372 geschmolzenen früheren Glocken, und aus kupfernen und zinnernen Gefässen mit einem starken Zusatz von reinem Zinn. Den Glockengiessern musste nach alter Sitte dreimal Wein gereicht werden: bei ihrer Ankunft zum Willkommen *(pro benevento)*, bei der Meldung vom Gelingen des Gusses *(pro bono nuntio)* und beim Abschiede, bei welchem man ihnen aus gutem Willen *(pro curialitate)* noch ein neues Kleid oder drei Ellen Tuch verehrte.[1] — Im Jahre 1448 wurde dem Glockengiesser Conrad Cranich-

---

mehrmaliger Reflexion an den Wänden der letzteren sich nach aussen verbreiten. Vergl. Schweiger-Seidel, Jahrb. 18. (48.) S. 428.

[1] Vergl. Steph. Beissel, die Baugesch. der Kirche des heiligen Viktor zu Xanten. 1883. S. 115 f.

felde eine neue Glocke für Kloster Hausdorf zu giessen verdungen, ebenso
gross wie die alte, die auch dazu verwendet werden sollte, mit Zusatz von
neuer Glockenspeise, den Centner zu zwölf alte Schock (nach heutigem
Gelde etwa 60 Mark) gerechnet; für Zehrung und Arbeit wurden drei alte
Schock (etwa 15 Mark) ausgemacht; den Giesserlohn sollte der oberste
Vormund des Klosters bestimmen.[1] — Als die Giesser Johann Olivey und
Nicod Bueron zum Gusse der grossen Glocke 1462 nach Ifferten kamen,
erhielten sie und ihre Gehilfen vier Mass *(pots)* Wein, und die Domherren
feierten den Tag ihrer Ankunft durch ein Abendessen.[2] — Die 33 Ctr.
schwere Uhrglocke von 1473 für den Marktturm zu Regensburg kostete
95 Pfd. Pfennige. — Bei der Ankunft der Glockengiesser Jacques de la
Bouticle und Robinet Beguin zu Troyes im Jahre 1475, wohin man sie
berufen hatte, erhielten sie von den Bürgern Wein, von den Domherren
Häringe, Karpfen und andere gute Dinge, alles, ohne dass es ihnen ausgemacht war.[3] — Bei dem Gusse der 138 Ctr. 65 Pfd. schweren Osanna
für Weingarten im Jahre 1490 erhielt Meister Hans Ernst für den Ctr.
einen rhein. Goldgulden, ausserdem Wohnung und Kost für sich und seine
Gehilfen und Knechte, sowie das erforderliche Metall.[4] — Im Jahre 1497
war der holländische Glockengiesser Gerhard Wou mit vier Dienern von
Neuss, wo er sich vorher befunden hatte, nach Erfurt gekommen und ver-
weilte daselbst, um drei Glocken: die Riesenglocke und die Osanna des Domes
und die Vincentia der Severikirche, zu giessen, vom 16. Mai bis 25. August bei freier Beköstigung. Am Tage seiner Ankunft erhielt er für fünf
Pfennige Wein und trat zunächst in einer Herberge ab, bezog dann aber das Haus
eines Domherrn. Dieser hatte für die Bewirtung seiner Gäste zu sorgen und
beteiligte sich selbst mit an den Mahlzeiten, die recht opulent waren. Es
gab zuweilen dreierlei Fleisch und man trank öfter nicht bloss Einbecker
und andere fremde Biere, sondern auch Wein. An dem Tage, an welchem
die dritte und letzte Glocke gegossen wurde, speiste man nur Fische und
zechte nur Wein. Nach Ablauf der ersten Hälfte des 15 Wochen währenden Aufenthalts betrugen die Zehrungskosten 67 Schock, 27 alte Groschen
2½ Pfennig und 12 Goldgulden. Der Lohn, welchen der Meister für den
Guss der beiden Domglocken von 275 und 80 Centner empfing, betrug 400
rheinische und 4 ungarische Goldgulden (nach heutigem Gelde 2916 Mark)
und die Vergütigung für die Herreise 15 Goldgulden (108 Mark). Die Ge-

---

[1] Rein, W., Thuringia sacra 2, 236. N. 341.
[2] Blavignac, la cloche, p. 347.
[3] A. a. O.
[4] Pastoralbl. der Diözese Rottenburg 1882. Beil. Nr. 1, 2.

hilfen erhielten 12 Goldgulden (86,4 Mark) Trinkgeld. Die Gesamtkosten
für beide Glocken, die sich aus den Rechnungen des Domes schon darum
nicht genau ergeben, weil zum Teil das Metall alter Glocken verwendet
wurde, hat v. Tettau (Mitteil. des Erfurter Geschichtsvereins 2, 137) nach
heutigem Münzfusse auf 18 157 Mark ausgerechnet, eine Summe, die, wenn
man den mindestens dreifach gesunkenen Geldwert in Betracht zieht, heute
eben so viel Thaler darstellt und zur Herstellung der beiden Glocken auch
heute ausreichend sein würde. — Die Marienglocke zu Strassburg, 420 Ctr.
an Gewicht, kostete im Jahre 1519 10 000 Gulden, und der Giesser erhielt
für den Centner 1 Gulden Lohn. — Eckhardt Kucher erhielt in Magdeburg
1574 für jeden Centner 2 Gulden meissnisch und als Zehrgeld für sich
und seine beiden Gesellen wöchentlich 2 Thaler und 1 Ort ($1/4$ Thaler).[1] —
Eine 29 Centner schwere, im Jahre 1595 für die neue Pfarre in Regensburg gegossene Glocke kostete 662 Gulden; die Speise bestand aus 2280
Pfund Kupfer und 6 Centner Zinn.[2] — Der niederländische Glockengiesser
Franz Hemony bekam um 1650 für das Pfund seiner künstlich abgestimmten
Glocken, für die grösseren 17 Stüber (50 auf einen Reichsthaler gerechnet),
für die kleineren 21 Stüber.[3] — Georg Schreiber in Magdeburg verlangte
daselbst 1651—1658 ausser den Materialien und zwei Handlangern bei
freier Kost für sich und seine Gesellen (oder 30 Thaler Zehrgeld) pro Ctr.
3 Thaler Giesserlohn, musste sich aber (ausser den Materialien) mit 200
Thaler in Pausch begnügen, und Jakob Weutzel erhielt 1689 für den Centner
2 Thaler.[4] — Im Magdeburgischen kostete im Jahre 1694 das Pfund altes
Glocken- und Grapengut 3 gute Groschen.[5] — Bei dem Gusse der grossen
Glocke für St. Stephan in Wien im Jahre 1711, wo 370 Centner Metall
eingesetzt wurden, zahlte man an Arbeitslohn für den Centner 7 Gulden,
und ausserdem empfing der Giesser noch eine Verehrung von 100 Dukaten.[6]
— Für die im Jahre 1721 gegossene 113 Centner schwere Domglocke zu
Breslau wurden 133$1/2$ Centner Metall eingesetzt (2 Teile feines Bergkupfer
und 1 Teil Zinn) und pro Centner 39$1/2$ Thaler bezahlt.[7] — Über die

---

[1] Magdeb. Geschichtsblätter 1868. 3, 92—95.

[2] Schuegraf in den Verhandl. des histor. Vereins von Ober-Pfalz und Regensburg. 9, 299. 300. 304.

[3] Schott, Magia naturae. 2, 359.

[4] Magdeb. Geschichtsblätter a. a. O.

[5] (Chrysander) Zugabe zu den Hannov. gelehrten Anzeigen vom Jahre
1754, S. 137.

[6] Nach dem im Wiener Stadtarchiv befindlichen Kontrakt; vgl. Tschischka,
die Metropolitank. zu St. Stephan in Wien. 2. Aufl. S. 117.

[7] Chrysander a. a. O. S. 143.

Kosten u. s. w. der grossen Glocke für die Stiftskirche zu Wernigerode im Jahre 1742 vergl. die Zeitschr. des Harzvereins 1869, 1, 39.

Glockengiesser. — Die Glockengiesserei wurde ursprünglich in den Klöstern von den Mönchen betrieben (s. S. 11 u. 20), welche überhaupt zuerst alle auf das Kirchenwesen bezüglichen technischen Künste übten; es scheint indes, als wenn es schon im achten und neunten Jahrhundert geschickte umherziehende Giesser gegeben habe, welche, da sie sich nach der Bezichtigung mönchischer Schriftsteller Veruntreuungen zu Schulden kommen liessen, wohl dem Laienstande angehört haben mögen. Dahin gehört der kunsterfahrene Meister *(opifex in hac arte eruditus)*, dem um 734 — 738 der Guss der für das Türmlein der neu erbauten Michaeliskirche zu Fontenelle bestimmten Glocke übertragen wurde, und der von dem hinreichend gelieferten Metalle einen Teil auf die Seite brachte, wodurch die Glocke nicht vollkommen geriet.[1] Kaiser Karl der Grosse dagegen bediente sich für den Guss einer Glocke zu Aachen eines Mönches von St. Gallen, Namens Tanco, dessen Werk sehr gut ausfiel, namentlich auch in Beziehung auf den Klang die Bewunderung des Kaisers erregte; es befand sich aber gleichzeitig am Hofe ein anderer Meister, der in aller Metall- und Glasarbeit vortrefflich war, und sich erbot, aus vielem Kupfer, das er durch Hitze reinigen wolle, mit dem gehörigen Zusatze von Silber, statt des Zinns, eine Glocke zu liefern, im Vergleich mit der das Werk Tancos stumm erscheinen solle. Der Elende betrog den Kaiser, indem er statt des erhaltenen edeln Metalls sehr reines Zinn hinzusetzte, und zwar in kurzer Zeit eine Glocke von unvergleichlicher äusserer Schönheit zustandebrachte, die aber niemand läuten konnte: bei den fruchtlosen Versuchen wurde zuletzt der Betrüger von dem hinabgeschleuderten eisernen Klöppel erschlagen.[2] — Im zehnten bis zwölften Jahrhundert finden wir die Glockengiesserei in den Benediktinerklöstern in vollem Betriebe; vergl. oben S. 20. Der Abt Gozbert von Tegernsee († 1000) verschrieb sich von dem Bischofe Godschalk zu Freysing von dort den Glockengiesser Adalric[3] und scheint auf diese Weise jene Kunst auch in seinem Kloster eingeführt zu haben: denn Abt Herrand schenkte dem Abte Gotahelm († 1062) für das im Jahre 1032 wiederhergestellte und mit sieben Glocken versehene Kloster zu Benediktbeuern eine derselben.[4] — Thiemo, später Erzbischof von Salzburg, erlernte in seiner Jugend zu Niederaltaich die Giesskunst[5], und das Glockengiessen erscheint im Jahre 1128

[1] Gesta abbat. Fontanell., Monum. Germ. SS. 2, 284.
[2] Monachus Sangallens. ebend. 2, 744.
[3] Meichelbeck, Hist. Frising. I. 2, 471.
[4] Monumenta Boica 7, 15.
[5] Canisius, lect. antiqu. IV. 2, 667.

als allgemeine Beschäftiguug der Salzburger Mönche, welche jedoch dabei
ihre der Giessstätte benachbarte Kirche aus Unvorsichtigkeit in Brand steck-
ten.[1] — In einer Urkunde des Mannsklosters Chiemsee von 1135 kommt
als Zeuge vor ein: *Roudbertus, campanarum fusor*.[2] — In derselben Zeit
beschäftigten sich auch die Mönche in .französischen Klöstern mit der Glockengiesserei: Abt Radulf von St. Troud liess zu Anfang des zwölften Jahrhunderts mehrere grosse Glocken für verschiedene Kirchen giessen und umgiessen.[3] — Im 13. Jahrhundert ging mit dem Aufblühen der Städte und
Innungen in Deutschland auch die Glockengiesserei an die letzteren über,
welche seit dem folgenden Jahrhundert dieses frühere Geschäft der Klöster
ganz übernahmen. Topf- und Kannengiesser, Grapengiesser und Apengiesser,
Rot- und Gelbgiesser, also überhaupt die Metallgiesser waren es, welche
nun das Giessen von Glocken, teils nebenher, teils, wenn sie genügende
Kundschaft fanden, als freies Hauptgewerbe[4] ausübten. So goss der *Gro-*
pengheter Bertold von Duderstadt 1399 eine Glocke zu Berenshausen im
Eichsfelde, der *Duppengiesser* Heinrich Brodermann 1448 die Preciosa des
Domes von Köln, ein *Kanngiesser* Heinrich von Gesen 1485 Glocken für
Biedenkopf und Offenbach in Nassau, ein *Topfgiesser* Nikolaus von Mühlhausen i. Th. 1478 eine in dem nahen Dorfe Gross-Grabe befindliche Glocke,
und Herman Kester bezeichnet sich 1494 auf einer Glocke zu Lauenstein
in Hannover (Kreis Hameln) als „*ein Apengeter Knecht*", war also ein
Gürtlergehilfe, der sich aufs Glockengiessen gelegt hatte. Das Gewerbe
wurde meist im Umherziehen betrieben: die Glockengiesser wanderten von
einem Orte zum andern, da die Kirchengemeinden es wegen der leichteren
Aufsicht über das gelieferte Metall und wegen Ersparung des mühsamen

---

[1] Monumenta Boica 14, 394.

[2] Ebend. 2, 298.

[3] Spicileg. chron. abb. S. Trud. l. 9, p. 469. Vergl. Barraud im Bulletin
monumental 10, 101.

[4] In Erfurt, wo die dort lebenden wenig zahlreichen Glockengiesser niemals
unter sich eine zunftmässige Verbindung gebildet oder sich auch nur der dort
bestehenden Gürtlerinnung angeschlossen hatten, kam es im 15. Jahrhundert
dennoch vor, dass es dem Meister Claus von Mühlhausen als einem Fremden nicht
gestattet wurde, eine von dem Severistifte bei ihm bestellte Glocke von 100 Centner
daselbst zu giessen; der Guss erfolgte nun in dem nahen Gotha, von wo die Glocke
mit zwölf Pferden nach Erfurt geschafft wurde. Erst nachdem Meister Claus später
nach Erfurt gezogen und daselbst Bürger geworden war, durfte er hier seine Kunst
ausüben; die Verfolgungen gegen ihn hörten indes nicht auf, weil er sich bei
seinen Arbeiten von fremden Glockengiessern helfen liess. Vergl. v. Tettau a.
a. O. S. 144. — Auch später wurden in Erfurt die einheimischen Giesser, die auswärts sehr gesucht waren, meist übergangen.

Transportes der immer grösser beliebten Glocken vorzogen, letztere an Ort und Stelle fertigen zu lassen, wozu in der Nähe des Bestimmungsortes der Giessofen errichtet wurde. Nach Vollendung einer jeden Arbeit reisten die Meister entweder an andere Orte, wohin man sie berufen hatte, oder sie kehrten neuer Bestellungen zum Glockengiessen gewärtig nach Hause zu ihrem stehenden Gewerbe zurück. Wenn an einem Orte in der Fremde einmal ein Ofen errichtet und alles zum Glockengusse Erforderliche vorhanden war, so wurde dies noch im 18. Jahrhundert öffentlich bekannt gemacht und eine Einladung an die Kirchenvorstände gerichtet, dass sie die Gelegenheit benutzen und ihre zersprungenen Glocken zum Umgusse heranschaffen sollten. Herumwandernde Glockengiesser, die das kümmerliche Geschäft betrieben, kleine Kirchenglocken aus Tiegeln zu giessen, scheinen jetzt ausgestorben zu sein, wie denn überhaupt gegenwärtig unter gänzlich veränderten Verhältnissen die Glockengiesserei wandernder Meister längst aufgehört hat, keineswegs aber das Herumreisen einzelner, um sich durch allerlei Redekünste besonders auf Dörfern Bestellungen zu verschaffen und womöglich gute alte Glocken gegen schlechtere neue einzutauschen.

Mit der Einführung des schweren Geschützes in das Kriegswesen des 15. Jahrhunderts änderte sich die soziale Stellung, namentlich der bedeutenderen Glockengiesser. Diese Kunsthandwerker, die bisher nur den friedlichen Zwecken der Kirche gedient hatten, traten nun, da sie den Kernguss grosser Metallmassen verstanden, zugleich als die ersten Stückgiesser auf und wurden dadurch für Fürsten und Städte wichtige und gesuchte Persönlichkeiten. Anfangs betrieben sie auch diese neue Kunst im Umherreisen, wobei ihnen jedoch Schwierigkeiten erwuchsen, da man sie als Militärpersonen betrachtete, und um so mehr, als sich einzelne unter ihnen bei Belagerungen auch als tüchtige Büchsenmeister (d. h. als Artilleristen) bewährt hatten. Friedliebende Städte fürchteten durch Aufnahme dieser bedenklichen Reisenden das Misstrauen und den Verdacht ihrer Nachbaren zu erregen und sich dadurch mit ihnen in Streitigkeiten zu verwickeln.[1] Dazu kam bei der unendlichen Zersplitterung der Territorien und bei den fort-

---

[1] Dem Gerhard von Wou wurde auf seiner Reise von Kampen nach Amsterdam im Sommer 1480 in Harderwyk ein höchstens zweitägiger Aufenthalt zugestanden: „*A. 1480. 4 July. Burgerm., schepenen en raad van Harderwyk vergunnen, op verzoek der stad Campen, dat Geert van Wou, klokgieter van s'Hertogenbosch, met ryf zyner knechten en dienaars in de stad kome en naar Amsterdam reize, om er te koopen, wat he tot het gieten der klokken te Campen noodig heeft en van daar naar Campen terug te keeren, durende één dag of twee ten langste na hun inkomen.*" Vergl. Register van Charters in het oude archief van Kampen. 1863. II. 279.

währenden Zwisten derselben untereinander, dass Fürsten und Städte sich
um den Besitz ihrer Stückgiesser beneideten und diese durch hohen Lohn
und Ehren[1] an sich zu fesseln suchten. Die Fürsten errichteten etwa seit
Mitte des 16. Jahrhunderts in ihren Residenzstädten Kanonengiessereien
unter Inspektoren und Direktoren, die ursprünglich Glockengiesser gewesen
waren und auch in ihrer neuen Stellung in den Stückgiessereien bei ge-
gebener Veranlassung nicht bloss Kirchenglocken, sondern auch nach den
Modellen der Bildhauer Bronzestatuen und andere Kunstwerke gossen. In der
Stückgiesserei zu Paris wurden noch unter Louis XVIII. Glocken gegossen,
und der Direktor derselben, Launay, hat 1827 eine schätzenswerte Abhandlung über Glockengiesserei veröffentlicht. Die bürgerlichen Glockengiesser bestanden dabei allerdings fort, blieben aber mit ihrer Thätigkeit meist auf die
Umgegend ihrer Wohnorte beschränkt, und einzelne erwarben sich landesherr-
liche Privilegien zur alleinigen Ausübung ihres Gewerbes in der heimatlichen
Provinz. Die Neuzeit hat ganz veränderte Verhältnisse geschaffen. Die staat-
lichen Giessereien haben sich meist aufgelöst, oder liefern wenigstens keine
Glocken mehr; der Guss der Glocken ist vielfach zu einem Nebenzweige
geworden in den grösseren Privatetablissements, die sich hauptsächlich mit
der Fabrikation von Feuerlöschmaschinen u. s. w. beschäftigen und die unter
der Leitung von Civil-Ingenieuren stehen. Grössere Etablissements, in denen
nur Glocken gegossen werden, sind sehr selten, und auch die kleineren Geschäfte von mehr handwerklichem Betriebe liefern Feuerspritzen und allerlei
Gelbgiesserarbeit. Der sich noch bis in das 18. Jahrhundert erstreckende Glanz
der Glockengiesserkunst, die meist ihre frühere Selbständigkeit eingebüsst
hat, ist dahin, und das Fabrikwesen hat das Kunsthandwerk fast gänzlich
verschlungen. Es ist damit indes keineswegs gesagt, dass nicht auch in
unseren Tagen in jeder Hinsicht mustergültige Glocken fabriziert werden.

Wenn es im Mittelalter überhaupt gewöhnlich war, dass der Sohn des
Vaters Geschäft fortsetzte, so lag es bei einer Kunst, deren Gelingen von
vielfältigen Erfahrungen abhing, und die der Einzelne im allgemeinen doch
nur selten auszuüben Gelegenheit fand, bei dem alt-herkömmlichen Neide

---

[1] Der Ehefrau des schon erwähnten berühmten Erzgiessers („aerarius" nennt
ihn die Inschrift auf einer von ihm gegossenen Glocke der Lambertikirche zu
Münster vom Jahre 1493, und auf der ehemals im Dom zu Naumburg a. S. befindlich gewesenen von ihm gegossenen Marienglocke vom Jahre 1502 war sein
„ingenium gracile" rühmend hervorgehoben) Gerhard de Wou schenkte man 1486
in Osnabrück, wo er auch drei Glocken gegossen hatte, wegen seiner Geschick-
lichkeit im Büchsengiessen eine mit dem Stadtwappen geschmückte silberne Schale
(v. Tettau, a. a. O. 3, 178). — Dem Stück- und Glockengiesser Martin Hilger
zu Freiberg verlieh Kaiser Karl V. 1521 einen Wappenbrief (Mitteil. des Freib.
Altert.-Vereins 18, 44).

der Handwerksmeister und Jünger untereinander, bei der Glockengiesserkunst mehr, wie bei irgend einer andern in der Natur der Sache, dass
sich die sorglich geheim gehaltenen Fertigkeiten fast ausschliesslich nur
unter Blutsfreunden fortpflanzten und durch mündliche, selten und erst
später auch durch schriftliche[1] Überlieferung von den Vätern auf die Söhne,
Schwiegersöhne und Enkel forterbten: so entstanden bestimmte Glocken-
giesser-Familien, deren Namen wir schon in älteren Zeiten ganze Jahrhunderte hindurch würden verfolgen können, wenn es vor dem 16. und
17. Jahrhundert allgemeiner üblich gewesen wäre, dass sich die Meister auf
ihren Werken namhaft machten; und wenn es vor dem 16. Jahrhundert
bestimmte bürgerliche Familiennamen gegeben hätte. Wenn z. B. auf einer
ersichtlich noch dem Ausgange des 13. Jahrhunderts angehörigen Glocke
zu Ötzsch (Kreis Merseburg) in schönen Majuskeln steht „*Heinricus filius
Tiderici me fecit*", so muss der Vater des Giessers ein namhafter Meister
gewesen sein, obgleich wir nicht wissen, ob es derselbe *Tidericus* ist, der
in der Umschrift einer 1859 umgeschmolzenen Glocke von 1278 zu Lühnde
bei Hildesheim als Verfertiger genannt war. Wohl die älteste bekannte
Glockengiesserfamilie ist eine französische des 13. bis 14. Jahrhunderts;
sie benannte sich nach dem Hauptorte des Departement Pas de Calais **de
Croisilles** und ist in mehreren Gliedern durch Glocken von 1261—1396
in Aachen, Compiègne, Valenciennes, Beauvais, Tournay und Peronne nachgewiesen. Im 14. Jahrhundert kommen am Mittel- und Niederrhein die
Veghel und **Duisterwald** vor; im 15. Jahrhundert die aus Holland
stammenden **Trier** zu Aachen, deren Glieder bis über die Mitte des 18.
Jahrhunderts hinaus zu verfolgen sind, die hochberühmten **Wou** von Herzogenbusch und Kampen, deren die Zeit von 1461—1553 umfassende Thätigkeit sich vom nördlichen Holland bis nach Thüringen erstreckte. Die
Ernst von Regensburg in Stuttgart seit 1470, deren Geschäft in Memmingen noch heute besteht, die **Schelchshorn** in Regensburg von der Mitte
des 16. bis ins 18. Jahrhundert u. a. m. — Seit dem 16. Jahrhundert entstanden
die stehenden Giessereien, und die Städte Mainz, Köln, Münster, Hildesheim, Erfurt, Freiberg, Nürnberg, Augsburg, Regensburg u. a. m. waren im
Besitze ausgezeichneter Glockengiesser, worüber wir auf das als **Anhang**
gegebene bis zur Gegenwart reichende alphabetische Verzeichnis deutscher
und einiger fremdländischen Glockengiesser verweisen, welches indes Voll-

---

[1] Nach gütiger Mitteilung des Herrn Glockengiessereibesitzers **Jean Collier** zu Danzig ist derselbe im Besitze eines umfangreichen Manuskriptes über
Glockengiesserei mit vielen Zeichnungen, das von einem seiner Vorfahren, Charles
Collier im Elsass um 1753 bis 1795 ausgearbeitet ist und als Familienbesitz sich
von Sohn zu Sohn vererbt hat.

ständigkeit nicht beanspruchen kann und wegen der verschiedenen Beschaffenheit der benutzten Quellen auch von Irrtümern nicht frei gefunden werden wird.

Patron der Glockengiesser ist der heilige Forckernus, ein Brite,
welcher vor seiner Priesterweihe Glockengiesser gewesen sein soll: er wird
in der Giesshütte dargestellt, wie er gerade eine aus dem Guss gekommene
Glocke vollends ausarbeitet. Zuletzt führte er ein Einsiedlerleben und starb
am 17. Februar; das Jahr seines Todes aber ist unbekannt.[1] Ausserdem
sind sie auch dem Schutze des Goldschmiede-Heiligen Eligius und des mit
der Bettlerglocke dargestellten Eremiten Antonius, sowie des heiligen Patrons
der Feuerarbeiter St. Laurentius empfohlen.

Bei den mit den Giessern abzuschliessenden Verträgen[2] ist den
Kontrahenten die gehörige Vorsicht geboten; in Lüneburg goss im Jahre
1607 der dortige Meister Paul Voss sogar eine über 30 Centner schwere
Probeglocke (Mithoff, Kunstdenkm. im Hannöverschen 3, 147), und Peter
von Trier musste 1664 einen Bürgen stellen. Als wesentlich kommen folgende Punkte in Betracht: Die Glocke muss in ihrem Äussern der Bestellung gemäss verziert, mit den verlangten, richtig gestellten Inschriften versehen und im Gusse in allen ihren Teilen tadellos ausgeführt sein. Wäre
die abzuliefernde Glocke ganz oder teilweise mit Firnis überzogen, so ist
auf unreinen Guss zu schliessen. Die Glocke muss ferner das bestellte
Gewicht haben; sollte sie schwerer sein, so werden bei kleineren Glocken
25 Pfund, bei grösseren 40—60 Pfund dem Glockengiesser nach dem ver-
dungenen Preise vergütigt; für ein noch grösseres Übergewicht kann er
nur den Metallwert ersetzt verlangen. — Wenn eine alte Glocke umgegossen
oder dem Giesser das Metall zum Gusse einer Glocke geliefert wird, so ist
der durch Verdunstung und Verkalkung des Metalls beim Schmelzen entstehende Feuerabgang zu berücksichtigen, den die heutigen Glockengiesser
auf 10 Prozent berechnen, was, abgesehen von dem sogenannten Krätz-
Metall (dem mit Asche und Schutt vermischten Metall von Glocken, die

---

[1] Acta Sanctorum. Febr. III, p. 313 sq.

[2] Den Entwurf eines den Verhältnissen der Gegenwart angepassten Vertrages
giebt Boeckeler, Beitr. S. 133 und teilt S. 139 die wesentlichsten Bestimmungen
des im Jahre 1881 abgeschlossenen Kontraktes über den Umguss der 116 Centner
schweren Marienglocke des Münsters zu Aachen mit. Ältere Verträge. z. B. der
mit Konrad Cranichfelde zu Jena vom Jahre 1448 (Rein, Thuring. sacra 2, 236,
Nr. 341), mit Hans Ernst von Stuttgart aus dem Jahre 1490 (Busl, in Pastoralbl.
der Diöz. Rottenburg 1882, Beil. Nr. 1. 2), mit Eckhardt Kuchen 1574, Georg
Schreiler 1651—1658 in Magdeburg (Magdeb. Geschichtsblätter 3, 92 und 459),
mit Peter von Trier aus dem Jahre 1664 (Boeckeler a. a. O. S 22) sind nicht
ohne kulturgeschichtliches Interesse.

bei Feuersbrünsten geschmolzen sind), unter den ungünstigsten Verhältnissen
das Maximum sein dürfte, da sonst wohl mit 5—6 Prozent in den meisten
Fällen gut auszukommen sein mag.[1] — Der Glockengiesser muss sich ver-
pflichten, der anzufertigenden Glocke den bestimmten musikalischen Ton zu
geben; man thut indes gut, hier nicht sowohl den Namen des Tons zu bestimmen, was bei der Verschiedenheit der Stimmung (ob Chor- oder Kammer-
ton) misslich ist, als vielmehr sich einer in den betreffenden Ton gestimmten
Orgelpfeife zu bedienen, mit welchen die Glockengiesser versehen zu sein
pflegen. Ist die Glocke fertig und wird frei schwebend aufgehängt, und
man bläst auf der erwähnten Pfeife den festgesetzten Ton in der Nähe der
Glocke, so wird, wenn die Glocke wirklich denselben Ton hat, wie die
Pfeife, ein lautes Mittönen der Glocke eintreten, was auf dem akustischen
Gesetze beruht, dass, wenn zwei Körper gleiche Fähigkeit und Neigung zu
gewissen Schwingungsarten haben, und wenn ferner die Schwingung des
einen erst durch die des andern erregt wird, die Schwingungen beider gleich
sein werden. Zuweilen jedoch, wenn nämlich der Ton der Pfeife im Verhältnis zur grösseren Rigidität der Glockensubstanz nicht stark genug ist,
versagt dieses Experiment und die Glocke bleibt stumm; Boeckeler (Beitr.
S. 117) hält es daher für besser (jedoch auch nur für „ziemlich sicher"),
eine vorher auf den verlangten Ton besonders angefertigte und bis zur Ab-
lieferung der Glocke sicher (etwa versiegelt) aufzubewahrende Stimmgabel
in Schwingung zu versetzen und „mit einer Tuchunterlage" auf dem Schlagringe der Glocke aufzusetzen. Nimmt die Glocke die Schwingungen der
Stimmgabel an, so dass sie vollständig ertönt, so ist der Ton getroffen.
Ebenso wie für Tonhöhe muss der Glockengiesser auch für die Reinheit
des Tones einstehen: ein schnarrender, unreiner Ton würde in Unreinheit
des Metalls oder in ungleichmässiger Dicke der Glockenwand in einem und
demselben Parallelkreise derselben, oder in einem regelwidrigen Profile beruhen. (Nach längerem Gebrauche einer Glocke pflegt der Ton durch Ab-
glättung des Klöppelballens und des Anschlagortes reiner zu werden; wenn

---

[1] Das Domkapitul zu Konstanz vergütigte im Jahre 1512 dem Bürger Niklaus
Glockengiesser auf 20 Centner einen Centner (Schreiber, Denkm. deutscher
Baukunst am Oberrhein 1, 32). — Der Glockengiesser Jakob Wentzel empfing 1689
beim Umgusse der 115 Centner wiegenden Apostolica des Domes zu Magdeburg
10 Centner Zusatz und der Stückgiesser Jacobi zu Berlin im Jahre 1702 beim
Umgusse der 266 Centner wiegenden grossen Glocke des Magdeburger Domes nur
14 Centner Zusatz. Dem Stückgiesser Aichamer in Wien wurden 1711 bei dem
Gusse der dortigen Riesenglocke 7 Prozent Feuerabgang zugestanden, und die
französischen Glockengiesser jener Zeit verlangten nur 5—6 Prozent, während sie
angeblich schon hätten mit 3 Prozent auskommen können. (Roujoux, Glockengiesser, S. 89.)

sich hier Splitter und Abschieferungen bilden, ist die glatte Fläche durch
die Feile herzustellen, schlimmsten Falls die Glocke umzuhängen.) — Der
Glockengiesser hat ferner die Besorgung des Klöppels und des dazu gehörigen Riemens, sowie alles übrige Holz- und Eisenwerk, was zur Befestigung und zum Läuten der Glocke erforderlich ist, gegen besondere Bezahlung zu übernehmen, auch dafür zu sorgen, dass die Glocke unter seiner
Leitung und mit seinem Geräte aufgewunden und auf den Glockenstuhl
gebracht wird, wobei er für allen möglichen Schaden einstehen muss. Nachdem die Glocke aufgehängt ist, wird sie entweder 24 Stunden lang, mit
kleinen Pausen alle halbe Stunden, oder nur einige Stunden zur Probe geläutet: im ersteren Falle ist, wenn die Glocke ohne Schaden bleibt, der
Meister von aller künftigen Verantwortung frei, im andern Falle bleibt er
mindestens ein Jahr lang für die Güte seines Werks verantwortlich.

Die Verfertigung der Glocken. Wenn F. Harzer die Vorrede zu
seinem Buche über „die Glockengiesserei" (Weimar 1854) mit den Worten
beginnt: „Das Giessen grosser Glocken, welches früher als eine sehr schwierige und kunstvolle Arbeit betrachtet wurde, ist nach den Fortschritten, die
man im Guss der Metalle überhaupt gemacht hat, zu einer ziemlich einfachen Sache geworden," so steht damit die Erfahrung in auffallendem
Widerspruch, dass es selbst den besten und renommiertesten Glockenfabri-
kanten der Gegenwart öfter, als es ihnen und den Bestellern lieb ist,
widerfährt, misslungene Glocken wieder umgiessen, oder die vorhandenen
Mängel nachträglich künstlich beseitigen zu müssen. Es handelt sich bei
der Herstellung einer Glocke nicht sowohl um Erzielung eines äusserlich
tadellosen Gusswerkes, sondern in erster Linie um den guten Klang und
den richtigen Ton, den mit Sicherheit zu treffen auch heute noch keine
„ziemlich einfache" Sache ist. Die erste Arbeit bei der Anfertigung einer
Glocke ist die Entwerfung ihres Profils, der sogenannten Glockenrippe:
die meisten Giesser von heute pflegen dabei nach überlieferter Weise zu
verfahren und im allgemeinen sämtliche ihnen vorkommende Glocken nach
derjenigen Rippe zu entwerfen, die sie einmal angenommen haben. Es beruht bei ihnen alles auf handwerksmässiger Erfahrung, möglichste Metall-
Ersparnis und die Erzeugung eines möglichst tiefen Tones bei verhältnismässig leichterem Gewicht und grösserer Wohlfeilheit der Glocke ist ihr
Hauptstreben, und um die dem eignen Thun zu Grunde liegende, freilich
zum Teil noch dunkele Theorie pflegen sich die ehrenwerten Männer wenig
zu bekümmern. Es ist zuvörderst notwendig, dass wir die

allgemeinen akustischen Eigenschaften der Glocken,
wie solche hauptsächlich durch die Untersuchungen von Chladni sind
dargethan worden, in ihren Hauptzügen nachweisen. Eine Glocke ist in

akustischer Hinsicht [1] als eine gekrümmte, in ihrem Mittelpunkte unterstützte kreisförmige Scheibe anzusehen. Es bilden sich daher, sobald sie klingend gemacht wird, vier um Quadranten voneinander entfernte, sich im Halse der Glocke durchschneidende Knotenlinien, und zwar so, dass der Punkt, an welchem die Glocke (bei Glasglocken am besten durch Anstreichen mit einem Violinbogen in der Richtung des Durchmessers) klingend gemacht wird, gerade in die Mitte von zwei Knotenlinien fällt. In diesem Punkte entsteht, wie sich dies an einer aufgerichteten mit Wasser, dessen Oberfläche mit Bärlappmehl bestreut ist, gefüllten Glocke veranschaulichen lässt, ein Schwingungsbauch, und demzufolge verwandelt sich durch die Vibration der Kreisumfang in eine Ellipse, deren grosse Achse abwechselnd in die gegenüberliegenden Quadranten fällt: das Bärlappmehl auf dem Wasser bildet daher einen vierspitzigen Stern, dessen Spitzen in die Knotenlinien fallen, wo sich die beiden schwingenden Ellipsen einander durchschneiden. In den Knotenlinien selbst und um den Stiel herum, in welchem sich erstere schneiden, bleibt die Materie der Glocke in Ruhe: man kann daher diese Linien und die ganze obere Decke der Glocke, ja ihre Wandung selbst in ihrem oberen Siebentel etwa, durch Belegung mit Filz dämpfen, ohne dem Klange Eintrag zu thun. Eine Dämpfung der Glocke durch Umgürtung ihres Randes oder parallel mit letzterem bis zu etwa $6/7$ ihrer Höhe benimmt ihr sogleich den Klang. — Beim Anschlagen einer Glocke hört man indes nicht blos einen Ton, sondern gleichzeitig mit dem Hauptone ein Gemisch mehrerer schwächerer höheren Töne, die, wenn die Glocke, wie bei Chladni's Versuchen, überall von gleicher Dicke ist, in einem meist sehr unharmonischen Verhältnisse zu dem Grundtone stehen. Diese höheren Beitöne lassen sich, wenn die Glocke gross und dünn genug ist, jeder einzeln hörbar machen, wenn man den Rand der Glocke an bestimmten Stellen mit dem Finger dämpft. Der dem Haupttone nächst gelegene höhere Ton, von jenem um eine None entfernt, ergiebt sich, wenn man die Glocke an zwei, um 60^0 voneinander entfernten Stellen dämpft und dieselbe in der Richtung ihres Durchmessers mit dem Geigenbogen an einer Stelle streicht, die von dem einen Dämpfungspunkte um 90^0 entfernt ist: die Glocke teilt sich hierbei in Sextanten. Der dritte Ton, von dem zweiten um eine Septime, von dem Grundtone um eine Doppel-Oktav entfernt, wird hörbar, wenn man zwei Stellen, die um 45^0 voneinander entfernt sind, dämpft und an einer passenden Stelle, in der Mitte zweier Knotenlinien, deren sich bei

---

[1] Chladni, Akustik, S. 192 ff. — Vergl. Bindseil, Akustik, S. 402 ff. — Gehler, Physikal. Lex., bearb. von Gmelin, der Artikel Schall von Muncke, 8, 261 ff.

dieser Schwingungsart acht ergeben, streicht. Es kann sich ferner die Glocke in 10, 12, überhaupt in jede geradlinige Anzahl schwingender Teile einteilen, und die möglichen Töne verhalten sich wie die Quadrate der Zahlen 2, 3, 4, 5 u. s. w. Zunächst also würde auf den Grundton C die None d, dann die Doppel-Oktav ë folgen, dann der 25., 36. Ton u. s. f. Es eignen sich zur Anstellung dieser Versuche am besten entweder etwas grosse Harmonikaglocken oder Glasglocken von Luftpumpen, von gleichmässiger Stärke und mit mattgeschliffenem Rande ohne Wulst. Verschiedenheiten der Dicke nach dem Halse oder dem Rande zu bringen Abweichungen in der angegebenen Reihenfolge der höheren Beitöne hervor, und es ergiebt sich bei der Konstruktion des Glockenprofils als notwendige Forderung, die Rippe so zu konstruieren, dass die irrationalen Beitöne in rationale verwandelt werden, damit eine Glocke von harmonischem Klange hergestellt

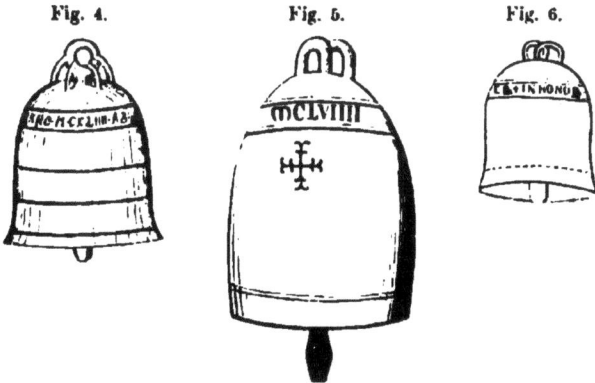

Fig. 4.					Fig. 5.					Fig. 6.

werde, was man durch Schweifung des Profils und durch verschiedene Dicke in den verschiedenen konzentrischen Kreisen der Glocke angestrebt und erreicht zu haben scheint. Um hierüber Genaueres mitteilen zu können, wären genaue Zeichnungen von dem Profile der ältesten Glocken erforderlich, an denen es indes noch immer fast ganz fehlt. Biringoccio beschreibt die alten italienischen Glocken als sehr lang und schmal, kegelförmig oder gar ausgebaucht, indem er dieselben mit langen und schmalen Kürbissen, Körben und Laugenzobern (Waschfässern) vergleicht, während die neueren aus dem Quadrat konstruiert würden.[1] Die ältesten bekannten,

---

[1] Biringoccio a. a. O Bl. 94: *Forma di corbe, o cunche da bucata, o vero di zucche longhe e sottili. — Li moderni li più le cavano del quadro,*

durch ihre Inschriften fest datierten Glocken haben die Form eines Bienen-
korbes. Die Glocke Fig. 4, deren Zeichnung und Beschreibung wir der
gütigen Vermittelung des Herrn Reichs-Archiv-Assessors A. Kalcher in
Landshut verdanken, befindet sich in dem Dorfe Iggensbach (Amtsbezirk
Deggendorf) in Niederbayern und hat die Inschrift: *Anno MCXLIIII ab
incarnatione Domini fusa est campana.*[1] Sie hat bei einer Höhe von 0,43
im unteren Durchmesser 0,35; der Umfang beim Schriftbande beträgt 0,82,
in der Mitte 0,92 und am Rande 1,12 m. Die Gussstärke ist unten =
0,04 und oben unter dem Gehänge 0,05 m. Während diese Glocke am
unteren Rande etwas ausgebogen erscheint, zieht sich die bauchige Form
der Fig. 5 (nach Didron, Annales archéol. 5, 180) abgebildeten, die
Jahreszahl 1159 tragenden, 1 m hohen Glocke der Kathedrale von Siena
unterwärts etwas ein. Die Glocke Fig. 6 (nach Wiggert, in den N. Mitteil.
des Thür.-Sächs.-Vereins, VI. 2, Taf. 1 zu S. 14) ähnelt der Iggensbacher;
sie ist 0,55 hoch, und zwar ohne Jahreszahl, aber sicher von ebenso hohem
Alter und liefert, da sie sich zu Diesdorf bei Magdeburg befindet, den Be-

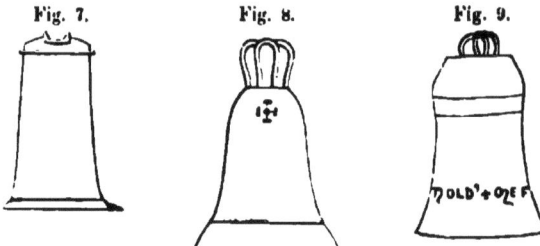

Fig. 7. Fig. 8. Fig. 9.

weis von einer damals weiten Verbreitung der bienenkorbartigen Glockenform.[2] Anderweitig ·kommen auch sehr alte, aber soviel bekannt leider

— —

was wohl heissen soll: die Höhe (einschliesslich der Krone) ist gleich dem unteren
Durchmesser, wie dies wenigstens bei den neueren Glocken gewöhnlich der Fall
zu sein pflegt.

[1] Vergl. das Faksimile der Inschrift bei Otte, Kunstarchäologie. 5. Aufl.
1, 404. II.

[2] Auch die Glocken der Chinesen haben fast völlige, doch gewöhnlich etwas
ausgebauchte Cylinderform und sind am unteren Rande ausgezackt (Abbildg. im
Christl. Kunstbl. 1866, S. 99) und oben mit Löchern versehen, wodurch angeblich
der dumpfe Klang helltönender werden soll. Bemerkenswert ist, dass auch Theophilus (a. a. O., bei Ilg, S. 321) aus diesem Grunde die Vorschrift giebt: *„qua-
tuor foramina triangula juxta collum ut melius tinniat formabis"*, und Gonz.
Tellez, Comment. in Decretal. 5, 497 sagt, dass in alten Klöstern die Glocken

undatierte, schlanke zuckerhutförmige Glocken vor, z. B. die von Pastor
Telle zu Lunow entdeckte, an den Henkeln zerbrochene in dem Dorfe
Nordhausen bei Königsberg i. d. N. (Fig. 7) von 0,29 Höhe und überall
von 0,007 Dicke der Wandung; die vom Professor Grössler zu Eisleben
entdeckten, mehr der langen Kürbisform ähnlichen in den im Mansfelder
Seekreis belegenen Dörfern Unter-Röblingen und Friedeburg (Abbild. in der
Zeitschr. des Harzvereins XI, Taf. 3 zu S. 27 und 33), die schon mehr
proportionierte Fig. 8 (nach Hase, in Mittelalterl. Baudenkm. Nieder-
sachsens I, Bl. 32) abgebildete zu Idensen bei Wunstorf von 0,70 Höhe bei
0,65 unterem Durchmesser. Ganz ungewöhnlich erscheint die seltsame Pro-

Fig. 10.   Fig. 11.

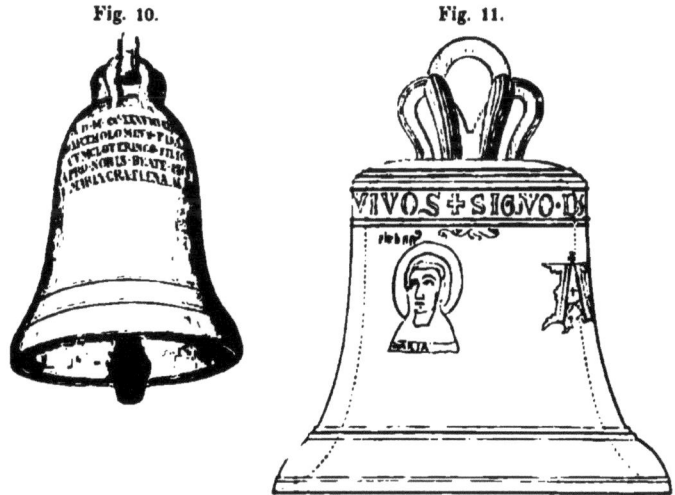

filierung einer undatierten Glocke zu Wolmirstedt (Fig. 9, nach Wiggert
a. a. O. Taf. 2 zu S. 36), deren Verfertiger jedenfalls in der Technik sehr
zurück war. Alle diese und ihnen ähnlich profilierte Glocken können nur
einen aus einem Geschwirr von disharmonischen Tönen gemischten Klang

----

durchbohrt seien, damit der Ton „terribilis" werde, und sich die Mönche dabei
an das jüngste Gericht erinnern möchten. — Auch die Kirche von Fröhden bei
Jüterbogk besitzt eine nach harmonischen Verhältnissen (geschweift) geformte,
mittelalterliche Glocke von circa 1½ Centner ohne alle Verzierung, welche oben
in der Platte zwischen den Öhren zwei saubere runde Öffnungen hat: augenschein-
lich aus Vorsorge, um, wenn die Öhre ja abbrächen, mit Leichtigkeit eiserne Henkel
einsetzen zu können. Verstopfung der Öffnungen verändert den klappernden Ton
durchaus nicht.

erzeugen. Erst im Laufe des 13. Jahrhunderts, so scheint es, gelangte man
zu einer rationelleren Glockenform, indem man die schlanke Gestalt an
ihrem unteren Teile in gefälliger Weise verbreiterte, wie dies, um bei datierten Exemplaren stehen zu bleiben, z. B. der Fall ist bei einer Glocke
zu Helfta im Mansfelder Seekreise (Abbild. bei Grössler a. a. O. zu S. 42)
aus dem Jahre 1234 von 0,94 Höhe und einem Öffnungsdurchmesser von
1,10 und bei einer (1837 umgegossenen) Glocke von 1238 zu Assisi, Fig. 10
(nach Didron a. a. O.). Wenn hier jedoch der untere Rand noch dick und
breit belassen ist, so findet sich bei einer (1858 umgegossenen) Glocke zu
Lühnde bei Hildesheim, Fig. 11 (nach Kratz, im Organ f. christl. Kunst
1858, Taf. zu Nr. 6) vom Jahre 1278 die zur Verbesserung des Klanges
wesentliche Abschräguug des unteren Randes[1] und, wie schon in Helfta, eine
Kürzung der übermässigen Höhe. Zu Ende des 13. Jahrhunderts galt es
als Regel, der Klang einer Glocke müsse drei harmonische Töne in sich
vereinigen[2], was aber nur durch ein nach bestimmten Normen geregeltes
Profil erreicht werden konnte. Letzteres wurde schon im Mittelalter und
später in der Renaissanceperiode in der Weise konstruiert, dass man zu
dem am Anschlagsorte des Klöppels liegenden Grundtone ausser der am
Halse befindlichen Ober-Oktav desselben in der Schweifung noch einen beliebigen harmonischen Mittelton anbrachte, bald die grosse, bald die kleine
Terz oder auch die Quarte. Dessenungeachtet sucht man bei den neueren
Technologen vergeblich auch nur nach einer Erwähnung dieses Umstandes[3],

---

[1] Diese Glocke hatte (ohne die 0,38 hohe Krone) 1 m Höhe, unten 1,33 und
oben 0,78 Durchmesser, das Gewicht betrug reichlich 38 Centner; der Klang kann
nicht harmonisch gewesen sein.

[2] Vincentius Bellovacensis, Speculum naturale l. 4, c. 14 [Speculum
maius 1, 241. Duaci 1624]: *Campana in tribus locis, si pulsetur* (d. i. wenn man
z. B. mit dem Finger anklopft), *tres habere sonos invenitur, in fundo mediocrem,
in extremitate subtiliorem, in medio graviorem.*

[3] In den älteren technologischen, akustischen und musurgischen Werken finden sich wenigstens einzelne Andeutungen. Der berühmte niederländische Meister
Fz. Hemony (Schott, Magia naturae 2, 358) schreibt an Kircher über die Tonverhältnisse der Glocken: *Debet campana bona ita esse proportionata, ut exhiberi
per eam seu ex ea percipi possint tres octavae, duae quintae, tertia maior et tertia
minor. Horum tonorum unus appellari potest capitalis, nempe altissimus tonus
dictarum octavarum, quia is longe clarius quam alii exauditur et praedominatur
caeteris, qui accidentales sunt.* — Roujoux (der künstliche Glockengiesser, S. 5)
sagt: „Wir erinnern . . ., dass eine Glocke an und für sich allein, wenn sie gut gegossen heissen solle, mit ihr selbst zusammenstimmen und die ganze musikalische
Oktave in sich enthalten müsse . . . . Diejenige, welche einen tiefen Ton hat . . .
muss von Terzen zu Terzen hinaufsteigen und diese 6 Terzen ut mi sol si re fa la
ut hören lassen." Pluche (Schauplatz der Natur 7, 284) fordert von einer guten
Glocke, dass sie 3 Töne hören lasse, und bemerkt von der 209 Centner schweren

und sie reden von den Glocken nur immer so, als ob es dabei bloss auf
Einen Ton (den Hauptton), nicht aber auf einen ganzen Akkord ankäme.
Wenn, wie unsere Technologen lehren und die Glockengiesser von heute
meist befolgen, alle Glocken eines Geläutes nach derselben Rippe geformt
werden, so wird, wenn letztere richtig entworfen wurde, zwar jede einzelne
Glocke für sich einen harmonischen Klang geben, aber das ganze Geläute
wird, wie die leidige Erfahrung bei vielen modernen Glocken lehrt, dessen-
ohngeachtet Ohr zerreissend klingen. Wenn z. B. ein Geläute von drei
Glocken mit den Haupttönen C E G gegossen werden sollte, und die Rippe
für alle drei Glocken ist gleich (mögen sie nun ihrer Konstruktion nach
diesen oder jenen Akkord erzeugen), so muss stets eine Disharmonie ent-

stehen. Wenn nämlich die tiefste Glocke den Dreiklang  ergäbe, so

würden die beiden andern   dazu läuten: eine Musik, die höchst

widerlich klingt. Soll das Geläute dagegen in der That den C-Dur-Akkord
darstellen, so ist erforderlich, die Rippe der zweiten Glocke so zu entwerfen, dass als Mittelton statt der grossen die kleine Terz erscheint, und
die Rippe der dritten Glocke so, dass statt der Terz die Quarte zwischen

beiden Oktaven liegt; also: . Die hierzu erforderliche ver-

schiedene Rippenkonstruktion dürfte leichter auf dem praktischen Wege der
genauen mathematischen Untersuchung vorhandener Glocken, als in theo-
retischer Weise zu erforschen sein. Diejenigen Glockengiesser, welche mit
diesen verschiedenen Konstruktionsweisen vertraut sind, machen daraus

grössten Glocke des Doms von Reims, dass sie 3 Töne angebe: beide Oktaven und
noch einen Ton, der zu der Unter-Oktav die höhere Quarte bilde. — Die Pariser
Encyklopädie (Arts et Métiers 1, 711) redet ebenfalls von einem Dreiklang der
Glocken, der aus Grundton, Terz und Oktav bestehe. — Der Akustiker Chladni
ignoriert die Tonverhältnisse der Läutglocken völlig. Die neueren deutschen Technologen scheinen von diesem Gegenstande keine Ahnung zu haben, und der berühmte Karmarsch, dem wir den sonst sehr ausführlichen, in Prechtls Encyklopädie fast einen ganzen Band füllenden Artikel Glocke verdanken, von dem
Kapellmeister des letzten Königs von Hannover auf obige Notenbeispiele (in der
1. Auflage) am Klaviere aufmerksam gemacht, wurde stutzig. Auch die Altertums-
forscher haben sich bis jetzt um die Tonverhältnisse der Glocken kaum gekümmert
und ihre Aufmerksamkeit fast nur den Inschriften gewidmet, und doch ist die
eigentliche Bestimmung der Glocken allein die, gehört zu werden.

natürlich ein Geheimnis ihrer Kunst. Neuerdings hat Herr Domchor-Diri-
gent H. Boeckeler in Aachen (Beiträge zur Glockenkunde, S. 119—122
und Taf. 15 f.), anknüpfend an die von uns in der 1. Auflage gegebenen Beispiele, diesen Gegenstand gründlich beleuchtet und die Beitöne von 22
durch ihn untersuchten Aachener Glocken speziell verzeichnet, worauf wir
uns zu verweisen erlauben und nur solche Beispiele anführen, welche dem
von uns Gesagten zum Beweise dienen. 1) Die grösste Glocke der Peters-
pfarrkirche in Aachen, ursprünglich eine Sturmglocke und 1261 von Jacob
von Croisilles untadelhaft gegossen. Fig. 12 (nach Boeckeler Taf. 3), hat
im Vergleich mit der nur 17 Jahre jüngeren Glocke aus Lühnde (oben
S. 90, Fig. 11) ein bei weitem weniger ausgebildetes Profil und folgende

Fig. 12.

Abmessungen: Kranzdicke 0,09, Durchmesser unten 1,30, oben 0,80, Höhe
1,04 m. Die Folge dieser irrationalen Konstruktion ist ein wirres Durcheinander von Tönen, welches nicht einmal den Hauptton d mit Bestimmt-
heit erkennen lässt. — 2) Die Jacoba der Jakobskirche in Aachen vom
Jahre 1401 von 0,076 Kranzdicke, 1,02 unterem und 0,52 oberem Durchmesser bei 0,83 Höhe: sie hat den Hauptton g und die konsonierende
kleine Terz b (ist also nach unserem Tonsysteme eine Mollglocke), wie
dies nach Boeckeler bis Ende des vorigen Jahrhunderts fast allgemeine
Regel (?) gewesen sein soll. Dergleichen Mollglocken sind z. B. die Nona

des Domes zu Merseburg von 1458 mit den Tönen b des (Durchmesser 0,95) und eine andere Glocke desselben Domes von 1479 mit den Tönen d f (Durchmesser 0,83 bei gleicher Höhe). Auch die im Jahre 1881 von Rudolf Edelbrock in Gescher für das Münster zu Aachen gegossene Marienglocke von 116 Centner und 2,07 Durchmesser hat die Mollterz G B „zur Erzielung eines weichen Tones"; wir entlehnen die Rippe dieser Glocke von B o e c k e l e r (Taf. 14 zu S. 142) unter Nr. XI auf unserer lithographierten Tafel 1. — 3) Die Riesenglocke Gloriosa des Domes zu Erfurt, gegossen 1497 von Gerhard de Wou (siehe die Rippe derselben nach v. T e t t a u, Nachträge u. s. w. S. 3 unter Nr. IX unserer Tafel), von 0,184 Kranzdicke, 2,58 unterem und 1,29 oberem Durchmesser und 2,06 Höhe, hat nach der Untersuchung des Domorganisten G l e i t z (Geschichtliches über die grosse Glocke zu Erfurt, S. 13) den Hauptton E und die konsonierende g r o s s e T e r z, wie eine solche von B o e c k e l e r (a. a. O. S. 37) auch an der von den Brüdern von Trier 1656 gegossenen Werkglocke des Aachener Rathauses (Kranzdicke 0,065, Durchmesser unten 0,84 und oben 0,42, Höhe 0,65; Ton b) nachgewiesen ist, und sich schon bei der wahrscheinlich dem zwölften Jahrhundert entstammenden Clinsa von 1,30 Durchmesser und 1,19 Höhe und der zwischen 1283 und 1300 gegossenen Benedicta (Durchmesser 1,53) des Domes zu Merseburg, sowie bei fast allen guten modernen Glocken nachweisen lässt, z. B. an der 1877 von Grosse in Dresden gegossenen Riesenglocke des Domes in Frankfurt a. M., die für eine genaue Kopie der Erfurter gilt, und deren unterer Durchmesser auf 2,60 angegeben wird. — 4) Die konsonierende Quarte findet sich nach P l u c h e (Schauplatz der Natur 7, 284) an der 1570 von P. Déschamps gegossenen Charlotte des Domes zu Reims und nach D r e y h a u p t (Beschreibung des Saalkreises 1, 1021) an der 1674 von Jacob Wentzel gegossenen, 60 Centner 24 Pfund schweren grossen Glocke auf dem südlichen blauen Turm der Marktkirche zu Halle a. S. (A Chorton, d). — Unter den Glocken der Glockenspiele, wo häufig übrigens zwei Hämmer an e i n e r Glocke für die verschiedenen Töne derselben angebracht sind, kommen solche vor, die den Septimen-Akkord hören lassen, was bei gewissen Übergängen recht passend, am Ende einer Strophe aber unangenehm klingt.[1] Als völlig verunglückt

[1] Das einfachste Verfahren behufs Auffindung der verschiedenen einzelnen Töne, deren eine Glocke fähig ist, ist schon von Vincenz von Beauvais richtig angegeben worden: man darf nur die Glocke unten, in der Mitte und oben leise und möglichst punktuell mit einem Stäbchen oder dem Knöchel des Zeigefingers anschlagen. Es kann jedoch aus dieser Erscheinung keineswegs gefolgert werden, dass sich an den Glocken zonenweise parallele Knotenlinien bilden, da es solche gar nicht giebt, was C h l a d n i (Entdeck. über die Theorie des Klanges, S. 16 f.)

sind diejenigen Glocken zu bezeichnen, die alle nur möglichen Mit- und Nachklänge haben. Um die dem richtigen (d. h. harmonischen) Glockenprofile zu Grunde liegende Theorie haben sich die Praktiker, die sich lediglich auf ihre gemachten Erfahrungen zu verlassen pflegen, wohl niemals gekümmert; um aber die praktischen Resultate möglichst erklären zu können, wagen wir den Versuch, der unerkannten Theorie nachzuforschen, aus deren Gesetzen sie sich herleiten lassen. — Die Akustik lehrt, dass wenn alle Dimensionen eines beliebig gestalteten Körpers, also auch die einer Glocke, nach demselben Verhältnisse wachsen und abnehmen, sich die Schwingungszahl des Körpers (d. i. die Höhe seines Tons) nach dem umgekehrten Verhältnisse der Dimensionen ändert.[1] Nimmt man nun den (unteren, grössten) Durchmesser einer Glocke als Mass für dieselbe an, nach welchem man alle Dimensionen derselben wachsen oder abnehmen lässt, so ergeben sich für den Durchmesser der Glocke dieselben Eigenschaften, welche eine gespannte Saite hat, und die Töne mehrerer nach gleichen Verhältnissen geformten und von demselben Metall verfertigten Glocken werden sich demnach zu einander verhalten umgekehrt wie die Länge ihrer Durchmesser (oder ihrer Peripherien): man bestimmte daher schon im 12. oder 13. Jahrhundert die Durchmesser einer ganzen Oktave von Glocken nach der Einteilung des Monochords[2], welches, den Durchmesser der tiefsten Glocke = 1 gesetzt, für die gebräuchlichen 13 chromatischen Töne der Oktave folgende Verhältnisse ergiebt:

Der Durchmesser der tiefsten Glocke auf den Grundton

C reduziert = 1 oder 1,000000

Cis „ = $^{71}/_{75}$ „ 0,773000

gegen Euler (de sono campanarum in Nov. comment. acad. scient. Petropol. T. 10) und Golowin (ebend. Jahrgang 1779, Tl. 1), welche die Klänge der Glocken aus den Klängen elastischer Ringe zu erklären suchten, bewiesen hat. Von den Klängen elastischer Ringe ist auch Pfuor (Akustik der Glocken, in den Darmstädter Verhandl. des Hess. Gewerbevereins von 1848, abgedr. bei Harzer, Glockengiesserei, S. 43 ff.) ausgegangen und zu eigentümlichen Resultaten gelangt, ohne Chladnis Theorie widerlegen zu können. Schon der alte Vincenz von Beauvais sagt (a. a. O.): *Campana maxima si pulsetur etiam tenui filo circumdata finditur.* — Die klingende Glocke teilt sich in vier in der Krone spitz zusammenlaufende Sektoren, deren Schwingungsbauch unten herum bedeutender ist, als mehr nach oben hin, je nach dem Durchmesser und der Metalldicke der verschiedenen konzentrischen Zonen der Glocke. (Vergl. oben S. 87.)

[1] Bindseil, Akustik. S. 568.

[2] Vergl. Anonymi de mensura fistularum in organis bei Gerbert, Script. eccl. de musica 2, 285. — Andere, ältere Theoretiker verfahren bei Bestimmung der Glocken-Oktave zwar ebenfalls nach dem Kalkül des Monochords, wenden denselben indes unrichtig statt auf das Mass auf das Gewicht der Glocken an.

D	reduziert	=	8/9	oder	0,8888
Es	„	=	5/6	„	0,83333
E	„	=	4/5	„	0,8000
F	„	=	3/4	„	0,7500
Fis	„	=	...	„	0,7...
G	„	=	2/3	„	0,66667
As	„	=	5/8	„	0,6250
A	„	=	3/5	„	0,6000
B	„	=	9/16	„	0,5625
H	„	=	8/15	„	0,53333
c	„	=	1/2	„	0,5000

Hiernach bestimmen die Glockengiesser die Tonverhältnisse der anzufertigenden Glocken [1], seltener durch Rechnung, gewöhnlich nach einem Massstabe, dessen Konstruktion auf obigen Grundsätzen beruht.[2] Wenden wir nun dieselbe Einteilung auf die Verhältnisse einer einzelnen Glocke an, welche an ihrem unteren Rande den Grundton und oben unter der Platte die höhere Oktave desselben erhalten soll, so werden sich beide Durchmesser wie 1,0:0,5 verhalten müssen, d. h. der obere Durchmesser wird die Hälfte des unteren betragen müssen: eine Forderung, die wir schon bei der Aachener Jakobiglocke von 1401 (oben S. 93, Nr. 2) ziemlich erfüllt fanden, die auch alle Technologen seit dem 16. Jahrhundert an eine harmonische Glocke stellen, und sagen, dass von der Beobachtung dieses Verhältnisses das Konsonieren der Oberoktav abhänge. Denken wir uns nun die Glocke als einen abgestumpften Kegel, dessen oberer Durchmesser halb so gross ist als der untere, so müsste eine solche Glocke sämtliche innerhalb einer Oktave möglichen Töne dynamisch in sich enthalten, und es würde beim Läuten derselben ein unharmonisches Geräusch entstehen. Es kommt daher darauf an, letzteres zu vermeiden und durch eine nach den Verhältnissen der harmonischen Intervalle zu konstruierende Schweifung des Profils die Neigung der Natur zu dem Rationalen und Kommensurabeln zu wecken und zu begünstigen. Würde man die Schweifung so zeichnen, dass die Glocke, von oben hinab gerechnet, bei 4/5 ihrer Höhe auch 4/5 ihres grössten Durchmessers erhielte, was dem Verhältnis der grossen Terz entspricht, so wäre hierdurch das Konsonieren der letzteren geweckt. Käme es darauf

---

[1] Die drei grössten Glocken des Domes zu Braunschweig wurden im Jahre 1502 von dem berühmten Meister der grossen Erfurter Glocke, Gerhard von Campen, gegossen; sie geben die Skala B C D an, und ihre Durchmesser sollen betragen 81, 74 und 66 Zoll, was mit der obigen Tabelle nicht genau übereinstimmt; es fragt sich indes, ob die Masse (bei Görges, Beschr. vom St. Blasiusdom zu Braunschweig, S. 46) richtig genommen, und in welchen Verhältnissen die Schlagdicken dieser Glocken zu einander stehen.

[2] Vergl. Kircher, Musurgia. 1, 524. — Roujoux a. a. O. S. 52 ff.

an, eine Mollglocke herzustellen, so hätte man das Verhältnis der kleinen
Terz zu wählen und die Rippe so zu zeichnen, dass die Glocke in $^5/_6$ ihrer
Höhe auch $^5/_6$ ihres grössten Durchmessers erhielte. Wollte man dagegen das Konsonieren der Quarte herbeiführen, müsste man der Glocke
bei $^3/_4$ Höhe auch $^3/_4$ Durchmesser = dem Verhältnis der Quarte zum
Grundtone geben. Ausserdem wäre nun noch die Höhe der Achse nach
einem harmonischen Intervalle zu bestimmen, bei Glocken mit konsonierender
Terz nach dem Verhältnis der Quinte, also wie 2 : 3, so dass die Höhe $^2/_3$
des grössten Durchmessers beträgt, bei Glocken mit konsonierender Quarte
nach dem Verhältnis der Sexte, also $^3/_5$. Hieraus wird sich nicht nur das
Mittönen der Quinte (bezw. Sexte) ergeben, sondern es werden sich auch,
durch die Abschrägung und Verdünnung des unteren Glockenrandes be-
günstigt, noch andere, zum Teil tiefere harmonische Beitöne erzeugen, weil
beim Anschlagen und besonders beim Läuten der Glocke die im Innern
derselben befindliche Luftsäule ebenfalls in Vibration gerät, und überdies
die Glocke ihren eigenen Resonanzboden in sich selbst bildet, indem durch
die Durchkreuzung der Schallwellen im inneren Raume eine Resonanz der
von der Glocke umfassten Luftmasse entsteht, und es nun darauf ankommt,
dass diese mittelbaren Töne im gehörigen harmonischen Verhältnisse mit
den unmittelbaren Glockentönen stehen, was weniger von der Weite als
von der Höhe der Glocke abhängt, aber vorzugsweise den Klangreichtum
derselben bedingt, indem die lediglich von der Lufterschütterung entstehen-
den mittelbaren Glockentöne ein viel schöneres Gepräge (timbre) haben,
als die unmittelbaren, auch wenn das Metall selbst das reinste wäre. Dadurch und überhaupt durch die Macht des harmonischen Dreiklangs werden auch die unharmonischen aliquoten Beitöne verschlungen, die sich un-
vermeidlich ergeben in der krummen Linie der Schweifung beim Übergange
vom unteren, grössten Durchmesser der Glocke nach dem Durchmesser des
harmonischen Hauptbeitones (der grossen oder kleinen Terz, oder der
Quarte) und von letzterem nach dem die Oberoktave bedingenden oberen,
kleinsten Durchmesser und in der ruhenden Glocke vernehmlich machen
lassen. — Endlich kommt es bei der Entwerfung des Glockenprofils auch
noch auf die Metallstärke des Glockenkörpers an, welche der Theorie zufolge sich zwar überall nach dem Durchmesser richten, also mit demselben
in gleichem Verhältnisse von unten nach oben zu abnehmen müsste, allein
die älteren Technologen und die Glockengiesser erklären gerade davon den
harmonischen Klang einer Glocke für abhängig, dass dieselbe in gewissen
Querdurchschnitten der Glocke in einem bestimmten angegebenen Verhältnisse zu der grössten Metallstärke, die jedesmal am Anschlagsorte des
Klöppels zu finden ist, stehe. Diese grösste Metallstärke der Glocke, nach

dem technischen Ausdrucke der Schlag, ist stets die Einheit des Masses
bei Entwerfung des Glockenprofiles in allen seinen Teilen, und von dem
Verhältnisse des Schlages zum Durchmesser hängt, wenn auch nicht der
harmonische Klang, so doch jedenfalls der grössere oder geringere Metallbedarf ab und diesen zu vermindern, soweit es mit der Dauerhaftigkeit
vereinbar ist, sind die Giesser stets beflissen gewesen; daher mag es kommen, dass bei alten Glocken sich der Schlag zum Durchmesser oft verhält
wie 1 : 12, 1 : 13, seit dem 15. Jahrhundert wie 1 : 14, und bei den
neueren stets wie 1 : 14 oder 1 : 15.   Durch möglichste Verdünnung der
Glockenwand gewinnt der Klang erfahrungsmässig an Elastizität, und es
scheint, dass man, um das Verschwimmen des Tones hervorzubringen, den
unteren Rand der Glocke innerhalb abgeschrägt hat. Wenn dies in einem
bestimmten Verhältnisse geschieht, so wird dadurch noch ein tieferer har-
monischer Beiton hervorgerufen, indem die Vergrösserung des Diameters
und die gleichzeitige Verminderung der Dicke beides Momente sind, welche
ein Tieferwerden des Tons bedingen:[1] denn, nach Chladni (Akustik S. 198),
verhalten sich die Töne solcher Glocken, die an Gestalt ganz einander ähn-
lich sind, wie $\frac{n^2 D}{L^2} \sqrt{\frac{R}{G}}$, wo n die einer jeden Schwingungsart zukommende
Zahl, D die Dicke der Glocke, L den Durchmesser, R die Steifigkeit
(welche man bei Glocken von gleichen Massen findet, wenn man das Quadrat
ihres Tones mit ihrem spezifischen Gewicht multipliziert. Vergl. ebend.
S. 102) und G das spezifische Gewicht bezeichnet. Aus dieser Formel
geht zugleich hervor, dass nicht bloss die Klangfarbe, sondern auch die
Tonhöhe einer Glocke von der Beschaffenheit des Metalls abhängig ist: die
Töne verhalten sich wie die Quadratwurzeln der Sprödigkeit und umgekehrt
wie die Quadratwurzeln des spezifischen Gewichts der Metalle. Mehrere
zu einem Geläute bestimmte Glocken müssen also womöglich stets gleichzeitig gegossen werden, und auch dann kommen oft unvorhergesehene Schwierigkeiten in Betracht, da bei dem Gusse grösserer Glocken die Steifigkeit
durch das Gewicht der Masse vermehrt zu werden, und das weniger reine,
also spezifisch leichtere Metall zuletzt aus dem Ofen zu fliessen und die
Formen zu füllen pflegt. Selbst der erfahrenste Glockengiesser hat es daher nicht in seiner Gewalt, unter allen Umständen für die reine Stimmung
der einzelnen Glocken untereinander einstehen zu können, und es ist verhältnismässig wohl äusserst selten, dass der Guss in dieser Beziehung voll-

---

[1] Schon Vinzenz von Beauvais (a. a. O.) weiss, was Chladni älteren
Zeitgenossen gegenüber, die das Gegenteil annahmen, neu beweisen musste: *Campana ubi spissior est, ibi acutior.*

kommen gelingt, und ein sogenanntes jungfräuliches Geläute zustandekommt. Es bleibt demnach namentlich bei der Verfertigung von Glockenspielen nichts übrig, als der Stimmung durch Abdrehen der Glocken nachzuhelfen, was jedoch nur dann anwendbar ist, wenn der Ton vertieft werden soll; misslicher wird das Verfahren, wenn der Ton zu tief geraten ist und durch Abstemmen des unteren Randes der Durchmesser der Glocke verkleinert werden muss. Es wird daher beim Formen darauf zu sehen sein, dass die Glocken lieber etwas zu dick als zu dünn werden. Der mehrerwähnte Franz Hemony versichert, dass er Glocken bis zum Gewichte von 9000 Pfund durch Abdrehen in den erforderlichen Ton herabgestimmt habe[1], und die Londoner Giesser Warner und Söhne (City, Jewinstreet-crescent) haben ein patentiertes Verfahren, die Glocken auf mechanischem Wege zu stimmen *(to tune by machinery)*.[2] Wenn es nun auch auf diesem Wege gelingen mag, den beim Gusse verfehlten Hauptton zu verbessern, so wird es dennoch nur auf Kosten des harmonischen Klanges geschehen, da sich die Beitöne nicht mit ändern lassen.

Ausser den vorgedachten verschiedenen wesentlichen Ursachen haben aber auch noch manche andere mehr zufällige Umstände Einfluss auf den Klang der Glocken. 1) Ob die Glocke geschlagen oder geläutet wird: im ersten Falle gehen die mittelbaren Töne entweder ganz verloren oder sind doch nur wenig zu hören; auch ist das Anschlagen des Klöppels beim Läuten ein mehr elastisches, was auf die Klangfarbe einwirkt. 2) Das beim Läuten beobachtete Tempo. Zugleich mit dem Anschlagen des Klöppels hört man zuerst nur den stärkeren Hauptton der Glocke, die Beitöne vernimmt man erst etwas später; sie entwickeln sich besser beim langsamen Läuten, während sie bei sehr schnellem Zeitmasse völlig absorbiert werden.[3] — Eine Metallglocke, welche mit einer Geschwindigkeit von etwa 1800—2000 Mal in der Minute um ihre Längenachse gedreht und mit einem Stabe geschlagen wurde, gab einen dem Schrillen einer Dampfpfeife ähnlichen Ton, der um drei Oktaven höher war und mit gleichmässiger Stärke um das Dreifache länger forttönte, als der Ton, den sie in der Ruhe gab; bei einer bis

——— --

[1] Schott, Magia naturae 2, 358.

[2] Vergl. Gatty, the Bell, p. 33. — Organ für christl. Kunst 1857, S. 158; 1867, S. 117. — Über das bei einer Nachstimmung des von Hemony verfertigten Glockenspieles auf dem Schlosse zu Darmstadt beobachtete Verfahren hat Pfnor (s. bei Harzer, Glockengiesserei, S. 68 ff.) ausführliche Mitteilungen gemacht.

[3] Es kommt daher namentlich beim Zusammenläuten mehrerer Glocken ungemein viel auf die Art und Weise an, wie geläutet wird. Die Bewohner von Ruhla in Thüringen gelten seit alten Zeiten für Virtuosen in der Behandlung der Glocken.

auf 800 Umdrehungen in der Minute verminderten Geschwindigkeit stellte
sich der normale Ton wieder ein.[1] — 3) Die Stellung des Hörenden zur
Glocke und die in der Nähe der Glocke befindlichen Gegenstände. Wenn
die Ohröffnung des Hörenden in die Ebene des untersten Glockenrandes
gehalten wird, so hört er den Hauptton am stärksten, die Beitöne minder
stark. Hält man dagegen die Ohrachse senkrecht auf die Öffnung der
Glocke, oder auch nur in einem schiefen Winkel dagegen, so tritt der umgekehrte Fall ein, woraus folgt, dass der Hauptton einer grösseren Inter-
ferenz fähig ist, als die Nebentöne, und woraus sich erklärt, dass das
Glockengeläut an höher gelegenen Orten sich anders anhört, als auf ebener
Erde. — Von einer Glocke, die sich etwa 40—50 m von einer glatten
Wand entfernt befand, welche den Ton zurückwarf, hörte ein entfernter
Stehender einen tieferen, ein näher Stehender einen höheren Glockenton,
durch die ganze Skala, wie folgt:[2]

Töne.	Beobachtete Abstände von der Mauer, in Proportionszahlen.	Berechnete Wellenlänge (den beobachteten Abständen fast gleich).
C	1,000	1 × 1 = 1,000
D	0,90	1 × 8/9 = 0,888
E	0,81	1 × 4/5 = 0,800
F	0,78	1 × 3/4 = 0,750
G	0,677	1 × 2/3 = 0,667
A	0,61	1 × 3/5 = 0,600
H	0,64	1 × 8/15 = 0,533
c	0,50	1/2 × 1 = 0,500
d	0,45	1/2 × 8/9 = 0,444
e	0,41	1/2 × 4/5 = 0,400
f	0,38	1/2 × 3/4 = 0,375
g	0,34	1/2 × 2/3 = 0,333

4) Die Beschaffenheit der Temperatur und der Atmosphäre. Vinzenz
von Beauvais (a. a. O.) bemerkt, dass der Ton einer neben dem Wasser
aufgehängten Glocke heller sein solle *(clarior esse dicitur)*. Bei lockerem
Schnee verliert der Erdboden seine Resonanz, der Schall ist daher weniger
weit und hell zu hören, als bei hart gefrorner Erde; auch verdichtet der
Frost das Metall und macht es spröder, weshalb beim Läuten in grosser
Kälte die Gefahr des Zerspringens der Glocken eintritt.[3] Nachts, wo die

[1] Dingler, Polytechn. Journ. CXX. 1. Erstes Aprilheft 1851, S. 74.
[2] Poggendorff, Annalen 76, 458.
[3] Dies berücksichtigte man schon im Jahre 1499 in Halle a. d. S. Vergl.
Dreyhaupt. Saalkreis, 1, 1034.

Luft von gleichmässigerer Dichtigkeit ist, als bei Tage, hört man den Schall stärker und weiter. Bei heiterem Himmel vernimmt man den Glockenklang ganz einfach, während bei bewölktem Himmel ein wogender, summender Nachhall entsteht.[1]

Konstruktion der Glockenrippe. Wir geben unter Fig. 13 und 14 die deutsche[2] und die französische[3] Rippe, nach der einfachsten Projektion beider Gattungen. Das Verfahren bei Zeichnung der deutschen Rippe ist folgendes: Man giebt dem Durchmesser der Glocke 14 Schlag, zieht die dem halben Durchmesser gleiche, also 7 Schlag lange Grundlinie ca und errichtet in c senkrecht die Achse der Glocke ce. Hierauf schlägt man aus a mit dem Radius ah ($= 1\frac{1}{4}$ Schlag) den Bogen hgs, auf welchem man von h aus $\frac{3}{2}$ Schlag abträgt (hg, gx und xs) und nun durch den Punkt s die Standlinie as zieht, welche, 11 Schlag lang, die Höhe der Glocke darstellt. Auf dieser Standlinie errichtet man ferner im 3., 7., 10. und 11. Schlag Perpendikel, findet nun den Punkt m, indem man auf dem im 3. Schlag errichteten Perpendikel 1 Schlag abschneidet, und den Punkt l, indem man von m aus noch $\frac{1}{2}$ Schlag abträgt. Der Punkt i ergiebt sich, wenn man auf dem im 7. Schlage errichteten Perpendikel $\frac{7}{8}$ Schlag abschneidet, der Punkt k, indem man von i aus noch $\frac{1}{3}$ Schlag abträgt. Der Punkt n wird mit $\frac{1}{4}$ Schlag auf der im 10. Schlag errichteten Senkrechten abgeschnitten, der Punkt o mit einem Schlag auf dem im 11. Schlage errichteten Perpendikel und der Punkt p obendaselbst mit $\frac{1}{4}$ Schlag von o aus gemessen. Endlich zieht man durch den 11. Schlag eine Linie senkrecht auf ce und findet den Punkt q durch Abtragung von $1\frac{1}{4}$ Schlag. Von e wird zuletzt $\frac{1}{4}$ Schlag abwärts nach r getragen und von r aus eine Parallele mit eq gezogen. Wenn man nun noch den Halbierungspunkt f zwischen dem ersten und zweiten Schlage auf der Standlinie bezeichnet hat, so sind alle zur Konstruktion der Rippe erforderlichen Punkte gefunden. Man zeichnet zunächst den Bord oder Kranz der Glocke, indem man g mit a und a mit f durch gerade Linien verbindet. Wenn man sich nun aus x mit dem Radius gx eine Kugel konstruiert denkt, so repräsentiert der Durchmesser derselben die **Schlag-** oder **Kranzdicke**

---

[1] Bindseil a. a. O. S. 40, 49, 63. — Solche Veränderungen des Glockenklanges hat auch das Volk wohl bemerkt und ungünstig gedeutet. Zu Olvenstedt bei Magdeburg sagt man: Läutet es bei der Trauung „Tiktak“, sterben die Brautleute bald (Magdeb. Geschichtsblätter 1883. 18, 379). — Klingen die Glocken ungewöhnlich hell, so stirbt bald jemand (Oldenburg); klingen sie beim Begräbnisläuten dumpf, so folgt aus derselben Familie bald noch eine Leiche (Schlesien).

[2] Vergl. Hahn, Campanologie, S. 28 und Taf. I, Fig. 2.

[3] Karmarsch in Prechtl's Encyklopädie 7, 83 f. und Taf. 128, Fig. 1.

der Glocke. — Die Zeichnung der S c h w e i f u n g geschieht folgendermassen:
Der Bogen *m f* wird mit einem Halbmesser von 3 Schlag und der Bogen
m i mit einem Halbmesser von 11 Schlag entworfen, ferner der Bogen *g l*
mit einem Radius von 14 Schlag und ebenso der Bogen *l k* mit einem Radius
von 14 Schlag. Der Hals der Glocke entsteht, indem die Punkte *i l* und

Fig. 13.

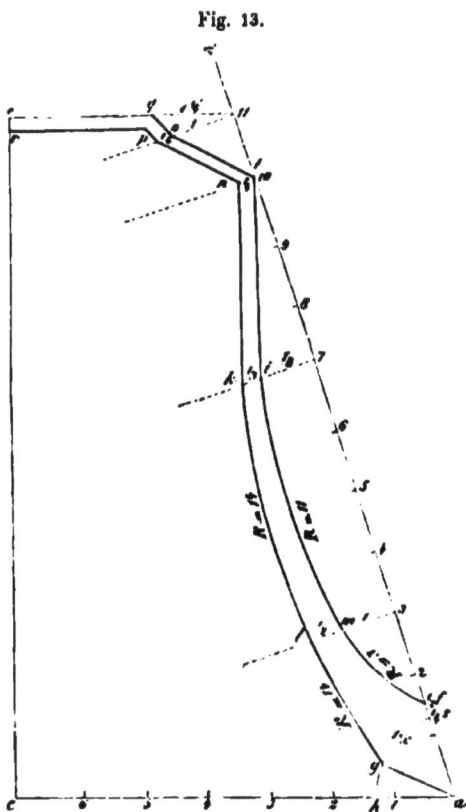

k n durch gerade Linien verbunden werden, und die ebenfalls geradlinige Konstruktion der Haube und Platte durch die Punkte *to, oq, qc* und *pr*
ergiebt der Augenschein. — Die Konstruktion der Haube ist verschiedenen,
willkürlichen Veränderungen unterworfen, durch welche die Glockengiesser
mancherlei kleine technische Vorteile zu erreichen wissen. — Diese deutsche

Rippe ist sicherlich nur die Frucht langer Erfahrung und stimmt nicht in allen Punkten mit der Theorie überein, da schon das Verhältnis des grössten Durchmessers zur Höhe (14 : 11) inkommensurabel erscheint; dagegen dürften bei dem Entwurfe der französischen Rippe (Fig. 14) auch theoretische Erwägungen von Einfluss gewesen sein. Die Konstruktion ist

Fig. 14.

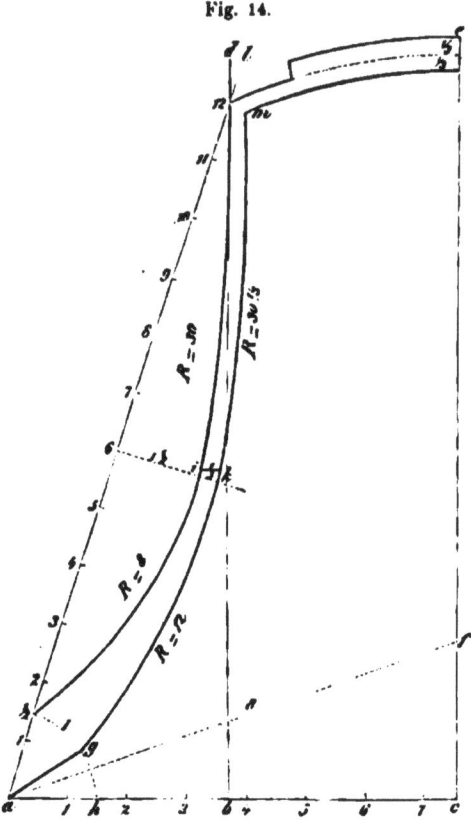

folgende: Auf der Basis ac (= $7\frac{1}{2}$ Schlag) errichtet man senkrecht die Achse ce und ausserdem auf dem Halbierungspunkte von ac in b eine Senkrechte bd, auf welcher man von a aus mit einer Zirkelöffnung von 12 Schlag den Punkt findet, durch welchen man die Standlinie al zieht. Der Bord der Glocke wird gefunden, indem man aus a mit dem Halb-

messer $a\,h$ (= $1^1/_2$ Schlag) den Bogen $h\,g$ $^1/_2$ schlägt, auf demselben das
Stück von $^1/_2$ nach g = einem Schlag abschneidet und die geraden Linien
$a\,g$ und $a\,^1/_2$ auszieht. Behufs Konstruktion der Schweifung errichtet man
im 6. Schlag einen Perpendikel, auf dem man $1^1/_2$ Schlag abschneidet, um
den Punkt i, und von i aus noch $^1/_3$ Schlag, um den Punkt k zu bestimmen. Der untere Bogen von $1^1/_2$ bis i wird mit einem Radius von
8 Schlag, der obere von i bis 12 mit einem Radius von 30 Schlag gezeichnet; mit diesem ist der Bogen $m\,k$ konzentrisch, und der Bogen $k\,g$
endlich hat einen Halbmesser von 12 Schlag. Die Platte wird von dem
Mittelpunkte f aus in konzentrischen Bögen entworfen, nachdem man in
der Achse $e\,e$ den Punkt f mit einer Oeffnung von 8 Schlag von a aus
gefunden hat.

Zur Erläuterung der auf der beigefügten lithogr. Tafel I enthaltenen
Rippen, deren Konstruktion sich aus den eingeschriebenen Massen leicht
ergiebt, bemerken wir noch Folgendes: ·Die Rippe Fig. I ist abgenommen
von einer anscheinend sehr alten, 137 Pfund schweren Glocke von $18^1/_4$ Zoll
Durchmesser mit dem Ton F, welche sich, mit abgebrochener Krone, im
Jahre 1857 im Besitze des Glockengiessers Kobitzsch zu Torgau befand,
und in der Zeichnung auf 3 Pfund reduziert ist. Sie ist oben 5 Schlag,
unten 12 Schlag weit und 11 Schlag hoch; der Bord ist noch platt. —
Fig. II von einer Glocke aus dem 17. Jahrhundert, angeblich auf 3 Pfund,
oben 6, unten 12 Schlag weit und $10^1/_2$ Schlag hoch. — Fig. III soll
angeblich von einer sehr alten Glocke abgenommen und auf 5 Pfund entworfen sein; sie ist oben 6 Schlag, an der Mündung 13 Schlag weit und
12 Schlag hoch. — Fig. IV ist die Rippe des Glockengiessers Umberg in
Riga, auf 10 Pfund, oben 7 Schlag, unten 14 Schlag weit und $10^3/_4$ Schlag
hoch. — Fig. V ist die Rippe von Weinhold in Dresden, dessen Glocken
den reinen Dur-Akkord in trefflicher Fülle hören zu lassen pflegen: auf
20 Pfund, 14 Schlag unten, 7 Schlag oben weit und $11^1/_4$ Schlag hoch. —
Fig. VI ist die Rippe des Glockengiessers Becker in Augsburg, auf 15 Pfund
Nürnberger Gewicht, 14 Schlag unten, 7 Schlag oben weit und 11 Schlag
hoch. — Fig. VII die Rippe Bergers in Leipzig, auf 10 Pfund, in den
gewöhnlichen Verhältnissen. — Fig. VIII Rippe von Neuber in Riga in den
gewöhnlichen Verhältnissen, auf 5 Pfund Nürnberger Gewicht. — Fig. IX
die Rippe der grossen, von Gerhard de Wou von Campen im Jahre 1497
gegossenen Glocke zu Erfurt (1 = 7,04 Zoll rhl.), nach v. Tettau, Nachträge u. s. w. S. 3. — Fig. X die Rippe der im Jahre 1659 von den
Gebr. von Trier gegossenen, 1818 gesprungenen Marienglocke des Münsters
zu Aachen, nach Boeckeler, Beiträge u. s. w., Taf. 14. — Fig. XI die

_ 14.6 S.   _ 15 S.

Geogr. artist Anst v. Runge & Glöckner. Leipzig

Rippe der an Stelle der letzteren, 1881 von Rud. Edelbrock gegossenen neuen Marienglocke daselbst (1 = 0,138 m) nach Boeckeler a. a. O.

Vom Gewicht der Glocken. Die Vorausbestimmung des Gewichtes der Glocken ist für den Glockengiesser von der grössten praktischen Notwendigkeit; in sehr früher Zeit, wo man nur erst kleine Glocken zu giessen und sich hierbei, wie bei allen Hohlgüssen, wahrscheinlich der Wachsmodelle zu bedienen pflegte, berechnete man den zum Gusse erforderlichen Metallbedarf nach dem verbrauchten Wachs und hatte hier schon im zehnten Jahrhundert recht richtige Erfahrungsgrundsätze über die gebräuchlichen Metalle aufgestellt.[1] Die Erfahrung musste indes sicherlich sehr bald darauf führen, zu erkennen, dass sich die Gewichte ähnlicher (d. i. nach derselben Rippe geformter) Glocken von gleichem Metalle zueinander verhalten wie die Kubikzahlen ihrer Durchmesser; es war daher, wenn man erst eine Glocke gefertigt hatte, nicht schwer, aus dem bekannten Durchmesser und Gewicht derselben das Gewicht jeder beliebigen andern Glocke zu berechnen, nach der Formel: $S = \dfrac{N^3 s}{n^3}$, wo S das gesuchte Gewicht und N den gegebenen Durchmesser der zu verfertigenden Glocke bezeichnet, s das Gewicht und n den Durchmesser der gegebenen Musterglocke. Ebenso umgekehrt kann aus dem gegebenen Gewicht der Durchmesser einer zu verfertigenden Glocke gefunden werden, nach der Formel: $N = \sqrt[3]{\dfrac{S \cdot n^3}{s}}$. Man hat nun eine nach der gemeinen deutschen Rippe (Fig. 13) verfertigte Glocke von 32 Zoll rhein. Durchmesser und 700 Pfund Nürnberger Gewicht als Musterglocke angenommen[2]; es wird daher sein $S = \dfrac{N^3 \cdot 700}{32^3}$ oder $\dfrac{N^3 \cdot 700}{32768}$, und da $\dfrac{700}{32768} = 0{,}0213$ ist, so braucht man nur den in Zollen ausgedrückten in den Kubus erhobenen Durchmesser (N^3) mit 0,0213 zu multiplizieren, um das Gewicht (S) der Glocke in Pfunden zu finden. Umgekehrt wird der

---

[1] Vergl. *„De mensura cerae et metallium in operibus fusilibus"* ex Cod. Froumundi ad fin. secl. X. in Güntbner, Gesch. der litterar. Anstalten in Bayern, 1, 397 f. Vergl. Ober-Bayer. Archiv 1, 30.

[2] Hahn, Campanologie, S. 115. — Karmarsch (in Prechtls Encyklopädie 7, 87) giebt das Gewicht einer nach der französischen Rippe (Fig. 14) gegossenen Glocke von 32 Wiener Zoll Durchmesser ungefähr auf 640 Wiener Pfund an. — Blavignac, la cloche, p. 304 bestimmt das Gewicht einer nach gewöhnlichen modernen Verhältnissen entworfenen Glocke von 1 m Durchmesser (wohl zu niedrig) auf 550 kg und giebt zur Berechnung des (ungefähren) Gewichtes einer Glocke von bekanntem Durchmesser (N) die einfache Formel: $1 : 550 = N^3 : x$. Guettier (de la fonderie etc. Paris 1844) hat mit Zugrundelegung der französischen Rippe

Durchmesser (N) einer Glocke zu dem gegebenen Gewichte (S) gefunden:

$$N = \sqrt[3]{\frac{S}{0{,}0213}},$$

d. h. man teilt das in Pfunden ausgedrückte Gewicht mit 0,0213 und zieht aus dem Quotienten die dritte Wurzel, um den Durchmesser der Glocke in Zollen zu erhalten. Aus dem also ermittelten Durchmesser wird dann die Dicke des Schlages (die Kranzdicke) gefunden, welche das Mass für die Konstruktion der ganzen Glocke bildet. Die Glockengiesser finden indes die gesuchte Kranzdicke einer Glocke, deren Gewicht ihnen bestimmt wird, nicht jedesmal durch Rechnung, sondern bedienen sich dazu eines nach obigen Grundsätzen entworfenen (am besten tausendteiligen) Massstabes[1], von dem sie die Kranzdicke für jedes beliebige Gewicht einer Glocke ablesen. Eine solche Skala kannte man im 16. Jahrhundert wahrscheinlich schon längst[2]; aber der Nürnberger Mathematiker Georg Hartmann, Vikarius zu St. Sebald, gab im Jahre 1540 zuerst den auf den nämlichen Gründen beruhenden Kaliberstab nach Nürnberger Gewicht für die Stückgiessereien und fertigte dergleichen Massstäbe in Menge.[3] — Die Aufgabe des folgende auch bei Harzer a. a. O. S. 85 abgedruckte Tabelle entworfen: Eine Glocke von

0,170	Durchm. wiegt	3 kg	0,705	Durchm. wiegt	200 kg	1,945	Durchm. wiegt	3500 kg
0,185	"	" 4 "	0,750	"	250 "	1,970	"	" 4000 "
0,1x5	"	" 5 "	0,795	"	300 "	2,010	"	" 4500 "
0,225	"	" 6 "	0,870	"	350 "	2,055	"	" 5000 "
0,285	"	" 10 "	0,900	"	400 "	2,115	"	" 5500 "
0,315	"	" 15 "	0,945	"	450 "	2,190	"	" 6000 "
0,330	"	" 20 "	0,975	"	500 "	2,250	"	" 6500 "
0,345	"	" 25 "	1,020	"	600 "	2,310	"	" 7000 "
0,375	"	" 30 "	1,110	"	750 "	2,370	"	" 7500 "
0,405	"	" 35 "	1,215	"	1000 "	2,400	"	" 8000 "
0,470	"	" 40 "	1,305	"	1250 "	2,460	"	" 8500 "
0,435	"	" 45 "	1,385	"	1500 "	2,470	"	" 9000 "
0,450	"	" 50 "	1,470	"	1750 "	2,550	"	" 9500 "
0,510	"	" 75 "	1,545	"	2000 "	2,580	"	" 10000 "
0,565	"	" 100 "	1,620	"	2250 "	2,715	"	" 11000 "
0,600	"	" 125 "	1,650	"	2500 "	2,860	"	" 12000 "
0,645	"	" 150 "	1,710	"	2750 "			
0,675	"	" 175 "	1,755	"	3000 "			

[1] Vergl. die Abbild. eines solchen Massstabes bei Sprengel, Handwerke und Künste, 5, 22 und Tab. 2, Fig. 1.

[2] Vergl. Biringoccio a. a. O. Fol. 98 b.

[3] Beckmann, Beitr. zur Geschichte der Erfindungen. 2, 462 ff. — Um das Gewicht alter, ungewöhnlich profilierter Glocken durch Berechnung zu finden, müsste man, nach genauer Aufnahme des Profils, ihren Kubikinhalt ermitteln: man denkt sich die Glocke in mehrere hohle Cylinder geteilt, die man einzeln berechnet und summiert. Die Platte wird als voller Cylinder berechnet, der Mittelbogen der

Glockengiessers pflegt indes dadurch insgemein verwickelter zu werden, dass er nicht bloss das Gewicht, sondern auch den Ton der Glocke zu berücksichtigen hat; es ist auch hier auf eine Probeglocke zurückzugehen und dann ein zweifaches Verfahren möglich: die Berechnung des verlangten Tones entweder aus dem Masse oder aus dem Gewichte der Musterglocke. Letztere giebt bei einem Durchmesser von 32 Zoll und einem Gewichte von 700 Pfund den Ton des zweigestrichenen C. Da sich nun die Durchmesser ähnlicher Glocken umgekehrt verhalten wie die gleichartigen Töne, so können die Verhältnisse der Durchmesser nach Anleitung der Einteilung des Monochords der Tonberechnung zu Grunde gelegt werden.[1] — Es verhalten sich aber ferner die gleichartigen Töne ähnlicher Glocken auch umgekehrt wie die Kubikwurzeln ihrer Gewichte[2], doch wäre die Berechnung der Tonverhältnisse auf diesem Wege praktisch nicht zu empfehlen, und diejenigen Giesser, welche mechanisch hiernach verfahren, dürften meist zu sehr mangelhaften Resultaten gelangen.[3] — Wenn es nur darauf ankäme, Glocken von

Krone als Parallelopipedum und die Henkel als halbe Hohlcylinder. Vergl. Triest, Grundsätze zur Anfertigung richtiger Anschläge, 2, 175.

[1] Vergl. die oben S. 95 f. angegebenen Teilungsverhältnisse.

[2] Vergl. Chladni a. a. O. S. 189.

[3] Vergl. Sprengel a. a. O. S. 28; richtiger verfährt Hahn a a. O. S. 119. Es kommt alles auf Mass, Gewicht und Ton der Musterglocke an, weshalb die verschiedenen hierüber veröffentlichten Tabellen in den Resultaten nicht völlig übereinstimmen können. Boeckeler hat a. a. O. S. 125 eine Tabelle nach den gebräuchlichsten Verhältnissen gegeben, auf die wir verweisen und zur Vergleichung die von dem Glockengiesser Jauck in Leipzig in seinem Geschäftsprospekt veröffentlichte Übersicht für eine Oktave nachfolgen lassen:

C.	Durchm.	$2{,}850$ m $= 256$ Ctr.		Fis.	Durchm.	$2{,}098$ m $= 90^1/_2$ Ctr.
Cis.	,,	$2{,}794$ m $= 215^1/_4$,,		G.	,,	$1{,}900$ m $= 76^1/_8$,,
D.	,,	$2{,}575$ m $= 181$,,		As.	,,	$1{,}863$ m $= 64$,,
Es.	,,	$2{,}483$ m $= 152^1/_4$,,		A.	,,	$1{,}753$ m $= 53^3/_4$,,
E.	,,	$2{,}355$ m $= 128$,,		B.	,,	$1{,}654$ m $= 45^1/_4$,,
F.	,,	$2{,}312$ m $= 107^5/_8$,,		H.	,,	$1{,}574$ m $= 38$,,

Eine Oktave höher wird jeder Ton, wenn man das Gewicht mit 8 dividiert; doch kann bei Glocken unter 20 Centner das Gewicht etwas vermindert werden. Das aus 9 Glocken bestehende, 1877 von Grosse in Dresden „nach der mittelalterlichen Glockenrippe" für den Dom zu Frankfurt a. M. gegossene Geläute hat folgende Verhältnisse:

E.	Durchm.	$2{,}600$ m $= 12265$ kg		gis.	Durchm.	$1{,}040$ m $= 689^1/_2$ kg
A.	,,	$1{,}900$ m $= 4630$,,		a.	,,	$0{,}975$ m $= 552$,,
cis.	,,	$1{,}540$ m $= 2380$,,		b.	,,	$0{,}864$ m $= 403$,,
e.	,,	$1{,}300$ m $= 1520$,,		cis.	,,	$0{,}678$ m $= 276$,,
fis.	,,	$1{,}150$ m $= 984$,,				

Vergl. Ehrenbezeugungen über gelieferte Arbeiten von F. G. Grosse. Dresden (1879). S. 76.

tiefem Ton und sonorem Klang mit möglichst wenigem Metall, also für einen billigen Preis herzustellen, ohne Rücksicht auf Dauerhaftigkeit, so wäre die Aufgabe nicht schwierig zu lösen; hatten doch die Brüder Mears 1851 auf der Londoner Weltausstellung eine Glocke ausgestellt, die bei einem Durchmesser von 5 Fuss nur eine Kranzdicke von etwa $2^1/_2$ Zoll und ein Gewicht von nur 28 Centner ergab. Dieselbe hatte fast Schalenform und war allerdings nur zum Anschlagen, nicht zum Läuten bestimmt.

Anfertigung der Form und Guss. — Die Glockenform wird aus Lehm verfertigt, der weder thonartig fett, noch zu sandig sein darf und gehörig von fremden Körpern, Steinen u. s. w. gereinigt sein muss; man vermischt ihn mit Pferdedünger und Kälberhaaren oder Flachsschäben und macht ihn mit Wasser in einem Fasse an, um die ganze Masse gehörig und gleichmässig durchzukneten. Die Form grosser (über 5 bis 6 Centner schwerer) Glocken wird in einer dicht vor dem Giessofen ausgegrabenen

Fig. 15.

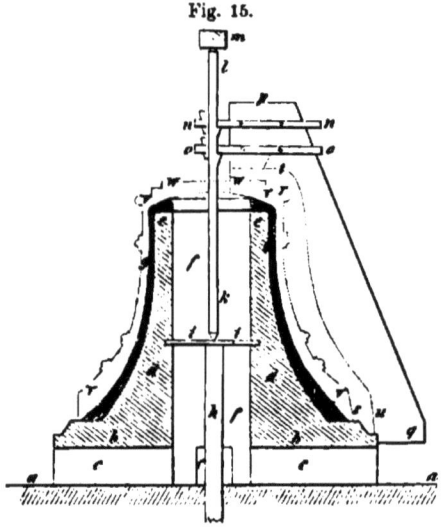

geräumigen, vierseitigen und gehörig tiefen Grube (Dammgrube) lotrecht stehend errichtet; vergl. Fig. 15 (nach Karmarsch). Man schlägt zunächst einen Pfahl h an der Stelle ein, welche den Mittelpunkt der Form bilden soll und mauert um den Fuss desselben ein kreisrundes Fundament aus Ziegelsteinen als Stand a für die Form. Auf dem Stande wird dann ebenfalls aus Ziegeln ein unten mit vier durch das Fundament führenden

Zugöffnungen *c* rings verseheuer, innerlich ausgerundeter Ofen *f* aufgemauert, der Kern *b d e* der Form, dem man äusserlich möglichst die Gestalt der inneren Glocke zu geben bemüht sein muss. Der mittlere Pfahl *h* darf nur etwa die halbe Höhe des Kerns (bis Schlag 7) erreichen, und wenn das Mauerwerk bis dahin vorgeschritten ist, so legt man einen platten Eisenstab, welcher in der Mitte eine runde Vertiefung (Pfanne) hat, quer über den Pfahl weg und vermauert dieses Grenzeisen *i* mit seinen beiden Enden in der Wandung des Kerns. Bevor nun mit dem Mauern fortgefahren werden kann, muss erst der Zirkel zur gehörigen Abmessung und Abdrehung des Kerns eingerichtet und aufgestellt werden, wobei mit äusserster Sorgfalt zu verfahren ist. Man hat zuvor auf ein etwa 21 Schlag hohes und 5 Schlag breites Brett von trockenem, sich nicht leicht werfendem Holz die Glockenrippe aufgezeichnet, schneidet von demselben zunächst alles genau weg bis an die innere Linie des Glockenprofils und schrägt den Rand, der dann auch wohl mit Blech beschlagen wird, schief ab. Aus dieser Schablone *p q* und einer eisernen Spindel *k l*, welche unten zugespitzt und oben mit einem Zapfen versehen ist, wird der Zirkel zusammengesetzt, indem man die Schablone unter dem gehörigen schiefen Winkel mit der die Glockenachse darstellenden Spindel durch zwei oder drei Scheren (gabelförmige Eisen) *n n o o*, welche in Löchern der Spindel eingekeilt oder mit Flügelmuttern eingeschraubt sind, in der Weise verbindet, dass man das Brett zwischen die Scheren einklemmt und mit Schrauben darin befestigt, wobei vor allem darauf zu sehen ist, dass die Entfernung der Schablone von der Achse genau richtig ist. Nun wird die Spille aufgerichtet: ihre untere Spitze ruht in der Pfanne des Grenzeisens, ihr oberer Zapfen steckt in einem mit Eisen ausgefütterten Loche, das durch einen Balken (den Vorrichtbaum) *m* gebohrt ist, welcher oben quer über die Dammgrube unverrücklich befestigt wird. Das Loch im Balken muss sich lotrecht über der Pfanne des Grenzeisens befinden. Die Schablone ist unten so ausgeschnitten, dass sie etwa $\frac{1}{2}$ Schlag unter den Kernstand greift. Der Kern, den man bisher nur durch Anhalten der Schablone dem Glockenkessel ähnlich aufgemauert hatte, wird nun mit Lehm *g g* überzogen und ganz fertig gemauert, wobei oben eine Öffnung gelassen wird: durch Umdrehung der Schablone wird der überflüssige Lehm der Verputzung hinweggenommen und hiermit solange fortgefahren, bis der Kern genau nach der Rippe abgedreht ist. Bevor eine neue Lehmschicht aufgetragen wird, muss die frühere erst völlig trocken sein, was durch Kohlenfeuer im Innern des Kerns befördert wird; die letzte Schicht Lehm muss von besonders feiner, gut gereinigter Masse sein. Nachdem nun die Schablone mit den Scheren aus der Spindel genommen ist, wird durch ein lebhaftes Feuer

die Austrocknung des Kerns gründlich vollendet. Darauf folgt das Äschern:
das Überwaschen des Kerns mit einer aus Bier oder Wasser und gesiebter
Asche bestehenden Tünche mittels eines Pinsels. Der Kern ist dann wohl
geraten, wenn er fest ist und weder Risse noch Unebenheiten hat, welches
durch gehörige Vorsicht und Wiederanfeuchtung zu schnell trocknender
einzelner Stellen beim Ausbrennen erreicht wird; vor allen Dingen hat sich
der Giesser aber zu überzeugen, dass das Mass des Kerns im Durchmesser
richtig ist. — Wenn alles wohl gelungen ist, kann zur Verfertigung des
eigentlichen Glockenmodells (mit Ausschluss der Krone) geschritten werden,
welches technisch die Dicke oder das Hemd *r r* heisst. Dasselbe wird
aus Lehm gebildet [1], der mit den Händen aufgetragen und schichtweise durch
das Feuer ausgetrocknet wird, wobei entstehende Risse stets sorgfältig aus-
gestrichen werden. Auf der Schablone hat man inzwischen die Rippe bis
an die äussere Linie des Glockenprofils (die punktierte Linie *r s*) ausgeschnitten und den Schnitt abgeschrägt; nun wird das Brett wieder in der
Spindel verschraubt und durch Drehung desselben über frisch aufgetragene
Schichten besonders feinen Lehms das Hemd genau in die richtige Form
gebracht und oben durch die Lehmplatte *w w* gehörig geschlossen. Um die
gewöhnlichen Gliederungen zur Verzierung der Glocke hervorzubringen, hat
man das Querprofil dieser Reifchen oder Stäbchen in der Schablone (etwa
in Schlag $1\frac{1}{2}$—2 zur Verzierung und in Schlag 9 und 10 zur Besäumung
der Inschrift) ausgeschnitten, und diese Ausschnitte formen sich bei der
Drehung im Lehm erhaben ab.[2] — Zuletzt bekommt das Hemd einen Überzug von geschmolzenem Talg, der ebenfalls mit der Schablone abgedreht
wird. Wenn der Durchmesser der Form richtig ist, werden die Inschriften
und Verzierungen (siehe Abschnitt V) angebracht und nun als letzter Überzug der Form der Mantel verfertigt, welcher die äussere Begrenzung derselben beim Giessen bildet. Man macht ihn 1 Schlag stark. und da derselbe äusserlich keine streng regelmässige Gestalt zu haben braucht, so bedient man sich bei der Verfertigung desselben der Schablone, die zu dem
Ende weiter (bis an die punktierte Linie *t u*) ausgeschnitten wird, nur als

---

[1] Nach Theophilus (a. a. O. bei Ilg, S. 320), der allerdings nur kleine
Glocken vor Augen hatte, soll die Dicke aus Talg (*adeps*) geformt. nach dem
Erkalten abgedreht und nach Anfertigung des Mantels herausgeschmolzen werden.

[2] Die alten Giesser hatten hier ein unvollkommeneres Verfahren: nach Vollendung des Hemds knüpften sie oben und unten Schnüre oder Stricke herum, die
als Mass für die Richtigkeit des Modells dienten und sich nachher im Mantel mit
abformten. Beim Abheben desselben waren sie verkohlt und wurden entfernt;
die auf den alten Glocken (z. B. auf der Jakoba der Jakobskirche in Aachen von
1401) bemerkbaren Knoten an den Enden der umgeknüpften Schnüre liefern den
Beweis dafür, dass man also verfahren ist.

allgemeines Mass für die gleichmässige und gehörige Dicke des Mantels.
Zuvörderst wird das Hemd mit Zierlehm überzogen: ein Gemisch aus ge-
siebtem Ziegelmehl, Tiegelmehl, gebranntem Lehm, geschlemmtem grünen
Lehm und Kälberhaaren, welches mit gekochtem Bier dünn genug angemacht
und mit einem Pinsel zwei bis dreimal sauber aufgetragen wird. Dieser
Überzug muss an der Luft trocknen, und erst die später mit der Hand
aufzutragenden Schichten des gewöhnlichen Formlehms, zwischen welche
man Hanf oder Flachs auszubreiten pflegt, werden wieder mit Kohlen im
Kern getrocknet, wodurch zugleich das Wachs und der Talg zwischen dem
Modell und dem Mantel schmilzt, sich in den Lehm saugt und einen leeren
Raum zurücklässt. Der Mantel muss unten tiefer hinabreichen als das
Modell, und sich hart an den Stand anlegen; oben wird mittels eines schräg
an der Schablone befestigten flachen Holzes eine trichterartige Öffnung zur
Aufnahme der Henkelform in demselben ausgedreht. Die Henkel oder Öhre
der Glocke, bei grösseren sechs, bei kleineren vier, jetzt gewöhnlich stets
nur vier, kommen auf die Platte symmetrisch zu stehen, aus deren Mitte
sich noch ein stärkeres Öhr, der Mittelbogen erhebt, mit welchem die
übrigen oben zusammenlaufen. Zur Bildung dieser Krone der Glocke bedient man sich eines Wachsmodells, das in
einer Gipsform verfertigt wird: letztere besteht aus zwei sich deckenden Teilen, welche
der Zeichnung Fig. 16 gleichen und jeder die
halbe Vertiefung für den Mittelbogen und zwei
Öhre enthalten. Man macht nun drei gleiche
Abgüsse in Wachs mittels dieser Form, von
denen man indes nur einen beibehält, von den

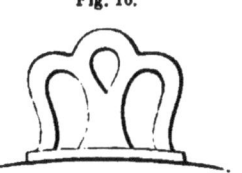

Fig. 16.

beiden übrigen bloss die vier Öhre nimmt, um sie symmetrisch an den ganz
gebliebenen Abguss anzukleben. Das nun fertige Modell der Krone, welches
bei sehr grossen Glocken aus einzelnen Teilen zusammengesetzt wird, die
man aus Lehm über hölzernen oder irdenen Modellen formt, erhält oben
über dem Mittelbogen einen trichterartigen Aufsatz, der aus Wachs oder
aus einem hölzernen Zapfen besteht, um bei der Füllung der ganzen Glockenform mit Metall als Giessloch zu dienen; ausserdem werden auf die
Seitenöhre zwei Wachscylinder gesetzt, welche die Röhren bilden sollen,
aus welchen beim Glockengusse die in der Form befindliche Luft ent-
weichen kann, und die deshalb Windpfeifen heissen. Das ganze Modell
wird nun in Lehm gehüllt, ausgebrannt, wodurch das Wachs schmilzt und
ausfliesst und, wenn der Mantel abgebunden ist, aufgepasst. Das Abbinden
des Mantels geschieht, indem vier (bis sechs) eiserne Schienen genau an-
schliessend der Länge nach an den Mantel gelegt werden; dieselben haben

unten einwärts gebogene Haken, mit denen sie unter den Mantel greifen;
oben sind sie mit auswärts gekrümmten Haken versehen, an welchen Stricke
befestigt werden, um, nachdem 4—8 eiserne, auch wohl zum Teil hölzerne
Reifen um die Form gelegt und wie an einem Fasse angetrieben sind,
nunmehr den Mantel mit einer Winde abheben zu können. Hierauf wird
das Hemd mit einem Messer von dem Kern abgelöst und letzterer noch-
mals geäschert, nachdem die in demselben befindliche Höhlung, da nun kein
Feuer in derselben mehr nötig ist, mit Erde fest ausgefüllt und oben glatt
mit Lehm verschlossen ist. In diesen Lehm wird das Hangeisen für den
Klöppel der Glocke mit seinem Ringe eingedrückt, während die mit Wider-
haken versehenen Schenkel desselben emporstehen, um beim Gusse mit Metall umflossen zu werden. Zweckmässiger ist es jedoch, in den Mittelbogen
einen Kern aus Lehm einzupassen, welcher nach dem Gusse herausgestossen
wird und die Öffnung zur Befestigung des Hängeisens bildet, indem es dann
leicht ist, die durch den Gebrauch am Schlage beschädigte Glocke umzuhängen, was sonst viel mehr Weitläufigkeit verursacht.[1] Nachdem noch das
Innere des Mantels sorgfältig untersucht und, wo sich kleine Beschädigungen
finden, mit Lehm sauber ausgebessert und dann mit Kien ausgeflammt ist,
kann derselbe nun wieder über den Kern hinabgelassen werden. Hierbei
ist alle Sorgfalt anzuwenden, dass der Mantel nicht verrückt wird, sondern
sehr genau wieder auf seine ursprüngliche Stelle kommt: um dies zu er-
möglichen, hat man vor dem Abheben bereits an dem Mantel und an dem
Stande Zeichen eingeritzt, und diese Haftkerben müssen genau wieder
aufeinander passen. Endlich wird der Mantel noch durch Verstreichung
mit Lehm mit dem Stande vereinigt und hierauf die ganze Dammgrube
schichtweise mit trockener Erde, die zwar mit Sand und Asche, niemals
aber mit Lehm vermengt sein darf, voll eingedämmt, wobei man sich vor

---

[1] Zur Erleichterung des Umhängens gab Hahn, Campanologie, S. 98 einen
Glockenbenkel in Form eines Hutpilzes an, den der Glockengiesser Fischer zu
Königsberg i. N. schon früher mit Erfolg, z. B. bei einer Glocke von 1 m Durchmesser zu Lunow bei Angermünde im Jahre 1801 ausgeführt hatte. Dann nahm
vor etwa 30 Jahren der englische Architekt Baker die Erfindung in Anspruch,
eine Glocke so aufzuhängen, dass sie gedreht werden kann, „to be turned in the
stock" (vergl. Organ für christl. Kunst 1857, S. 158). Eine von Morel in Lyon
vorgeschlagene und ausgeführte Vorrichtung, bei welcher die Glocke ganz ohne Krone
drehbar befestigt wird, s. bei Harzer a. a. O. Taf. V, Fig. 77. und S. 133. Sehr
sinnreich, aber kompliziert ist die von Hamm in Kaiserslautern angegebene und
vielfach ausgeführte Methode, die Glocke durch Vermittelung eines lose und be-
weglich um die Krone gelegten Metallringes um ihre Achse drehbar zu befestigen;
s. die Abbildung und Beschreibung in dem 1879 versandten Geschäftsprospekt der
G. Hamm'schen Glockengiesserei.

Verletzungen der Form um so mehr zu hüten hat, als gerade rings um den Mantel die Füllung am festesten sein muss.

Nun kann der Guss der Glocke vor sich gehen, zu welchem Zwecke von dem Stichloche des Ofens an bis zum Giessloche der Form eine Giessrinne aus Ziegeln gemauert wird, die man unmittelbar vor dem Gusse mit Kohlen erwärmt. Wenn mehrere Formen zu füllen sind, so werden Verzweigungen der Giessrinne angelegt, welche man nach der Reihe dem zufliessenden Metalle eröffnet, und zwar für die grösste, allemal in der Mitte anzulegende Form zuerst. Der Giessofen ist ein Flammofen[1], und beim Schmelzen der Metalle, sowie beim Gusse selbst findet das nämliche Verfahren statt, wie bei der Rotgiesserei überhaupt. Nachdem die

---

[1] In älterer Zeit, als die Glocken noch an ihrem Bestimmungsorte gegossen wurden (oben S. 81), musste dazu jedesmal ein Giessofen neu erbaut werden. In Xanten geschah dies 1375 aus Rasen, und man feuerte mit Holz und Holzkohlen, aber das Anfachen des Feuers kostete viele Mühe. Es wurde nach Wesel geschickt, um Blasbälge zu mieten, mit denen eine Anzahl von Schmieden die Glut steigerte, wobei auch die Schüler der Lateinschule helfen mussten. (Beissel, Baugesch. der Viktorkirche zu Xanten, S. 116.) — Bei dem Gusse der Riesenglocke und zweier anderen Glocken zu Erfurt 1497 liess der Meister zuerst im Hofe bei der neben dem Dome belegenen Severikirche ein Haus bauen, worin er die Formen machte, und dann zwei hohe Öfen, wohl drei Mann lang hoch, in der Nähe der Sakristei der gedachten Kirche. Das Feuer in beiden Öfen wurde um 1 Uhr nachmittags angemacht und abends um 10 war die Speise gar. Nachts um 1 Uhr stiess der Meister den Zapfen des einen Ofens aus, dann, als die Speise aus dem ersten Ofen schier zu Ende war, auch den andern, und um 2 Uhr war die Form gefüllt. Die beiden anderen Glocken wurden erst, nachdem die grosse Glocke gereinigt war, an einem späteren Tage gegossen, und zwar beide aus einem Ofen. Als die eine Form voll war, wies der Meister die Speise auf die zweite Form. (v. Tettau, in Mitteil des Erfurter Gesch.-Vereins 1, 134 f.) — Für den Ofen und die Form der grossen Glocke des Domes zu Magdeburg verlangte der dortige Giesser Georg Schreiber 1651 von dem Kapitel 1000 ungebrannte und ebensoviel gebrannte Mauersteine, 20 Fuder Lehm, 25 Pfund Flachs, 15 Pfund Talg, 4 Schock Eier zu dem Zierlehm und für die Domherrenwappen noch 10 Pfund Wachs, dazu grosse Quantitäten Holz und Kohlen, erhielt aber nur 300 Mauersteine, 10 Fuder Lehm, 12 Pfund Wachs, 8 Schock Eier, 12 Pfund Flachs, 1 Fuder Kohlen und 10 Schock Holz. Dem Jak. Wentzel daselbst wurden für die nicht halb so schwere Apostolika 1690 gewährt 1000 gebrannte Steine zum Giessofen, 15 Fuder Lehm, 12 Pfund Wachs, 12 Pfund Talg, 2 Stein Flachs, 10 Schock Eier, 1 Fuder Kohlen und 1 Schock Birkenholz. (Janicke, in Magdeburger Gesch.-Blätter 1866. 3, 92.) — Boeckeler a. a. O. S. 115 warnt gewiss mit Recht wegen der auf den Schmelzprozess schädlich einwirkenden Schwefelgase vor dem Gebrauche von Steinkohlen und empfiehlt besonders Buchenholz; wenn er aber bei dieser Gelegenheit Veranlassung nimmt, das Schillersche „Nehmet Holz vom Fichtenstamme" kritisch zu erwähnen, so wirkt das erheiternd.

Glocke sich mindestens 24 Stunden hindurch verkühlt hat, kann man die Dammgrube öffnen und die Kronenform abschlagen, so dass die Metallhenkel frei werden. Hierauf wird die Glocke (samt Mantel und Kern) aus der Grube gewunden, der Kern stückweise herausgenommen, der Mantel zerschlagen und das Gebinde abgenommen. Die Glocke selbst wird durch Scheuern mit grobem Flusssand gereinigt, nach Befinden ziseliert, oder doch mit Sandstein geschliffen. — Wegen des Kopfes und der fast unvermeidlichen Ausdehnung des Mantels und Zusammendrückung des Kerns, namentlich aber auch wegen des Feuerabgangs muss der Giesser verhältnismässig mehr Metall in den Ofen setzen, als das beabsichtigte Gewicht der Glocke beträgt. Schon wenn die fertige Glocke genau das beabsichtigte Mass in allen ihren Teilen hat, muss eine Ausdehnung des Mantels stattgefunden haben, sonst müsste sie wegen des Schwindmasses, welches indes beim Glockengute nur etwa 0,98 Prozent beträgt[1], um ein weniges kleiner sein. Sollte sich der Mantel aber gar gehoben haben, so wird sich ein bedeutend grösseres Gewicht ergeben.

Beim Formen kleinerer Glocken, höchstens bis zu 6 Centner Schwere, bedient man sich noch jetzt zuweilen des vermutlich ursprünglich beim Glockengiessen beobachteten und von Theophilus a. a. O. S. 319 beschriebenen Verfahrens, welches dem des Stückgiessens gleicht. Man nimmt eine Spindel aus Holz oder Eisen und legt sie mit ihren Enden in die Pfannen der Formbank (ein hölzernes Gestell), auf welcher die Spindel wagerecht ruht, die an einem Ende mit einer Handhabe zum Drehen versehen ist.[2] Die Spindel wird zuerst mit Fett bestrichen und dann mit Stroh umwickelt, über welches der Kern aus Lehm gebildet wird, während die Schablone in der gehörigen Entfernung auf der Formbank liegt, wo sie fest genagelt ist; es findet hier also das umgekehrte Verfahren statt, als vorhin: die Form wird gedreht, und die Schablone liegt fest; das Feuer zum Austrocknen befindet sich unterhalb der Form. Sobald die ersten Anlagen zum Mantel gemacht sind, wird die Form von der Spindel gezogen und in die Dammgrube gebracht, um aus freier Hand vollendet zu werden.

- - -

Der thüringische Meister*), in dessen Giesshütte der Dichter im Jahre 1788 sich seine lebendige Anschauung vom Glockengusse verschaffte, wird sicher trockenes Fichtenstammholz gebrannt haben.

    [1] Hartmann, Handb. der Metallgiesserei, S. 7.
    [2] Vergl. die Abbildung bei Biringoccio a. a. O. Fol. 98.

    *) Nach Palleske, Schillers Leben 2, 410 war es in einer Glockengiesserei in der Nähe der Stadt Rudolstadt, nach R. Försters Text zur Schiller-Galerie bei einem Gelbgiesser in Apolda, also wohl bei dem dortigen Meister Ulrich, dessen Firma daselbst noch heute viele Glocken liefert.

Kleinere Glocken bis zu 2 Centner Schwere, wenn es nicht möglich
ist, sie mit mehreren anderen zugleich zu giessen, werden (wie Theophilus
ebenfalls beschreibt) aus Schmelztiegeln gegossen, in denen das Metall in
einem Tiegelofen mit Kohlenfeuer geschmolzen wird. — Kleine Hand- und
Thürglocken werden nach Zinnmodellen in Sand mit den Handgriffen der
Gelbgiessers geformt und in aufrechter oder umgestürzter Stellung gegossen.[1]
— Uhrglocken, Schalen oder Kappen genannt, haben eine sich mehr
oder weniger der Halbkugel annähernde Gestalt, welche die zweckmässigste
zur Erzeugung eines hellen und scharf klingenden Tones sein soll; je nach
ihrer Grösse werden sie beim Formen und Giessen wie die grossen, be-
ziehentlich kleinen Läutglocken verfertigt.[2]

V. Von den Inschriften und Verzierungen der Glocken.

Das Alter der Sitte, die Glocken mit Inschriften zu versehen, lässt
sich nicht nachweisen. Die ältesten Beispiele sind aus dem zwölften Jahrhundert (s. oben S. 89), da aber anderweitig auch viele Glocken ohne Inschriften vorkommen, deren ungewöhnliche Form ein hohes Alter zu ver-
bürgen scheint, so darf man annehmen, dass die seit dem 14. Jahrhundert,
höchstens mit Ausnahme einzelner kleinen Exemplare, bei den Läuteglocken
zur Regel gewordene Sitte früher keineswegs allgemein üblich war. Damit
stimmt auch die Ausdrucksweise des Theophilus überein, wenn er das
Anbringen von Inschriften und Verzierungen dem Belieben des Glockengiessers überlässt[3], er giebt aber die sehr bemerkenswerte technische Anweisung, dass man die Inschriften u. s. w. auf dem nach seiner Vorschrift
aus Talg (oben S. 110) bestehenden Hemd der Form ausgraben solle.
Wenn dies geschah, mussten sich die eingegrabenen Buchstaben nach Heraus-
schmelzen des Talgmodells auf der Innenseite des Mantels erhaben ab-
geformt zeigen und nach dem Gusse der Glocke auf dieser vertieft. Von

---

[1] Karmarsch bei Prechtl a. a. O. S. 105 ff. — Die ältesten Glocken scheinen, beiläufig gesagt, in umgestürzter Stellung gegossen worden zu sein; denn
sonst wäre es nicht möglich gewesen, eine Glocke, zu welcher zu wenig Metall
in den Schmelztiegel war eingesetzt worden, dennoch zu gebrauchen, was zu Fontenelle im achten Jahrhundert geschah. Vergl. Pertz, Mon. Germ. SS. 2, 284.
[2] Rippen zu Schalen s. bei Sprengel a. a. O. S. 68 und Tab. II. Fig. 10
und 12, auch bei Hahn a. a. O. S. 207 f. und Taf. II, Fig. 16, 17.
[3] *„Si quid rari operis voluerit circa latera campanae, florum sive literarum,
in adipe exarabis"* Schedula div. artium, c. 85 (Ilg 1, 321).

vertieften Glockeninschriften sind zwei offenbar sehr alte, und die aus dem
zwölften Jahrhundert stammende technische Anweisung an Alter wohl noch
übertreffende Beispiele nachweislich, auf der bienenkorbförmigen Glocke
in Diesdorf (S. 88, Fig. 4) und auf einer beim Dome zu Merseburg aufbe-
wahrten schlanken Glocke von 0,455 Durchm. und 0,460 Höhe (s. Bau- u.
Kunstdenkm. der Provinz Sachsen 8, 161 u. Fig. 153 u. f.); allein die Inschriften derselben sind angeblich nicht durch den Guss hergestellt, sondern
erst nach demselben eingeschnitten, wie dies auf einer Glocke zu Branderode
(Kr. Querfurt)[1] wohl auch der Fall ist.

Gewöhnlich erscheinen, abgesehen von solchen höchst seltenen Ausnahmen, die Glockeninschriften erhaben, und zwar in derjenigen Schrift-
gattung und Rechtschreibung, welche in der betreffenden Zeit Mode war,
worauf hier nicht näher eingegangen werden kann.[2] Das technische Verfahren war ein zweifaches. 1) Man stellte die Inschrift im Innern des
Mantels her, nachdem derselbe von der Form abgenommen war. Dies
musste von rechts nach links und in verkehrten Zügen, also im Spiegelbilde geschehen, um im Abgusse auf der Glocke richtig zu stehen, und
geschah entweder a) aus freier Hand durch Einkratzen mit einem spitzen
oder stumpfen Griffel, wie nachweislich schon auf der Glocke zu Iggensbach (oben S. 88, Fig. 4) vom J. 1144 und (ausnahmsweise) noch auf einer
Glocke zu Elstertrebnitz bei Pegau von 1409 in Kursivschrift[3], weshalb
die Buchstaben stets einen gratigen (∧) Querschnitt zeigen. Wenn der
Schreiber in dieser Linksschrift nicht geübt war, gravierte er die Schrift
rechtsläufig ein, so dass der Abguss verkehrt ausfallen musste, weshalb
viele ältere Glockeninschriften dieser Art nur im Spiegelbilde lesbar sind,
oder doch von rechts nach links gelesen werden müssen, falls nur die Richtung verfehlt war, während die einzelnen Buchstaben, wie es sein musste,
verkehrt eingraviert waren und auf der Glocke richtig erscheinen. Bei

[1] Nach gütiger Mitteilung des Herrn Bauinspektor G. Sommer in Wernigerode ist diese Inschrift in einer erst seit etwa der Mitte des 14. Jahrhunderts
vereinzelt vorkommenden, erst später herrschend werdenden Gattung der Monu-
mentalschrift, „in sehr undeutlichen kleinen gotischen Minuskeln" hergestellt,
und lautet der Angabe zufolge: „anno dominus erat verbum hoc erat verrum in
inicio erat deus et principio deus erat verbum", welches Kauderwelsch sich wie
eine aus Joh. 1, 1 gebildete Zauberformel ausnimmt

[2] Vergl. in betreff des M. A.: Otte, Handbuch der kirchl. Kunstarchäol.
5. Aufl. 1, 395—411. Vom 11. bis gegen den Ausgang des 14. Jahrhunderts herrschte
die romanische Majuskel und von da ab bis gegen die Mitte des 16. Jahrhunderts
die gitterartige neugotische Minuskel, worauf die modernen Schriftgattungen
folgten.

[3] Vergl. Sommer, im Anz. des Germ. Museums 1867, Sp. 275 ff mit Abbild.

diesem Verfahren wurden gleichlautende Buchstaben oft in verschiedenem Duktus geschrieben, wie es dem Schreiber gerade gefiel. Oder b) durch Eindrücken von erhaben in Holz geschnitzten einzelnen Buchstaben in den auf der für die Inschrift bestimmten Stelle wieder weich gemachten Mantel. Durch diesen gegen Ende des 13. Jahrhunderts zu setzenden Fortschritt[1] gewannen die Inschriften an Regelmässigkeit und Zierlichkeit; die Buchstaben waren oft stilvoll verziert, und gleichlautende erscheinen zwar gewöhnlich in gleichem Muster, doch kommen auch, wenn es der Vorrat an verschiedenen Holzstempeln gestattete, im Geschmacke der Zeit Variationen eines und desselben Buchstabens vor. Zuweilen waren die geschnitzten Buchstaben an den äusseren Rändern mit feinen Rundzäckchen besäumt, zuweilen aber im Viereck umrahmt, und diese Einfassung druckte sich mit ab.[2] Im Abgusse auf der Glocke erscheinen die Buchstaben flach erhaben und von bandartigem Querschnitt. Wenn die Stempel aus Versehen nach rechts laufend neben einander eingedrückt waren, so ist der Abguss nur von rechts nach links lesbar. 2) Nicht viel später fing man an die Inschriften u. s. w. dadurch herzustellen, dass man Wachsmodelle der Buchstaben (mit gesalzener Butter oder mit Terpentin) auf das Hemd klebte, die sich in dem darüber geformten Mantel vertieft abdruckten und beim Ausbrennen der Form herausschmolzen, und zwar macht sich dabei ein zweifaches Verfahren kenntlich. Entweder a) wurden die Wachsmodelle aus freier Hand in leidlich ungeschickter Weise gebildet, oder indem man die Buchstaben zierlicher aus Wachsstockfäden komponierte[3]; seit dem 15. Jahrhundert aber bediente man sich b) dazu der Schablonierung, indem man das Wachs durch eine nass gemachte Holztafel drückte, auf welcher das Alphabet ausgeschnitten war. Stempel und Schablonentafeln vererbten sich zuweilen in den Glockengiesserfamilien durch mehrere Generationen, woraus sich erklärt, wenn z. B. auf Glocken in der Lorenzkirche zu Kalbe a. S. von 1403 und zu Eckendorf (Kreis Kalbe) von 1440 die Inschriften noch in den damals schon ganz unmodernen romanischen Majuskeln ausgeführt sind, oder auf drei Glocken zu Escames (Oise) von 1613 noch im mittelalterlichen Duktus. — In neuester Zeit hat man die auf das Hemd geklebten Wachsmodelle wegen des immerhin nicht ganz sicheren Erfolges

---

[1] Schon die Inschrift auf der zwischen 1283 und 1300 gegossenen Benedikta des Domes zu Merseburg ist ersichtlich in dieser Weise hergestellt, wobei aber der Stempel für den Buchstaben n konsequent verkehrt eingedrückt wurde. Vergl. die Abbild. in Kunstdenkm. der Prov. Sachsen 8, 160, Fig. 151.

[2] Viollet-le-Duc, Dictionn. de l'architect. 3, 285, Fig. 3.

[3] Ebend. S. 284, Fig. 2, von einer 1845 zersprungenen, neuerdings umgegossenen Glocke zu Moissac (Tarn und Garonne) von 1273.

aufgegeben, und hat sich wieder für Handarbeit in dem abgehobenen Mantel
entschieden, in dessen Innenfläche kleine (vertiefte) Holz- oder Messing-
modelle der Buchstaben entsprechend eingeformt werden, um auf der Glocke
selbst erhaben zu erscheinen.

Aus den vorstehenden Bemerkungen geht hervor, dass das Lesen der
aus dem Mittelalter stammenden Inschriften oft mit Schwierigkeiten verbunden ist, welche durch Unzugänglichkeit der Glocken, durch Enge der Glockenstühle und Mangel an Licht noch vermehrt werden. Die besten Resultate
ergiebt in schwierigen Fällen die Anfertigung von Papierabdrücken, da blosse
Abzeichnungen gewöhnlich ungenau sind. Man legt einen Streifen weiches
durchfeuchtetes oder auf der einen Seite genässtes Papier mit der nassen
Seite auf die Inschrift und klopft mit einer dichten Kleiderbürste oder mit
einem trockenen Tuche, welches sparsam mit Graphitpulver bestreut ist, so
lange darauf, bis die Inschrift erhaben und geschwärzt hervortritt.

Verfasser, und so lange die Inschriften und etwaige bildliche Verzierungen freihändig hergestellt wurden, auch Schreiber und Zeichner derselben
waren die Geistlichen und später, als die Inschriften schon längst auf mechanischem Wege hergestellt wurden, zog man zur Anfertigung von bildlichen
Darstellungen zuweilen sogar Maler hinzu. Auf der oben S. 91 erwähnten
Glocke zu Lühnde von 1278 nennt sich unter der dekorativen Hauptinschrift liturgischen Inhalts in einer besondern, kleiner und flüchtiger geschriebenen Zeile mit dem Datum ausser dem Giesser Tiderikus auch der
geistliche Zeichner Hermann[1], und ähnlich auf der ebenfalls (S. 116) schon
angeführten Glocke zu Elstertrebnitz von 1409 der Leipziger Maler Nikolaus Eisenberg als Verfertiger der in den Mantel gravierten bildlichen und
anderen Verzierungen, während die Hauptinschrift über Wachsmodellen geformt war. In Beziehung auf Formschönheit der Buchstaben und Verzierungen blieben die Glockengiesser stets von den Verfertigern der Modelle
abhängig, und in Beziehung auf Korrektheit waren sie sicherlich weniger auf
eigene Schulkenntnisse als auf die Richtigkeit der gegebenen Vorschrift und
gewissenhafte Befolgung derselben angewiesen; wenn letzteres nicht der Fall
war, konnten mancherlei Fehler nicht ausbleiben, und die Inschriften wurden dadurch zuweilen bis zur Rätselhaftigkeit entstellt.[2] Lateinisch dürften

---

[1] Die historische Inschrift lautet: *Anno domini MCCLXXVIII me fudit
Tidericus VI. K. Novembris et me pinxit Hermannus plebanus.*

[2] Einem wackeren Meister der Neuzeit war aufgegeben worden, eine Glocke
für eine Dorfkirche zu giessen und mit dem Taufnamen der Frau Kirchenpatronin
ALBERTINA in grossen Buchstaben zu schmücken; leider verstellte er die Buchstaben, und es stand zu seinem Schrecken LABERTINA auf der fertigen Glocke.

die ehrenwerten Meister wenig oder gar nicht verstanden haben, und wenn
sie überhaupt schreiben gelernt hatten, so war es mit ihrer Orthographie
in der Muttersprache selbst bis in neuere Zeit oft nicht allzuweit her. Wenn
z. B. auf einer Glocke zu Gross-Lübars bei Loburg von 1447 sinnlos
„*Duml.rahor*“ steht statt „*Dum.trahor*“, so ist das erklärlich, weniger aber,
wenn der in seinem Fache ausgezeichnete J. G. Weinhold auf einer Glocke
zu Altenberg i. S. vom J. 1761 mit der lateinischen Inschrift „*Verbum
Domini manet*“ seinen eigenen Amtstitel „*Giesserei Insheeder in Dresden*“
schrieb. Es gab solche Glockeninschriften, die im Mittelalter aus verschiedenen, zum Teil abergläubischen Gründen allgemeine Beliebtheit und weite
Verbreitung fanden, diese und allerlei Handwerkssprüche hatten die Glockengiesser in ihrem zur Auswahl gestellten Vorrate, Originalinschriften dagegen
wurden, wie es auch noch gegenwärtig geschieht, von der Geistlichkeit ver-
fasst oder von den Donatoren bestimmt und sind Zeugnisse von den religiösen Vorstellungen, dem Volksglauben und dem poetischen Geschmacke
der betreffenden Zeit.

Die mittelalterlichen Glockeninschriften sind bis ins 14. Jahrhundert
nur in la te i nischer Sprache abgefasst; etwa von der Mitte dieses Jahrhunderts an kommen auch Inschriften in den betreffenden Landessprachen
vor. Zu den ältesten datierten de u tschen Majuskelinschriften gehören die
Inschrift: *O Maria, gotes celle, hab in huot, was ich uber schelle. Anno
domini MCCCVI*, auf einer Glocke zu Ersingen in Württemberg, und die
auf zwei (im Jahre 1851 umgegossenen) Glocken zu Multzig im Elsass befindlich gewesenen; auf der grösseren: *In . sante . Mauricien . Ere . so . lute .
ich . gar . sere . Meister . Andres . von . Kolmar . mathe . mich . Anno . Dni .
M . CCC . II . Amen.* Auf der andern, ersichtlich von demselben Meister
gegossenen: *Gont . har . in . ze . Messe . das . Got . iver . niemer . fir . gesse .
Amen. Ave Maria.* — Eine der ältesten datierten fra n zösischen Inschriften auf einer Glocke des Domes von Beauvais lautet: *L'an MCCCXLIX
Guillaume Bertren Eresque de Biaures me fit faire.* — In S c h w e d e n,
wo schwedische, dänische und niederdeutsche Inschriften vorkommen, befindet
sich zu Sätuna in der Marienkirche eine aus Ru s s l a n d stammende Glocke
des 15. Jahrhunderts mit slavischer Inschrift, die geschichtliche Notizen enthält. — Zuweilen findet sich auch H e b rä i s c h e s auf den Glocken, im
Mittelalter in lateinischer Schrift biblische und kabbalistische Gottesnamen
talismanischer Art, später als Zeichen pastoraler Gelahrtheit ausser dem Na-

---

Er feilte nun das L ab, so dass *Abertina* übrig blieb, was ihm nicht ganz so
schlimm erschien, aber dennoch den Archäologen der Zukunft ein Rätsel aufgiebt.
Ähnliches mag öfter vorgekommen sein.

men Jehovah hier und da ganze Psalmenverse in hebräischer Quadratschrift,
wie z. B. auf einer von den Gebr. Möhringk in Erfurt 1593 gegossenen
Glocke zu Gross-Korbetha bei Weissenfels Ps. 150, V. 1 und 5 und, da
diese Giesserfamilie die hebräischen Schablonen einmal besass, auf einer
Glocke der Andreaskirche zu Eisleben von Melchior Möhringk 1602 aus
Neigung zur Geheimniskrämerei wiederholt. — Wenn auf einer Glocke der
genannten Kirche mit d e u t s c h e n Inschriften aus dem Jahre 1815 der
Halberstädter Giesser unten am Rande in f r a n z ö s i s c h e r Sprache hinzugefügt hat „*Exécuté par Guillaume Engelcke*", so wollte er dadurch seine
höhere Bildung bekunden, was als Kuriosum bemerkt sein mag.

Die Inschriften stehen gewöhnlich entweder rund um den Hals (s. oben
S. 110), oder seltener um den Kranz der Glocken; sehr selten wohl auch
oben auf der Platte (wie auf einer Glocke der Katharinenkirche zu Brandenburg von 1345 und auf der grössten der drei kleinen Glocken der Klosterkirche von Zinna bei Jüterbogk von 1491) oder gar auf der inneren Fläche
der Glocken (wie in einer Glocke der Nikolaikirche von Jüterbogk einige
unlesbare Worte eingekritzelt sind). Der Anfangspunkt zwischen dem ersten
und letzten Worte der ringsumlaufenden Inschriften wurde im Mittelalter
regelmässig durch ein gleicharmiges + (einfach oder verziert) bezeichnet,
im 17. Jahrhundert in evangelischen Landen, wohl um jeden katholisierenden
Schein zu vermeiden, zuweilen durch eine weisende Hand ☞. Wenn es
der Raum gestattete, wurden die einzelnen Wörter durch Punkte oder andere
konventionelle Zeichen von einander getrennt, und bei undatierten anonymen
Glocken ist die vergleichende Beachtung der Worttrennungszeichen oft von
Nutzen zur Bestimmung der Entstehungszeit und des Giessers einer Glocke.
Wir geben auf Taf. II eine Zusammenstellung solcher Trennungszeichen von
mittelalterlichen Glocken aus der Provinz Sachsen und fügen zur Erläuterung derselben hinzu: 1) ein runder Punkt, als senkrechter Eindruck der
Griffelspitze in den Formmantel (oben S. 116 1a), nachgewiesen auf Glocken
in allen Gegenden Deutschlands u. s. w. von 1144—1336; auf der Glocke
in St. Peter zu Aachen von 1261 ist das Trennungszeichen ein Doppel-
punkt (:), in den späteren, schablonierten Inschriften (oben S. 117 2b) sind
die trennenden Punkte viereckig. — 2) Vorzugsweise in Majuskelinschriften,
z. B. auf einer Glocke der Oberpfarrkirche in Wernigerode von 1297, kommt
aber auch bei Minuskeln des 16. Jahrhunderts vor. — 3) Auf einer Glocke
in St. Blasien zu Mühlhausen i. Th. von 1281 und sonst oft in Majuskelinschriften des 14. Jahrhunderts. — 4) Auf einer Glocke der ehemaligen
Klosterkirche zu Weissenfels, Majuskeln, bandartig ohne Datum. — 5) Zu
Gatterstädt bei Querfurt auf einer Glocke mit undatierter Majuskelschrift. —
6) Zu Elstertrebnitz bei Pegau 1409. — 7) Zu Gross - Bodungen (Kreis

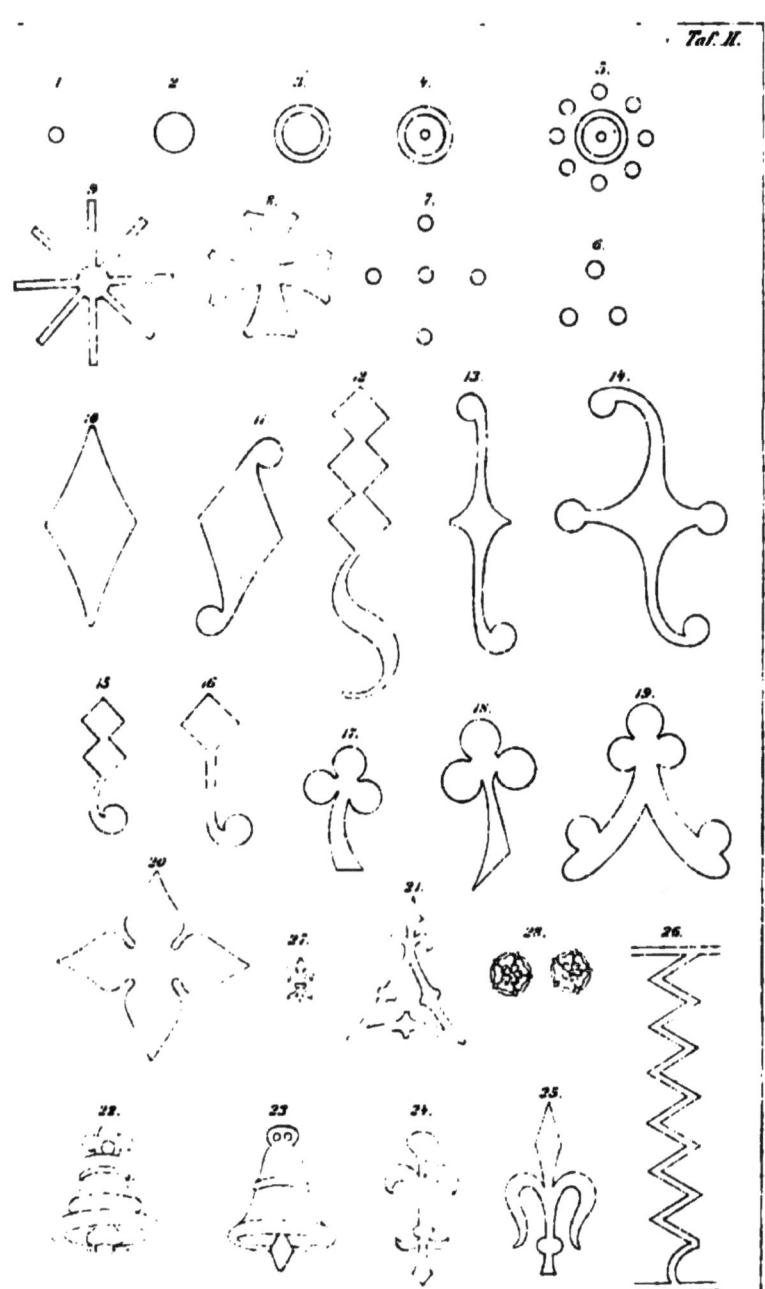

Worbis) 1383. — 8) Auf Glocken von 1444—1517. — 9) Zu Alterstädt (Kr. Langensalza) 1482. — 10) Auf Glocken von 1440—1535. — 11) Auf einer Glocke mit Minuskelinschrift zu Eisdorf (Mansf. Seekreis). — 12) Zu Veckenstädt bei Wernigerode 1465. — 13) Auf Glocken von Hans Rese 1505—1520, von Pantaleon Sydler 1517; aber auch noch auf einer Glocke mit Antiquaschrift von 1561. — 14) Zu Gross-Görschen bei Lützen 1477. — 15) Zu Leisling bei Weissenfels 1445. — 16) Zu Kirchheilingen bei Thamsbrück 1477. — 17 und 18) Auf Glocken der Stephanskirche zu Osterwieck von 1339 und in St. Ägidien zu Heiligenstadt von 1370. — 19) Zu Tinz bei Gera 1456. — 20) Auf Glocken mit nicht datierter Majuskelinschrift in der Michaeliskirche zu Zeitz und in Droyssig. — 21) Zu Gross-Pörten bei Zeitz 1403. — 22) Auf undatierten Glocken mit Majuskeln zu Unternessa bei Weissenfels und zu Eisdorf bei Lützen. — 23) Mit Rosetten wechselnd, auf einer Glocke zu Unterwerschen bei Teuchern mit schöner Majuskelschrift. — 24) Zu Werben bei Weissenfels auf einer Glocke mit Minuskeln. — 25) In Gross-Pörten mit Nr. 21 wechselnd. — 26) Auf Glocken mit alten gratigen Majuskeln in der Stephanskirche zu Aschersleben, zu Gnölbig bei Alsleben a. S. und zu Wippra (Mansfelder Gebirgskreis). — Die Zeichen 1—26 sind in wirklicher Grösse (nach Zeichnung des Herrn Bauinspektor G. Sommer) dargestellt, 27 und 28, die abwechselnd auf der grossen Glocke zu Erfurt von 1497 vorkommen, auf $1/5$ verkleinert (nach v. Tettau a. a. O. Taf. II).

Nach der Mitte des 16. Jahrhunderts wurde es üblich, oft die ganze Fläche der Glocke mit Inschriften zu bedecken, die eben so weitschweifig und abgeschmackt sind, als die mittelalterlichen grösstenteils kurz, kraftvoll, wohlklingend und schön waren. Die alten Glockeninschriften sind oft in gereimten Hexametern, selten in anderen antiken Versmassen abgefasst. Ihrem Inhalte nach zerfallen die Glockeninschriften in folgende Klassen:

1. Gebetsformeln, Bibelsprüche, Namen einzelner Heiligen und magische Zeichen, durch welche man die Kraft der geweihten Glocken zu verstärken meinte. Die beiden Inschriften, die wir, weil sie vertieft und in sehr alten Schriftzügen hergestellt sind (oben S. 116), als die ältesten bekannten ansehen dürfen, enthalten ein einfaches Votum; in Diesdorf: *In honore Scc. Trinitatis in ae. e.*, in Merseburg: *In nomine Domini. Amen.* — Unter den Gebetsformeln ist die schon im 13. Jahrhundert (z. B. zu Freiburg im Breisgau, datiert von 1258, 1281 und 1300) vorkommende, aber erst im 15. Jahrhundert sehr häufige Anrufung: *O rex gloriae Christe veni cum pace* (auf französischen Glocken gewöhnlich: *Christus rex venit in pace*, und auch in Deutschland später mit allerlei kleinen Varianten) in so auffälliger Weise verbreitet, dass sie, besonders in manchen Gegenden, nicht nur auf

den meisten mittelalterlichen Glocken steht, sondern selbst in evangelischen
Ländern noch nach der Reformationszeit vorkommt, z. B. zu Golzow bei
Lehnin 1603 und zu Lützow bei Angermünde 1721. Der Ursprung derselben scheint unbekannt; man schrieb das prophetische Selbstläuten der
Glocke von Velilla in Spanien der Kraft dieser Inschrift zu, die man aus
den sibyllinischen Büchern herleitete.[1] Jedenfalls steht sie mit dem Gebrauche der Betglocke, dem bekannten Pro pace schlagen (siehe oben S. 36
und 39), in Beziehung, verdankt aber wohl ihre weite Verbreitung dem
Volksglauben an eine ihr einwohnende besondere magische Kraft, woraus
sich auch ihre vielmalige Wiederholung auf einer Glocke vom Anfange des
15. Jahrhunderts im Neograder Komitat[2] erklärt, deren ganze Oberfläche
damit bedeckt ist.   In Sachsen kommt sie auch in deutscher Übertragung
vor: *konig der eren cum uns yn frid und si uns gnedig*. — Statt an
den König der Ehren richtete sich eine der ältesten deutschen Majuskelinschriften an die Himmelskönigin; sie lautete auf einer beim Brande des
Sixtiturmes in Merseburg 1845 geschmolzenen Glocke: *O Maria, cum ezu
trosthe unde ezu gnaden allen den, di da han Christi nam*, wie ähnlich
auch der oben S. 119 erwähnte Spruch auf der Glocke zu Ersingen von 1306. —
Sehr häufig ist im Mittelalter auch die, später nur noch von den Katholiken gebrauchte, ohne Zweifel mit dem Ave-Marialäuten (siehe oben S. 39)
in Verbindung stehende, jedoch zu Helfta bei Eisleben schon 1234 nachgewiesene Formel des englischen Grusses (Lucas 1, 28), gewöhnlich nur
in den sieben Anfangsworten desselben: *Ave Maria gratia plena Dominus
tecum*, auch zuweilen deutsch (z. B. zu Altheim bei Ulm noch in Majuskeln):
Ave Maria gruest siest du Maria, oder öfter nur akgekürzt: *Ave Maria
gruest*, in Minuskeln, oder in weiterer poetischen Ausführung, z. B. in der
Marienkirche zu Greifswald auf der grossen Glocke von 1418:

Ave regina celorum, mater regis angelorum,
O Maria flos virginum, velud rosa vel lilium,
Funde preces ad filium, pro salute fidelium.
O rex glorie, veni cum pace.

Mehrfach vertreten in der Majuskelzeit findet sich das Feldgeschrei des christlichen Heeres unter König Philipp I. bei einem Siege über die Sarazenen:
Christus vincit, Christus regnat, Christus imperat (Variante: *vivificat*), eine
auf französischen Münzen noch im 15. Jahrhundert gebräuchliche Le-

[1] Vergl. Mersenne, Harmonie universelle 7, 46. — In den Oracula Sibyllina
(cura Alexandre lib. 3, v. 652) kommen folgende Verse vor:
Καὶ τότ' ἀπ' ἠελίοιο Θεὸς πέμψει βασιλῆα
Ὃς πᾶσαν γαῖαν παύσει πολέμοιο κακοῖο.
[2] Mitteil. der k. k. Central-Kommission 1856, S. 64.

geude.[1] — Klangvoll uud würdig ist die schöne Bitte: *Dei agne, Jesu magne, tu dignare nos salvare, amen id est fiat*, welche in dieser Vollständigkeit in gratigen Majuskeln auf der Sonntagsglocke der Nikolaikirche zu Jüterbogk, anderwärts nur bruchstücksweise nachgewiesen ist. Wie diese, bezieht sich auch die Inschrift: *Agnus dei, qui tollis peccata mundi, miserere nobis*, deutlich auf den Gebrauch als Messglocke. — Verwandt erscheint die ebenfalls öfter in Majuskeln vorkommende Formel: *Vas, deus, hoc signa, plebs salva sit, aura benigna*, in welcher das „*salva*" (wie vorher das „*nos salvare*" und „*miserere*") iudes weniger auf das geistige, als auf das leibliche Heil und Wohl des Volkes bezogen worden sein mag, was auch auf einer Glocke zu Siessenbach bei Regensburg von 1478 deutlich ausgesprochen ist: *Ubi campana resonat, sint omnia sana*.[2] — Der weitesten Verbreitung in Italien erfreute sich die auch in der Schweiz und in England nachgewiesene, der von den Engeln gestellten Grabschrift der heiligen Agatha entnommene (nur durch Ergänzung einen Sinn gebende) Inschrift: *Mentem sanctam spontaneam, honorem deo et patriae liberationem;* und zwar um deswillen, weil die Einwohner von Catanea bei wiederholten Ausbrüchen des Ätna der Gefahr dadurch ein Ziel setzten, dass sie das den Sarkophag der Heiligen verhüllende Tuch eilends herbeiholten und vor dem verheerenden Glutstrome ausbreiteten, welcher dadurch erlosch.[3] — Von der auf einer Glocke im Kanton Thurgau stehenden Inschrift (in Majuskeln): *Cirillus eps. p. in Alexandria positus fugat sagittas tonitrui*. erwartete man die beste Wirkung gegen den Blitz.[4] — Wenn auf einer Glocke der Magdalenenkirche zu Genf von 1486 aus Lukas 4, 30 anscheinend unerklärlicher Weise die Inschrift steht: *Jesus autem transiens per medium illorum ibat*, so ist das dieselbe Bibelstelle, die sich auf Talismanen findet, denen man die Kraft

---

[1] Le Blanc, Traité hist. des monnoyes de France, p. 154, angeführt von Mithoff, Kunstdenkm. im Hannoverschen 2, 22. Auf einer undatierten Glocke mit Majuskelinschrift zu Dettingen bei Metzingen (Württemberg) ist der Spruch in folgender Weise mit den Evangelistennamen kombiniert: *S. Lucas : Xrs. vincit : Marcus : Xps. regnat : S. Matheus : Xps. imperat : S. Johannes.*

[2] Noch zu Luthers Zeiten stand das Cyriaxglöcklein des Klosters Wimmelburg bei Eisleben in dem Rufe, dass durch das Anhören seines Klanges Kranke und namentlich Besessene geheilt würden, weshalb täglich eine grosse Anzahl Leidender sich auf den umliegenden Höhen lagerte, um der Heilwirkungen des Vespergeläutes teilhaftig zu werden. Diese Glocke hat bei einem Brande des Jahres 1680 ihren Untergang gefunden. Vergl. Grössler, in der Zeitschr. des Harzvereins IX, 36 und oben S. 45, Nr. 3.

[3] Rocca, de campanis im Thesaurus etc. 1, 166. Vergl. Petrus de Natalibus, Catalogus Sanctorum lib. III, c. 84.

[4] Anzeiger des German. Museums 1864, Sp. 215.

zuschrieb den Träger unsichtbar zu machen und ihn dadurch vor Verfolgern zu retten.[1] Als ebenfalls für magisch wirksam gehalten ist auch die auf der schon erwähnten Glocke zu Helfta von 1234 befindliche zweite Inschrift zu erklären, die auch mehrfach anderswo in der Majuskelzeit vorkommt: *Titulus triumfalis Jesus Nazarenus Rex Judaeorum* (noch 1586 in Kaisheim, und zwar mit dem ausdrücklichen Zusatze: *defende nos ab omnibus malis*). — Unter den Bibelsprüchen sind Johannes 1, 1 und 1, 14 die häufigsten und auch sonst als zauberkräftig gegen die Dämonen gebräuchlich. Dasselbe gilt von den Namen der heiligen drei Könige: *Caspar, Melchior, Balthasar,* der sogenannten „Wetterherren", welche in verschiedenen alten Zauberformeln wiederkehren[2]; ferner die Namen der vier Evangelisten *Matthaeus, Marcus, Lucas, Johannes,* die auf einer Glocke zu Stedten bei Schraplau aus der Zeit gegen 1300 in dem reimlosen, und darum wohl sehr alten Distichon:

Matthaeum signat vir, bos Lucam, Leo Marcum,
Ales discipulum, qui super corde fuit

in Beziehung zu ihren mystischen Symbolen gesetzt erscheinen. — Ähnliche magische Beziehungen sind anzunehmen bei den Zusammenstellungen verschiedener Gebetsanfänge, wie z. B. zu Unter-Nessa bei Weissenfels in Majuskeln: *Maria Gotis. Osanna in excelsis. Benedictus,* oder von hebräischen Gottesnamen ohne Zusammenhang, wie zu Hartmannsweiler im Elsass: *Ely. Eloy. Eloyon. Sabaot. Emanuel. Adonay. Tetragrammaton. Loth. Nora. Margaryta. Yassaday.* — Zu den mystischen Formeln und Zeichen gehören das apokalyptische A und Ω (als Anfang und Ende der ringsum laufenden Inschrift, von 1234 datiert zu Helfta; isoliert an gegenüberliegenden Stellen der Glocke schon früher auf der Clinsa des Domes zu Merseburg; auf zwei Glocken verteilt zu Gr.-Tessin bei Warin), der häufig, aber ebenfalls nur in der Majuskelzeit vorkommende kabbalistische Feuersegen AGLA[3], die Namenschiffern IHS (Jesus), XPS (Christus), M (Maria), das (auf die Löschung des Feuers zu beziehende) *Consummatum est* aus Johannes 19, 13, das *Tetragrammaton* (die mystische Bezeichnung des aus vier hebräischen Buchstaben bestehenden Namens Jehovah) und als unbewusste Erinnerung hieran noch auf Glocken evangelischer Giesser des 18. Jahrhunderts dieser Name in hebräischen Lettern יהוה. — Kurze Anrufungen, wie *Hilf Gott, Maria berath,* oder die besonders verehrter Heiligen, namentlich der Schutzpatrone mit dem Zusatze *ora pro nobis,* deutsch *bitte für uns,* werden erst seit dem 15. und 16. Jahrhundert häufig. Seit der Reformationszeit

---

[1] Blavignac a. a. O. S. 382.
[2] Mone, Anzeiger u. s. w. 2, 62 und 3, 377.
[3] Otte, Kunstarchäologie 1, 400 und 410.

macht sich bei den Evangelischen das konfessionelle Element im Preise
des göttlichen Wortes vorzugsweise geltend; am häufigsten ist, namentlich
in Sachsen die Devise Friedrichs des Weisen aus Jesaias 40: *Verbum
Domini manet in aeternum*, oder nur die Initialen dieser 5 Wörter, welche
die Nachfolger dieses Kurfürsten bis ins 17. Jahrhundert selbst in die
Livreen ihrer Dienerschaft einsticken liessen: V. D. M. I. Æ; deutsch: *Gottes
Wort bleibt ewig* (1702). — *Gottes Wort und Luthers Lehr vergehet nun
und nimmermehr* (1698). — *Vor Pabstes Lehr, Abgötterei behüt uns Herr
und mach uns frei* (Neustadt in Sachsen 1718). — *Erhalt uns Wort und
Sakrament, o Jesu, bis an unser End* (1744). — *Ein feste Burg ist unser
Gott* (1817, 1883). — Das Hauptdogma des evangelischen Bekenntnisses
ist in theologisierender Form ausgesprochen auf einer Glocke zu Briest bei
Passow von 1844: *Sola, quam Augustana profitetur, fides in Jesum Christum,
Dei filium, salvatorem justificat.* — Beiden Kirchen gemeinsam erscheinen:
Die besonders im 16.—18. Jahrhundert sehr häufige Doxologie: *Soli Deo
gloria*, der Psalmenspruch: *Laudate Dominum in cymbalis bene sonantibus*
(1538, 1614). — *Te Deum laudamus.* — *Non confundar in aeternum.* —
Ehre sei Gott in der Höhe u. s. w. (1615). — *Alles was Odem hat, lobe
den Herrn* (1659, 1787, 1825). — *Gott gieb Fried in allen Landen* (1619,
1812). — Spezifisch katholisch sind die meist in lateinischer Sprache ab-
gefassten Inschriften zum Preise der heiligen Jungfrau, die in der Zeit der
Humanisten mehr heidnisch als christlich anklangen, z. B. in einem Distichon
auf der Marienglocke des Münsters zu Aachen von 1535:

Vox mihi dulcis erat, dulci famulaberis inquit
Nymphae, quam referes nomine voce tuo.

Daneben dauern die magischen Formeln fort; nicht bloss, dass auf einer
Glocke zu Dinkelscherben (Regierungs-Bezirk Schwaben) von 1579 die uralte
griechische Doxologie steht: *Hagios o theos, hagios ischyros, hagios athanatos eleyson ymas et libera nos a grandine*, sondern dieselbe erscheint
sogar noch 1750 zu Mering (Regierungs-Bezirk Oberbayern): *Agios + o
Theos + ischyros + athanatos*, hier jedoch mit beigefügter lateinischen
Übersetzung, und zu Otmaring bei Friedberg in Bayern 1743 der formulierte
Bannspruch: *In virtute sanguinis incarnati et in essentia patris aeterni et
in virtute spiritus sancti discedite a territorio nostro spiritus maledicti in
n. P. et F. et Spir. S.* — Seit dem 18. Jahrhundert finden sich örtliche
und persönliche Beziehungen in den Gebetswünschen; bei den Katholiken,
z. B. in Eversberg (Kreis Meschede) 1771: *Diese Glocke sei ein Wehr
gegen alle Feuersgefahr, vor der Höllen Glut bewahr, Agatha in deiner
Ehr deine Kinder insgemein, die zum Eversberge sein*, oder zu Hagen 1789:
Vaterland und Hagen sei von den Unglücksplagen frei; bei den Evangeli-

schen, z. B. zu Schönebeck (Kreis Niederbarnim) auf einer Glocke von 1722: *Höchster, schicke deinen Segen, auf die, so gesorgt für mich, dass sie gehn auf deinen Wegen, weil sie sehr bemühet sich, dass ich glücklich bin gegossen, mache sie zu Hausgenossen deines Reiches zu der Zeit, wann angeht die Ewigkeit*, oder auf Dorfkirchenglocken aus den ersten Jahrzehnten des 19. Jahrhunderts in der Provinz Sachsen nicht selten: *Gott segne und erhalte die Gemeinde N.*

2. Inschriften, welche sich auf die Bestimmung der Glocken beziehen, und worin letztere redend eingeführt werden, meist in Versen. Die Einladung zum Gottesdienste: *Vox mea, vox vitae; voco vos ad sacra, venite* (schon in Majuskeln), mit den Varianten: *Vox ego sum vitae etc.; Dum trahor, audite etc.; Vox ego vox vitae voco vos orare venite;* oder deutsch: *Wer got soge, der cume wen ic rophe.* Häufiger ist die Beziehung auf die Vertreibung der Dämonen und bösen Wetter durch die Sturmglocke: *Consona campana depellat singula vana* (Variante: *Aes hacc campana etc.),* auch: *Dum sonat hoc signum, fugiat procul omne malignum,* oder: *Sit tempestatum per me genus omne fugatum;* zu Lösteren bei Giessen auch mit Einmischung des mittelalterlichen Humors: *Est mea vox bam bam, potens repellere Satan.* Am häufigsten jedoch die Zusammenfassung der Gesamtbestimmung der Glocken, zuerst nachgewiesen auf einer Glocke in St. Georg zu Hagenau von 1268: *Coetum voco, nuncio festa, pando fori gesta, produco funera moesta,* oder zu Lühnde bei Hildesheim 1278: *Signo dies festos, fleo defunctos, voco vivos,* und seit dem 14. Jahrhundert in den schon von **Johann Gerson** (Tract. I de canticis. Opp. III. 2, 628) erwähnten leoninischen Hexametern:

Laudo deum verum, plebem voco, congrego clerum
Defunctos ploro, pestem fugo, festa decoro

mit sehr vielen Varianten, z. B. *Sabbata pango, funera plango, noxia frango; excito lentos, paco cruentos, dissipo ventos; nuncio festa, metum, nova quaedam, flebile lethum; defunctos ploro, nimbum fugo, festaque honoro; daemones ango cordaque tango, funera plango; humilia pango festaque clango, fulmina frango.* Der auf einer Glocke zu Harsewinkel bei Gütersloh von 1354 stehende Vers: *Funera deplango, plebem voco, fulgura frango,* erscheint 1398 zu Bleicherode im Harz mit der Variante: *Defunctos plango, vivos voco etc.* und mit Zerstörung des Versmasses in logischer Umstellung auf der grossen Glocke des Münsters zu Schaffhausen von 1486 in der von **Schiller** als Motto zu dem Liede von der Glocke gewählten Form: *Vivos voco, mortuos plango, funera frango.*[1] Auf einer Glocke der Nikolaikirche

[1] Von der weiten Verbreitung dieser Verse zeugt die Zusammenstellung der-

zu Leipzig von 1634 ist das dem protestantischen Gefühle Anstössige entfernt und ein regelrechtes Distichon hergestellt:

Laudo deum verum, plebem voco, congrego clerum
Luctus doque tonum laetitiaeque sonum.

Doch ging man anderseits auch zur Polemik und selbst bis zur Negation
über. So stand auf der grossen Glocke der Frauenkirche zu Jüterbogk
von 1697:

Mir gilt nicht Weyh noch Tauf, ein antichristisch Zeichen,
Doch soll mein heller Klang zum Gottesdienst gereichen u. s. w.

Gott lass mich allezeit zu seiner Ehre schallen
Und ja nicht wiederum in alten Missbrauch fallen,
Bis dass der Tag des Herrn erscheinet zum Gericht
Und mit dem letzten Knall die Welt in Stücken bricht u. s. w. [1]

selben in einer zu London unter dem Titel „a Helpe to Discourse" 1633 erschienenen Abhandlung (vergl. Penny-Cyklopaedia 4, 188):

En ego campana, nunquam denuntio vana,
Laudo deum verum, plebem voco, congrego clerum,
Defunctos plango, vivos voco, fulmina frango,
Vox mea, vox vitae, voco vos ad sacra venite.
Sanctos collaudo, tonitrua fugo, funera claudo,
Funera plango, fulgura frango, sabbata pango,
Excito lentos, dissipo ventos, paco cruentos.

Verdeutschungen verschiedener Art finden sich in spätmittelalterlichen Handwerks-
sprüchen der Glockengiesser, z. B. in St. Gotthard zu Brandenburg 1456:

Mi heft ghegaten meister Hennigk van Peine,
De doden bewene ik grot unde cleine,
De levendeghen rope ik to gades denste unde eren
Blixem donre helpe ik afkeren.

Am häufigsten eingekleidet in die Form: *Nn.* (Taufname der Glocke) *heiss' ich,
die hochzeitlichen Fest, die beläut' ich, die bösen Wetter (all quoit) vertreib' ich,
die Todten bewein' ich, die Lebenden ruf ich, Nn., der goss mich.*

[1] Diese am Friedensfeste 1871 gesprungene Glocke wurde 1872 umgegossen
und hat jetzt folgende, von dem damaligen Pfarrer Hermes verfasste Inschrift:

Zu römschem Missbrauch erst gezwungen
Hab' ich mit Freuden Dank gesungen
Zum auferstandnen Gotteswort,
Das bleibe dieses Volkes Hort!
Als Gottes Hand uns Fried' errungen
Nach langem Kampf, vor Freud' gesprungen
Ist mir da Erz und Mund zugleich
Im auferstandnen Deutschen Reich.
Da hat der Dank das Volk gedrungen,
Die Alten gaben und die Jungen,
Nun rufe ich mit neuen Zungen:
Dass bald erstehe Gottes Reich!

und auf mehreren von Hiering zu Leipzig um die Mitte des 18. Jahrhunderts gegossenen Glocken in dortiger Gegend:

> *Ich bin ja nicht getauft, vertreibe keine Noth,*
> *Kein Wetter, keinen Geist, ich ruf euch nur zu Gott,*
> *Zu seinem heilgen Wort, zum Beten und zum Grabe,*
> *Wie wohl von Allem dem ich kein Erkänntniss habe.*
> *Seid, Christen, nicht wie ich; ich thue, was ich kann,*
> *Denkt ihr an euern Tod, ruft Gott von Herzen an.*

Noch schärfer, aber lateinisch, bei den Reformierten, z. B. in Schaffhausen
1604:

> *Zelo fusa bono campanis priscis consono*
> *Fulgura non frango nec plango morte peremtos.*

Oder auf einer Glocke des Münsters zu Bern von 1611:

> *Dicorum ranis servivi cultibus olim*
> *Scilicet sic voluit coeca superstitio,*
> *At nunc, Christe, tuo servire unius honori*
> *Vera fides, pietas religioque jubent.*

Zu Kreischa bei Dippoldiswalde steht 1672 anscheinend eine Stelle aus einer
Glockenpredigt: *Gleichwie die Glocken fein zusammen stimmen, also soll
auch unser Leben mit Gottes Wort übereinstimmen und eine feine Har-
moniam mit demselben machen. Qui per campanarum pulsum excitare se
non patiuntur ad peragenda sacra, mulis et equis sunt stolidiores.* — Bei
den Katholiken erscheint im 18. Jahrhundert die Huldigung der Jungfrau
Maria als neues Geschäft der Glocken an erster Stelle, wenn es z. B. 1706
zu Kissing bei Augsburg heisst:

> *Virgini are dico, propulso fulmina, functis .*
> *Moesta sono, vivos ad pia sacra voco.*

Anderseits fand man an heidnischer Auffärbung Geschmack, z. B. 1773
zu Nassenbeuern bei Mindelheim in dem Distichon:

> *Aes sum sacratum, dum coeli fulgura pello,*
> *Martem, Vulcanum, funera, festa cano.*

Bei den Protestanten mit lehrhafter Einleitung, 1722 zu Etzin im Havellande:

> *Finem usumque campanarum sequentes comprehendunt versus:*
> *Laudo deum verum, clerum voco, convoco plebem,*
> *Errantes revoco, fleo funera, festa decoro,*
> *Ad res divinas cunctis pia classica cano.*

Zur Zeit des ästhetisierenden Rationalismus wurden dann Schillers: *Nur
ewigen und ernsten Dingen sei mein metallner Mund geweiht,* oder: *Zur
Eintracht, zu herzinnigem Vereine versammle sie die liebende Gemeine,* oft
als Glockeninschriften gewählt, bis man in der Zeit des neuerwachten kirchlichen Bewusstseins auf passende Bibelsprüche zurückging; z. B. *Kommt;*

es ist alles bereit. — Höret meine Stimme. — Kommt vor den Herrn und betet ihn an. — O Land, Land, Land, höre des Herrn Wort. — Die drei Glocken der 1846—1850 erbauten Petrikirche zu Berlin sind mit folgenden Inschriften versehen: Auf der grossen steht: *Rufet mit voller Stimme, sammelt euch;* auf der mittleren: *Preiset mit mir den Herrn und lasset uns einander seinen Namen erheben;* auf der dritten: *Höret, ihr Weisen, meine Rede und ihr Verständigen merket auf mich.* Ausser Bibelsprüchen und Strophen geeigneter geistlichen Lieder sind kurze volkstümliche Sinn-sprüche kirchlichen Charakters auch den besten, erst gemachten längeren poetischen Inschriften entschieden vorzuziehen. Zur Auswahl dürften sich empfehlen: *Meine Zeit in Unruhe, meine Hoffnung in Gott* (Wahlspruch König Friedrich Wilhelms III.). — *Ich und mein Haus, wir wollen dem Herrn dienen* (Wahlspruch Friedrich Wilhelms IV.). — *Ach, bleib mit deiner Gnade bei uns, Herr Jesu Christ, dass uns hinfort nicht schade des bösen Feindes List* (Trostlied des zuletzt genannten Königs in seiner letz-ten Krankheit).[1] — *Jesus, meine Zuversicht* (vergl. oben S. 26). — *Was Gott thut, das ist wohlgethan* (Lieblingslied Friedrich Wilhelms III.). — *Ich habe nun den Grund gefunden, der meinen Anker ewig hält* (Lieb-lingslied der Prinzessin Wilhelm von Preussen, † 1846). — *Wachet auf, ruft uns die Stimme der Wächter sehr hoch auf der Zinne.* — *Kommt und lasst euch Jesum lehren.* — *Lobt Gott, ihr Christen alle gleich, in seinem höchsten Thron* u. a. m. — Die drei 1877 gegossenen Glocken der Johanneskirche in Dresden haben die Inschriften: 1. *Gottes Stimme bin ich an die Kinder der Zeit, kommet her zu mir, es ist alles bereit. 2. Als in der Mitte, trage ich Dank und Bitte aus der Menschen Chor zu Gott empor. 3. Die kleinste im Bunde, regiere ich mit hellem Munde die flüch-tige Stunde.* — Von den beiden, 1883 gegossenen neuen Glocken der Luisen-kirche in Charlottenburg trägt die eine das Reliefporträt des Kaisers Wil-helm und dessen Wahlspruch: *Im Glauben ist die Liebe und die Hoffnung,* die andere grössere das Porträt der Königin Luise und deren Wahlspruch: *Wie der Herr gewollt, also ist es geschehen.*

Ausser den vorstehend besprochenen auf die Bestimmung der Glocken im allgemeinen bezüglichen, kommen auch solche Inschriften vor, welche auf die besonderen teils kirchlichen, teils bürgerlichen Zwecke Bezug neh-men, zu welcher einzelne Glocken speziell bestimmt waren, wie folgende Bei-spiele darthun. Auf das Frühläuten, zu Hersum bei Hildesheim 1521:

---

[1] Für ein Geläute von 6 Glocken könnte man die 6 Verse dieses Liedes wählen und auch die Glocken danach benennen, die Gnade, das Wort, der Glanz, der Segen, der Schutz, die Treue (*Gratia, Verbum, Clara, Benedicta, Tutor, Fides*).

Petronilla vocor, sonitu quoque suscito pigros. — Auf das **Freitags-
läuten**, zu Esens im Harlingerland 1482: *Man sal mir alle fridage lüden,
dat schall uns de paschen bedüden, wente got up den frigdach lett den dodt.*
— Auf das **Grabläuten**, zu Lipprechterode 1507: *Cum tumulum ster-
nis, cur non mortalia spernis, tali namque domo, clauditur omnis homo.* —
Die **Sturmglocke**, zu Strassburg 1613: *Mein Schall thut kund der Städte
Noth, Herr Gott behüt für Mord und Todt;* zu Pontoise: *Unda, unda, unda,
unda, unda, unda, unda, accurrite cires.* Zugleich mit Beziehung auf die
verschiedene Art des Anschlagens, zu Osnabrück auf der ehemaligen Brand-
glocke der Marienkirche 1613: *Wan ich gehe an einen Bordt, so ist Auf-
ruhr, Brand oder Mordt; aber auf Handgiftes Tach* [1]*, so ist an beide
Bordt mein Schlag.* — Die **Bannglocke**, auf St. Peter in Aachen 1261:
*Horrida sum stolidis, latronibus ac homicidis, Ad commune bonum servio
dando sonum;* zu Compiègne 1303: *Baneloque suis moi fist on faire au
tums Foukart Harel le maire, à mon son la vile s'ahune pour la nécessité
commune.* — Die **Bierglocke**, auf der Marienkirche zu Greifswald 1569:

> *De Wachterglocke bin ick genannt,
> Allen fuchten broders wolbekannt,
> Kroger, wen du horst mienen luth,
> So jach de geste tom huse uth.*

Auf dem **Bergglöckchen** von St. Peter in Freiberg, aus dem Jahre 1756,
im Museum daselbst: *Auf, auf! Zur Grube ruf ich euch, die ich oben
steh; so oft ihr in die Tiefe fahrt, so denkt in die Höh.* — Die **Arm-
sünderglocke**, zu Verona: *Supplicium portendo reis moneoque monen-
dos, Hanc miseram in sortem, ne mala fata trahant.* — Die **Uhrglocke**,
auf dem Dom zu Halberstadt, 1470: *Me fecit Hans Blome, hic pendeo in
dem dome, non campanari nec campana vocitari, sed debeo horas per me
discutere cunctas;* oder zu Pilsum bei Emden um 1470: *Hinderk Klinghe
het my geghaten, de ure is mit in my beslaten.*

Auf einer Glocke der Stadtkirche zu Marburg ist man beflissen gewesen, alle nur denkbaren Zwecke, denen dieselbe dient, in folgenden Reimen humoristisch zu spezialisieren:

> *So lang ich sitze, bin ich stumm,
> Doch schwing' ich mich im Thurm herum
> Und werf mein Zungen hin und her,
> So ruf ich dich zu Gottes Ehr',
> Zur Predigt, Orgel und Gesang.
> Den Dieb ruf ich zum Galgenstrang,
> Den Wittwen bring' ich Traurigkeit,*

---

[1] Handgiftentag, der Tag, an dem zu Weihnachten die Trinkgelder aus-
gezahlt wurden; Mithoff a. a. O. 6, 126.

Dem Brautpaar bring' ich frohe Zeit.
Auch des creirten Doktors Ruhm
Verkünd' ich in der Stadt herum.
Zu Märkten, Schlachten und zu Brand
Ruf ich die ganze Stadt zu Hand.
Was man verliert bei meinem Schall,
Ein jeder Bürger wissen soll.[1]

3. Geschichtliche Notizen, welche sich in ältester Zeit auf das Datum, auf den Namen oder die Dedizierung der Glocke und etwa den Namen des Donators beschränken. Die Glocke zu Siena (oben S. 88) ist einfach mit der Jahreszahl 1159 in römischen Ziffern bezeichnet, die Glocke zu Iggensbach (ebend. Fig. 4) enthält nur die Worte: *Anno M. CXLIIII ab incar. Dñi. fusa est campana.* Auf einer Glocke zu Gilching in Oberbayern steht ausser den zauberkräftigen und vielleicht absichtlich verkehrt geschriebenen Namen der vier Evangelisten rechtsläufig: *Arnoldus sacerdos de Gilitekin me fundi fecit*, und dieser Priester findet sich in Urkunden von 1162—1194 erwähnt. Im 13. Jahrhundert wird die Datierung durch Hinzufügung der Indiktion und des Monatstages nach dem römischen Kalender zuweilen vervollständigt. Auf einer Glocke zu St. Burchardi in Würzburg steht auf der Mitte der Name *Katerina* und unten herum: *Anno. Dñi. Mill. CC. XL. VIIII. Indictione. septima. Dñs. Cenradus abbas me fieri jussit.* Auf der Glocke zu Helfta (oben S. 91) ist das Datum: *Anno M. CC. XXX. IIII. fundata sum.* wie später gewöhnlich, einem frommen Spruche beigefügt. Die grosse Glocke des Domes zu Minden enthält die Jahreszahl 1270 in Hexameter eingekleidet und des Versmasses wegen in Distributivzahlen ausgedrückt, was nur durch Rechnung entziffert werden kann:

Ecce sub hoc titulo tua dicor, sancta Maria,
Ora pro populo, dum sono, virgo pia.
Annis a Christo plenis creor ere sub isto
Bis decies denis millenis septuagenis.

Diese in poetischen Inschriften des Mittelalters sehr gewöhnliche Art der in lateinische Verse gezwängten Jahreszahlen ist zwar auch auf Glocken von 1296 zu Seligenstadt und von 1313 (ehemals) in St. Pantaleon in Köln nachgewiesen, ist aber später in Glockeninschriften nicht gebräuchlich. — Datierte Glocken aus dem 13. Jahrhundert haben sich in Deutschland verhältnismässig zahlreich erhalten[2], dagegen scheinen die meisten der dem 14. Jahrhundert entstammenden Glocken der später fast immer, und seit dem 16. Jahrhundert stets hinzugefügten Datierung zu entbehren. Wenn, was im Spätmittelalter höchst selten der Fall war und in neuerer Zeit gewöhn-

---

[1] Vergl. Daheim 1883. Beilage zu Nr. 27.
[2] Vergl. die Übersicht derselben in Abschnitt VII.

9*

lich unterblieb, der Jahreszahl auch der Monatstag des Gusses hinzugefügt ist,
so geschah die Bestimmung desselben nach dem Kalenderheiligen des Tages.
— Geschrieben wurden die Jahreszahlen im Mittelalter stets mit römischen
Ziffern, doch bediente man sich während der das ganze 15. Jahrhundert
beherrschenden Minuskelschrift dazu selten der sonst gewöhnlichen grossen
Zahlbuchstaben, sondern regelmässig der kleinen eckigen Minuskeln. Ausnahmsweise kommen zwar im 15. Jahrhundert auch arabische (indische)
Ziffern vor, aber in Formen, die mehr oder weniger von den modernen
abweichen.[1] — Im 17. und 18. Jahrhundert wurde die Jahreszahl nach der
damals auf Denkmälern jeder Art allgemein beliebten Sitte sehr häufig in
der Form eines Chronostichons ausgedrückt, während es ungewiss bleibt,
ob dies schon im Mittelalter zuweilen der Fall war, oder ob man erst damals gewisse mittelalterliche Glockeninschriften nur chronostichisch gedeutet
hat, z. B. die Inschrift O reX gLorIe VenI CVM paCe auf das Jahr 1272,
oder den Spruch ConsoLor VIVa, fLeo MortVa, peLLo noCIVa auf das
Jahr 1422.

Den Taufnamen der Glocken verkünden die Inschriften des Mittelalters, wie überhaupt die der katholischen Kirche seit den ältesten Zeiten
sehr häufig, nehmen aber sehr selten auf den Aktus der Weihe Bezug. Zu
Ulzen stand auf einer Glocke von 1511:

Nomine Caeciliae sum sacro crismate tincta
Daemonis insidias arerto et fulminis aestum.

Im 16. Jahrhundert erscheint in Niederdeutschland die Formel beliebt:
Sanct N. es myne name, my ghelute sy gode bequame.

Die Namen der Stifter oder derjenigen Personen, unter deren
Auspizien die Glocken gegossen wurden, finden sich in einfacher anspruchs-
loser Weise hin und wieder zwar schon frühzeitig erwähnt (z. B. in Gilching
bereits im 12., zu St. Burchardi in Würzburg im 13. Jahrhundert; s. oben
S. 131), aber erst seit etwa der Mitte des 16. Jahrhunderts wird die
trockene Aufzählung aller irgend beteiligten Personen, der Kirchenpatrone,
Geistlichen, Kirchväter und Gemeindevorsteher mit ihren resp. Titeln zur
Regel, wozu bei den Katholiken, namentlich in Frankreich, noch die rüh-
mende Erwähnung der Glockentaufpaten zu kommen pflegt. Auch der Leistungen dieser Personen wird zuweilen besonders gedacht, wie z. B. 1564
auf einer Glocke des Neustädt. Rathauses zu Brandenburg ausser dem Namen
des damaligen Bürgermeisters steht: *Die Brvger haben arch viel zu dieser
klocken gegeben* oder, 1608 (ehemals) zu Kerstlingerode bei Göttingen: *Zu
der Ehre Jesu Christi hat die Edle und Viel-Tugendsahme Frau Maria von*

---

[1] Vergl. Otte, Handb. der Kunstarchäol. 5. Aufl. 1, 409.

Kerstlingeroda Witwe XXIV Thaler Gefen. Bis zur Blasphemie gesteigert erscheint die Speichelleckerei auf dem Brummer zu N. D. von Paris von 1685:

> *J'ai Louis pour parrein, Thérèse pour marreine,*
> *Le plus grand roi du monde et la plus grande reine.*
> *L'un remporte le prix sur cent héros divers;*
> *L'autre par ses vertus a surpassé les anges.*
> *Que ne puis-je égaler le bruit de leurs louanges,*
> *Je me ferais entendre au bout de l'univers.* [1]

Angaben über das Gewicht des verwendeten Metalls kommen zwar vereinzelt schon frühzeitig vor, z. B. in Helfta 1234: *Ex tot cincinariis sum XVIII,* in St. Florian bei Linz 1318: *Sub Hainrico praeposito de XXVI centenariis facta sum,* und 1319: *Fit hoc opus ex X. c.,* sind später aber fast nur auf französischen Glocken nachgewiesen, z. B. auf der „Marie la grousse" vom Jahre 1401 in N. D. zu Etampes, wo das Gewicht von 4000 Pfund am Schlusse der nur historische Notizen enthaltenden Inschrift in folgender Weise angegeben ist: $\frac{m}{...}$ *poise.*

Noch seltener ist die Beziehung auf die musikalischen Eigenschaften der Glocken. Als Unikum gilt die Inschrift, welche auf einer bei einem Brande 1717 geschmolzenen Glocke des Erfurter Domes stand:

> *Arte Campensis canimus Gerhardi*
> *Tres deo trino, en ego sol, gloriosa ut,*
> *Mi sed Osanna, plenum sit diapente,*

womit gesagt ist, dass von den 1497 von Gerhard von Kampen gegossenen drei Erfurter Glocken (oben S. 113) die Gloriosa den Grundton Ut, die Osanna die Terz Mi und die dritte die Quinte Sol angiebt, sie also miteinander ein harmonisches Geläute bildeten. — Einige Glockengiesser der Neuzeit pflegen auf den von ihnen verfertigten Glocken den Ton derselben ohne weitere Erklärung der Bedeutung durch einen aufgegossenen Buchstaben zu bezeichnen, wie z. B. auf den drei Glocken zu Haardorf (Kreis Weissenfels), welche 1847 von J. H. Ulrich in Laucha gegossen sind, die Buchstaben G, H und D stehen.

Der später, besonders auf Dorfkirchenglocken mit Vorliebe erwähnte Bestimmungsort wird zu Esens ausnahmsweise schon im 15. Jahrhundert genannt: *Dat karspel to Esense heft mi laten gheten 1483;* zu Markoldendorf bei Einbeck 1557: *Sanctus Martinus bin ich genannt, Den von Markolendorf wohl bekannt, Dess müssen sie oft und viel geniessen, Darum sie mich auch liessen giessen;* in Verbindung mit einem Wortspiel zu Schafau

---

[1] Nach Blavignac a. a. O. S. 220 soll diese Inschrift, die nach Anderen wirklich auf der Glocke gestanden hat, zwar beabsichtigt, aber nicht ausgeführt worden sein.

(Kreis Eckartsberga) 1772: *Wenn Schafau du den Klang wirst spüren,*
Will Jesus auf die Au dich führen.

Zuweilen erzählen die Inschriften die früheren Schicksale der betreffenden Glocken, wie oft sie umgegossen worden sind u. s. w. Das wohl
älteste Beispiel dieser Art gab eine Glocke von 1313 in St. Pantaleon zu Köln:

> *Me reterem fidus renovat Abbas Godefridus.*
> *Fudit Suardus, mea vox dulcis quasi nardus.*
> *Annis millenis ter C. tres addite denis.*
> *Quater sum nata, quater Christina vocata.*

Sehr ausführlich und durch andere ortsgeschichtliche Notizen bereichert
lautet der Bericht auf der grossen Glocke zu Schmiedeberg bei Wittenberg:
Anno 1441 ward ich zuerst gebracht in Stande — Anno 1637 der Schwede
diese Stadt abbrandte — Doch wunderlich erhielt mich Gott — In der so
grossen Feuersnoth. — Anno 1656 Churfürst Johann Georg des J. Todes
Fall — Benahm im Trauern mir den Schall — Aber durch Gottes Guitt
und Gnad — Anno 1661 Billig mich umgossen hat — Doch da ich drauf
bedauern wollt — Den Tod des Kaeysers Leopold a. 1703 — Verlor ich
ein Gross Stück Medall — Und büsste ein den vorigen Hall — Bis jetzt
durch Gottes grosse Gnad — Mich Weinholdt neu gefertigt hat. Sic me
fieri senatus lori fecit — 1753. -- Ausser ortsgeschichtlichen werden zuweilen auch merkwürdige Begebenheiten aus der allgemeinen Landes-
geschichte erwähnt, z. B. auf einer Glocke zu Dourdan (Seine und Oise):
Au venir des Bourbons, au finir des Valois Grande combustion enflamma
les Francoys etc. Auf einer Glocke zu N. D. in Chartres von 1520 unter
anderem: *Illo quippe anno quo Francus convenit Anglum, perpetuaque simul*
disolvere fide. Zu Krakow in Mecklenburg: *Begen gox mich anno 1717,*
in welchem jahr die evangelische Kirche ihr zweites Jubiläum gottlob ge-
feiert hat.

Die Namen der Glockengiesser, in die Inschriften verflochten
oder denselben am Schlusse hinzugefügt, finden sich anfangs sehr selten,
werden erst im Laufe des 15. Jahrhunderts, wo sich überhaupt das Subjektive in den Inschriften breit zu machen anfängt, häufiger und seit dem
16. Jahrhundert allgemein. Aus Inschriften des 13. Jahrhunderts, in denen
es dann einfach heisst: *Nn. fecit, fudit me,* oder *a Nn. facta, fusa sum,*
sind nur wenige Meister bekannt.[1] Im 14. Jahrhundert begegnen wir in
der Inschrift auf einer nicht mehr vorhandenen Glocke zu Göttingen einem
sächsischen Meister von ausgesprochenem Selbstgefühl: *Ich bin Maria ghe-*

---

[1] Vergl. in dem Glockengiesserverzeichnisse die Namen: Albraht, Amiens,
Cöln, Conradus, Croisilles, Embo, Gofridus, Guidottus, Hein, Heinricus, Jacobus,
Johann und Gerhard von Lüttich, Tidericus.

nant, mich ghous ain meister u: Sascenlant, Magister Hannes von Halver-
stat. Anno Dni MCCCXLVIII in die Symonis et Jude. Der mich unde
manich ghvil stucce werces ghemachet hait ghot ghebe siner sele rait (d. i.
Ruhe). Im 15. Jahrhundert kleiden die Giesser ihren Namen mehrfach in
den Reim: *Nu. mi ghaten hat, got gere siner selen rat,* oder N. (der Name
der Glocke) *heisen ich,* Nu. (der Name des Meisters) *gaus mich;* im 16.
Jahrhundert bei Evangelischen: *Gottes Wort bleibt ewig,* Nu. *goss mich,*
oder: Nu. *goss mich, zu Gottes Ehr und Dienste gehör ich,* oder: *Durchs*
Feuer bin ich geflossen, Nu. *hat mich gegossen.* Die Meister des 17. Jahrhunderts sagten gern: *Durch Gottes Gnad* (oder *Mit Gottes Hilf und Gnad)*
bin ich geflossen, Nu. *hat mich gegossen.* Zu Kaisheim bei Donauwörth
heisst es 1606: *Zu Gottes Lob und Ehr braucht man mich so rundt, Va-*
lentin Algeier in Ulm goss mich zu guter stundt, und zu Volprichausen
bei Uslar 1619: *Got der schouf mich, und David Fobben gos mich. —*
Zu Beelitz in der Mark folgender Scherzreim von 1733: *David Billig, goss*
mich willig, Belitz ist mein Vaterland. Fragt man, wo der Meister her,
damals wohnt in Potsdam er. — Zuweilen setzten auch die Meister statt
ihres Namens einen Wahrspruch, etwa ihren oder des Stifters Haussspruch
auf die Glocken, wie zu Schmoditten bei Pr.-Eylau 1544, wo dem Gebete:
Hilf got maria maria berot als was wir begonnen das ein get eued gerine
der Reim hinzugefügt ist: *Trau hit rrient, reint rnd gunst, yelt relt rnd*
konst, oder zu Hegermühle in der Mark 1722, wo der selbstbewusste Meister sich selbst lobt: *Trotz der Neider Streit und Possen, Mein Klang*
rühmt den, der mich gegossen.

Als allgemein übliche, seit den ältesten Zeiten gebräuchliche V e r-
z i e r u n g der Glocken sind ausser den Inschriften, die ja auch meist orna-
mentalen Charakter haben[1], die rings umlaufenden S c h n ü r e und S t ä b e
zu betrachten, welche über dem Schlage und um den Hals regelmässig angebracht sind (oben S. 110). Wenn dieselben über wirklichen Schnüren
geformt sind, wie dies in früheren Jahrhunderten die Praxis war, oder doch
solche Schnüre nachahmen, so erscheinen sie rundlich im Profil und etwas

---

[1] Es scheinen im Spätmittelalter Minuskelinschriften vorzukommen, die, weil
sie aus willkürlich aneinander gereihten Buchstaben bestehen, wenn es nicht doch
etwa Zauberformeln oder Kryptogramme sein sollten, lediglich nur als Dekoration
angebracht sein können. Es sollen selbst die Buchstaben des A b c in alphabeti-
scher Reihenfolge vorkommen. Auf einer Glocke zu Girlachsdorf in Schlesien von
1476 stehen die Buchstaben:

$+$ *svfsvxrh* $+$ *nfkxolrsytfbvxosxtgtstvrozrirohsfrbi,*

und auf einer Glocke zu Kreblitz bei Luckau 28 Mal die Minuskel s in einer in
unregelmässigen Abständen von einzelnen Majuskeln unterbrochenen Reihe.

geriefelt; wenn dagegen diese Gliederungen nach dem späteren Verfahren
durch Einschnitte in die Rippe modelliert sind, hängt die Profilierung lediglich vom Geschmacke des Glockengiessers ab. Seit dem 15. Jahrhundert
erscheinen diese Gliederungen von einfachen Laubfriesen, Lilien- und Ro-
settenreihen u. s. w. en relief begleitet, die sich dann in der Renaissanceperiode oft zu grossem und geschmackvollem Reichtum entwickelten [1]; einzelne Giesser dieser Spätzeit verwandten auch wohl Büschel natürlicher Blät-
ter, wie Lorbeer, Salbei u. s. w., die auf das Hemd der Glocke geklebt
wurden, sich im Mantel abdrückten und beim Ausbrennen des letzteren ver-
kohlten.   Bildliche Darstellungen, die, wenn sie überhaupt beliebt
wurden, anfangs nur, wie zu Lübude (Fig. 11), aus einzelnen kontourierten
Brustbildern bestanden, wurden bis ins 15. Jahrhundert in den Formmantel
graviert (s. oben S. 116), oder als Reliefs nach Modellen aufgegossen. Nur
wenn es sich um bedeutende Arbeiten handelte, wurden diese Modelle zu
dem vorliegenden Zwecke von Formschneidern neu angefertigt, sonst aber
gewöhnlich aus den Vorräten entnommen, die sich die Glockengiesser von
Goldschmieden und Gürtlern zu beschaffen pflegten.[2] Es sind meist kleine
Rundbildchen mit den Evangelistenzeichen, der Kreuzigungsgruppe u. s. w.,
oder Heiligenfigürchen in viereckiger Umrahmung. Auf einer kleinen in-
schriftlosen Glocke der Katharinenkirche zu Brandenburg sind Abgüsse von
zwei Rundbildern, einem grösseren mit der thronenden Maria und einem
kleineren mit der Passionsgruppe, unregelmässig abwechselnd, nicht nur rings
um den Hals und um den Kranz angebracht, sondern auch in vier senkrechten Reihen symmetrisch über die ganze Gestalt verteilt. Sehr frühzeitig
(schon zu Helfta 1234) kommen besonders als Teilungszeichen zwischen den
Wörtern der Inschriften Abgüsse von Münzen[3] und Medaillen vor, und

---

[1] Zu Bensheim befindet sich eine Glocke von nicht ungewöhnlicher Form
mit der Inschrift: *Anno Dni. M. CCC. LX. IX. facta sum mense Marcii*, die
zwar getreu in der damals herrschenden Majuskel gebildet, aber von einem Friese
im Barock-Geschmack begleitet erscheint, was zu der Annahme nötigt, dieselbe
für einen im 17. Jahrhundert erfolgten Umguss einer älteren Glocke zu erklären,
bei welchem die alte Inschrift und die figürlichen Reliefs nach Abformung der
ursprünglichen wieder Verwendung fanden, der Ornamentfries aber neu hinzugefügt wurde. Vergl. die Abbildung in Nr. 12 des Correspondenzbl. des Gesamt-
vereins u. s. w. 1883.
[2] Eine Glocke der Katharinenkirche zu Brandenburg von 1345 z. B. ist mit
neutestamentlichen Rundbildern geschmückt, die mit den am Fusse eines Kelches
im Dom zu Stendal befindlichen Medaillons übereinstimmen, also nach denselben
Modellen gebildet sind.
[3] Auf einer Glocke zu Aussee von 1445 finden sich 43 Münzabgüsse, wirkliche Münzen als Trennungszeichen auf einer von Heinrich von Campen 1514 gegossenen Glocke zu Mölln. Auf der Wandung einer Glocke zu Inden bei Jülich

diese Gewohnheit pflanzte sich bis ins 18. Jahrhundert fort. Dem Mittelalter eigen war auch der ebenfalls sehr früh und mehrfach nachzuweisende
Gebrauch, die Siegel der kirchlichen Würdenträger, welche die Glocke
anfertigen liessen, auf derselben abzugiessen, wodurch es zuweilen möglich
wird, das Alter nicht datierter Glocken festzustellen. So befindet sich z. B.
auf der sogenannten Hasenglocke zu Haina das Siegel des Erzbischofs Siegfried von Mainz († 1225) und auf der Benedikta des Domes zu Merseburg
das Siegel des dortigen Bischofs Heinrich von Amendorf († 1300) nach
Wachsabdrücken der betreffenden Siegelstempel, die auf das Hemd der Form
geklebt worden waren. Sein eigenes, eine Glocke vorstellendes und mit
seinem Namen bezeichnetes Siegel brachte der Giesser zweimal an auf einer
Glocke zu Hönnepel bei Calcar, deren Majuskelinschrift lautet: *Johannes
de Trajecto me fecit.* Anderweitig scheinen aber auch Siegel, ähnlich wie
die Münzen, zuweilen lediglich als Zierat Verwendung gefunden zu haben,
z. B. auf einer Glocke des Dorfes Alt-Golssen in der Niederlausitz mit der
Minuskelinschrift *o rex glorie etc.* die anscheinend älteren mit Majuskel-
legenden versehenen Siegel einer Gräfin Elisabeth de Welepa, geborenen Gräfin
von Brehna (welche Geschlechter schon um 1290 ausgestorben sein sollen)
und der 14 Innungsmeister *(de quatuordecim unionibus)* der Stadt Magdeburg. — Wappen der betreffenden Kirchenpatrone u. s. w. sind auf Glocken
seit dem 14. Jahrhundert nachgewiesen, z. B. zu Veerssen bei Uelzen von
1332, zu Netzelkow auf Usedom u. s. w.

Was den Inhalt der bildlichen Darstellungen, deren Kunstwert sehr
verschieden und häufig nur sehr gering ist, anbetrifft, so findet sich im
Mittelalter die Kreuzigung Christi mit Maria und Johannes zu den Seiten
am häufigsten; auch das Brustbild Christi zwischen *A* und *Ω*, sowie das
Veronikatuch, das Gotteslamm und die Jungfrau mit dem Kinde kommen
schon frühzeitig vor; sodann die Titelheiligen der betreffenden Kirchen, die
Schutzheiligen der Donatoren u. s. w., doch stets wohl nur einzelne Figuren,
sehr selten zusammenhängende Darstellungen. Wenn, was bis ins 16. Jahrhundert häufig geschah, blosse Umrisse in den Mantel eingeritzt wurden,
kam es wohl vor, dass man die Figuren nicht von der Gegenseite zeichnete,
weshalb im Abgusse das Bild verkehrt erscheint und z. B. Ritter das Schwert
an der rechten Seite tragen und in der linken Hand die Lanze führen,
Geistliche mit der linken Hand segnen u. s. w. — Die Öhre der Krone,
die im Mittelalter entweder schlicht gelassen, oder höchstens seilartig ge-

---

von 1418 sind goldene und silberne Münzen eingegossen, vermutlich Geschenke
der erwählten Taufpaten; dagegen sollten die echten römischen Münzen der Kaiser
Nero und Hadrian, die einer Glocke in St. Stephan zu Mainz aus dem 16. Jahrhundert eingegossen sind, derselben wohl nur zur Zierde dienen.

wunden gebildet wurden, benutzt man in der Neuzeit gern als stattliches
Schaustück, indem man die Stirnseite derselben als Engelsköpfe oder Engel-
statuetten ausgestaltet hat. — Überhaupt hielten sich die alten Meister hin-
sichtlich des Schmuckwerkes der Glocken in bescheidenen Grenzen, während
sich die späteren oft der Überladung mit sich breit machendem Wappen-
werk, neuerdings auch, besonders in Frankreich und Belgien, mit stark er-
habenen eingebausten Heiligenfiguren schuldig machten, ohne zu berücksichtigen, dass dergleichen Hochreliefs nachteilig auf den harmonischen Klang
wirken müssen. In Deutschland befleissigen sich die besten Meister der
Gegenwart geschmackvoller Einfachheit nach den edelsten alten Vorbildern.
Das kunstschöne Äussere einer Glocke ist gewiss nicht zu verachten und
gereicht dem geschickten Meister zu ehrenvoller Empfehlung, ist aber immer
nur nebensächlich. Die Glocke im hohen, oft auch dunkeln Turme aufgehängt, wird nur von wenigen gesehen, von allen aber gehört, und darum
bleibt, wie bei jedem Musikinstrument, die Hauptsache die Erzeugung eines
guten Klanges.

VI. Vom Aufhängen, Läuten, Behandeln und Reparieren der Glocken.

Das Aufwinden kleinerer Glocken an ihren Bestimmungsort ist zwar
ein einfaches und leichtes Geschäft, desto schwieriger aber verhält es sich
bei grossen, und namentlich bei sehr grossen Glocken. Im Mittelalter pflegte
man dergleichen Glocken oft erst Jahre lang in einem auf dem Kirchhofe
errichteten Gestell zu erproben[1], um nicht die gefährliche und kostspielige
Aufwindung auf den Turm vergeblich unternommen zu haben. Die erste
lediglich nach lokalen Umständen zu entscheidende Hauptfrage ist, ob die
Glocke von innen oder von aussen am besten auf den Turm gebracht werden kann; das Aufwinden selbst geschieht in der Regel mit Flaschenzügen.[2]

---

[1] (Schreiber) Denkm. deutscher Baukunst am Oberrhein I, 29 und 35.

[2] Die ehemalige 1437 oder 1438 gegossene grosse Glocke des Domes von
Köln wurde erst im Jahre 1444 auf den steinernen Turm gebracht; sie wog 250
Centner und war schwerer als 15 Fuder Wein. Das Aufwinden dauerte drei Tage
und geschah mit grossen Kabeln und Seilen. Dazu hatte man alle die Krahne
und Pleiden und Winden, die in dem Dom waren; dennoch musste man der Stadt
Köln Gezaue auch dazu leihen. Das Aufhängen kostete 50 Gulden. — Von dieser
Glocke brachen schon im ersten Jahre während des Läutens zwei Öhre ab. (Vergl.
Kölner Dombl. 1851, Nr. 74.) — Um die grosse Glocke zu Ifferten 1646 auf den

Wenn die Glocke auf den Turm gebracht ist, wird sie an dem Helm (Wolf, Joch, Schwingungswelle) befestigt. Der Helm ist ein Stück trockenes Eichenholz, länger als der grösste Durchmesser der Glocke, und nicht ganz so breit als der Durchmesser der Krone; oben hat er noch in der Mitte einen Aufsatz oder Kopf, durch dessen Wucht die Bewegung der Glocke erleichtert wird. Die Enden des Helms sind cylindrisch und mit einem eisernen Ringe versehen, aus welchem unterhalb zwei gleichfalls cylindrische, glatte eiserne Zapfen einen Schlag lang hervorsehen, die mit einer vierseitigen Verlängerung in einen Falz an der Unterseite des Helms eingeschoben, von oben verschraubt und mit zwei Ringen an jedem Ende des Helms befestigt werden. An der unteren Fläche des Helms ist in der Mitte eine Vertiefung ausgemeisselt, in welche die Krone der Glocke so weit eingepasst werden kann, dass der wagerechte Oberteil der Krone nicht völlig vom Holze bedeckt ist. Das Hangeisen wird durch Glocke und Helm gesteckt und oben verschraubt, und die Glocke selbst durch eiserne Beschläge folgendermassen mit dem Helme verbunden: 1) Ein gabelförmiges Eisen wird durch das Öhr des Mittelbogens gesteckt und geht durch zwei senkrechte Löcher bis oben über den Helm, wo es mit Muttern verschraubt wird. 2) Durch jedes Paar Öhre steckt man einen Riegel, senkrecht darüber oben auf den Helm legt man einen Überwurf. Zwischen den Riegelköpfen werden zwei Schienen um den Helm gelegt und oben scharf verschraubt.

Nachdem die Glocke mit dem Helme verbunden ist, kann dieselbe in ihr Zapfenlager gebracht werden, welches aus zwei metallenen, am besten messingenen, gegossenen Pfannen besteht, in welche die eisernen Zapfen des Wolfs zu liegen kommen und zur Verminderung der Reibung mit Knochenöl geschmiert werden. Die Pfannen sind in den Oberschwellen des Glockenstuhles eingelassen, und es kommt wesentlich darauf an, dass die lotrecht am Helme hängende Glocke genau wagerecht in den Pfannen liegt. Der Glockenstuhl ist ein aus trockenem und festem Holz konstruiertes Gestell, das niemals mit den Turmmauern unmittelbar im Verbande stehen darf und für eine Glocke gewöhnlich aus zwei langen und zwei Querschwellen be-

Turm zu winden, brauchte man nach dem Ratsregister „seize puissants hommes“. — In Dresden gestaltete sich 1878 nach der am Fusse des Turmes der Johanneskirche durch Gesang und Rede vollzogenen kirchlichen Weihe der drei neuen in feierlichem Zuge aus dem Giesshause herangeführten Glocken das Aufwinden derselben zu einem Volksfeste: An einem weit in die Strasse hineinreichenden Seile zogen eine Anzahl Pferde und viele freiwillige Helfer aus dem Publikum, Männer und Knaben, die 64 Centner schweren Glocken, eine nach der andern, in die Höhe. Vergl. über die ganze, glücklich und würdig verlaufene Feier den ausführlichen Bericht in den Dresdner Nachrichten vom 29. März 1878.

steht, welche letztere nach der Zahl der zu einem Geläute gehörigen Glocken immer um eine vermehrt werden; auch erhält er Stiele und Streben, auf welche die Rähme eingelassen sind, und die so weit voneinander abstehen, dass zwischen denselben die Glocken hängen können. Für ein schweres Geläute im engen Raume ist die sichere Konstruktion des Glockenstuhles keine leichte Aufgabe und gilt für ein Meisterstück der Zimmerkunst.[1] Sämtliche Glocken eines Geläutes müssen möglichst tief im Glockenstuhle hängen, die schwerste Glocke in der Mitte, und alle müssen sich in derselben Richtung bewegen. Die Erschütterung des Gebäudes beim Läuten ist immer eine sehr beträchtliche und bringt zuweilen fast rätselhafte Erscheinungen hervor.[2] Das Läuten sehr grosser Glocken wirkt gewöhnlich so nachteilig, dass der Gebrauch derselben im Laufe der Zeit gefährlich und unmöglich wird.[3]

Der grosse Brummer auf dem südlichen Turme von Notre-Dame in Paris hatte durch seine gewaltigen Schwingungen den alten Turm so erschüttert, dass vor etwa 40 Jahren ein Neubau unumgänglich geworden war. In demselben wurde die Glocke im Jahre 1851 mittels eiserner Stangen an einem Helme aus mächtigen Bohlen von Eichenkernholz, die durch eiserne Bolzen verbunden sind, befestigt. Derselbe bewegt sich in eisernen Lagern, die auf einem sehr starken Unterbau aus Eichenholz ruhen, welcher sich auf das Balkenwerk des Turmes stützt, jedoch so, dass die Standfestigkeit der Mauern nicht angegriffen werden kann. Die von Viollet-le-Duc angegebene Konstruktion nach mittelalterlicher Methode liess nach fünf Jahren nicht die geringste Veränderung an dem ganzen Systeme wahrnehmen, wie er wenigstens a. a. O. S. 190 versichert, wo die Konstruktion beschrieben und durch Zeichnungen erläutert ist. — In Deutschland ist zu Freiburg i. B. der alte, jetzt 13 (meist 1842 umgegossene) Glocken tragende, der Zeit des Turmbaues angehörige, ja mit ihm konstruktiv eng verwachsene, aus Föhrenholz von seltener Stärke errichtete Glockenstuhl aus der Zeit um 1273 noch

---

[1] Vergl. den durch zahlreiche Abbildungen erläuterten Artikel „*Beffrois de charpente*" bei Viollet-le-Duc, Dictionnaire de l'architecture 2, 186—193.

[2] Zu Anfang des 18. Jahrhunderts erregte es die allgemeinste Aufmerksamkeit und verursachte allerlei Erklärungsversuche, dass beim Läuten einer bestimmten Glocke des aus 12 Glocken bestehenden Geläutes der Nikasiuskirche zu Reims sich die schwingende Bewegung einem Pfeiler im Schiffe der Kirche mitteilte, der 18 Fuss vom Turme entfernt und beinahe 40 Fuss tiefer war, als die Glocke. — Vergl. (Pluche) Schauplatz der Natur. 7, 328.

[3] Im Jahre 1810 fiel der Glockenturm der Nikolaikirche in Liverpool bei dem Läuten auf das Kirchdach, während die Gemeinde zum Gottesdienst versammelt war, wobei 23 Menschen erschlagen wurden.

Fig. 17.

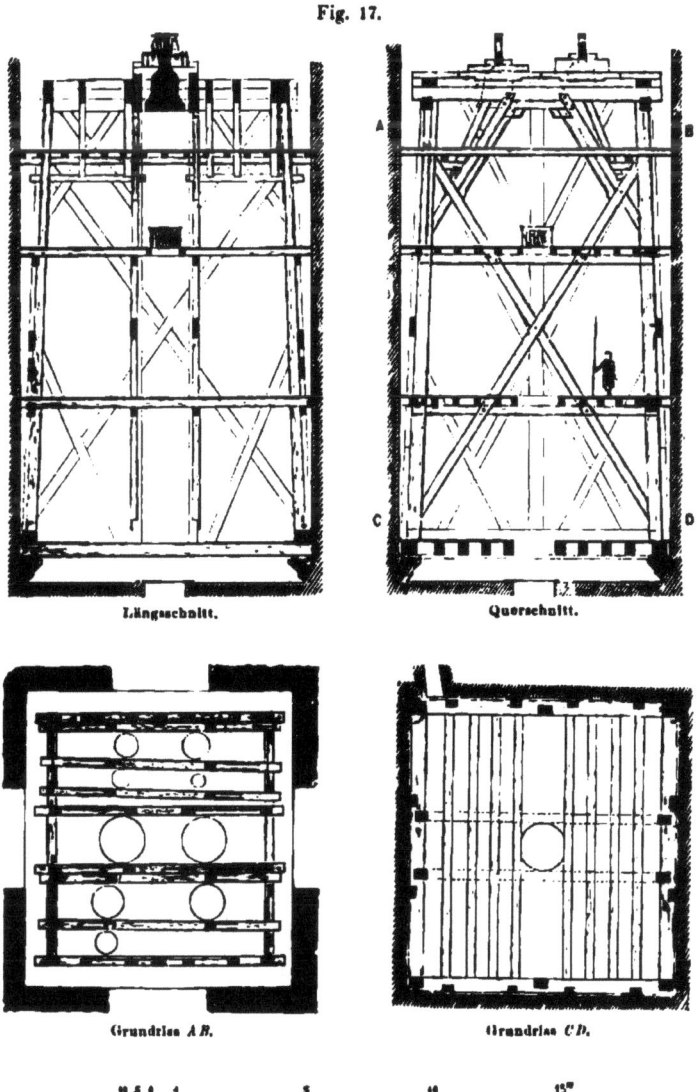

Längsschnitt.   Querschnitt.

Grundriss A B.   Grundriss C D.

heute in tadelloser Erhaltung vorhanden.[1] Es ist ein stattlicher, durch
Balkenlagen in 4 kleinere Etagen geteilter, turmartiger Holzbau, der, wie
A d l e r a. a. O. unwiderleglich dargethan hat, sogar älter ist als die Turm-
wände selbst, und war nicht bloss zum Zwecke der Glockenaufhängung errichtet worden, sondern auch zur rascheren Förderung des Baubetriebes,
um Material, auch die Glocken selbst, im Innern aufzuziehen, wozu in der
zweiten Etage (wenn auch nicht mehr in ursprünglicher Konstruktion) ein
grosses Tretrad als Aufzugsmaschine noch erhalten geblieben ist. — In
neuerer Zeit hat man angefangen die Glockenstühle statt aus Holz aus Eisen
zu verfertigen, wozu nur in zu engen Türmen eine Notwendigkeit vorliegt,
während dabei allerlei nicht zu übersehende Bedenken obwalten[2]; jedenfalls
ist erst durch längere Erfahrungen festzustellen, ob sich diese Neuerung
bewähren wird. Da Eisen weniger Elastizität besitzt als Holz, werden die
Glocken in eisernen Glockenstühlen minder weich klingen, als
in hölzernen. Da grössere Etablissements der Jetztzeit ausser den
Glocken selbst auch die eisernen Glockenstühle zu denselben liefern, so wächst ihnen durch die Empfehlung derselben ein Gewinn
bringendes Geschäft mehr zu.

Fig. 18.

Um die aufgehängte Glocke zum Läuten vorzurichten, muss
nun der K l ö p p e l (auch Knöppel, Klächel, Glächel oder Schwengel
genannt) in das Hangeisen gehängt werden. Dies geschieht mittels
eines steifen aus mehreren Lagen Rindleder gefertigten Riemens,
welcher durch das Hangeisen und das Öhr des Klöppels geschlungen
und an den Enden zugeschnallt wird. Am zweckmässigsten ist der
G l o c k e n r i e m mit einer Stellschraube zu versehen, durch welche
es möglich ist, den Klöppel, der weder schleudern, noch quirlen
darf, genau so aufzuhängen, dass der Ballen desselben gerade gegen
den Schlag der Glocke treffen muss. Der Klöppel selbst wird aus
weichem Eisen geschmiedet, und es kommt für ein gutes Läuten
und für die Dauerhaftigkeit der Glocke sehr viel darauf an, dass derselbe

[1] Vergl. A d l e r, F., in der Deutschen Bauzeitung 1881, Nr. 91, S. 505 und
Fig. 14—17, die wir auf S. 141 in unserer Fig. 17 wiedergeben. Die Hauptbalken
dieses in der Zeitschr. des Breisgau-Vereins (Schau ins Land) X, zu S. 3—9 von
O s k a r G e i g e s in grösserem Massstabe gezeichneten Glockenstuhles haben 0,41 :
0,52, die Eckstiele 0,50 : 0,51, die Grundschwellen 0,53 : 0,68 Stärke. Besonders
interessant ist die von G e i g e s a. a. O. S. 3 gegebene Abbildung der vorhandenen
ältesten Glocke vom Jahre 1258 mit ihrer ganzen Montage nebst Detail des Klöppels.

[2] Diese Bedenken sind von B o e c k e l e r, Beitr. u. s. w. S. 130 f. zusammen-
gestellt; derselbe hat auf Taf. XXIII—XXV gute Entwürfe zu Glockenstühlen aus
Zimmerwerk mitgeteilt.

nach Mass, Gestalt und Gewicht in einem richtigen Verhältnisse zur Glocke steht. Die Gestalt ist aus der beigefügten Abbildung (Fig. 18) ersichtlich. Das Gewicht regelt sich nach der Schwere der Glocke, und zwar soll man nach Hahn (Campanologie, S. 131) auf jede 100 Pfund der Glocke 2$\frac{1}{2}$ Pfund Eisen rechnen und diesem Gewichte noch 5 Pfund hinzufügen, bei welchem Verfahren indes für kleine Glocken unter 100 Pfund der Klöppel zu schwer werden würde. Nach Blavignac (la cloche, p. 249) sollen für die ersten 1000 Pfund einer Glocke 5 Prozent, für 2000 Pfund 4$\frac{1}{2}$ Prozent und für jedes 1000 Pfund mehr $\frac{1}{2}$ Prozent Eisen weniger genommen werden.[1] Der birnförmige Ball des Klöppels, dessen Durchmesser zu dem Schlagringe der Glocke in dem Verhältnisse von 5 : 3 angenommen wird, muss durchaus glatt sein; der untere Stumpf dient zur Umschlingung eines Seils, wenn die Glocke bloss angeschlagen werden soll; bei grösseren Glocken auch zum Festhalten des Klöppels zu Anfang und zu Ende des Läutens.

Um die Glocke läuten zu können, genügt bei kleineren, die von einem Menschen geschwungen werden, ein hölzerner Schwengel, welcher auf der rechten Seite der Glocke an dem Helm unterwärts zwischen der Krone und dem Zapfen befestigt wird, und an den man den Glockenstrang bindet. Ist die Glocke für einen Mann zu schwer, so kann auf der andern Seite des Wolfs ein zweiter Schwengel angebracht werden, ebenfalls rechts von der Glocke, also übereck mit dem ersteren. Noch schwerere Glocken werden durch Treten in Bewegung gesetzt, zu welchem Ende rechts von der Glocke eine 2—3 Fuss lange Bohle (der Tretschemel) an der Unterseite des Helms dicht an den Zapfen befestigt wird. Der Läuter steht mit dem linken Fusse auf einer oberhalb der Glocke angebrachten Stufe fest, tritt mit dem rechten Fusse auf den Schemel und hält sich mit den Händen an einer bequem angebrachten Querstange. Je nach der Masse der zu bewegenden Glocke müssen noch mehrere (bis 4) Tretschemel zu beiden Seiten des Helms angebracht werden. Die gewöhnliche Weise zum Schwingen der grössten Glocken ist die, dass man ein Schwungrad, dessen Radius die Höhe der Glockenachse übertreffen muss, an einem Ende des Wolfs anbringt. Der Kranz dieses Rades hat zwei vertiefte Läufe für zwei in entgegengesetzter Richtung um dasselbe geschlungene Seile, an welchen die Glocke von einer hinreichenden Anzahl von Menschen gezogen wird. — Bei der oben S. 140 erwähnten neuen Aufhängung der grossen Glocke von Notre-

---

[1] Tabellen über Gewicht und Mass des Klöppels im Verhältnisse zu dem Gewichte der Glocken s. bei Biringoccio (a. a. O. Fol. 99, wo das Gewicht zu schwer angegeben ist), bei Hahn (a. a. O. S. 132), bei Karmarsch (a. a. O. S. 88 u. 91) und bei Hartmann (a. a. O. S. 130). — Die alte grosse Glocke der Katharinenkirche zu Brandenburg hatte auf ca. 55 Centner 297 Pfund Klöppel.

Damo in Paris im Jahre 1851 wurden nach Angabe des Glockengiessers Baudet aus le Mans auf beiden Seiten des Helms 8 eiserne Tretschemel angebracht, die von ebensoviel Pulsanten verhältnismässig mit Leichtigkeit bedient werden, während früher 16 Mann an Seilen ziehen mussten, um die 320 Centner schwere Masse in Schwung zu bringen.[1]

Mechanik des Läutens. — Die Sitte die Glocken in vollen regelmässigen Schwung zu bringen, was unter „läuten" verstanden wird, ist keineswegs eine allgemeine, über alle christlichen Länder, wie in Deutschland und Frankreich gleichmässig verbreitete. Viollet-le-Duc (a. a. O. 3, 286) meint, man müsse sich im frühen Mittelalter auch in Frankreich mit einem blossen Bimmeln oder mit Beiern der Glocken (*„de les mettre en branle de manière à ce que le battant vint frapper le bord inférieur ou de les tinter en attirant le battant sur le bord"*) begnügt haben, denn viele alte Glockentürme seien teils viel zu eng, um Glocken von nur mittler Grösse in denselben wirklich läuten zu können, teils sei ihre Bauart von der Art, dass sie das Läuten (d. h. das Schwingen der Glocken im Halbkreise) wegen der damit verbundenen Erschütterung nicht lange ausgehalten haben würden. Sei dem nun wie ihm wolle, so ist doch soviel gewiss, dass der harmonische Klang nur durch ein regelrechtes Läuten zur vollen Entwicklung kommt, und dass gerade davon allein die gemütvolle Wirkung, ja der poetische Zauber abhängig ist, den die Glocke erfahrungsmässig auf empfängliche Seelen ausübt, wie dies Chateaubriand in tönenden Phrasen geschildert[2] und Schiller im Liede von der Glocke so schön und unübertrefflich besungen hat.

Unter welchen Bedingungen ein „reguläres" Läuten zustandekommt, scheint rein theoretisch kaum nachweisbar zu sein, und die Glockengiesser, die bei Aufhängung der Glocken zwar darauf halten, dass die Glocke unverrückbar lotrecht am Helme befestigt und letzterer genau wagerecht gelagert wird, in Beziehung auf Gewicht, Länge und Befestigungsart des Klöppels aber lediglich ihrer Routine folgen, haben sich um die Theorie des Läutens niemals gekümmert. Obgleich stets einzelne Fälle vorgekommen sind, wo ungeachtet aller Änderungsversuche ein regelmässiges Anschlagen

---

[1] Die ganze Einrichtung ist in grossem Massstabe abgebildet im Buch für Alle 1883, Heft 14, S. 324.

[2] In den „Schönheiten des Christentums"; siehe die betreffende Stelle bei Daniel in der Halleschen Encyklopädie, Sekt. I, Bd. 70, S. 81. Ein anderer, freilich erzprosaischer Franzose, J. B. Thiers (Traité des superstitions. Paris 1742. II, c. 12, p. 160) spricht sich im entgegengesetzten Sinne aus und erklärt die Vorliebe der Deutschen für die Glocken aus ihrem Mangel an feiner Bildung (*„cela vient de leur peu de politesse"*); vergl. Viollet-le-Duc a. a. O. S. 281. — Nach Daniel (a. a. O.) habe Napoleon I. eingestanden, die Glocke sei eines der vorzüglichsten Mittel der Gesittung der Menschheit.

entweder gar nicht, oder nur durch eigentümliches, etwa ruckweises Ziehen des Pulsanten zu erreichen war, ist die theoretische Frage doch erst infolge der Ratlosigkeit zur Sprache gekommen, in die sich die Techniker versetzt sahen, als es durchaus nicht gelingen wollte, den 500 Centner schweren Koloss der neuen Kaiserglocke im Turme des Kölner Domes zum ordentlichen Läuten zu bringen[1], und man erst nach jahrelangen mühseligen und kostspieligen Versuchen sich zuletzt mit einem nicht allseitig befriedigenden Resultate begnügen musste.

Wenn man eine Glocke zu läuten beginnt, so bewegt sich zuerst nur die Glocke: sie trifft den Klöppel und lässt ihn nach der gegenüberliegenden Seite hinprallen, wodurch derselbe aus der Gleichgewichtslage in einem Bogen aufwärts getrieben wird. Die schwerere Glocke schleudert den Klöppel vor sich her, trifft ihn aber bereits wieder mit ihrer entgegengesetzten Seite, bevor er seinen aufsteigenden Bogen hat vollenden können. Da der Klöppel aber schon fast seinen höchsten Ruhepunkt erreicht hatte, wo seine Steigkraft = 0 wird, kann die Berührung beider Körper nur eine augenblickliche sein. Die sich abwärts bewegende Glocke besitzt Fallkraft und Übergewicht zusammen und schleudert den leichteren und in seiner aufwärtsgehenden Bewegung bereits ermatteten Klöppel wieder vor sich her, um ihn nach der entgegengesetzten Richtung aufwärts zu treiben, wo sie dann zurückkehrend wieder mit ihm zusammentrifft u. s. f. Hieraus erhellt, dass das Anschlagen der Glocke nicht bloss durch den Anprall, sondern auch zugleich durch die eigene Bewegung des Klöppels geschieht, und dass, wenn dies in gleichen Intervallen geschehen soll, die Schwingungszeiten der Glocke und des Klöppels einander gleich sein müssen. Da nun die Glocke ein physisches Pendel ist (dessen Schwingungspunkt stets nicht in den Endpunkt der Achse, sondern höher fällt), der Klöppel aber tiefer befestigt ist als die Glocke, so muss, wenn die notwendige Übereinstimmung der Schwingungszeiten beider Pendel eintreten soll, der Schwingungspunkt des Klöppels soviel unter dem Schwingungspunkte der Glocke liegen, als der Aufhängungspunkt desselben unter dem Aufhängungspunkte der Glocke. Theoretisch wird sich hiergegen zwar kaum etwas einwenden lassen, dessen ungeachtet aber hat sich bei den mit der Kölner Kaiserglocke angestellten Versuchen diese Theorie in der Praxis angeblich nicht bewährt. — Fragt man nun, unter welchen Umständen

---

[1] Boeckeler a. a. O. S. 126 bemerkt: „Hätte man in Köln beim Aufhängen der Kaiserglocke die neueren Systeme bei Seite gelassen und dieselbe mit einer hölzernen Achse nach altem Gebrauche aufgehängt, so würde sie dort ebenso regelmässig geläutet haben, wie (an der Giessstätte) in Frankenthal, wo sie, mit einer solchen versehen, in Gegenwart der Kommission wie eine andere Glocke regelrecht läutete.‟

ein regelrechtes Läuten **nicht** stattfinden kann, so hat **Veltmann**[1] zwar
gezeigt, dass, wenn die Pendellänge der Glocke gleich ist der Pendellänge
des Klöppels, vermehrt um den Abstand der Aufhängungspunkte, ein Anschlagen des Klöppels an die Glocke theoretisch überhaupt nicht möglich
ist, indem das Klöppelpendel dann stets in der Mittelachse der Glocke ver-
bleiben wird, hat jedoch selbst seine Theorie schliesslich, wenigstens bei
kleineren Glocken nicht stichhaltig gefunden. Die Lehre wird demnach wohl
aus praktischen Versuchen gezogen werden müssen.

In neuerer Zeit haben die Techniker ihre Aufmerksamkeit auf einen
erleichterten Mechanismus des Läutens gerichtet[2], und verschieden modifizierte Systeme haben bereits mehrfach Ausführung gefunden. — Je höher
die Achse einer Glocke ist, desto mehr Kraft wird nach dem Gesetze des
Winkelhebels erforderlich sein, um sie in Schwingung zu versetzen; schon
Biringoccio hat daher Vorschläge gemacht[3], die Glocken so aufzuhängen,
dass die Zapfen der Welle dem Mittelpunkte ihrer Schwere näher gebracht
würden, was z. B. durch eine rechtwinkelige (oder bogenförmige) Abwärts-

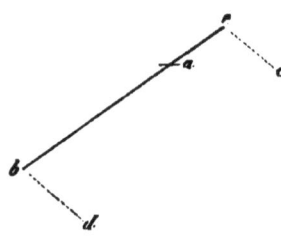

führung der Zapfen zu erreichen wäre, so
dass diese nicht wagerecht wie jetzt, sondern zuerst lotrecht (oder im Bogen) abwärts
von dem Helme ausgingen und dann im
rechten Winkel auswärts umgebogen in den
Pfannen lägen. Es ergäbe sich auf diese
Weise der komplizierte Fall eines Doppel-
pendels, da zwei schwingende Massen, die
eine oberhalb, die andere unterhalb der
Welle, vorhanden wären, welche stets im

entgegengesetzten Verhältnisse der Beschleunigung und Verzögerung zueinander stehen müssten. Gesetzt, die Schwingungswelle wäre durch den Punkt *a*
gelegt, so würde die Krone der Glocke in *e* durch ihre Schwere nach *c*,
die Glocke *b* in derselben Richtung nach *d* getrieben werden; da aber beide
Bewegungen gleichzeitig nicht möglich sind, so würde die kleinere zwar
von der grösseren absorbiert werden, aber die letztere Bewegung würde um
ebensoviel verkleinert werden. Wäre *a e* = *a b*, so ist überhaupt keine

[1] In **Dingler's** Polytechn. Journ. 1876, S. 481 ff.
[2] Vergl. die betreffenden Diskussionen der englischen Techniker in der Zeitschrift the Builder 1856.
[3] A. a. O. Fol. 99. Vergl. **Hahn**, a. a. O. S. 147; T. **Hübner**, die Glocke
in krummer Schwingungsachse. 1875. Letzterer behandelt die Sache eingehender
durch Zeichnung und Beschreibung und giebt zugleich eine eigentümliche Läute-
vorrichtung an.

Pendelschwingung mehr möglich, und wenn $ae > ab$ wäre, müsste ein Um-
schlagen erfolgen. Wenn dagegen $ba > ac$ bleibt, so wäre zwar die schwingende Bewegung möglich, aber sie würde langsamer erfolgen, als bei der
gewöhnlichen Aufhängungsart; der Klöppel dagegen, dessen Aufhängungspunkt unverändert bliebe, würde die alte beschleunigtere Bewegung beibehalten, wodurch ein regelmässiges Läuten unmöglich gemacht wäre. Wollte
man aber, was geschehen müsste, den Klöppel verlängern, um seine Bewegung langsamer zu machen, so möchte dies zur Unmöglichkeit des Anschlagens führen. Abgesehen aber auch von den theoretischen Bedenken,
scheint diese Aufhängungsart praktisch kaum versucht worden zu sein. Glück-
lichen Erfolg dagegen erreichte der elsasser Glockengiesser A u g u s t C o l l i e r
(1795—1836) dadurch, dass er die Glocke zwar in der geraden Achsenlagerung
beliess, dieselbe aber über dem Helme mit einem genau abgemessenen Gegen-
gewichte versah, wodurch der Drehpunkt dem Schwerpunkte der Glocke möglichst nahe gerückt wird, der Aufhängepunkt des Klöppels aber mit dem Dreh-
punkte in dieselbe Linie fällt. Dieses von den Nachkommen des Erfinders in
Danzig und in Berlin noch verbesserte System (Système Charles Collier) ist
in neuester Zeit auf dem Dom, dem deutschen Turm auf dem Gendarmen-
markt, der Jerusalemer- und der Nikolaikirche in Berlin, in der Obermarkts-
kirche zu Mühlhausen i. Th., in der Katharinenkirche zu Hamburg u. s. w. ausgeführt worden und hat Beifall gefunden.[1] Wesentlich auf denselben Grundsätzen beruht das von dem Gross-Zeugschmied J. P o t z d e c h in Pest angegebene, im deutschen Reiche patentierte System[2], welches zuerst auf der
Pariser Ausstellung von 1867 die Aufmerksamkeit weiterer Kreise auf sich
zog. Hier war die Glocke mit einem eisernen Helme montiert und mit hohen
Helmpratzen versehen, überdies statt mit einer Krone, um ohne Mühe gedreht werden zu können, mit einer Scheibe (s. oben S. 112) gegossen. Aus-
führungen sind nachgewiesen bei den Geläuten in Klausenburg, im Dom und
in der Prämonstr.-Kirche zu Grosswardein, in Debrezin, in Kaschau, Wien,
Neusohl u. s. w.; durch J. G. G r o s s e in Dresden auf der Stadtkirche zu
Merseburg seit 1871, wo zwei Mann eine Glocke von 70 Centner bequem
läuten. — Nach dem von dem Baurat R i t t e r in Trier erfundenen paten-
tierten, für enge Türme besonders empfohlenen und vielfach ausgeführten

---

[1] Bei dem im Sommer 1878 in Gegenwart einer Sachverständigen-Kommission
erfolgten Probeläuten der Berliner Domglocken hat Herr Hugo Collier die grosse,
etwa 105 Centner schwere Glocke allein geläutet, die Erschütterung war kaum
merklich, der Anschlag des Klöppels regelmässig und volltönend. Vergl. N. Preuss.
(Kreuz-) Ztg. 1878, Nr. 160.
[2] Theoretisch auseinandergesetzt von Prof. Köpcke im Protokoll der 75.
Hauptversammlung des Sächs. Ingenieur- und Architekten-Vereins.

System sind die Zapfen an der Achse mit Zahnrädern versehen, die sich
in Zahnlagern bewegen, wobei in ganzen Geläuten die Möglichkeit gegeben
ist, dass die Glocken nicht bunt durcheinander, sondern in gleichmässiger
Folge nacheinander klingen. — Nach einer von **Paul Burkhardt** zu
Stuttgart im Jahre 1880 angegebenen Konstruktion haben die gusseisernen
Zapfen die Form von Scheibensegmenten, auf welchen sich die Glocke wie-
genartig bewegt mittels entsprechend geformter an dem Stuhle festgeschraub-
ter Gussstücke, die an ihrer inneren Seite mit Spurkränzen versehen sind,
um seitliche Verschiebungen auszuschliessen; zur Vermeidung des Gleitens
in der Schwungrichtung selbst stehen die Lager mit den Wiegen durch
Verzahnung in Eingriff.[1] — Überhaupt sind es verschieden modifizierte, zum
Teil auf denselben Grundsätzen beruhende Systeme, nach welchen gegenwärtig die Aufhängung der Glocken, wenn es verlangt wird, wohl von allen
bedeutenderen Glockengiessereien bewirkt wird. — In dem neuen Geläute
des Domes zu Frankfurt a. M. wurden die beiden grössten Glocken von
245 und 92 Centner im Jahre 1878 nach einem neuen, vom Baurate **Den-
zinger** angegebenen Systeme mit zweifacher, d. i. höher und tiefer liegen-
der Achse aufgehängt, wobei 8 Mann zum Läuten der grossen Glocke genügen.[2] — **Boeckeler** erklärt sich a. a. O. S. 128 gegen alle solche
Neuerungen, er hält die althergebrachte Weise der Aufhängung, mit möglichst leichter Achse, durchaus für die beste und meint, man dürfe zufrieden
sein, wenn durchschnittlich Glocken von 20 Centner durch einen kräftigen
Mann zum regelrechten Läuten gebracht werden können. Unter Umständen
wird indes den neueren Systemen stattzugeben sein, z. B. in sehr engen
oder wenig festen Türmen, aus Ersparungsrücksichten bei Bestellung von
Pulsanten, auch wohl wo auf dem Lande der Unfug bereits zur Sitte geworden ist, die Glocken durch die Schuljugend bedienen zu lassen, da ein
Knabe sich eher kontrollieren lässt als ein ganzes Rudel von Kindern, die
sich an den Glockenstrang hängen. Auch ist es ein Vorteil, dass die neuen
Methoden ein zu hastiges Schwingen der Glocken verhindern, dem sich
überkräftige und ungeduldige Läuter nicht selten hingeben. Übung und Be-
dachtsamkeit verlangen aber auch die neuen Methoden mit ihrer sich stets
gleich bleibenden, maschinenmässigen, jede subjektive Einwirkung beschrän-
kenden Bewegung.

---

[1] Die Bochumer Gussstahlfabrik liefert ihre Glocken (oben S. 74) auf
Verlangen mit sogenannten Antifriktionslagern von eigentümlicher künstlicher Konstruktion; vergl. Zeichnung und Beschreibung derselben in dem Geschäftsprogramm
des Bochumer Vereins, S. 6 und Taf. III. Ausgeführt findet sich diese Montage
z. B in Altendorf 1869, in der Pauluskirche zu Essen 1871, zu Graben 1873 u. s. w.
  [2] Vergl. Fliegende Bl. für kathol. Kirchenmusik. 1878, Nr. 4.

Vor Bekanntwerden der neuen Systeme musste man in baufälligen Türmen die Glocken ganz ruhen lassen oder sich mit dem blossen Anschlagen derselben als Notbehelf begnügen. Zu diesem Behufe gab es verschiedene Vorrichtungen, deren Beschreibung und Abbildung man in Krünitz, Encyklopädie 19, 154 nachsehen kann; eine sinnreiche, durch ein Pendel geregelte Vorrichtung zum Anschlagen von zwei federnden Hämmern an feststehende Glocken ist von Möllinger in Berlin angegeben.[1] Der Erfolg wird in Hinsicht des Klanges stets ein sehr mangelhafter bleiben, und bei mangelnder Vorsicht wird leicht ein Zerspringen der Glocken eintreten, namentlich bei grosser Winterkälte. Letztere ist überdies den Glocken so gefährlich, dass man dieselben, um die Gefahr des Springens abzuwenden, an einzelnen Orten mit besonderen leichteren Winterklöppeln versah, was aber auch nicht immer schützte.[2] Um überhaupt das Zerspringen der Glocken zu verhüten, wird man namentlich darauf zu achten haben, dass der Klöppel genau an den Schlag der Glocke schlägt und nie so locker hängt, dass er bei heftigem Läuten aufwärts fahren und der Glocke nach ihrer Mitte zu Querschläge beibringen kann, in welchem Falle das Zerspringen derselben fast mit Notwendigkeit erfolgen würde, besonders wenn das Metall sehr spröde sein sollte. Auch die plötzliche Dämpfung der klingenden Glocke durch Berührung mit Filz oder Wolle soll nach der gemeinen Rede das Zerspringen verursachen.

Wegen der Kostspieligkeit des Umgiessens zersprungener Glocken hat man Versuche gemacht, die Risse auszuschneiden oder durch Lötung auszufüllen. Um den verlorenen Klang einer zersprungenen Glocke durch Ausschneiden wieder herzustellen, muss oberhalb des Sprunges ein Loch gebohrt und von da aus der Richtung des Sprunges folgend, etwa $\frac{1}{2}$ Zoll breit, ein Sägenschnitt nach unten geführt werden, damit auf diese Weise die Berührung des getrennten Metalls aufgehoben wird. Wenn, was gewöhnlich der Fall ist, der Sprung sich nur am unteren Rande der Glocke befindet, so kann durch einen im Winkel nach dem Endpunkte des Sprunges geführten Schnitt das ganze auf der einen Seite durch den Sprung, auf der andern durch den Schnitt getrennte Metallstück aus der Glocke von innen nach aussen herausgeschlagen werden; hieraus folgt, dass das sonst gewöhn-

---

[1] S. Abbildung und Beschreibung in den Verhandl. des Vereins zur Beförderung des Gewerbfleisses in Preussen. Jahrg. 22. Liefr. 5. S. 168 und Taf. 19. — Eine andere Vorrichtung s. D. Bauzeitung 1861, S. 469.

[2] Die 1519 gegossene grosse Marienglocke des Münsters zu Strassburg zersprang nach kaum halbjährigem Gebrauch bereits bei strenger Kälte zu Weihnachten 1521, obgleich sie mit ihrem Winterklöppel versehen war. Vergl. Kraus, Fz. X., Kunst und Altertum in Unter-Elsass, S. 407; Blavignac a. a. O. S. 248.

liche ∧ förmige Ausfeilen des Glockenrandes, wobei man den Sprung in
die Mitte nahm, unnötige Arbeit verursacht. In manchen Fällen wird dieser
Reparaturversuch indes vergeblich bleiben[1], wenn nämlich der Sprung sich
weiter ausdehnt, als dem Auge sichtbar ist, und überdies lässt sich das
Weiterspringen der Glocke, wenn sie auch wieder klingend geworden wäre,
niemals vermeiden. Der Klang einer also wiederhergestellten Glocke wird
einen höheren als den ursprünglichen Ton ergeben, und kann kein harmo-
nischer sein, weil die höheren Beitöne zu dem veränderten Grundtone nicht
passen werden. Da der Sprung regelmässig an einer der Seiten sich befinden wird, die vom Klöppel getroffen werden, so ist ein Umhängen der
Glocke erforderlich, wobei man darauf zu sehen hat, dass der neue An-
schlagsort des Klöppels von dem Sprunge um 45° entfernt genommen wird,
damit letzterer möglichst in eine Knotenlinie der Glocke falle, wonach die
Ausstämmung des Helms abzuändern ist. Wenn das Hangeisen fest mit in
die Glocke eingegossen ist, muss an demselben ein anderes gabelförmiges
Eisen befestigt werden, woran man den Klöppel hängen kann. — Von der
Lötung oder vielmehr Ausgiessung des Sprunges giebt Biringoccio (a. a.
O. Fol. 100 b) durch Abbildung und Beschreibung eine ausführliche, aber
etwas unklare Anleitung und versichert, dass er auf diese Art eine Glocke
in Rom hergestellt habe: Es sei im Innern der Glocke eine Form zu machen,
vorzüglich da wo der Sprung ist, und wenn diese Form hinreichend dick
sei und auf alle Fälle mit 3 oder 4 eisernen Stäbchen befestigt und wieder
weich gemacht, so werde sie an ihren Ort gebracht und inwendig an den
Rändern mit nasser Erde verschmiert. Dann müsse die ganze Höhlung der
Glocke mit gestossener, etwas feuchter und gut eingestampfter Erde ausgefüllt und hierauf in einer Grube ganz mit Erde bedeckt werden, doch so,
dass der obenliegende Sprung frei bleibe; über demselben wird ein Rohr
(manica) angebracht, durch welches die Flamme eines kleinen Öfchens streicht
und genau auf den Sprung geleitet wird: so lange, bis die Stelle der Glocke
so weich wird, dass ein Eisenstäbchen, welches man durch eine in dem
Rohre befindliche Öffnung steckt, in das Metall eindringt. In diesem Moment ist mit einem Giesslöffel oder Schmelztiegel ein wenig geschmolzenes
Metall über den Sprung zu giessen, welches man durch die darüber strei-
chende Flamme sich innig mit der Glocke vereinigen lässt. Wenn Karmarsch (a. a. O. S. 105) das Bedenken äussert, die Glocke werde da,
wo sie durch die Flamme erweicht wird, wahrscheinlich sofort zusammen-

---

[1] Nach den Magistrats-Akten zu Brandenburg wurden bei einer im Jahre
1810 gesprungenen, etwa 66 Centner schweren Glocke die Künste des Aussägens
und der Anbringung eines sogenannten Schallrohres (?) vergeblich versucht, und
ähnliche kostspielige Erfahrungen hat man auch vielfach anderwärts gemacht.

sinken, so ist diese Befürchtung durch die Praxis einzelner Virtuosen wider-
legt, welche die Kunst des Lötens zersprungener Glocken in der That mit
gutem Erfolg auszuüben verstehen.[1] Für die Dauerhaftigkeit des Prozesses
ist es sehr wesentlich, dass der Sprung zuerst ausgestemmt und der Spalt
vor dem Ausgiessen durch eiserne oder stählerne Klammern verbunden und
so das spätere Weiterspringen verhindert wird. Die Glocke wird umgehängt,
so dass der Klöppel an den entgegengesetzten Seiten anschlägt. Selbstverständlich bleiben die Klammern in der reparierten Glocke; es ist jedoch
äusserlich davon nichts zu sehen. Der Hauptton der wieder mit Klang
begabten Glocke bleibt derselbe, der Klang aber wird jedenfalls härter ausfallen, und die Kosten sind nicht ganz unerheblich, wenngleich viel geringer
als beim Umgiessen einer Glocke. Als Notbehelf für ärmere Gemeinden
ist das Verfahren, die geschickte Ausführung vorausgesetzt, zu beachten.

Abgebrochene oder beim Guss ausgebliebene Glockenöhre können durch
eiserne ersetzt werden, zu welchem Ende Löcher durch die Platte der
Glocke gebohrt werden müssen. — Blätterig gewordene Stellen des Glockenrandes und des Klöppelballens sind beizeiten glatt zu feilen; ausgeriebene
Öhre müssen durch Unterlagen von Eisenstückchen vor dem Durchreiben
verwahrt werden; für ein abgebrochenes (nach älterer Weise eingegossenes)
Hangeisen kann durch zwei Bohrlöcher der Platte ein neues eingesetzt und
oben mit Muttern verschraubt werden.[2]

Zusammenstellung mehrerer Glocken zu einem Geläute. — Bei
der Neubeschaffung ganzer Geläute hat man sich zunächst die Frage nach
der Zahl und der Schwere der Glocken zu beantworten, weil danach die
Kosten zu berechnen sind. Von der Zahl ist bereits oben S. 28 die Rede
gewesen; in Beziehung auf die Schwere des ganzen Geläutes ist ein Unter-

[1] Die Archäologen-Versammlung von 1855 in Chalons-sur-Marne erwähnt im
Protokoll ihrer 22. Sitzung die (angebliche) Erfindung des dortigen Glockengiessers
Delcroix-Mangin, zersprungene Glocken durch Lötung wiederherzustellen.
Der Schwede Ohlsson übte diese Kunst schon seit 1805, hatte im Jahre 1827
bereits circa 100 Glocken in den verschiedenen Provinzen Schwedens repariert,
und erhielt für sein bewährtes Verfahren von der Patriot. Gesellschaft zu Stockholm eine Medaille. Sein Sohn L. Ohlsson in Ystad und sein Enkel O. Ohlsson in Lübeck betreiben das Geschäft erfolgreich weiter, und Reparaturen sind
von letzterem z. B. 1878 zu Lüchow und Lichtenburg in Hannover, 1879 zu Krempe
in Holstein (2 Glocken von 55 und 45 Centnern), Riesdorf bei Jüterbogk, Buckow
im Regierungs-Bezirk Frankfurt, Book bei Osterburg, Ziebingen, Lieberose, 1880
Eckwarden in Oldenburg, 1881 Haselberg bei Wriezen a. O., Flensburg, dann zu
Chrast in Böhmen, Waldenburg in Sachsen, an mehreren Orten in Ober-Ungarn
u. s. w. ausgeführt worden. — Die 1879 reparierte, etwa 5 Centner schwere Glocke
in Riesdorf hat sich seit 5 Jahren bewährt, wie aus sicherer Quelle bezeugt wird.

[2] Vergl. Hahn a. a. O. S. 189 ff.

schied zu machen zwischen Stadt und Land, zwischen grösseren und kleineren Ortschaften. Für städtische Pfarrkirchen genügt erfahrungsmässig
im allgemeinen ein Dreigeläute von 70 bis 100 Centner, wobei auf die
grösste Glocke 40 bis 70 Centner zu rechnen sind. Das 1878 gegossene
Geläute der Petrikirche in Hamburg besteht aus 4 Glocken, die zusammen
gegen 400 Centner wiegen; die grösste Glocke wiegt 204 Centner. Das
Domgeläute zu Frankfurt a. M. aus dem Jahre 1878 enthält 10 Glocken
von 540 Centner mit der grössten Glocke von 215 Centner. Für ein Dorf-
geläute reicht ein Gewicht von 14 bis 30 Centner aus, wobei die grösste
Glocke zu 6 bis 16 Centner anzunehmen ist. — Riesenglocken sind ein
Luxus, den sich reiche Kathedralen und Stifter seit dem 15. Jahrhundert
gestatteten, Prunkstücke, die sich in der Praxis meist wenig bewähren.

Das Gewicht der einzelnen Glocken eines Geläutes regelt sich nach
den gewünschten Tonintervallen derselben, die entweder h a r m o n i s c h nach
den Stufen des Dur- oder Moll-Dreiklanges, oder m e l o d i s c h in beliebiger
Aufeinanderfolge der diatonischen Stufen der Skala geordnet werden können.
Das Mittelalter kannte beide Arten von Geläuten.[1] Während eine Zeitlang
fast ausschliesslich harmonische Geläute gegossen wurden, werden neuerdings von sehr beachtenswerter Seite[2] die melodischen eifrig empfohlen;
beide Gattungen haben ihre Vorzüge und ihre Nachteile: die Wahl bleibt
Geschmacksache. Dass es bei harmonischen Geläuten auch auf die harmonischen Verhältnisse der Hauptbeitöne der einzelnen Glocken ankommt, ist
bereits oben S. 91 erwähnt, doch bemerkt B o e c k e l e r a. a. O. S. 121:
„Wenn beim Zusammenklingen der Glocken irgend eine Unreinheit durch
Vermischung verschiedener Haupttöne mit dissonierenden Nebentönen anderer
Glocken entsteht, so wird diese hinlänglich gedeckt durch die Reinheit
der melodisch durcheinander klingenden Haupttöne." Am besten wird es
sicherlich sein, wenn solche Dissonanzen überhaupt vermieden werden.

Als empfehlenswert bezeichnet B o e c k e l e r a. a. O. S. 118 folgende
Zusammenstellungen der einzelnen Glocken zu einem Geläute nach den
Intervallen der Haupttöne:

für 2 Glocken: C D, oder C E, oder C F;

„ 3 „   C D E (in St. Pantaleon und St. Columba zu Köln, in St. Paul zu
              Aachen), D E F (St. Michael zu Burtscheid), C D F (in Ludwigs-
              hafen), D F G (St. Adalbert in Aachen), C E G (sehr häufig),
              D F A (häufig);

---

[1] Gerhard Wou von Kampen goss 1497 für Erfurt drei Glocken nach den
Intervallen des Dreiklanges (s. oben S. 133 und 1502 für den Dom zu Braunschweig drei Glocken in den diatonischen Stufen B c d (s. oben S. 96).

[2] Vergl. S t e i n, A. G., Fingerzeige u. s. w., im Organ für christl. Kunst 1867,
S. 104 ff.

für 4 Glocken: CDEF (im Dom, St. Severin, St. Martin, St. Aposteln, St. Andreas
und St. Mauritius zu Köln, Münster zu Bonn u. s. w.), DEFG
(Marienkirche zu Aachen), CEFG, DFGA, CEGA (St. Michael in Aachen);

„ 5 „ CDEFG (St. Gereon in Köln), DEFGA, CEFGA, CDEGA,
DFGAH;

„ 6 „ CDEFGA, DEFGAH, CEGAHc (Leeder bei Asch im Reg.-
Bez. Schwaben), DFGAcd;

„ 7 „ CDEFGAH, DEFGAcd, CEGAHcd, DFGAHcd;

„ 8 „ CDEFGAHc (Dom zu Reims), CEGAHcdc (Münster zu Aachen), DEFGAHcd.

Die Läuteglocken des Domes zu Frankfurt a. M. haben die Töne E A Cis
(etwas zu tief) e fis gis a h cis[1]; die 5 Glocken der Michaeliskirche in Alten-
stadt des f as b c̄.

VII. Zur Glocken-Statistik.

Zu einer vollständigen systematischen Statistik der Glocken fehlen die
Quellen, wir müssen uns deshalb mit mehr oder weniger fragmentarischen
Notizen genügen lassen. Was zuvörderst die Anzahl eigentlicher Läute-
glocken anbetrifft, so behauptet Russland den Vorrang vor allen übrigen
Ländern der Erde. Die Kirchen daselbst sind mit Glocken aller Art und
Grösse bis zum Überflusse versehen, und in Moskau allein sollen 1700 sich
befinden. Der Turm Ivan Weliki hat in vier Stockwerken 37 Glocken.[2]
Eigentliches Läuten soll nicht Sitte sein; die grösseren Glocken sind überhaupt nicht zum Schwingen bestimmt und darum fest und unbeweglich aufgehängt. Aber nicht bloss durch die Zahl, sondern noch mehr durch die
ans Fabelhafte grenzende Riesengrösse mehrerer seiner Glocken ist St. Ivan
in Moskau berühmt; es ist indes schwer, die sich widersprechenden verschiedenen Berichte darüber miteinander in Einklang zu bringen. Der
Glockenturm hatte bei dem Brande von 1812 beträchtlichen Schaden ge-
litten. Eine Glocke Bolshoi (die Dicke) genannt, gegossen 1710 und

---

[1] Beim Probeläuten im Februar 1878 stellte sich heraus, dass die Glocke gis
(Nr. 6) im Gesamtgeläute störend wirkte, weil sie als grosse Septime gegen die
Glocke A (Nr. 2) und als kleine Sekunde gegen die Glocke a (Nr. 7) eine zu
scharfe Dissonanz bildete. Vergl. A. Oberhoffer in den Fliegenden Bl. für
kathol. Kirchenmusik. 1878, Nr. 4.

[2] Über die Glocken in Russland vergl. Tanner, Legatio Polono-Lithuanica
in Moscoviam. (Nürnb. 1689. 4.) c. 13, p. 61. — Röhr, Prediger-Bibliothek. 1831.
Bd. 12, S. 547 f.; s. oben S. 33.

124 000 Pfd. schwer, war herabgefallen und dadurch unbrauchbar geworden. Im Jahre 1817 befahl der Kaiser Alexander ihre Wiederherstellung und gleichzeitige Vergrösserung bis auf 144 000 Pfund. Der Umguss geschah durch Bogdanof und gelang wohl. Die Glocke hat 18 Fuss Durchmesser und 21 Fuss Höhe; ihr Klöppel wiegt 4200 Pfund. Sie ist mit den Reliefbildern der kaiserlichen Familie, sowie mit Darstellungen des Heilandes, der heiligen Jungfrau und Johannes des Täufers geschmückt. Diese sogen. „neue Glocke" ist unter allen, welche gebraucht werden, die grösste, wird aber durch eine andere, die indes anscheinend kaum jemals gebraucht worden ist, noch bedeutend übertroffen. Dieser „Kaiser der Glocken" (Tsar Kolokol), unstreitig die grösste Glocke der Welt, stammt aus der Zeit der Kaiserin Anna und soll im Jahre 1734 aus einer noch grösseren älteren beschädigten Glocke umgegossen sein. Ihr Durchmesser beträgt 22 Fuss 5$^1/_8$ Zoll, ihre Höhe 21 Fuss 4$^1/_2$ Zoll und ihre Kranzdicke 25 Zoll; das Gewicht wird auf 400 000 Pfund geschätzt, und der Klöppelballen hat 6 Fuss im Umfange. Die Riesin, welche bereits 1737 bei einem Brande des Dachstuhles herabgestürzt und zum Teil in die Erde gesunken war, wurde im Jahre 1837 auf Befehl des Kaisers Nikolaus aus ihrem Grabe emporgehoben und auf einen gemauerten Unterbau gestellt; sie ist mit Reliefs und Inschriften geschmückt, aber auf einer Seite der Basis ist ein so grosses Stück ausgebrochen, dass man bequem in das Innere der Glocke eintreten kann.[1]

Auch England, wo das Peal-ringing (vergl. oben S. 60) zu den Volksbelustigungen gehört, ist sehr reich an Glocken, hat jedoch bei der Aufhebung der Klöster viele eingebüsst: sie wurden ausgespielt[2], nach Russland und anderen fremden Ländern verkauft, wo denn gar manche, ohne den Ort ihrer Bestimmung zu erreichen, ihr Grab im Ozean fanden. Man hat berechnet, dass es in England 50 Geläute von 10 Glocken, 360 Geläute von 8, 500 Geläute von 6 und 250 Geläute von 4 Glocken giebt. Der Dom von Exeter hat 10 Glocken, St. Salvator in Southwark (London) 12, von denen 9 über 400 Jahre alt sind; St. Leonard in Shoreditch (London) ebenfalls mit 12 Glocken, deren Läuten von der Königin Elisabeth so sehr bewundert wurde, dass sie auf ihren Reisen von Halfield nach London, wenn jene Glocken zu ihrer Bewillkommnung erklangen, stets an

---

[1] Vergl. Bulletin monumental X, p. 105. — The Penny Magazine 1834. Nr. 163, p. 405. — Gatty, the Bell, p. 47. — Petri, Neue Pittoresken aus Norden, S. 285. — Boeckeler a. a. O. S. 146 nebst Abbildung der Glocke auf Taf. XXVIII.

[2] Heinrich VIII. soll einst bei einer Spielpartie mit Sir Miles Patridge 100 Pfund und einen Glockenturm Londons mit den vier grössten Glocken der Stadt gesetzt und verloren haben: der Gewinner liess die Glocken einschmelzen. — Organ für christl. Kunst 1857, S. 158.

halten liess, um sich daran zu ergötzen. Den Klang der Glocken in den verschiedenen Kirchspielen von London malt ein in seiner Art treffliches englisches Volkslied in humoristischer Weise:

Gay go up and gay go down,
To ring the bells of London town.

Halfpence and farthings.
Say the bells of St. Martin's.

Oranges and lemons,
Say the bells of St. Clement's.

Pancakes and fritters,
Say the bells of St. Peter's.

Two sticks and an apple,
Say the bells of Whitechapel.

Kettles and pans,
Say the bells of St. Anne's.

You owe me ten shillings,
Say the bells of St. Helen's.

When will you pay me?
Say the bells of Old Bailey.

When I grow rich,
Say the bells of Shoreditch.

Pray when will that be?
Say the bells of Stepney.

I am sure I don't know,
Says the great bell of Bow.[1]

Geläute von 10 Glocken befinden sich in St. Margaret in Leicester, St. Maria in Nottingham und zu Fulham, welche zu den schönsten in England gerechnet werden. Die Glocken der Universitätskirche in Cambridge fanden den besonderen Beifall des grossen Händel. Volkstümlich berühmt ist der „grosse Tom" auf dem Christ-Church-College zu Oxford. Diese Glocke befand sich ursprünglich auf der Abtei Oseney daselbst und kam erst 1545 an ihren jetzigen Ort; sie hatte die Inschrift: *In Thomae laude resono bim bom sine fraude.* Nachdem sie zweimal zersprungen war, wurde sie zuletzt 1680 auf Kosten des Bischofs von Oxford umgegossen. Sie hat 7 Fuss 1 Zoll Durchmesser, 6 Fuss 9 Zoll Höhe und $6^{1}/_{8}$ Zoll Kranzdicke; ihr Gewicht beträgt 17000 Pfund. Der im Jahre 1835 umgegossene und vergrösserte „*Great Tom*" zu Linkoln wiegt 12000 Pfund. Die grosse Glocke der Paulskirche in London von 1716 hat 9 Fuss Durchmesser bei 9 Zoll Kranzdicke und wiegt zwischen 11 bis 12000 Pfund, der Klöppel 180 Pfund. Die grössten Glocken Englands sind aus neuerer Zeit: der grosse Peter auf dem Münster zu York, gegossen 1845 von Mears, wiegt 24080 Pfund und kostete 14000 Thaler. Die Stundenglocke des neuen Parlamentsgebäudes, gegossen 1856 von John Warner & Söhne in London, hat ein Gewicht von 33600 Pfund; sie sprang bald und musste umgegossen werden; mit 4 kleineren ist sie an einem gusseisernen, auf schrägen Pfosten ruhenden Gebälke unbeweglich befestigt.[2]

[1] Vergl. Gatty a. a. O. S. 78.

[2] Über die Glocken in England vergl. die Monographien von Gatty, Ellacombe und Lukis (oben S. 2), Quarterly Review No. 190, Berliner Nachr. (Spenersche Ztg.) 1854, Nr. 267 f., die Zeitschrift The Builder 1856, Minutes of proceedings of the Institution of civil engineers, Bd. 17, 1859; auch oben S. 69.

Für die Glocken in Frankreich wurde der Vandalismus von 1793
(s. oben S. 67) höchst verderblich; die systematische Vertilgung bezweckte
überall nur eine Glocke übrig zu lassen; es haben sich dessen ungeachtet
noch manche alte und schöne Geläute erhalten. Die älteste datierte Glocke,
die Viollet-le-Duc[1] kannte, war der 1845 gesprungene Paulus von
1,46 m Durchmesser in der Abteikirche zu Moissac (Tarn et Garonne); sie
hatte oben herum in 6 cm hohen (aus Wachsstockfäden modellierten) Buchstaben die Hauptinschrift: *Salve regina misericordiae*, unter welcher in einer
zweiten mit kleineren Buchstaben geschriebenen Zeile zu lesen stand: *Anno
domini millesimo CC° LXX tercio Gofridus me fecit et socios meos. Paulus vocor.* Als Trennungszeichen waren zwischen den Wörtern der Hauptinschrift 4 spitzovale Siegel abgegossen. Glocken von mittlerer Grösse aus
dem 15. und 16. Jahrhundert finden sich in den Domen zu Amiens, Beauvais, Sens, Chartres, Carcassone, Saumanes (Vaucluse), in den N. D. Kirchen
zu Orleans, Etampes und Trumilly (Oise) und auf den städtischen Türmen
von Valenciennes, Béthune und Compiègne. Unter 300 Glocken in der
Umgegend von Bray in der Normandie, die Dergny (les cloches du pays
de Bray) erwähnt, findet sich nicht eine einzige, die älter wäre als das
16. Jahrhundert. — Die volkstümlich berühmteste und grösste unter allen
französischen Glocken ist der Bourdon von Notre-Dame in Paris, welcher
während der Revolution als Sturmglocke diente. Dieselbe wurde ursprünglich im Jahre 1400 der Kathedrale zum Geschenke gemacht von Johann
Montaigu, dem Bruder des 95. Bischofs von Paris Gerard M., und erhielt
nach der Gemahlin des Donators Jacqueline von Lagrange den Namen Jacqueline; sie wog 15 000 Pfund. Im Jahre 1680 wurde sie auf Veranlassung des Kapitels umgegossen; aber der Guss misslang und musste im folgenden Jahre wieder vor sich gehen. Die Weihe geschah am 29. April
1682 durch Franz v. Harlais, Erzbischof von Paris, und Ludwig XIV. legte
ihr nach seiner Gemahlin Louise Therese von Österreich den Namen Ema-
nuelle Louise Therese bei. Indes der Ton der Glocke passte durchaus
nicht zu dem übrigen Geläute; man entschloss sich im Jahre 1685 zum
abermaligen Umgusse und vergrösserte sie bei dieser Gelegenheit bis auf
26 000 Pfund. Sie hat 8 Fuss Durchmesser und 8 Fuss Höhe, der Schlag
eine Dicke von 8 Zoll. Der Klöppel wiegt 976 Pfund. Ihr gesangreicher
und imposanter Klang enthält einen vollkommenen Akkord. Im Jahre 1794
wurde sie herabgenommen, aus Furcht, dass sie zum Sturmläuten gebraucht
werden könnte. Erst bei der Feier des Konkordates im Jahre 1802 wurde
sie wieder aufgehängt und seitdem an Festtagen durch 16 Mann geläutet;

---

[1] A. a. O. 3, 283. Älter ist eine Glocke im Museum zu Bayeux von 1202.

nach dem Neubau des Turmes fand 1851 eine neue Montierung derselben statt (s. oben S. 140). Als zweitgrösste französische Glocke galt der Georges d'Amboise zu Rouen, gegossen 1501 und nach dem Donator Kardinal Georges d'Amboise also benannt. Sie hatte 8 Fuss 4 Zoll Durchmesser und 8 Zoll 6 Linien Kranzdicke und wog angeblich 36 364 Pfund. Ihr Klang war ein dumpfes, kaum vernehmbares Summen; sie sprang im Jahre 1789 beim Einzuge Ludwigs XVI. in Rouen, und die zum Umgusse derselben bereits getroffenen Anstalten kamen wegen der Revolution nicht zur Ausführung; sie wurde vielmehr im Jahre 1793 zerschlagen. — Die grosse Glocke des Domes zu Reims von 1570 wiegt 23 000 Pfund.[1]

In Spanien, wo die Glocken nicht geschwungen, sondern nur angeschlagen werden, soll es bis zu den neueren Staatsumwälzungen 84 108 Glocken mit einem Metallwerte von etwa 6 Millionen Mark gegeben haben; infolge der Säkularisationen gingen ganze Schiffsladungen Glockenmetall nach England.[2] In San Yago di Compostela wird eine Riesenglocke von angeblich 300 Centner erwähnt, und als die grösste des Landes wird eine Glocke zu Toledo genannt. Wegen ihres spukhaften Selbstläutens ist die Glocke zu Velilla (oben S. 122 und unten in Abschnitt VIII, S. 176) berühmt.

In Italien hat Rom, wie die meisten Kirchen, auch die meisten und grössten Glocken[3], von denen einige der neuesten Zeit angehören. In dem alten Geläute von St. Peter wird eine Glocke aus dem 13. Jahrhundert erwähnt, mit der Inschrift: *Anno Domini MCCLXXXVIIII ad honorem Dei et Beatae Mariae Virginis et Sancti Thomae Apostoli tempore fratris Joannis de Leodio ministri factum fuit hoc opus de legato quondam domini Rikardi Domini Papae notarii Giudottus Pisanus me fecit.* Eine im Jahre 1786 gegossene 280 Centner schwere Glocke derselben Kirche ist äusserlich sehr schön, soll aber ohne ordentlichen Klang sein. Auf dem Kapitol befindet sich eine 175 Centner schwere Glocke, die Papst Pius VII. ihrer Inschrift zufolge aus verrufenen Kupfermünzen (*ex aereis nummis proscriptis*) hat giessen lassen. Auch Loretto und Parma sind wegen ihrer grossen Glocken berühmt. Der Dom zu Mailand hat eine gegen 300 Centner wiegende Glocke. In Oberitalien haben die Franzosen in ihren Kriegszügen unter den alten Glocken stark aufgeräumt.

---

[1] Über Glocken in Frankreich vergl. Bulletin monumental 1844. Vol. X, p. 103 sqq.; Viollet-le-Duc a. a. O.; Caumont, Abécédaire. 5. éd. 1, 582.

[2] Vergl. Organ für christl. Kunst 1857, S. 157.

[3] Über die älteren italienischen Glocken vergl. Rocca, de campanis, im Thesaurus pontif. sacrarumque antiquitatum 1, 172 sq.; auch oben S. 69 u. 88 f.

In der Schweiz hatte St. Gallen das stärkste, aus 24 Glocken bestehende Geläute; sie wurden 1712 durch das Kriegsheer der vereinigten Kantone Bern und Zürich weggenommen. Das Geläute von St. Ursus zu Solothurn besteht aus 11 Glocken; N. D. des Ermites besitzt 10, St. Vincenz in Bern 9, der Dom in Geuf 8 Glocken. Die grösste Glocke befindet sich in St. Vincenz zu Bern, sie datiert von 1611 und wiegt angeblich 240 Centner und der Klöppel 7½ Centner. Älter und nicht viel kleiner ist die grosse Glocke des Münsters zu Schaffhausen von 1486. Grosse Glocken aus dem 15. Jahrhundert haben sich in St. Felix zu Zürich (1405), in Sion (1440), in Freiburg (1482) und in Basel (1493) erhalten. Die grosse Glocke in Lausanne ist von 1583, die des Ursusmünsters zu Solothurn von 1766, die in Neuchâtel von 1823, die in Genf von 1867.[1]

Die Niederlande mit den in allen Städten befindlichen Glockenspielen (oben S. 61 f.) haben eine Unzahl Glocken und Glöckchen aufzuweisen; aber auch an Riesenglocken fehlt es nicht, doch scheint keine derselben das Gewicht von 200 Centner zu übersteigen. Die grösste Glocke befindet sich zu Brügge; sie ist 1680 gegossen und wiegt 200 Centner. Der Dom zu Utrecht besitzt 7 Glocken des berühmten Gerhard de Wou von Kampen (s. d. im Glockengiesserverzeichnis) aus dem Jahre 1505, deren grösste 164 Centner wiegt; zwei andere wiegen bezw. 118 und 84 Centner. Auch Oldenzaal besitzt eine Glocke dieses Giessers aus dem Jahre 1493 von 150 Centner. Die grossen Glocken in Antwerpen, Brüssel und Gent wiegen bezw. 138, 136 und 106 Centner.

Aus den über die Glocken in Deutschland[2] vorhandenen vielen vereinzelten Notizen geht zur Genüge hervor, dass sich in unserem Vaterlande wohl die meisten mittelalterlichen Glocken erhalten haben. Abgesehen von vielen von unbestimmtem, aber anscheinend höchstem Alter, befindet sich, soweit bekannt, die älteste mit einer Jahreszahl (1144) versehene Glocke zu Iggensbach in Niederbayern (oben S. 131) und von einer andern zu Gilching in Oberbayern steht durch den daraufstehenden Namen des Donators die Entstehungszeit zwischen 1162 und 1194 fest. Aus dem 13. Jahrhundert ist eine verhältnismässig bedeutende Anzahl inschriftlich datierter Glocken nachgewiesen, wie folgende Übersicht derselben ergiebt, in welcher die gegenwärtig nicht mehr vorhandenen mit einem Sternchen bezeichnet sind.

---

[1] Vergl. Blavignac a. a. O. S. 16 ff.
[2] Vergl. Otte, Handbuch der kirchl. Kunstarchäologie. 5. Aufl. 1, 352—359 und 442—447.

1234 Kirche zu Helfta bei Eisleben.
1249 St. Burchardi in Würzburg.
* Kirche zu Iber bei Einbeck.
1252 Dom zu Minden.
1258 Münster zu Freiburg i. Br.
1261 St. Petri in Aachen.
1263 Liebfrauenkirche zu Moringen in Hannover.
1268 St. Georg und Stadtturm in Hagenau, 2 Glocken.
1270 Museum zu Braunschweig.
Dom zu Minden.
1272 Stadtkirche zu Markgröningen (Württemb.), 2 Glocken.
* 1274 Kirche zu Ochtersum bei Esens.
1275 St. Petri zu Würzburg.

1278 Kirche zu Gross-Uhrleben bei Langensalza.
* Kirche zu Lühnde bei Hildesheim.
1281 St. Moritz in Halberstadt.
St. Blasii zu Mühlhausen i. Th.
St. Blasii zu Münden.
* Münster zu Freiburg i. Br.
* 1282 Grosse Kirche zu Emden.
* 1287 Katharinenk. zu Brandenburg.
1290 Kirche zu Gonna b. Saugerhausen.
Kirche zu Wilsdruff. im Königr. Sachsen.
* 1291 Kirche zu Fredelsloh.
1295 Kirche zu Kampen in Ostfriesl.
1297 St. Sylvestri in Wernigerode.
1299 Pfarrkirche zu Sinzig.
Kirche zu Pfaffenhofen.

Die Anzahl der Glocken aus dem 14. Jahrhundert ist viel grösser und die der dem 15. Jahrhundert entstammenden überall noch erstaunlich gross. Die alten Glocken vermindern sich selbstverständlich je länger je mehr, doch ist es sehr zu beklagen, dass in unseren Tagen viele völlig brauchbare alte Glocken aus allerlei Scheingründen oft ohne Not umgegossen und gegen neue von zuweilen zweifelhaftem Werte vertauscht werden. Ältere statistische Nachweise decken sich daher nicht mehr mit der Gegenwart; wie wenn z. B. vor 60 Jahren im Fürstentum Minden und in der Grafschaft Ravensberg 2 Glocken aus dem 13., 6 aus dem 14., 8 aus dem 15., 23 aus dem 16., 36 aus dem 17., 59 aus dem 18. und 8 aus dem ersten Viertel des laufenden Jahrhunderts nachgewiesen waren, so dürfte dies jetzt schwerlich noch passen. Durch die sorgsame Aufmerksamkeit, die Herr Bauinspektor G. Sommer zu Wernigerode auf seinen Kunstreisen innerhalb der Provinz Sachsen den Glocken fortgesetzt widmet, ist es ihm möglich geworden, zum ersten Male eine vollständige Statistik derselben zu entwerfen, die sich bis jetzt auf 7 landrätliche Kreise des Reg.-Bez. Erfurt, auf 8 des Reg.-Bez. Merseburg und 5 des Reg.-Bez. Magdeburg, im Ganzen auf eine Fläche von über 9400 qkm erstreckt und 2886 Glocken umfasst, unter denen sich datiert 6 aus dem 13., 26 aus dem 14., 154 aus dem 15., 239 ans dem 16., 341 aus dem 17., 582 aus dem 18. und 986 (!) aus unserem höchst betriebsamen 19. Jahrhundert befinden; ohne bestimmtes Datum sind 551 mittelalterliche Glocken. 171 Glocken, also 6 Prozent, haben Inschriften in neugotischen Majuskeln, werden daher aus der Zeit bis etwa 1360 stammen. Auffallend ist das Verhältnis in dem 588 qkm grossen Mansfelder Seekreise, in welchem die Zahl der Glocken mit Majuskelinschriften noch über 16 Prozent beträgt und die der spätmittelalterlichen übersteigt. Durch die Güte des Herrn Verfassers sind wir im stande, die folgende statistische Tabelle mitzuteilen, in welcher nur der von demselben nicht vollständig bereiste Kreis Merseburg aus einer andern Quelle ergänzt ist.[1] Im Kreise Weissenfels, in welchem vor ca. 40 Jahren nur 7 Glocken aus dem laufenden Jahrhundert nachgewiesen waren, hat sich seitdem die Zahl derselben bis auf 80 vermehrt, ein Anzeichen davon, wie schnell unter Umständen unter dem alten Bestande aufgeräumt wird. Die Zahl der erst im 19. Jahrhundert gegossenen Glocken in den berücksichtigten Teilen der Provinz Sachsen beläuft sich auf 34 Prozent.

Nr.	Kreise der Provinz Sachsen, nach Regierungsbezirken	Anzahl der Glocken überhaupt	Durchmesser der grössten Meter	Durchmesser der kleinsten Meter	Nicht datierte	Zahl der Glocken nach Jahrhunderten							Mit Inschriften in	
						XIII.	XIV.	XV.	XVI.	XVII.	XVIII.	XIX.	Maj.	Min.
I. Im Reg.-Bez. Erfurt	Heiligenstadt . .	155	1,36	0,36	21	—	1	6	23	15	20	69	4	15
	Langensalza . .	146	1,88	0,39	9	—	4	4	22	20	34	52	6	16
	Mühlhausen . .	133	2,01	0,35	18	1	2	10	19	9	27	47	3	23
	Schleusingen . .	85	1,38	0,25	7	—	—	5	4	14	19	36	—	8
	Weissensee . . .	95	1,58	0,46	2	—	2	5	4	13	37	32	2	6
	Worbis	118	1,46	0,41	12	—	1	5	18	16	20	46	3	15
	Ziegenrück . . .	80	1,40	0,33	8	—	—	5	5	11	20	31		4
II. Im Reg.-Bez. Merseburg	Eckardtsberga . .	204	1,46	0,44	10	—	1	4	13	19	61	96	4	12
	Mansfeld. Gebirgskr.	123	1,91	0,37	19	—	—	6	11	16	32	39	8	12
	Mansfelder Seekr.	174	1,96	0,35	49	1	1	9	15	22	19	58	29	20
	Merseburg . . .	278	1,72	0,33	86	—	—	16	24	36	51	65	13	50
	Querfurt	284	1,70	0,36	63	—	2	10	16	31	66	97	15	26
	Sangerhausen · .	209	1,75	0,36	47	1	4	11	8	18	35	85	18	19
	Weissenfels . . .	246	1,67	0,39	52	—	1	16	27	29	41	80	11	40
	Zeitz	114	1,71	0,39	16	—	—	13	8	20	22	35	3	19
III Im Reg.-Bez. Magdeburg	Aschersleben . .	82	2,06	—	24	—	1	2	4	12	18	21	10	3
	Calbe a/S. . . .	105	1,86	0,41	38	—	—	5	4	8	14	36	14	4
	Halberstadt . . .	127	2,35	0,37	41	1	4	10	10	13	18	30	19	23
	Oschersleben . .	84	1,65	—	14	—	2	9	2	13	19	25	4	12
	Wernigerode . .	44	1,95	0,41	15	1	—	4	2	6	10	6	5	6
	Summa:	2886			551 12°/₀	6	26	155	239	341	582	986	171 6°/₀	333 11°

[1] Beschreibende Darstellung der Bau- und Kunstdenkm. der Prov. Sachsen. Heft VIII: Kreis Merseburg, von Dr. Joh. Burkhardt und O. Küstermann. 1883, S. 253 ff.

Besonders starke Geläute dürften in Deutschland selten sein. Auf den Türmen des Domes zu Hildesheim werden 15 Glocken erwähnt, das Münster zu Freiburg i. Br. besitzt 13 Glocken, ebensoviel der Dom zu Halberstadt (von denen 10 zum Läuten gebraucht werden können), St. Stephan zu Wien hat deren 12, der Dom zu Frankfurt a. M. 9 Läuteglocken, dagegen hat der Dom zu Köln nur 7, der zu Magdeburg gar nur 3 Läuteglocken. Das aus 9 Glocken bestehende Geläute des Stifts St. Florian in Ober-Österreich hat 4 Glocken aus den Jahren 1318 und 1319 aufzuweisen, und eine gleiche Anzahl so alter und noch dazu gleichzeitiger, wahrscheinlich sogar von demselben Giesser herrührender Glocken dürfte kaum noch anderwärts vorkommen. In ähnlicher Weise ausgezeichnet ist das aus 11 Glocken bestehende Geläute des Domes zu Braunschweig, dessen drei grösste Glocken von dem berühmten Giesser Gerhard von Kampen im Jahre 1502 verfertigt wurden, während die folgenden sechs aus dem Jahre 1506 von Heinrich von Kampen herrühren. Auf dem Dome zu Merseburg sind zwar die sämtlichen 6 Glocken aus dem Mittelalter, aber nur die beiden grössten aus der Majuskelzeit, die eine nach den darauf befindlichen Bischofssiegeln zwischen 1282 und 1300, die andere anscheinend im 12. Jahrhundert entstanden. — An Kirchen und an Glocken sehr reich sind die Städte Prag und Köln: letzteres hat zu St. Gereon, St. Severin und St. Kunibert treffliche Geläute des ausgezeichneten Meisters Martin Legros aus Malmedy aus der Zeit von 1760—80. — Das schönste Geläute in ganz Deutschland soll die Elisabetkirche in Marburg besitzen, deren 7 Glocken den reinen Dur-Akkord und den Quart-Sexten-Akkord ergeben, jedoch so, dass die Quarte und Sexte als Mittelstimmen erscheinen. Sehr gerühmt wird auch das von F. X. Gugg in Salzburg im Jahre 1830 gegossene Siebengeläute im Asdur-Akkord zu Mariazell. — An gar manchen Orten sind die schönen Glocken zum Schweigen verurteilt wegen Baufälligkeit der Türme: dies war lange Jahre bis zur endlichen Restauration der Türme der Fall auf dem Dome zu Erfurt, von dessen 10 Glocken regelmässig nur zwei in Bewegung gesetzt werden durften, und das auf dem alten breiten Turme der Stadtkirche zu Merseburg befindlich gewesene, aus 7 zum Teil sehr alten Glocken bestehende Geläute konnte seit Menschengedenken gar nicht gebraucht werden, und statt dessen erhielt der neu erbaute schlanke Turm nur 3 neue Glocken.

Von den 4 grössten Glocken Deutschlands stammt eine, und zwar die kleinste, aber mit vollem Recht wegen ihrer einfachen Schönheit und wegen ihres Alters berühmteste dieser Riesinnen noch aus dem Mittelalter; es ist die Gloriosa des Domes zu Erfurt[1], die ihren Namen von zwei zu Grunde

----

[1] Vergl. oben S. 94 und im Glockengiesserverzeichnis die Namen Claus und Wou.

gegangenen Vorgängerinnen ererbte. Die erste, 1251 gegossene Gloriosa,
die schwerer gewesen sein soll als die jetzige, wurde 1472 durch Brand
zerstört; die zweite des Namens war 1477 durch Claus von Mühlhausen
gegossen worden und nur 200 Centner schwer; als sie nach kurzer Zeit
gesprungen war, wurde die jetzige Glocke im Jahre 1497 mit Beiträgen
der benachbarten Fürsten und Herren, sowie der Erfurter Bürger auf Kosten des Domkapitels durch Gerhard Won de Campis gegossen und von
dem Weihbischofe Johann von Laspho der Jungfrau Maria dediziert und
Gloriosa zubenannt. Das Gewicht derselben wurde früher auf 252 Centner
abgeschätzt, soll aber nach neueren Berechnungen von Glockengiessern 276
oder 275 Centner betragen. Der Durchmesser hält $8^1/_4$ Fuss rhein. bei 7,04
Zoll Kranzdicke und $6^7/_8$ Fuss Höhe. Die Inschrift, eine sapphische Strophe,
von einem unbekannten gelehrten Poeten, steht oben herum in einer Zeile:
*+ Laude. patronos. cano. gloriosa ** Fulgur. arcens. et. demones. ma-*
*lignos ** Sacra. templis. a populo. sonanda ** Carmine. pulso ** Ger-*
*hardus. wou. de. Campis. me. fecit * Anno. Dni. M. CCCC. XCVII +.*
Die einzelnen Wörter sind durch heraldische Lilien, die einzelnen Verse
durch je zwei Rosen und die Zahlzeichen durch Punkte getrennt. Die
Krone besteht aus dem Mittelbogen und 7 Öhren, deren jedes 1 Centner
wiegen soll. Sie ist mit dem Relief der Madonna, und oben herum mit Lilien,
unten herum mit Eichenblättern geschmückt. Der Klöppel soll 11 Centner,
der Helm $^3/_4$ Centner wiegen. Die Glocke wird an 4 Tauen von 16 Personen mittels eines Schwungrades gezogen, und der Klöppel von 2 anderen
zum Anschlagen gebracht. Wenn sie indes ordentlich in Schwung kommen
soll, sind früher 24 Mann gebraucht worden. Ihr runder und voller Klang
ergiebt den Dur-Akkord in E, kommt aber gegenwärtig bei ihrem überdies
seltenen Gebrauche nicht in der grösstmöglichen Stärke zur Geltung, weil
sie nicht in vollen Schwung versetzt wird und deshalb der Anschlag des
Klöppels zu schwach ist. Die von demselben Meister gegossene Vincentia
(der Schreier) der Severikirche, deren Gewicht noch nicht den vierten Teil
dessen der Gloriosa erreicht, ist mit ihrem überaus kräftigen Klange ziemlich ebensoweit zu hören als diese, von welcher es heisst, sie sei bei gün-
stigem Winde in Weimar, bezw. Gotha noch gut zu vernehmen. Da diese
Riesenglocke als Wahrzeichen von Erfurt gilt, so ist sie seit Jahrhunderten
von unzähligen Fremden besucht worden, und da jeder Besucher dafür die
Taxe von einem guten Groschen (12 Pfennig) zu erlegen gehalten ist, bietet
sie dem Kirchner eine ansehnliche Einnahme. Nachdem sie ihren Rang als
Königin der Glocken des heiligen römischen Reiches über 200 Jahre behauptet hatte, wurde sie von der grossen Glocke auf dem hohen Stephans-
turme in Wien an Gewicht übertroffen. Dieselbe (s. oben S. 72) wurde

im Jahre 1711 von dem Stückgiesser Joh. Aichamer gegossen, von dem
Bischofe v. Rumel bei der Weihe der unbefleckten Empfängnis dediziert
und bei der Rückkehr Kaiser Karls VI. von der Krönung im Jahre 1712
zum ersten Male geläutet. Ihr Gewicht ist in der Inschrift auf mehr als
30 000 Pfund angegeben und beträgt nach dem Zeugnisse des Pater Rei-
fenstuhl, welcher die Glockenpredigt hielt, 324 Centner 31 Pfund, mit Helm
und Eisenwerk ca. 402 Centner. Im Volksmunde „Schustermichl" geheissen
hat sie bei einer Kranzdicke von 8 Zoll 10 Fuss Diameter, und ist mit
den Reliefbildern der heiligen Joseph und Leopold, der unbefleckten Empfängnis und mit den Landeswappen geschmückt; der untere Rand ist mit Laub-
werk verziert, und vier verschiedene lateinische Inschriften sind darauf angebracht. Der Klöppel sprang 1739 und wurde im folgenden Jahre durch
einen neuen von 15 Centner 70 Pfund ersetzt; neuerdings wird sie nicht
mehr geläutet, weil die Turmpyramide dabei in ein Schwanken von 15 bis
20 cm geriet. — Kleiner als die Wiener, aber grösser als die Erfurter ist
die grosse Glocke zu Schenkenfelden im Mühlviertel von Oberösterreich;
sie wurde im Jahre 1764 durch Karl Potz von Linz gegossen und wiegt
298 Centner. — Als die jetzt grösste Glocke in Deutschland ist die Kaiserglocke des Domes in Köln (oben S. 72 u. 145) zu nennen, obgleich sie
trotz dreimaligen Umgusses in technischer Beziehung leider als missraten
bezeichnet werden muss. Sie wurde im Jahre 1875 an den Dom abgeliefert
und hat ein Gewicht von 525 Centner, ihre Schlagdicke beträgt 0,29, der
Durchmesser 3,40, die Höhe 3,25 m. Der Ton derselben war auf C berechnet (als Unterquinte zu der vorhandenen grössten Glocke mit dem
Tone G), schwebt aber zwischen Cis und D. Der erste Klöppel war 3,13 m
lang und wog 21 Centner. Die sechs Öhre, aus denen die Krone besteht,
sind mit Engelsköpfen geziert und laufen unten in Löwenklauen aus. Unter
der Krone steht in drei Zeilen mit gotischer Schrift: *Guilelmus, augustis-
simus imperator Germanorum rex Borussorum, pie memor coelestis auxilii
accepti in gerendo felicissime conficiendoque nuperrimo bello Gallico, in-
staurato imperio Germanico bellica tormenta captiva aeris quinquaginta millia
pondo jussit conflari in campanam suspendendam in hac admirandae struc-
turae aede exaedificationi tandem proxima. Cui victoriosissimi principis
pientissimae voluntati obsecuta societas perficiendo huic templo metropolitano
constituta F. C. Pio IX Pontifice Romano Paulo Melchers Archiep. Colo-
niensi A. D. MDCCCLXXIV.* Auf der einen Seite ist das Bild des heiligen Petrus, des Patrons der Kirche, angebracht, und unter demselben stehen
(nach Boeckeler, Beiträge, S. 147) die Distichen:

Voce mea coeli populo dum nuntio sortes
Sursum corda volant aemula voce sua.
Patronus qui voce mea templi atria pandis
Janitor et coeli limina pande simul.

Auf der andern Seite der Glocke steht das Wappen des deutschen Reichs nebst folgenden Reimen:

Die Kaiserglocke heiss ich,
Des Kaisers Ehren preis ich,
Auf heil'ger Warte steh ich,
Dem deutschen Reich erfleh ich,
Dass Fried' und Wehr
Ihm Gott bescheer! ·

Die lange fruchtlosen Versuche, den Koloss in ordentliche Schwingung zu bringen, die auch bis zuletzt einen vollkommenen Erfolg nicht herbeiführten, riefen nicht bloss begreiflicherweise auch über die zunächst beteiligten Kreise hinaus eine sich in Enttäuschung verwandelnde Spannung hervor,

Fig. 19.

sondern auch wohlfeilen Spott über „die grosse Schweigerin" oder „die Stumme von Köln". Wenn nicht von Russen und Chinesen, so könnten wir ohne Schädigung des deutschen Nationalgefühls wohl von den Spaniern und Engländern lernen, dass Glocken von so ungeheurer Masse überhaupt nicht zum Läuten, sondern, wenn man sie dennoch haben will, nur zum Anschlagen benutzt werden können.

Ehemals war einem alten Spruche zufolge unter allen Glocken Deutschlands die Landshuter die höchste, die Strassburger die schönste und die Wiener Glocke die grösste.

Von den Glocken der nichtchristlichen Völkerschaften in Asien ist bereits oben S. 56 und 89 einiges gesagt worden. Um die Form der grösseren chinesischen Glocken zu veranschaulichen, geben wir in Fig. 19 die Skizze einer solchen, die gegenwärtig im Vestibül des Kunstgewerbe-Museums in Berlin aufgestellt ist und in der ganzen Gestaltung wesentlich dem Typus entspricht, in welchem (nach älteren Abbildungen zu urteilen) auch die grössten Glocken der Chinesen ausgeführt sind. Die aus Bronze gegossene runde Glocke ist 1,55 hoch, hat unten 1,00, in der Mitte 0,76 und oben 0,57 Durchmesser, und

das Gehänge hat Drachengestalt. Sie ist ganz mit Inschriften[1] bedeckt,
welche nach Auskunft eines Sinologen in den rechteckigen Abteilungen Namen und kurze Wahlsprüche, wohl der genannten Leute, der Donatoren
oder derer, die Geld zur Beschaffung der Glocke gegeben haben, enthalten
und in den die rechteckigen Felder voneinander trennenden Vertikalstreifen
in viel grösserer Schrift buddhistische Sprüche, bezw. Sentenzen aus buddhistischen Schriften, z. B.: „Das Rad des Gesetzes dreht sich ohne Unter-
lass“ oder „Das ist einzig des Herzens Stimme“ u. s. w. Die Glocke, zu
welcher ein Klöppel gehört, ist keineswegs alt; nach dem darauf befindlichen Datum entstammt sie der Periode Kia-King (1795—1821). Anordnung und Form der Ornamente deuten auf europäischen Einfluss der
von den im Beginn des 18. Jahrhunderts nach China zur Erbauung des
bekannten Sommerpalastes berufenen französischen Architekten mitgebrachten
Kunstformen ihres Landes unter Louis XIV., die sich in missverstandener
und verkommener Weise noch heute in China gelegentlich geltend machen.
Das Berliner Kunstgewerbe-Museum besitzt noch eine zweite kleinere und
etwa hundert Jahre ältere, nicht datierte chinesische Glocke aus Bronzeguss
von ovaler Form, deren Höhe 0,48 beträgt, und der grössere Durchmesser am unteren ausgebogenen Rande 0,26, der kleinere 0,19. Sie ist
ganz mit Reliefornamenten (einem Drachen als Hauptzierde u. s. w.) bedeckt,
die zwar ziemlich flach, doch höher sind, als sie bei unseren Glocken gleicher
Grösse zu sein pflegen. Unter der gebogenen Platte befindet sich ein Loch
zum Aufhängen; die Glocke wurde von aussen mit einem Hammer bearbeitet, ein Hangeisen für einen Klöppel hat dieselbe nicht.[2] — Die chinesischen Riesenglocken sind fast von völliger Cylinderform, doch etwas ausgebaucht, mit mehreren Leisten, wie Reifen, umgeben und, angeblich um
ihren dumpfen Klang zu verbessern, in der Platte mit Löchern versehen;
eine im britischen Museum zu London befindliche chinesische Glocke wird
wegen ihres tadellosen Gusses bewundert. Der Jesuit V e r b i e s t versichert,
dass es in Peking 7 Glocken giebt, von denen jede 120 000 Pfund wiegt.
Die Öffnung betrüge 11 Fuss im Durchmesser, die Höhe ohne den Henkel
12 Fuss. Eine herabgestürzte grosse Glocke in Nanking ist von dem Jesuiten L e C o m t e vermessen und beschrieben. Die Höhe betrug, ohne den
2 Fuss hohen Henkel, 11, der Durchmesser 7 Fuss. Die Dicke, am unteren
Rande 6$\frac{1}{2}$ Zoll betragend, verringerte sich nach oben allmählich und war
unter dem Gehänge nur 2 Zoll, was durch das in der Haube angebrachte

---

[1] Die Inschriften auf unserem kleinen Holzschnitte sind, wie wir ausdrücklich zu bemerken nicht unterlassen wollen, lediglich Erfindung nach Phantasie
des Zeichners.

[2] Nach gütigen Mitteil. des Herrn P a b s t , Direktorial-Assistent des Museums.

Loch hinlänglich genau beurteilt werden konnte. Der Guss wird als un-
sauber und knotig geschildert.[1] Das Gewicht ist auf 50 000 Pfund geschätzt. — Zeitungsnachrichten vom Juli 1884 zufolge ist eine bronzene
Glocke aus der Pagode Bac-Ninh in Tonking als französische Kriegsbeute
in Paris angelangt; sie wiegt 300 kg und hat keinen Klöppel, da sie vermittelst eines hölzernen Schlägels angeschlagen wird. Sie ist, sozusagen, so
feinfühlig, dass sie bei der geringsten Berührung mit dem Finger einen
hellen Silberton erklingen lässt. — Eine birmanische Glocke befindet sich
im Ethnographischen Museum zu München, mit der erklärenden Notiz:
„Glocke „Gantha“ von ungefähr 200 Pfund und noch nie benutzt. Sie
war ein kaiserliches Geschenk für den ersten Tempel der Stadt Ava und
wurde von den Birmanen für heilig geachtet. Die Krone ist von mytho-
logischer Deutung, und der untere Teil mit einer Inschrift in der Sprache
der Birmanen (ganz) bedeckt.“ Sie hat gewöhnliche Glockenform; die erwähnte Krone ist aus zwei kreuzweise gestellten Hufeisen von etwa 0,30
Höhe gebildet, die an den äusseren Seiten mit ein und derselben Götzen-
figur von ca. 0,08 Höhe verziert sind. Getragen wird die 40—50 cm
hohe Glocke von einer runden, etwa 3 cm starken Eisenstange, die sich
frei um sich selbst drehen lässt und an den Enden mit einer Art Eichel
verziert ist.[2] — Japanesische Bronzeglocken, die angeblich aus in den letzten inneren Kriegen dieses Landes zerstörten Tempeln herrühren sollen,
sind in neuester Zeit in grösserer Zahl als Handelsartikel nach Deutschland
gekommen, und dem Vernehmen nach hat eine Glockengiesserei in Dresden
deren 20 zum Einschmelzen als Glockengut vor kurzem angekauft.

Indem wir schliesslich eine tabellarische Übersicht der grössten Glocken
folgen lassen, müssen wir jedoch bemerken, dass nach der Beschaffenheit
der respektiven Quellen die wenigsten Angaben über Gewicht und Mass
ganz zuverlässig sein dürften, indem man überall die Neigung wahrnimmt,
die Grösse der Glocken zu übertreiben, abgesehen von der Unbestimmtheit
des zu Grunde gelegten Masses und Gewichts und der Schwierigkeit einer
richtigen Berechnung des letzteren, weshalb wir auch die Umrechnung nach
dem Metermass lieber unterlassen haben. Es gilt hier zumeist das von Blavignac (a. a. O. S. 9) mitgeteilte Sprüchlein der Genfer über ihren Brummer:

> *Cinq cents quintaux je pèse:*
> *Qui ne me veut croire me descende,*
> *Aux grands poids de Genève me pèse,*
> *Me remonte et me repende.*

[1] Le Comte, Nouveaux mémoires sur la Chine. 3ème éd. Amsterdam 1698.
1, 115 sqq.

[2] Nach gütiger Mitteilung des Herrn Dr. Ratzinger in München.

Übersicht

der grössten Glocken, bis zum Gewichte von 100 Centner herab.

Name des Ortes	Name der Glocke	Name des Giessers	Jahr des Gusses	Gewicht Centner	Durchmesser
Moskau	Tsar Kolokol	Michael Monterine	1734	3962	22' 5½''
—	Trotzkoi	—	—	3280	—
—	Bolshoi	Bogdanof	1817	1300	18'
—	St. Iwan	—	1819	1120	—
Peking	Grosse Glocke	—	1403	1099	11'
Nowgorod	„	—	—	620	—
Köln, Dom	Kaiserglocke	A. Hamm	1874	525	3.40 m
Nanking	Grosse Glocke	—	—	454	11'
Lissabon, Dom	„	—	—	418	—
Aberdeen, St. Nikolai	Laurentia	—	—	400	—
Toulouse	Grosse Glocke	—	—	386	—
London, St. Paul	„	—	1881	350	2.90 m
Wien, St. Stephan	„	Joh. Aichamer	1711	324	10'
London, Parlamentshaus	Big Ben of Westminster	Joh. Warner u. Söhne	1856	308	9' 5½''
Sens	Grosse Glocke	—	—	300	8' 7''
Mailand, Dom	S. Ambrosio	—	—	300	—
Schenkenfelden im Mühlviertel	Grosse Glocke	Karl Potz	1764	298	—
Rom, St. Peter	„	—	1786	280	—
Erfurt, Dom	Maria Gloriosa	Gerhard Wou	1497	275	8' 3''
Magdeburg, Dom	Maxima	Joh. Jakobi	1702	266	7' 10''
Paris, Notre-Dame	Emanuelle Louise Therese	—	1685	256	8'
Montreal, Katholische Kirche	Grosse Glocke	Thom. Mears und Söhne	1847	255	8' 7''
Frankfurt a/M., Dom	Gloriosa	J. G. Grosse	1877	245	2.90 m
Bern, St. Vincenz	Grosse Glocke	—	1611	240	7' 7''
Schaffhausen, Münster	„	—	1486	230	—
Prag, St. Veit	Sigismundus	Jarosch	1549	225	—
Köln, Dom	Preziosa	Heinr. Brodermann u. Christian Cloit	1448	224	—
Breslau, St. Elisabeth	Grosse Glocke	Georg Milde	1507	220	—
Amiens	Bancloche	—	1748	220	—
York, Münster	Great Peter	Thom. Mears u. S.	1845	215	—
Reims, Dom	Charlotte	Pierre Déschamps	1570	209	2.40 m
Wien, St. Stephan	Pummerin	Urban Weiss	1558	208	—
Brügge	Grosse Glocke	—	1680	205	—
Hamburg, St. Petri	„	J. G Grosse	1878	200	2.91 m
Lyon, St. Jean	„	—	—	200	—

Name des Ortes	Name der Glocke	Name des Giessers	Jahr des Gusses	Ge- wicht Centner	Durch- messer
Strassburg, Münster	Grosse Glocke	Johann Gremp	1427	180	6' 10"
Marseille, N.-D. de la Garde	"	. —	—	179	—
Rom, Kapitol	"	—	1803	174	—
Florenz, Palazzo vec- chio	"	—	—	170	—
Halberstadt, Dom	Domina	J. G. Grosse	1875	168	—
Hildesheim, Dom	Cantabona	"	1875	166	—
Görlitz, Petri Pauli	Grosse Glocke	Martin Hilliger	1516	165	—
Utrecht, Dom	Salvator	Gerhard Wou	1505	158	2,₂₂ m
Schneeberg, Marienk.	Donnerglocke	—	—	156	—
Nürnberg, Lorenzk.	Grosse Glocke	—	1392	154	—
Oxford, Christchurch- College	Great Tom	—	1680	152	—
Trier, Dom	Grosse Glocke	Brulet	1628	146	2,₁₂₅ m
Oldenzaal	"	Gerhard Wou	1493	144	—
Antwerpen	"	—	—	143	—
Brüssel	"	—	—	141	—
Weingarten	Osanna	H. Ernst	1490	138¹/₂	—
Olmütz, Moritzkirche	Grosse Glocke	—	—	136	—
Auch, St. Maria	"	—	—	135	—
Halle a. d. S., Rote Turm	"	—	1480	130	—
Hamburg, Nikolaik.	Concordia	J. G. Grosse	1876	127	2,₇₆ m
München, Frauenk.	Susanna	H. Ernst	1493	ₐ125	7' 3"
Danzig, Marienk.	Sigismundus	—	1453	121	—
Köln, Dom	Speciosa	Joh. de Vechel	1449	120	—
Boulogne	Grosse Glocke	—	—	117	—
Regensburg, Dom	Predigerglocke	—	1325	116	—
Utrecht, Dom	Glocke	Gerhard Wou	1515	116	2,₀₇ m
Aachen, Münster	Maria	Petit u. Edelbrock	1881	116	2,₀₇ m
Magdeburg, Dom	Apostolica	Jakob Wenzel	1690	115	6' 2"
Leipzig, St. Nikolai	Grosse Glocke	Jakob König	1634	114	—
Breslau, Dom	"	Joh. Jak. Krumpfer	1721	113	—
Lüttich, St. Dionys	"	F. Causard	18..	112	—
Exeter	"	—	1675	111	6' 4"
Nürnberg, Sebaldsk.	Stundenglocke	Conrad	—	110	—
Rodez	Grosse Glocke	—	1841	110	—
Gent	Roland	—	—	110	—
Brünn, St. Jakob	Hauptglocke	—	1515	110	—
Chalons sur Saône, St. Vincent	Grosse Glocke	—	—	109	—
Rouen, Dom	Quatr'une	—	—	109	6' 4¹/₂"
Lincoln	Great Tom	Thom. Mears u. S.	1835	108	—
Mariazell in Steiermark	Kaiser Franz	Franz Xaver Gugg	1830	105	—

Name des Ortes	Name der Glocke	Name des Giessers	Jahr des Gusses	Ge-wicht Centner	Durch-messer
London, St. Paul	Grosse Glocke	—	1709	104	6' 9¹/₂"
Halberstadt, Dom	Osanna	Hans Blume	1455	104	—
Weissenau bei Ravens-burg	Dreifaltigkeit	Peter Ernst	1753	103¹/₂	—
Dresden, Kreuzkirche	Uhrglocke	Weinhold	1787	102	—
Regensburg, Emmeram	Grosse Glocke	Konrad Has	1491	101	—
Amiens, Dom	Maria	—	1736	100	5' 11¹/₁₂"
Magdeburg, Dom	Dominica	Eckhard Kucher	1575	100	5' 11¹/₂"
Frankfurt a/O., Oberk.	Osanna	—	1371	100	6' 4"
Braunschweig, Dom	Blasius major	Gerhard Wou	1502	100	6' 9"
Lüttich, Dom	Grosse Glocke	F. Causard	18 . .	100	—

VIII. Glocken-Sagen und Glocken-Aberglauben. [1]

In den mittelalterlichen Lokal-Sagen nehmen die Glocken eine nicht unbedeutende Stelle ein. Ihr Ton schien nicht der sich stets selbst gleiche Klang des toten Erzes zu sein, sondern bald frohlockend, bald klagend, bald stürmend, bald zagend, bald heulend, bald wimmernd die nicht bloss mitfühlende, sondern vorahnende deutungsvolle Stimme eines geheimnisvollen in höheren Regionen heimischen Wesens, und wie die Kirche den Glocken persönliche Namen in feierlicher Taufe beilegte, so schrieb ihnen das christ-liche Volk ein eigentümliches Leben und wohlthätiges Streben zu.

Die Glocken lieben ihren Heimatsort; ungern trennen sie sich von der Kirche, deren Schutzheiligen sie geweiht sind, von der Gemeinde, welcher ihr Mund schon lange Generationen hindurch ein Bote des Höchsten gewesen ist. Darum sind sie schwer fortzubringen, und leisten den auf ihre Fort-schaffung gerichteten, oft fruchtlosen Versuchen allerlei Widerstand. Schon wenn die Versetzung einer Glocke nur beabsichtigt wird, verschlechtert sich ihr Klang oder hört ganz auf; kehrt aber hernach um so lieblicher wieder, wenn man sie ruhig an ihrer Stelle lässt. Ein anderes Mal mögen viele Pferde die Last der Glocke nicht aus der Stelle bewegen, oder gelangen damit doch nur bis an den nächsten Berg, wo die Glocke liegen bleibt, bis an einen Sumpf, wo sie versinkt, bis an eine Brücke, mit welcher sie zusammenbricht und ihr Grab in der nassen Flut findet. Steht man da-gegen noch bei Zeiten von dem Unmöglichen ab und beschliesst die Um-

---

[1] Vergl. auch oben die Noten zu S. 29, 45, 46, 48, 49, 101 und S. 123.

kehr, dann ist die Last leicht, und nun leistet ein Pferd mehr, als vorhin
wohl zwanzig. Gelingt indes in der That die schwierige Fortschaffung
einmal, so war die Mühe doch vergebens: die sonst volltönende Glocke
klirrt und schnarrt an dem neuen Orte so jammervoll, oder versagt gar
eigensinnig vollends das Läuten, dass man sie gern wieder zurückschickt,
wo sie dann daheim bald völlig gesundet; sonst stirbt sie am fremden Ort
leicht an Heimweh den Tod des Zerspringens. — Die stärkste Heimatliebe
beweist eine Glocke in Leinster in Irland, welche, wenn sie nicht jeden
Abend von dem Glöckner durch einen besondern Exorzismus beschworen
und mit irgend einem, wenn auch schwachen Bande gefesselt wird, sich am
nächsten Morgen nicht mehr vorfindet, sondern an den Ort ihrer ursprünglichen Bestimmung zurückgekehrt ist, welches einige Male sich ereignet hat.[1]
— Ist eine Glocke versunken, so hat sie auch in der Erde, oder im Wasser, wo sie liegt, keine Ruhe; zu gewissen Zeiten wenigstens tönt sie frommen Ohren[2] und führt dadurch oft ihre Wiederausgrabung und durch
wundersame Künste ihre Zurückführung an den alten lieben Ort ihrer ersten
Bestimmung glücklich herbei; nicht selten gelingt ihre Wiederauffindung
auch durch Wildschweine, welche in Feldern, Sümpfen und Wäldern merkwürdige alte Glocken auswühlen.[3] — Die Sagen von der Heimatliebe der
Glocken knüpfen sich in Deutschland an die verschiedensten Örtlichkeiten[4],

---

[1] Giraldus, Topogr. Hibern. dist. 2, c. 33: *Est in Lagenia in terra sc.
Mactaleuvi campana quaedam, quae nisi a custode suo exorcismo quodam ad
hoc composito singulis noctibus adiuretur, et vinculo quolibet vel fragili ligetur,
mane in Media apud Clunarech in ecclesia S. Finnani, unde venerat, reperitur.
Quod et aliquoties certum est contigisse.* Vergl. Rocca, Thesaurus antiquitat.
1, 166. — Du Cange s. v. *Campana fugitiva*

[2] Im Jahre 1490 hörte in Valencia in einer der Maria geweihten Kapelle
eine alte fromme Frau abends ein unterirdisches Läuten: als man auf ihre Anzeige nachgrub, fand man wirklich eine Glocke und unter derselben ein hölzernes
Marienbild: beides mochte in einem früheren Kriege mit barbarischen Völkerschaften hier geborgen worden sein, und Einige führen an, dass auch eine Hostie
mit unter der Glocke gelegen habe. — Vergl. Rocca a. a. O. S. 168.

[3] Vergl. die Sage vom Saufange in Köln, oben S. 69. — Nach einer grossen
Sindflut wurden beim Ablaufen des Wassers die Glocken der Kapelle auf dem
Kapellenberge bei Trebbin hinweggespült; eine davon geriet „in den Sand" (wie
ein Stück Land bei dem nahen Dorfe Blankensee noch heute heisst), wo man
dieselbe, nachdem sie von einer Sau ausgewühlt war, auffand und in der Kirche
aufhängte; dort läutet sie: „Sau fand in'n Sand." — L. Schneider, in Märk.
Forschungen 5, 88.

[4] Beispielsweise folgende Sage, in welcher sich gerade die meisten der angegebenen Züge zusammenfinden: „In das Kirchlein zu Bernhardsweiler stiftete
vor Zeiten eine Gräfin eine Glocke, die viel Silber enthielt, und nannte sie nach
ihrem Namen Anne Susanne. Bei einem Kriege flüchtete man die Glocke und

und wie gewöhnlich auf dem Gebiete der Sage spielen in die dichterischen
Gebilde wirkliche Ereignisse und geschichtliche Thatsachen hinüber[1], und
so abenteuerlich die Sagen von aus der Erde gewühlten Glocken klingen
mögen — wenn es nicht hin und wieder verlorene Kuhschellen gewesen
sein dürften, so kommen doch auch hiervon verbürgte Beispiele vor.[2]

Die sagenhafte Heimatliebe der Glocken erklärt sich aus der Glocken-
liebe des Volkes und aus dem hohen Werte, den die Gemeinden auf ein

---

vergrub sie im Walde. Erst etwa nach hundert Jahren wurde sie dort von Wild-
schweinen herausgewühlt und bald darauf von Leuten gefunden. Da niemand
wusste, wohin sie gehöre, so hängte man sie zu Dinkelsbühl in den Kirchturm.
So oft sie daselbst geläutet wurde, liess sie nur ein schwaches Getön hören, welches lautete:

> *Anna Susanna,*
> *Zu Berndsweiler will ich hangen!*

Nachdem man diese Worte verstanden, brachte man die Glocke in das Kirchlein
zu Bernhardsweiler, wo sie gleich beim ersten Läuten ihren schönen kräftigen
Klang wieder hatte." Vergl. Mone, Anzeiger für Kunde des teut. M.-A. Jahrg. 7,
Sp. 364. — Zu St. Pauls in Tirol steht gleich als Inschrift auf der Glocke:

> *Anna Maria heiss' ich,*
> *Alle Wetter weiss ich,*
> *Alle Wetter vertreib' ich,*
> *In St. Pauls bleib' ich.*

Organ für christl. Kunst 1866, S. 19.

[1] Als Herzog Albrecht von Bayern 1487 eine dem Emmeramskloster in Regensburg abgekaufte Glocke auf der Donau und Isar hatte nach München bringen
lassen, sprang dieselbe auf der dortigen Frauenkirche schon am Weihnachtsfeste
des gedachten Jahres. Vergl. Verhandlungen des histor. Vereins von Oberpfalz und
Regensburg, Bd. VIII, Heft 3 u. 4, S. 299. — Ettmüller erzählt in den Annalen
der Kreisstadt Jüterbogk (HS. im Ratsarchive daselbst), S. 218: „An. 1501 kam
Erzbischof Ernst (von Magdeburg) nach Jüterbogk — —. Die Ursache war, dass
er unsere Glocke auf dem Nikolaiturm gern nach Magdeburg haben wollte, weil
ihm berichtet worden, dass in Magdeburg dergleichen Glocke von so schönem
reinen Klange nicht zu finden sei. Da nun einen Tag der Wind aus dem Morgen
kam, so befahl der Bischof, die Glocke zu läuten. Da aber der Rat merkte, dass
der Bischof die Glocke austauschen würde, so gebrauchte er die List und liess
die Glocke mit einem Tuche behängen, davon sie einen dumplichen Klang bekam.
Als der Bischof die Glocke läuten hörte, so schüttelte er den Kopf und verlangte
sie nicht."

[2] Im Spätsommer 1851 wurde einige Meilen von Berlin unweit des Dorfes
Schönerlinde beim Pflügen an einer Stelle, genannt „der alte Hof", ein metallenes
Gefäss gefunden, das man für eine Uhrglocke hielt. Dasselbe war etwa $0_{,74}$ hoch,
hatte $0_{,43}$ im Durchmesser und ca. 9 Centner an Gewicht; statt der Krone war
es mit zwei Seitenöhren, wie Handhaben versehen. — Berlin. (Vossische) Zeitung
1851, Nr. 236, Beil. 1, S. 5.

schönes Geläut legten. Aberglauben und Eigennutz mischten sich hinein,
der Neid der Nachbarn wurde rege: sie wollten die schönen Glocken für
sich haben und für hohen Preis kaufen; wenn ihnen das abgeschlagen
wurde, suchten sie dieselben zu stehlen, was aber nicht glückte, da die
Glocken nicht fortwollten[1], sich auch für die ihnen bewiesene Anhänglich-
keit durch Rache an den neidischen Nachbarn dankbar zeigten.[2]

Der ärgste Glockenfeind ist der Teufel[3]; schon an dem reinen Klange
des Erzes nimmt er ein Ärgernis und flicht davor; Ketzern und Ungläubigen giebt er den Glockenhass ein, von ihm Besessene können den Glockenton nicht vertragen, die bösen Geister fliehen vor dieser Stimme Gottes in
der Höhe, und die Wetterhexe fällt (nach dem Volksglauben in der Oberpfalz) aus der Luft.[4] — Besonders gefährlich ist der Teufel den Glocken
vor ihrer Weihung[5]; kann er einer gar nicht, oder mangelhaft geweihten

---

[1] Die Ulmer wollten die schöne Glocke in Illertissen haben und boten dafür
so viel Sechser, als man von Ulm bis Illertissen (24 km) legen könne, bekamen
sie aber nicht. (Birlinger, Aus Schwaben. Wiesbaden 1874. S. 25.) — Die
Rottenburger wollten den Tübingern soviel Goldstücke geben, als man von ihrer
Stadt bis nach Tübingen legen könne, aber die Tübinger wollten auch dann nicht,
als die Rottenburger noch den Weg bis Bebenhausen mit Kronthalern belegen
wollten. (Derselbe, Volkstümliches I, 149.) — Die Hamburger boten für die Glocke
in Krempe eine goldene Kette so gross, dass sie um ganz Krempe reichen sollte;
aber die Kremper wollten nicht. Nun stahlen die Hamburger die Glocke, aber
diese wollte selber nicht und liess sich nicht von der Stelle bringen. (Müllen-
hoff, Sagen aus Schleswig-Holstein, S. 119.) — Vergl. P. Cassel, Turm und
Glocke, S. 20.

[2] Zu Weingarten war eine Glocke, wenn die läutete gingen alle Gewitter
aus Schwaben weg und zogen nach der Schweiz.

[3] Der Satan, erbittert über die Frömmigkeit des heiligen Benedikt, zerschmet-
terte durch einen Steinwurf die kleine Glocke, mittels welcher der Mönch, der
den Mann Gottes mit Speise und Trank versah, seine Ankunft anzumelden gewohnt war. Gregorii M. Dial. 2, 1. — Der vor den Gebeinen des
heiligen Wilhelm aus einem Besessenen fahrende Geist lässt seine Wut an einer
Silberglocke aus, die er zerschmettert. Mabillon, Acta SS. Ord. St. Bened. VI,
p. 482.

[4] Die Zwerggeister flüchten, wenn sie die Glocken hören; sie nennen sie
bellende Hunde, weil sie wachsam sind und die Gläubigen wecken. P. Cassel
a. a. O. S. 18. — In Süddeutschland meint man, die Zwerge vertragen kein Glockengeläut, sie weinen dabei und fliehen. Aus Böhmen sind sie mit Einführung der
Glocken ausgewandert, werden aber einst wiederkehren. — Noch in neuerer Zeit
klagte einer von Kerners Geisterseherinnen ein noch ungebesserter Kellergeist,
dass er bei dem ihm widrigen Glockenläuten sich immer tief in die Erde flüchten müsse.

[5] Als Papst Leo dem Bischof Theodor von Sion in Wallis eine grosse Glocke
geschenkt hatte, gelang die Fortschaffung derselben bis auf die hohen Schweizer-

Glocke habhaft werden, so stürzt er sie vom Turme hinab in den ersten
besten Kolk. Da läutet sie in der Christnacht um zwölf Uhr, auch an den
vier Quatembern, und wer es hört, stirbt noch in demselben Jahre[1]; macht-
los ist er dagegen gegen die von der Kirche richtig geweihten, denen die
Heiligen des Himmels bei seinen vergeblichen Anläufen zu ihrem Schutze
zu Hilfe eilen.[2] Indes haben die geweihten Glocken keineswegs alle gleiche
Gewalt über die Mächte der Finsternis: die hierin ausgezeichneten haben
es verschiedenen Umständen zu verdanken, namentlich ihrem wunderbaren
Ursprunge[3], gewissen Zusätzen zur Glockenspeise[4], ihrer Taufe im Jordan

Alpen lediglich „*per daemonum obsequia*". Toletanus, Syntaxis rer. memorab.
l. 7, c. 16, p. 489. — Vergl. Stohr, de campanis templ. cap. 5, § 5. — In Wal-
lensee (im Fürstentum Kalenberg) wird erzählt, dass einst eine Glocke, die nicht
getauft war, weggeflogen und in einen Brunnen versunken sei, der deshalb „der
Glockenbrunnen" heisst. Mithoff, Kunstdenkm. in Hannov. 1, 174.

[1] Chladni (Invent. templ., p. 580) erzählt dies von der Abtei Knechtstein.
— In Wahrendorf a. d. Ems fuhr der böse Feind beim ersten Läuten einer Glocke,
die man zu weihen vergessen, hohnlachend in Feuer und Rauch durch die Lüfte
und schleuderte die Glocke vom Turme eine halbe Stunde weit in einen grund-
losen Kolk in der Ems. Wenn es in Wahrendorf an hohen Festtagen Abend
läutet, und man wirft ein Geldstück in den Kolk, so hört man deutlich das dumpfe
Läuten der versunkenen Glocke. Vergl. Ziehnert, Preussens Volkssagen 1, 218.
— Auch im Gohlitz-See in der Mark Brandenburg hört man Glocken läuten. Sie
gehören einem versunkenen Dorfe an und wurden einst am heiligen Weihnachts-
abend von einem Fischer im Netze gefangen; der hörte sie sagen: *Anne Susanne,
willte mett to Lanne;* aber die andere sagte: *Anne Margrete, wii willn to Grunne
schete,* und da schossen sie wieder zu Grunde. Vergl. Kuhn, Märk. Sagen und
Märchen. Sage 80. In etwas anderer Wendung kommt dieselbe Sage auch bei
anderen märkischen Seen vor. Brandenb. Anzeiger 1869, Nr. 41; L. Schneider
a. a. O. — Auch im Veen bei Zout-Leeuw und in einem Wiel bei Herzogenbusch
läuten die Glocken. Vergl. J. W. Wolf, Niederländ. Sagen, S. 383—387 u. 560
bis 563. — Alle diese Sagen vom Glockenläuten in stehenden Gewässern sind
wohl auf den melancholischen Ruf der Unken zurückzuführen.

[2] Als der Teufel einmal in einer Gewitternacht seine Gesellen zum Angriffe
auf die Glocken der Giralda in Sevilla entsandte, wurden sie von den beiden
Schutzheiligen der Stadt (St. Justa und St. Rufina) verscheucht. (M. v. M.), Auf
Reisen. Wien 1882. S. 286. — Auch der heilige Theodulus, Patron von Wallis,
erwarb sich ähnliche Verdienste: zu seinen Füssen wird der Teufel dargestellt,
der eine grosse Glocke hält.

[3] Ein Glöcklein in Canale (einem Seitenthälchen in Wälsch-Tirol) hält alle
heranziehenden Gewitter kräftig fern: es war vor alten Zeiten hoch oben im Gebirge ein Hirte, dem es eine in einen blauen Mantel gehüllte Frau himmlisch
gütig schenkte. — Christl. Kunstbl. 1866, S. 159.

[4] Z. B. Schlangenfett, um die zähe Masse flüssiger zu machen. Von
einer Glocke (von 1660) zu Trampe in der Mark geht die Sage, der Glockengiesser habe eine Schlange in die Glockenspeise gethan, und seitdem seien die

oder doch mit Jordan-Wasser [1], oder der besonderen, wohl in spezifischer
Frömmigkeit beruhenden Virtuosität ihres Konsekrators [2], oder gewissen den
Dämonen besonders feindseligen Inschriften [3], zuweilen auch dem mächtigen
Klange ihrer riesigen Grösse.[4]

So oft die Kirchenglocken läuten, so ist dies zwar jederzeit ein segen-
bringender Moment, den es klug zu benutzen gilt [5], aber es kommt dabei
doch auf bestimmte Zeiten und heilige Tage an [6]; auch ist es keineswegs

Schlangen aus der Umgegend verschwunden. (Fóntane, Wanderungen durch
die Mark Brandenb. 2, 320.) — Auch in Stremmen und Trebatzsch bei Beeskow,
in Wrietzen, Bernau, Prenzlau, Stargard u. s. w. vertreibt der Glockenklang die
Schlangen und Gespenster aus der ganzen Umgegend. (Beckmann, Beschreib.
der Mark Brandenb. I. Thl. 3, Kap. 3. S. 883 f.) — Vergl. Klöden, die Mark Brandenburg unter Kaiser Karl IV. 1, 62. — Oder Reliquien der Heiligen. Aus
Biberach (Württemberg) wird gemeldet, dass als bei Einführung der Reformation
die Reliquien respektlos verschleudert wurden, „Vil fremder lit hund beten, wan
sy glocken wolten giesen, das man in da von gab; man hets gern in den glocken
wan man zum weler lut." Freib. Diözesan-Archiv 1875. IX, S. 198.

[1] Beck, Luthertum vor Luther. S. 294.

[2] So verstand es namentlich der heilige Benno vortrefflich, Glocken so kräftig
zu weihen, dass die ganze Umgegend von Hagel und Unwetter für immer ver-
schont blieb, wovon sich im Meissnischen mehrere Beispiele finden. z. B. Schön-
burg. — Rocca a. a. O. S. 182. — Über die Kraft, welche eine Glocke der heiligen Mechtbild und die grosse Glocke zu Wetterhausen gegen Unwetter bewiesen,
vergl. Picinelli, Mundus Symbolicus lib. 14, c. 4, § 28. p. 6.

[3] S. oben S. 123.

[4] Daher das Erfurter Sprüchlein (oben S. 22):
        „Die grosse Susanna
         Treibt die Teufel von danna".

[5] So lange die Kirchenglocken läuten, kann ein Dieb nicht aus der Stelle
(Ostpreussen); s. oben S. 45. — Eine Glucke zum Brüten setzt man am besten
Sonntags, während des Kirchenläutens (Schwaben). — Beim Entwöhnen des Kin-
des muss sich die Mutter, solange es zur Kirche läutet, mit dem blossen — auf
einen Stein setzen, so bekommt das Kind steinharte Zähne (Thüringen).

[6] Das Läuten am Johannistage und am Abend der heiligen Agathe (4 bis
5. Februar), wo die Hexen ihren grossen Sabbath halten, vertreibt Gespenster und
Unholden. (Iren. Montanus, Histor. Nachr. v. d. Glocken. S. 129; Blavignac,
la cloche. p. 243.) — Wenn die Hausfrau mit dem Schlüsselbunde im Keller ras-
selt, solange das Frühläuten am Ostertage (oder am Palmsonntage) dauert, so verlassen alle Mäuse das Haus (Böhmen). — In der Wetterau säet man den Kohl-
samen, wenn es am Gründonnerstag zur Kirche läutet. — Wenn in Lausanne am
Tage Mariä Verkündigung die grosse Glocke geläutet wird, und es ist jemand so
geschickt, mit einem Kürbiskern hineinzutreffen, so werden die von ihm gesteckten
Kürbisse so gross wie die Glocke (Blavignac a. a. O. S. 233). — In Böhmen
schreibt man die Zahlen bis 90 ans Totenhaus während des Abendläutens, um
die Glocksnummern für das Lotto zu erfahren; die gesuchten sind am nächsten
Morgen ausgelöscht.

gleichgültig, von wem die Glocke geläutet wird. [1] Übrigens dient nicht bloss der Klang der Glocken zum Segen, sondern selbst die Materie derselben [2] und das Glockenschmalz [3] sind Mittel gegen Zauberei und Krankheit; auch der Glockenstrang bildet den Vermittler. [4]

Die Glocken erweisen sich ferner dadurch als übernatürliche Wesen oder doch als Organe höherer Mächte, dass sie zu Zeiten ohne alles menschliche Zuthun [5] von selbst, oder doch mit eigentümlich verändertem, dumpfem Ton läuten, was gewöhnlich einen bald darauf erfolgenden Todesfall oder überhaupt öffentliches Unheil vorbedeutet. Besonders häufig finden sich in Klöstern, namentlich der Benediktiner und Dominikaner, Totenglocken, welche durch freiwilliges Läuten den nahe bevorstehenden Hintritt eines der Bewohner vorhersagen. [6] Den grössten Ruf in dieser Hinsicht hat sich eine

[1] Wenn z. B. drei zum ersten Male schwangere Weiber mit vereinter Kraft eine Glocke in einer belagerten Stadt läuten, muss der belagernde Feind abziehen. — Vergl. Stohr a. a. O., cap. 5. § 8.

[2] Hs. IX. C. 14½, des Museum zu Innsbruck, Bl. 110: „*Contra omnem zobriam accipe squammas campanae ubi tangit clengel, bene tere, et patiens sumat cum vino vel aqua et liberabitur.*" (Mone a. a. O. VII, Sp. 424.) — In Tirol giebt man den Kühen zur Vermehrung der Milch Glockenfeilspäne.

[3] Es heilt alte offene Fusswunden (Reisen in den Mond u. s. w. Gesch. einer Somnambule in Weilheim a. d. Teck. 7. Aufl. Halle und Leipzig 1850. S. 309), dient in Preussen als Bruchsalbe, in Böhmen als Räuchermittel, in Wochenstuben zum Schutze gegen Hexen und ist sonst auch gut bei der güldenen Ader.

[4] Wenn man ein Geldstück in den Glockenstrang dreht, so verliert man nach dem ostpreussischen Volksglauben das Fieber. — Im südlichen Frankreich heissen kinderlose Weiber tüchtig in den Glockenstrang, um fruchtbar zu werden. (Blavignac a. a. O. S. 242.)

[5] Ohne menschliches Zuthun zwar und unter unheimlichen Umständen, aber aus natürlichen Ursachen läuten die Glocken zuweilen von selbst, wie dies der schauerliche Fall war z. B. am 3. August 1728 bei Erschütterung des Münsterturms zu Strassburg durch ein Erdbeben, am 8. Mai 1842 bei dem Hamburger Brande in dem Augenblicke vor dem Zusammensturze des Petriturmes, im April 1858 zu Kosel bei einem Orkan, im Juni 1883 in Kattowitz (Oberschlesien), wo der in den Turm der evangelischen Kirche schlagende Blitz vermutlich die Glocke gestreift hatte. Heiter löste sich das Phänomen zu Bergbuir (Kreis Düren) am 29. April 1838, wo, angelockt durch eine in dem Kirchlein hängende Krone aus Eierschalen, zwei von oben gekommene Marder an dem Glockenstrang hinunterkletterten und das Gebimmel veranlasst hatten. Vergl. Prov.-Bl. für die Provinz Sachsen 1838, S. 588.

[6] Otholonus, de vita St. Bonifacii l. 2, p. 86 (Acta Sanct. Ord. Bened. saec. 3, ps. 2): *Interea signum ecclesiae, quod vulgo appellari solet glocca, absque humano motu sonare coepit.* Cf. Menard, not. ad Sacramentarium Gregorii, p. 207. — Über selbstläutende Klosterglocken: Kircher. Musurgia 2, 233. —

Glocke zu Velilla in Aragonien erworben. Sie hängt auf dem Turme der auf einem Hügel stehenden Nikolaikirche, hat 10 Ellen im Umfang und ist mit zwei Krucifixen verziert, von denen das eine östlich, das andere westlich angebracht ist. Wenn ein öffentliches Unglück droht, fängt sie, und zwar einige Monate zuvor, ohne Menschenhände, ohne Wind, ohne Erdbeben oder irgend eine wahrnehmbare Ursache, von selbst an zu läuten, und zwar so, dass der Klöppel nach derjenigen Weltgegend zu anschlägt, von wo das Übel kommen soll; doch geschieht das im allgemeinen nur selten und stets als Vorbedeutung irgend eines grossen Ereignisses. Es geschah in den Jahren 1435 (als König Alfons V. von Aragonien das Königreich Neapel in Besitz nahm), 1485 (während des Krieges gegen Granada), 1527 (beim Anfange des zweiten Krieges mit Franz I. von Frankreich und der Plünderung Roms unter Clemens VII.), 1558 (beim Tode Karls V.), 1564 (als Vorzeichen der Pest in Saragossa), 1568 (bei der Enthauptung des Infanten Don Carlos, dem Tode der Königin Isabella und dem Ausbruche des Krieges gegen die Moriskos), 1578 (bei dem Tode Sebastians von Portugal in der Schlacht bei Alkazar), 1598 (bei dem Hintritte Philipps II.) und endlich im Jahre 1601, wo vom 13. bis 30. Juni von einem Tage zum andern in Zwischenräumen 24 Schläge gehört wurden, weshalb sich an 4000 Neugierige versammelten — „und vielerlei Schreckliches ereignete sich infolge dessen.“ Das Wunder erregte damals auch Aufmerksamkeit unter den Gelehrten, und es fehlte nicht an zeitgemässen Erklärungsversuchen: Einige schrieben dasselbe der planetarischen Konstellation zu, unter welcher die Glocke gegossen worden sein möchte; andere sahen den Grund darin, dass in das Glockengut beim Gusse einer der dreissig Silberlinge, wofür Judas unsern Herrn verriet, gethan worden wäre; noch andere

Im Jahre 1470 läuteten die Korssunschen Glocken (Корсунскіе Колокола) der Kirche zur Erlösung auf der Chutuná in Nowgorod von selbst. Vergl. Adelung, die Korssunschen Thüren in Nowgorod, S. 99. — Ein Gleiches thaten die Glocken in Smaland vor dem Tode Königs Gustav Adolf (vergl. Chladni a. a. O. S. 483), in der Stadtkirche zu Schleusingen im Jahre 1683 vor dem Tode Herzogs Moritz zu Zeitz, und zu Kopenhagen gaben am 1. März 1701 abends halb 10 Uhr die Glocken der H. Geistkirche ein erbärmliches Getön von sich, welches sich um 10 und um halb 11 Uhr ohne ergründbare Ursache wiederholte. Vergl. Iren. Montanus, Histor. Nachr. v. d. Glocken, S. 53. — Auch zu Brock bei Gröningen ist eine Glocke, welche vor dem Tode grosser Männer von selbst zu läuten pflegt. Vergl. Rocca a. a. O. S. 168; viele andere Beispiele auch bei Blavignac a. a. O. S. 237—242. — Dieses Läuten, welches oft nicht von den Sterblägerigen selbst, sondern nur von Anderen gehört wird, soll nach Einigen von bösen, nach Anderen von guten Engeln oder von dem warnenden Schutzgeiste ausgehen. Vergl. Grimm a. a. O. 1, 355.

endlich massen die Wahrsagerei der Glocke den auf derselben befindlichen Inschriften bei: *Christus rex venit in pace et deus homo factus est.*[1]

Nicht immer jedoch ist das freiwillige Läuten der Glocken ein prophetisches; es findet auch statt, zuweilen als verdiente Ehrenbezeigung[2], zuweilen in Vertretung des öffentlichen Gewissens, zur Abstellung und Verhütung von Unrecht[3], zur Entdeckung begangenen Frevels[4]; ebenso schweigen die Glocken eigenmächtig, wenn unberechtigtes Läuten versucht wird, z. B. während des Interdikts, oder wenn es gestohlene Glocken[5] sind; namentlich auch um Betrügereien der Glockengiesser[6], die gern das Glocken-

---

[1] Rocca a. a. O. S. 167, nach der Erzählung eines spanischen Prälaten und Ohrenzeugen des Mirakuls von 1601. — Vergl. Mersenne, Harmonie universelle. Livre VII, p. 46 (nach der Abhandlung des Quignones über die Glocke zu Velilla). — Greg. Michaelis, Notae in Jacobi Gaffarelli curiositates inauditae. (Hamburg 1676.) p. 217.

[2] Bei der Aufhebung der Gebeine des heiligen Isidor zu Madrid läuteten die dortigen Glocken von selbst, weshalb König Philipp III. die Heiligsprechung des Isidorus bei Clemens VIII. beantragte. — Am 24. Oktober 1610 ertönten die Glocken der Paulskirche ausserhalb der Mauern Roms freiwillig, als man in der Nähe der Kirche eine Untersuchung aufgefundener Reliquien veranstaltete. Vergl. Rocca a. a. O. S. 168. — Als die Hunnen die Nonnen zu Lieu schänden wollten und diese durch den Schutz des heiligen Gommarus wunderbar gerettet wurden, läuteten gleich darauf alle Glocken der Stadt, ohne dass ein Mensch an sie rührte; zum Andenken daran läutet man noch alle Jahre am Fest des genannten Heiligen von 5 bis 10 Uhr abends die Glocken zu Lieu. Vergl. Wolf, Niederl. Sagen, S. 431.

[3] Als im Jahre 1062 zu Altenburg in Flandern während einer Hungersnot eines Morgens ein während der Nacht vor Hunger Gestorbener auf der Strasse tot gefunden wurde, und der Priester Godobert bei der Beerdigung dieses Unbekannten das Läuten nicht gestatten wollte, läuteten die Glocken von selbst. — J. Mayer, Annales totius Belgii, p. 25. Vergl. Rocca a. a. O. — Als die Grünwettersbacher vom katholischen zum lutherischen Glauben abgefallen waren, wollten sie das Geläute um 12 Uhr abschaffen, allein die Kirchenglocken läuteten mehrere Tage nacheinander um diese Stunde von selbst, worauf das Geläute wieder eingeführt wurde, welches auch bis heute fortbesteht. Mone, Anzeiger für Kunde des teut. M.-A. VIII, Sp. 303.

[4] Als der Giesser Wolf nach mehrmals misslungenem Versuche die Feuerglocke zu Köln endlich mit des Teufels Hilfe zustande gebracht, aufgehängt und zur Probe angeschlagen hatte, da hörte sie mit entsetzlichem Geheule nicht wieder auf, und der Meister stürzte sich im Wahnsinne vom Turme. (Dichterisch ist diese Sage behandelt von J. G. Seidl, Bifolien, S. 377.)

[5] Flodoard, Hist. Rhemens. 2, 12.

[6] In den Sagen erscheinen diese Feuerarbeiter, auf ihre Kunst eifersüchtig und im heissen Blute oft bis zum Totschlage ihrer Nebenbuhler hingerissen. (Grimm, Deutsche Sagen, 189 f.) — Zu Krempe in Holstein erstach der Meister den Lehrjungen, der in seiner augenblicklichen Abwesenheit, weil die Speise gar

gut veruntreuen[1] und dazu gelieferte edle Metalle unterschlagen, an den
Tag zu bringen und zu rächen.[2] — Das Schweigen der Glocken in den
drei letzten Tagen der grossen Woche deutet die rheinische Kinderwelt

war, die Glocke gegossen und daran ein bewundertes Meisterstück gemacht hatte;
nun läutet die Glocke immer fort:

Schad' um den Jungen, Schad' um den Jungen!

Vergl. Boeckeler a. a. O. S. 108. — In Gross-Möringen bei Stendal sieht man
auf dem Felde ein Kreuz als Zeichen eines Streites zwischen zwei Glockengiessern
über eine für die dortige (seit alters wegen ihres schönen Geläutes berühmte)
Kirche gegossene Glocke, welcher mit dem Tode des einen endete. Ähnliches
wird von einem alten Steinkreuze unweit Osterkappeln bei Osnabrück erzählt.
Vergl. Beckmann a. a. O. I., Tl. 5, Kap. 2, S. 250; Boeckeler a. a. O. S. 109.

[1] Gesta abbatum Fontanellensium bei Pertz, Monumenta SS. 2, 284:
Sub huius [Teutsindi abbatis, 734—738] *denique tempore Erinharius, praepositus
eius, aedificavit basilicam beatissimi archangeli Michaelis* [Fontanellae], *licet mo-
dico, pulcherrimo tamen opere .... Denique constructa idem propositus hac
basilica, campanam in turricula eiusdem collocandam, ut moris est ecclesiarum,
opifici in hac arte erudito facere praecepit, qui dum iniunctum sibi opus per-
ficere contenderet, suadente inimico humani generis, de sufficiente metallo, unde
patrandum erat signum, copia eiusdem imminuta, partim abstulit, partim in
cucabo liquefiendum composuit. Projectaque eadem copia metalli in forma, qua
futurum sperabatur signum, ex parte aliqua deforme, deficiente copia metalli,
quae, antequam liquefacta foret, sublata fuerat, minusque est redditum, sic tamen
turriculae impositum. Denique quacunque hora diei pulsatum sonitum dabat,
praedictus artifex, qui illud metallum forto sustulerat, in amentiam vertebatur,
verbaque inepta ac latratus canum more dabat.*

[2] Monachus Sangallens., Gesta Caroli M. lib. 1, cap. 29 bei Pertz a.
a. O. 2, 744: *Erat ibidem* (zu Aachen) *alius opifex, in omni opere aeris et vitri
cunctis excellentior. Cumque Tanco, monachus sancti Galli, campanum optimum
conflaret, et eius sonitum Caesar non mediocriter miraretur, dixit ille praestan-
tissimus sed infelicissimus in aere magister: Domine imperator, iube mihi cuprum
multum afferri, ut excoquam illud ad purum, et in vice stagni* [i. e. stanni] *fac
mihi, quantum opus est, de argento dari, saltim centum libras, et fundo tibi tale
campanum, ut istud in eius comparatione sit mutum. Tum liberalissimus regum,
cui licet divitiae affluerent, ipse tamen cor illis non apponeret, facile iussit omnia
quae petebantur exhibere. Quae miser ille assumens, laetus exivit, et aes quidem
confluns et emundans, in locum vero argenti purgatissimum stagnum subiciens,
multo melius optimo illo de adulterato metallo campanarum in brevi tempore per-
fecit, probatumque Caesari praesentavit. Quod ille propter incomparabilem con-
formitatem satis admiratus, immisso ferro pulsatorio, iussit in campanario sus-
pendi. Quod cum sine mora factum fuisset, et custos aecclesiae vel reliqui ca-
pellani, nec non et erronei tyrones, illud ad sonitum perducere, alii succedentes
aliis, niterentur et nihil efficere potuissent, tandem indignatus auctor operis et
commentor inauditae fraudis apprehenso fune trahit eramentum. Et ecce ferrum
de medio elapsum, in verticem ipsius cum iniquitate sua descendit, et per cadaver*

dahin, dass sie am Grün-Donnerstage nach Rom fliegen, um Wek und Milch zu essen.[1]

Zuweilen fliegen die Glocken auch von den Türmen herab, sei es um vorwitzigen Mutwillen zu strafen[2], sei es um kirchenscheue Leute in das Gotteshaus zu jagen.[3]

Die mit mancherlei märchenhaften Zügen ausgeschmückten Erzählungen vieler Orts-Chroniken von absichtlicher oder zufälliger Vermischung der Glockenspeise mit edlen Metallen, so sehr einzelnes darin im Geiste des Mittelalters zu sein scheint, gehören doch, soweit in technischer Beziehung zum Teil Unmögliches dabei vorausgesetzt wird, völlig in das Gebiet der Sage, wohin wir auch den Umstand rechnen, dass Sachkundige die statt-gefundene Beimischung von etwas Gold oder Silber dem Klange der Glocken sogleich anzuhören im stande gewesen sein sollen.

Die Lügenglocke auf der Hochstrasse zu Gent hat seit Menschen-gedenken nie zur rechten Zeit geläutet; sie rief die Nonnen stets eine Viertel- oder Halbestunde zu früh oder zu spät, woher das Kloster den Namen „Leugenaerster" erhielt.[4]

---

iam iamque defunctum pertransiens, ad terram cum intestinis et virilibus venit. Memoratum vero pondus argenti repertum praecepit iustissimus Carolus inter indigentes pulatinos dispergi.

[1] Kreuser, Christl. Kirchenbau 1, 167. — Die Marienglocke in Aachen nimmt auf diese Reise gern ein Stückchen Tuch mit, welches die Kinder bei der Abreise ihr in die Luft zuwerfen, und von welchem sie sich ein Kleid wünschen; fliegt das Tuchstückchen hoch in die Luft und wird unsichtbar, dann bringt die Glocke zu Ostern das neue Kleid mit. (Boeckeler a. a. O. S. 111.)

[2] Als eine Braut durch das Städtchen Enger ihrem Bräutigam entgegenfuhr, läutete eben eine Glocke, bei welcher sie einst als Patin gestanden hatte, und sie rief in Scherz und Übermut: „Komm, Patchen, komm!" Aber die Glocke nahm die Einladung ernstlich, flog vom Turme herunter und setzte sich hinter der Braut auf den Wagen. Hier blieb sie bis Wester-Enger und flog dann in einen Abgrund, welcher der Raumpott heisst. Da liegt sie noch jetzt, und wenn eine Hochzeit nach Enger kommt, muss die Braut vor dem Orte absteigen und darf sich erst jenseits wieder auf den Wagen setzen. (Boeckeler a. a. O. S. 107.)

[3] Goethes Werke. Ausgabe letzter Hand. 1, 224: Die wandlende Glocke.

[4] J. W. Wolf, Niederländ. Sagen. S. 623.

Anhang.

Glockengiesser-Verzeichnis

nach alphabetischer Anordnung.[1]

Acreden, Wilhelm von, 1450 Glocke in Xanten. — **Adalric**, Mönch zu Freising, s. S. 79. — **Adelholt**, Claus, in Erfurt um 1430, goss eine Glocke in Seebach bei Langensalza und einige Kanonen für letztere Stadt. — **Agast**, Peter, Glocke von 1440 in Biedekopf (Hessen-Nassau). — **Ahlers**, Lieder, in Bremen, Glocke von 1791 in Westen bei Verden. — **Aichamer**, Johann, Stückgiesser in Wien, goss 1711 die 324 Centner schwere Riesenglocke von St. Stephan daselbst. — **Albertus**, Glocke von 1449 in Wenholthausen (Westfalen). — **Albraht**, Glocke von 1296 zu Seligenstadt. — **Albus**, Johann, Glocke von 1555 in Beesten (Kr. Lingen). Der Name Albus scheint lat. Übersetzung von Weiss (s. d.) zu sein. — **Alfter**, Johann van, Glocken von 1457 in Lövenich, 1476 und 1477 in Mechernich, 1481 in Antweiler (sämtlich in der Rheinprov.). — **Algeier**, Valentin, im 17. Jahrh. zu Ulm. — **Alkter**, Hermann von, Glocke von 1684 zu Hamm bei Düsseldorf. — **Allard**, Johann, Glocke von 1660 zu Haynrode (Kr. Worbis). — **Altenburg**, Joh. Friedrich, in Sachsenhagen (Hessen-Nassau), Glocken von 1776 zu Eimbeckhausen und 1796 zu Erichshagen im Calenbergischen. — **Altenhaus**, F. N., 1614 Glocke in Laer bei Iburg (Osnabr.). — **Alves** (Aleves), Johann, Glocken von 1501 zu Wittmund (Kr. Aurich), 1564 zu Gesmold (Kr. Melle) in Hannover. — **Ambos**, Jakob, 1479 Glocke zu Werliswang (Schwaben). — **Amiens**, Jean d', 1260 Glocke zu Rouen. — **Amons**, Georg. 1571 Betglocke im Münster zu Strassburg (seit 1596 in Dorlisheim). — **Andernach**, Johann von, I. Glocken von 1506 in St. Georg in Köln, 1507 in St. Marien zu Duisburg, 1513 Tumpelfeld a. d. Ahr, 1516 Dom zu Trier. II. 1594 in St. Andreas zu Köln. — **Andreas** von Kolmar, Glocken von 1340 zu Molsheim, 1349 Multzig (ehemals), 1412 Molsheim und Troenheim in Elsass; ob etwa Vater und Sohn? — **Aneken**, Joachim, 1684 Glocke in Ober-Rissdorf (Mansfelder Seekreis). — **Anthoni**, M., 1309 Glocke in N.-D. des Tables zu Montpellier. — **Antoine** und Loiseau, von Robécourt, 1831 die Glocke Nicaisie des Domes zu Reims. — **Appe**, Michael, aus Wolfenbüttel, 1657 Glocke zu Deersheim (Kr. Halberstadt). — **Arnemann**, Hans,

---

[1] Siehe oben S. 83 f.

Glocken von 1505 in Hardegsen und 1507 zu Kerstlingerode (A. Reinhausen) in Hannover; er soll schon 1488 vorkommen. — **Arnold**, Hans, in Fulda, Glocke von 1562 in St. Burchardi zu Würzburg; Weigand Arnolt von Fulda, Glocke von 1602 in Rückerod bei Montabaur (Hessen-Nassau). — **Arnoldus** *me fecit*, steht auf einer alten Glocke (aus dem 13. Jahrhundert?) in Wolmirstedt a. d. Ohre (Magdeb.), und stand auch auf einer nicht mehr vorhandenen in St. Moritz zu Naumburg a. d. S. — **Asten**, Jan van, Glocken von 1447 zu Haelen, 1450 Raexen (Holland). — **Auber**, eine französische Glockengiesserfamilie des 17. Jahrhunderts. — **Aubert**, Nicolas, aus Romain-en-Barrois in Lothringen und Nicolas Chollet in Porrentruy waren 1526 in Locles thätig. — **Ausnym**, Johann, 1697 Klein Marzehns bei Niemegk (Kr. Belzig).

Bachmann, Joh. Christian, in Halle a. d. S., Glocken von 1711 zu Dahlena und von 1731 zu Domnitz im Saalkreise. — **Gebr. Bachmann** zu Berlin, 1844 Glocken in Gnesikow (Kr. Ruppin). — **Baldlauf**, Mich., zu Freiburg i. d. Schw., 1480 Glocke in der Collegiatkirche daselbst. — **Bargen**, Cordt, 1597 Glocke zu Sack bei Hildesheim. — **Bargmann**, Heinr., Glocke von 1510 im Dom zu Verden. — **Bartels**, Hans Georg, Glocken von 1704 in der Barfüsserkirche und von 1707 im Dom zu Frankfurt a. M., Vorfahre von „Gebr. Barthels und Mappes" daselbst, die 1837 eine Glocke für den dortigen Dom lieferten. Bartels in Hildesheim goss 1858 eine ca. 40 Centner schwere Glocke für Lühnde (Kr. Hildesheim). — **Barth**, F. W., in Erfurt, Glocken von 1765 zu Gebesee und von 1766 zu Ottenhausen im Kr. Weissensee. — **Baudike**, Hans, 1471 kleine Glocke der Frauenkirche zu Jüterbogk. — **Baulard**, Gottfried, aus Lothringen, 1659 Uttum bei Emden. Vergl. Voilo. — **Beaumont**, 1314 Brückenglocke in Caen. — **Becker**, Familie des 15. bis 19. Jahrhunderts in Niedersachsen. Hinrick B., Bürger zu Halberstadt, Glocken 1462 und 1467 in Badersleben und Vogelsdorf (Kr. Oschersleben), 1496 Liebfrauenkirche zu Halberstadt, 1502 Ottleben (Kr. Oschersleben), 1507 Ditfurth (Kr. Aschersleben). Claus B. aus Halle, Glocke 1520 zu Klein-Quenstedt (Kr. Halberstadt). Das Giesserzeichen beider (wahrscheinlich Vater und Sohn) ist

Johann Berward B. und Jost Heinr. Lampe in Hildesheim, 1682 Dom zu Hildesheim. Eggert Christoph B. daselbst, 1701 Glocke zu Harsum bei Hildesheim. Christoph August B. daselbst, 1741 Glocke zu Lamspringe. Peter B, in Halle a. d. S. († 1742), nachgewiesen auf vielen Glocken von 1708 bis 1738; mit seinen Söhnen Friedrich August und Christian August goss er 1742 die grosse Glocke der Oberpfarrkirche zu Wernigerode, und beide Söhne allein nennen sich auf der vierten Glocke dieser Kirche, Friedr. Aug. B. allein auf einer Glocke von 1747 zu Giebichenstein. P. A. Becker in Hannover ist von 1779 bis 1788 besonders im Calenbergischen nachgewiesen, Carl Wilhelm B. in Naumburg 1752—1763 auf 3 Glocken von Dörfern in den Kr. Zeitz, Weissenfels und Naumburg. Eine Glocke zu Schmiedeberg (Kr. Angermünde) ist 1801 von Becker in Stettin gegossen. G. C. Becker in Halle nennt sich auf einer Glocke von

1817 zu Dörstewitz (Kr. Merseburg) und C. G. Becker daselbst auf einer Glocke
von 1846 zu Görzke im Kr. Jericho I. — Wohl nicht aus dieser, sondern aus einer
Augsburger Familie entsprossen, ist Eduard Becker in Ingolstadt, der, seit 1861
daselbst thätig, bis 1883 250 Glocken gegossen hat, darunter ganze Geläute von
5—2 Glocken, deren grösste 48 Centner schwer ist. — **Beduwe**, J., in Aachen, goss
1850 die Messglocke des Münsters daselbst. — **Begun**, Michael, ein französischer
Emigrant. Glocken von 1717 zu Krakow in Mecklenburg, 1720 und 1726 zu Wismar im Kr. Prenzlau. — **Beheim**, Sebald, in Nürnberg, goss 1505 die 150 Centner
schwere Kanone „Eule" und war als Glockengiesser nicht minder geschickt wie
als Stückgiesser. — **Behem**, Yorg, 1583 auf einer Glocke zu Dalldorf bei Berlin. —
Behme, s. Engsdorf. — **Behrens**, Christoph, in Salzwedel, Glocken in der Prignitz,
1758 zu Wittenberge, 1777 zu Sargleben, 1778 zu Nebelin. A. C. Behrens nennt
sich auf einer Glocke zu Wittstock von 1787. — **Beinroth**, George, zu Eisleben,
auf Glocken von 1580 zu Dornstedt (Mansf. Seekr.) und von 1585 zu St. Anna in
Eisleben. — **Benninck**, Stück- und Glockengiesserfamilie des 17. Jahrhunderts.
Gerdt B. zu Danzig goss 1617 das jetzt im Berliner Zeughause befindliche Prunk-
geschütz „Saturn", Hermann B. aus Hamburg Glocken 1654 zu Wendorf bei
Wismar, 1667 zu Niedermarschacht (A. Winsen a. L.) in Hannover, Albert B.
zu Lübeck 1678 drei Glocken im Dom zu Ratzeburg. — **Berckhof**, Lucas, 1532
mit Jan Block Glocke zu Abbenrode (Kr. Halberstadt). — **Bergen**, H. v., und
C. Fremy, 1844 Glocke zu Esens in Harlingerland. — **Berger**, Martin, aus Dresden, Glocken in der Laurentiuskirche zu Dippoldiswalde und in Sadisdorf 1637,
zu Fischbach bei Stolpen 1644. Wendelin B. in Weimar, Glocke von 1652 in
Stödten (Kr. Eckartsberga), Johannes B. daselbst, Glocke von 1660 in Wiehe
(Kr. Eckartsberga), Hieronymus B. in Jena. 1662 Glocke in St. Jakobi zu Sau-
bach (ebend.), J. H. und H. S. Berger (in Leipzig?) 1668 Glocke in Wiehe. —
Berthold, Heinrich, aus Halberstadt, 1615 Glocke der Neustädter Kirche zu Aschersleben. — **Bertoldus**, Gropengheter, von Duderstadt, 1399 Glocke zu Berenshausen
im hannöv. Eichsfelde. — **Bewer**, Caspar, aus Sondershausen, Glocke von 1637 im
Kr. Sangerhausen. — **Beyschen**, Petrus de, wohnhaft in Trier (darum wahrschein-
lich identisch mit Peter von Trier; s. Trier), Glocke von 1410 in St. Adalbert zu
Aachen. — **Bielfeld**, Friedrich, 1592 Glocke zu Iber im A. Einbeck (Hannover). —
Bienner (Biener), Georg, zu Dresden, 1595 Seigerschelle auf Schloss Lauenstein,
mit Hans Bilger Glocke zu Weesenstein bei Pirna 1596. — **Bierling**, s. Grosse.
— **Bilger**, s. Bienner. — **Billig** (Billich), Familie des 17. und 18. Jahrhunderts in
Sachsen. Georg B. aus Kemberg goss 1660 die nicht mehr vorhandene grosse
Glocke der Frauenkirche zu Jüterbogk und 1664 eine Glocke in St. Jakobi da-
selbst; später wohnte er in Wittenberg (Glocken von 1672 in Belzig, 1678 Deutsch-
Bork bei Belzig und Schlalach bei Treuenbrietzen, 1680 Gomnick bei Belzig).
David B. giebt auf einer Glocke von 1722 zu Wulfersdorf in der Prignitz Beelitz i. d. Mark als seinen Geburtsort und Potsdam als seinen damaligen Wohnort
an. -- **Blaise**, s. Hemony. — **Biener**, Hans, 1467 Steindorf bei Althegnenberg (Oberbayern). — **Block**, s. Berckhof. — **Blume** (Blome, auch Floris), Hans, Glocken 1439
in der Martinikirche zu Halberstadt, 1448 Martinistiftskirche zu Heiligenstadt,
1454 (ehemals) Dom zu Halberstadt (104 Centner). Arndt Blume, Glocke von
1524 zu Linde in der Altmark. — **Boc**, Nikolaus, aus Braunschweig, 1471 Glocke
in Dörna (Kr. Mühlhausen) im Reg.-Bez. Erfurt. — **Bodeker**, Jost, zu Havelberg,
1599 Glocken zu Pessin und Retzow im W.-Havellande. — **Bodo** *nos fundebat*

auf einer angeblich sehr alten Glocke in Deutz (Köln). — **Bogdanof** goss 1817 die 1300 Centner schwere Glocke Bolshoi in Moskau. — **Böhm**, Johann, im 18. Jahrhundert zu Naumburg a. d. S. — **Bollée** zu Le Mans goss 1849 die zweite Glocke der Kathedrale in Reims. — **Bonbon**, César, und Johann Rosier giessen 1691 die Thorglocke und 1692 mehrere Glocken für das Münster zu Strassburg. — **Borg**, Hans van der, Glocken 1575 zu Esens, 1580 Hatzum, 1581 Marienchor i. A. Weener (Hannover). Vergl. Borch und Terborg. — **Borch**, Heinrich von, wahrscheinlich aus derselben Familie mit Hans van der Borg und etwa dessen Vater, 1521 Glocke aus Heersum bei Hildesheim. Johannes de Borch, Gl. von 1568 in der Nikolaikirche, 1569 in der Marienkirche zu Greifswald. — **Borchordes**, Hans, um 1500 Gl. zu Langenholzen i. A. Alefeld (Hannover). — **Bornstedt**, Familie zu Magdeburg, bereits Anfang des 15. Jahrhunderts. Clawes Bannestet von Magdeburg steht auf einer Glocke zu Calbe i. d. Altmark. Hermann Bonstede goss 1475 Metallleuchter für St. Marien in Perleberg und 1489 die Taufe in St. Joh. zu Werben. — **Borstelmann** (Porstelmann), Familie in Magdeburg und Braunschweig, 16., 17. Jahrhundert. Heinrich B. zu Magdeburg, 1530 Gl. zu Bötzow im Havelland, Heinrich P. aus Braunschweig 1546 Gl. zu Calbe i. d. Altmark. Ein späterer Heinrich B. (P.) aus Magdeburg ist von 1588 bis 1620 vielfach auf Glocken in den Kr. Aschersleben, Calbe a. d. S., Mansfeld, Halberstadt, Oschersleben, Wernigerode, sowie auch in der Mittelmark nachgewiesen. — **Bötger**, Andreas, 1520 Gl. zu Udra (Kr. Heiligenstadt). — **Bourlet**, Johann, von Gulich, thätig am Niederrhein; Glocken 1696 zu Mechernich, 1680 Randerath, 1682 Geilenkirchen, 1686 Münstereifel, 1687 Hehlrath bei Eschweiler, 1693 im Dom zu Köln. Mit ihm arbeitete Peter Michelen; s. diesen. — **Bouticle**, Jacques de la, und Regium Robinet kamen 1475 nach Troyes. — **Bouvier**, Jean, 1435 Gl. in Aigle bei Genf. — **Brachmann**, Barth., 1560 Gl. der Johanniskirche zu Harby (Kr. Calbe a. d. S.). — **Brackenhoff**, F. Gottlieb, in Halberstadt, 1798 Gl. in Veckenstedt (Kr. Wernigerode) — **Brauhof**, Joh. Heinrich, in Nordhausen, Glocken 1736 zu Ilfeld (Hannover), von 1739 bis 1754 in sieben ländlichen Ortschaften der Kreise Mühlhausen und Langensalza in der Provinz Sachsen und in dem hannöv. Amte Reinhausen. Eine Glocke von 1789 in der Martinskirche zu Grossengottern (Kr. Langensalza) scheint von einem gleichnamigen Sohne des Meisters herzurühren. — **Braun**, J. P., in Mühlhausen, 1801 Gl. zu Alterstedt (Kr. Langensalza); Balthasar Braun daselbst, 1803 Gl. in Oberdorla (Kr. Mühlhausen); J. B. Braun in Wasserthalleben bei Greussen (Schwarzb.-Sondersh.) 1816—18 Glocken im Kr. Sangerhausen, 1819 Kutzleben (Kr. Weissensee); derselbe in Mühlhausen, 1827 Gl. zu Langula (Kr. Mühlhausen). — **Breitinger**, Jakob, aus Nordhausen, Gl. von 1663 in Rottleberode (Kr. Sangerhausen), 1666 in Gefell (Kr. Ziegenrück). — **Breutel**, s. Simon. — **Brisich** (d. i. Breisach), Hans von, goss 1516 zwei Glocken für den Dom zu Trier. — **Brocard**, Guillaume, und Nicolas Foissez, 1212 Gl. zu Vimpelle (Île de France). Eine Glockengiesserfamilie des Namens Brocard zu Brevanne in Lothringen kommt im 18. Jahrhundert vor; von derselben rührt eine Glocke aus dem Jahre 1714 zu N.-D. in Paris her. — **Brodermann**, Heinrich, in Köln, ein Sohn des Reynard Brodermann, „der Duppengiesser von Durpmunde" (Dortmund), ansässig in Köln; er war im Dezember 1468 bereits verstorben und wurde von zwei Söhnen, Heinrich und Jakob, beerbt. Von ihm finden sich Glocken zu Ratingen 1440 und im Dom zu Köln die Preciosa von 224 Centner, die er mit Christian Cloit (s. d.) 1448 goss. Vergl. Boeckeler,

Beiträge, S. 49, Nr. 53. — **Broers**, Joachim Hannibal, Glocke von 1701 zu Königsberg i. Pr. — **Brom**, Valentin, 1564 Gl. zu Wietzendorf (A. Soltau) in Hannover. — **Bruggemann**, Andreas, Gl. zu Blumenhagen bei Prenzlau mit der Jahreszahl MLXXX, die wohl MDXXX (1530) heissen soll. — **Brulet**, Franz, 1628 Gl. von 146 Centner im Dome zu Trier. — **Bruwilre**, Jaen (oder Yohan, Johannes), Glocken von 1445 zu Marienfels bei Limburg a. L., 1447 Gemünden bei Hachenburg und Nomborn bei Montabaur, 1452 Offenbach in Nassau, Günterod bei Biedenkopf. — **Bryccius** *Pragensis fecit me auxilio divino*, auf einer nicht mehr vorhandenen Glocke zu Altenberg in Sachsen. — **Buchholz**, Ludwig, in Berlin, Glocken 1628 zu Warnitz (Kr. Angermünde), 1631 zu Garz (Kr. Ruppin) und Fehrbellin, 1632 Kerzlin (Kr. Ruppin). — **Buerin**, Lucien, von Beauvais, 1573 Glocke zu Picquigny (Somme). — **Bueron**, s. Olivey. — **Burger**, Glocke von 1617 zu Bendewisch (Westprignitz). — **Burkart**, Wetterglocke von 1461 zu Strassburg. — **Buscher**, Heinrich, in Hannover, Glocken von 1603 und 1605 in der Kreuzkirche daselbst. — **Busquet**, Daude, in Montpellier, Glocke von 1375 in N.-D. des Tables daselbst. — **Busse**, Jakob, Glocke 1496 in Berkum, 1498 Burgstemmen und 1500 Nordstemmen im Kr. Hildesheim.

Caetmans, Glocke von 1458 zu Herten (Holland). — **Caillet** (Cailliet), Familie von der französischen Kolonie in Berlin. Peter C., Glocke von 1714 in Deutschbork bei Treuenbrietzen, auf einer Glocke von 1715 zu Schöpfurt bei Eberswalde steht: „*Caillet et Rolliet fecit*" und auf einer von 1722 zu Hegermühle bei Eberswalde „*durch Peter und Abraham Cailliet Vater und Sohn*." — **Campis**, s. Wou. — **Casem**, Heinrich, zu Münster i. W., Glocken von 1613 in der Liebfrauen-, und von 1619 in der Lambertikirche daselbst. — **Cauchois** jun. und Sohn zu Châlons (Marne), gebürtig von Champigneul (Haute-Marne), gossen 1823 6 Glocken für den Dom zu Reims und 1844 die zweite Glocke desselben, die schon 1845 umgegossen werden musste und 1847 wieder sprang. — **Causard**, F., Nachfolger von Perrin-Martin mit zwei Werkstätten, Firmin und Adrien Causard, in Kolmar und als Hauptwohnsitz zu Tellin (Belgien). Die Firma besteht seit 1824 und hat für etwa 1000 Ortschaften in Elsass, Lothringen, Rheinprovinz, Belgien, Luxemburg, Frankreich u. s. w. ganze Geläute von 8 bis 3 Glocken gegossen, und einzelne Glocken, davon die schwersten von 112 Centner für die Dionysiuskirche und von 100 Centner für den Dom zu Lüttich, von 90 Centner für Dammerkirch in Elsass, von 86 Centner für den Dom in Luxemburg. Mehrere sehr reich verzierte Glocken befanden sich auf der Brüsseler Ausstellung 1881. — **Cavillier** (Carvillier), Familie zu Carrepuits (Somme), deren Name auf den meisten Glocken wiederkehrt, die in den beiden letzten Jahrhunderten im 30 meiligen Umkreise ihres Wohnortes neu beschafft worden sind. — **Chapel**, Nikolaus, Glocke von 1628 im Dom zu Trier. — **Chaudois**, 2 Glocken von 1732 in St. Mich. zu Aachen. — **Chein**, Andreas van den, in Löwen, Glocke von 1763 in St. Leonhard zu Limoges. — **Cherstan**, s. Kersten. — **Chollet**, s. Aubert. — **Chrisgin**, Joh., Glocke von 1483 in St. Caecilien zu Köln. — **Clegeler**, Heinrich, Glocken von 1502 in Tromsdorf (Kr. Eckartsberga), 1504 in der Marktkirche zu Langensalza und in dem nahegelegenen Dorfe Schönstedt (Oberdorf), 1509 zu Bachra (Kr. Eckartsberga), 1556 in Ostermonra (ebend.). Die mit ſj. r. bezeichneten Glocken zu Tennstedt, zu Issersheilingen (Kr. Langensalza) von 1518, zu Lindau (Kr. Weissenfels) von 1520 und in der Marienkirche zu Heiligenstadt von 1547 können ebenfalls von diesem Meister herrühren. — **Claus** von

Mühlhausen in Th. goss 1474 in Erfurt, wo er Bürger geworden war, Glocken für die Severikirche, von denen noch zwei von ca. 90 und 34 Centner existieren, und formte 1476 die Vorgängerin der jetzigen Riesenglocke des Domes daselbst unter Zuziehung fremder Meister aus Sondershausen und Nordhausen, die den Guss derselben am Tage seines Begräbnisses vollendeten; er soll von den Erfurter Glockengiessern aus Brotneid vergiftet worden oder infolge ihrer Misshandlungen erkrankt und gestorben sein. Dass er mit dem um 1448 nachgewiesenen Niko-laus Tuppenesser von Mühlhausen (s. diesen) identisch sein möchte, ist nicht wahrscheinlich, weil er bei seinem Tode noch ein junger Mann war. — Clocken-geter[1], Johann, 1442 Glocke zu Besel (Holland), „Nikolaus Klockengheter de Helmstede" auf einer Glocke von 1432 in der kathol. Kirche zu Salzwedel. Ein Peter Klockgeter goss 1486 Glocken zu Bedekaspel und 1496 die Taufe zu Wiegboldsbur bei Aurich. Vergl. Glockengiesser. — Cloit, Christian, Glocken 1439 zu Gusdorf bei Köln und 1448 im Dom zu Köln; vergl. Brodermann. — Cniltker, s. Snitker. — Cnobbel, Lübke, 1414 Glocke zu Döra. — Coblenz, Cobelenz, Familie des 16. bis 18. Jahrhunderts. Heinrich von Coblenz, 1589 Glocke in Rans-bach bei Montabaur. Antonius Cobelenz zu Ende des 17. Jahrh. in Köln (Gl. im Dom). Matheius Cobelenz, 1718 Gl. in Münstereifel. — Cochois, Peter Franz, der Jüngere, zu Châlons, goss 1823 das Viergeläute für N.-D. von Reims. — Colart (Colas), Joseph, von Dinant, Stück- und Glockengiesser am Hofe von Burgund, 1383 bis 1407 erwähnt. — Collavin (Coulavin), Noé, Sohn des Étienne C. von Faucigny, geb. 1575, wurde 1605 Bürger zu Genf, goss 1609 eine Glocke und 1622 Geschütze für Genf. Sein Enkel Pierre Antoine C., geb. 1678, war 1731 Münzmeister daselbst; Gl. von ihm in Versoix 1738. — Colle (Kolle), Simon, aus Brandenburg; eine Gl. zu Damsdorf bei Lehnin, angeblich mit der Jahreszahl MD; dagegen Glocken mit diesem Namen von 1644 zu Phoeben, 1660 zu Kl.-Behnitz, 1662 zu Plaue im Westhavelland. — Collier, Familie des 18. u. 19. Jahrhunderts. Charles C. im Elsass 1753—95, viele Glocken daselbst und im mittleren Frank-reich. August C. in der Rheinprovinz und in Pommern 1795—1836. Guillaume C. in Pommern und Westpreussen 1836—1870 (Geläute für Mazanno, Lauenburg in Pommern, Prangenau, Perichau, Rosenthal, Löbau, Grabau, Lautenburg, Kamin, Zwiniarz, Meisterwalde, Grodziczno, Mariensee u. s. w.; einzelne Glocken unter anderen für Lemberg, Löbau, Carthaus u. s. w.). Jean C. in Danzig, seit 1870, lieferte bereits 12 Geläute von 2 und 3 Glocken (unter anderen für die kathol. Kirche in Dirschau 2 Glocken von 80 Centnern) und etwa 40 einzelne Glocken, darunter die Apostolica der Oberpfarrkirche in Danzig von 70 Centnern. Hugo C., früher in Zehlendorf, jetzt in Berlin. Gustav C. in Berlin lieferte im Jahre 1883 ein Dreigeläute von 54 Centnern für Peterwitz im Reg.-Bez. Breslau. — Cöln (Cöllen), Conradus von, erwähnt 1231. Heinrich von C., Glocken von 1535 Brenig bei Bonn; derselbe Name auf Glocken von 1589 zu Braubach im Rheingau, 1592 zu Grevenbroich bei Neuss. Derich von C., s. Overradt. — Conrad, „iurenis magister de Mesburci" (Merseburg?) auf einer undatierten Glocke mit Majuskel-umschrift in St. Ulrich bei Mücheln (Kr. Querfurt). Conrat zu Mencz (Mainz), Glocke von 1489 zu Flacht bei Limburg a. d. L. Cunrat Fuldensis nos fecit, in neugot. Majuskeln auf einer Glocke zu Maulbronn. — Copinus, Johann, aus Bau-dissin, Glocke von 1724 zu Fischbach bei Stolpe in Sachsen. — Cornelius (auf der

_____

[1] Kein Familienname.

Glocke steht verschrieben „*Conrelr*“), Matis, 1502 zu Albersroda (Kr. Querfurt).
— Craft, Georg, zu Mainz, Glocke von 1508 zu Oberursel bei Homburg v. d. H. —
Cramer (Kramer), Heinrich Abel, zu Salzwedel. Glocken von 1690 zu Bennewitz
in der Prignitz, 1694 Capern (A. Gartow) in Hannover, 1698 Mödlich in der
Prignitz, 1699 Wedderstedt (Kr. Aschersleben), 1716 und 1717 zu Salzwedel. —
Cranichfelde, Conrad, zu Jena, übernimmt 1448 den Guss einer Glocke für das
thüring. Kloster Heusdorf. — **Cremer** (Kremer), Johann, 1514 Glocke zu Voldorf
bei Vlotho in Ravensb., 1518 Martfeld (A. Bruchhausen) in Hannover. — **Crei-
silles**, Familie des 13. bis 14. Jahrhunderts, welche sich nach diesem Hauptorte
des Departements Pas-de-Calais benannte. Jakob von Cr. goss 1261 die Bannglocke von St. Peter zu Aachen, Wilhelm von Cr. 1303 eine Glocke für den
Belfrit zu Compiègne, Robin von Cr. Glocken 1386 für Valenciennes, 1387
Beauvais, 1392 Tournay. Wilhelm von Cr. und sein Sohn Robert übernahmen
1396 den Guss von 3 Glocken für Peronne. — **Cürsgin**, s. Sarzgyn.

Dagaeus, s. oben S. 11. — **Daller**, Christoph, zu München, 1705 Glocke in
Marching bei Neustadt a. d. Donau. Franz D. daselbst um 1700. — **Dam**, Heinrich vom, 1650 Glocke zu Stepenitz i. d. Prignitz. — **Dames**, Martin, 1566 Glocke
zu Parstein bei Angermünde. — **Damone**, Thomas de, 1486 Glocke zu Aschendorf
im Emslande. — **Dannell** (?), Rogier, und Johann Korterich, 1373 Gl. in Diesdorf
(Kr. Oschersleben). — **Delcroix-Mangin** in Châlons sur Marne 1855, empfohlen als
Wiederhersteller gesprungener Glocken; s. oben S. 151. — **Delecourt**, Jean, und
seine Söhne, 1626 Uhrschelle zu Valenciennes. — **Denner**, Georg, in Hameln. Glocke
von 1363 im Münster daselbst. — **Derborg**, s. Terborg. — **Déschamps**, Pierre, 1570
Bourdon von 209 Centner im Dom seines Geburtsortes Reims. — **Desprez**, Michel
Philippe, königl. Giesser zu Paris, 1766 drei kleine Glocken für N.-D. daselbst.
— **Deuderode**, Johann, 1389 Glocke (ehemals) in St. Joh. zu Göttingen. — *Diderek
mester me fecit* steht auf einer Glocke von 1459 zu Hohnsen bei Coppenbrügge
(Hannover). — **Diderich** † *meza* steht in romanischen Majuskeln auf einer Glocke
in der Altertümersammlung auf Schloss Marburg. — **Dielmann**, s. Thilmann. —
Dietrich von Priem (Prüm), 1526 Glocke in Meisenheim. Dietrich, Caspar, von
Ingolstadt, 1554 Glocke zu Pförring in Oberbayern. Dietrich, Michael (od. Matthias),
kurfürstl. Artillerie-Hauptmann und Stückgiesser unter Kurfürst Joachim II. in
Berlin, aus Burgund. Der auf einer Glocke von 1556 zu Wachow (Westhavell.)
vorkommende „Nickel Dietrich aus Lothringen“ soll sein Sohn sein. Ein
Niclas Ditrich lebte im 17. Jahrhundert zu Angsburg als Glockengiesser. —
Dinkelmayer, Joh. Lucas, von Nürnberg, Glocken von 1677 in St. Columba und
1691 auf dem Rathause zu Köln; auch Kanonen. Gottfried und Joh. Heinrich D. zu Köln, Glocken 1717 in St. Lamberti zu Düsseldorf, 1723 Kreuzberg
bei Wipperfürth, 1726 Wald bei Solingen, 1727 Mettmann, 1730 St. Joh. und St.
Cäcil. in Köln. Von Gottfried allein Gl. von 1732 zu Dorsten und 1733 Polsum
(Kr. Recklinghausen). — **Dobble**, Didier, Glocke von 1447 in La Lande-de-Cubzac
(Gironde) mit der deutschen Inschrift: „*Didier Dobble makade mi in juer
m . ccc . xlviii.*“ — **Dormen** (Dorum), Peter van, 1447 Gl. zu Werdum (A. Esens)
in Hannover. — **Dortmund** (de Tremonio), Johann und Heinrich van, thätig in
Westfalen und am Niederrhein, Glocken 1465 und 1473 in Herrest bei Dorsten,
1465 Elslohe, 1467 St. Salvator in Duisburg, 1473 Werne und Westerholt, 1476
Kaiserswerth und Wittlaer, 1485 Hoetmar bei Warendorf, 1489 Altdünen (Kr. Lü-

dinghausen), 1617 Schöppingen (Kr. Ahaus), Dortmund, Gladbach bei Recklinghausen. — Dreffet, Jean Dan., aus dem Wadtlande, Stückgiesser zu Genf, lebte
noch 1815. Glocke in Corsier bei Genf 1797, grosse Glocke in St. Gervais zu
Genf 1776. Pierre D zu Vevey, Glocke zu Peney im Wadtlande 1810. — Drehus,
Berent, 1560 Glocke in Klus bei Gandersheim (Hannover). — Drouart, s. Nainville.
— Dulsterwald, Johann, in Köln, 1380 Glocke in St. Severin, 1404 St. Joh. daselbst. Christian D. in Köln, 1413 Glocke im Rathause und in St. Cunibert,
1416 in St. Peter daselbst. Gerart D., ein Bruder Christians, 1418 Glocke in
St. Petri daselbst. — Düren, Johann von, Glocke von 1491 Nikolaikirche zu Siegen,
1492 Allendorf bei Weilburg (Nassau).

Eberbach, N., Nachfolger von Th. Lehmann in Neuwied, erwähnt 1883. —
Ebers, Hans Martin, aus Erfurt, 1697 Glocke in Kirchworbis (Kr. Worbis); vergl.
Rausch. — Echternach, Clais van, 1489 und 1490 Glocken zu Kirmutscheid bei
Koblenz. Peter van Eichternach, 1509 Glocke in Niederlahnstein. — Edel, Fa-
milie des 17. bis 19. Jahrhunderts in Strassburg. Melchior E., 1659 Glocke zu
Epsig im Elsass. Johann Peter E., 1707 Glocke in St. Severin zu Köln. Mat-
thias E., 1783 Glocke in St. Thomas zu Strassburg; derselbe und sein Sohn
Joh. Ludwig, 1806 drei Glocken im Münster daselbst. Gegenwärtige Firma:
Louis Edel. — Edelbrock, Firma: Petit und Edelbrock, in Gescher bei Coesfeld.
Die Brüder Joseph und Wilhelm E. traten 1823 in das Geschäft ihres kinder-
losen Oheims Alexius Petit (s. d.), welches der ältere Bruder Joseph nach dem
Tode des jüngeren seit 1857 allein fortsetzte und noch gegenwärtig mit seinem
Sohne Rudolf erfolgreich betreibt. Allein im Jahre 1881 sind von der Firma
unter anderen Glocken gegossen worden für Ibbenbüren, Plantlünne, Angermünd,
Fredeburg, Hönnepol, Rotterdam, Grefrath, Gelsenkirchen (ein Sechsgeläute von
150 Centnern) und die Marienglocke des Münsters zu Aachen von 116 Centnern.
Vergl. Boeckeler, Beiträge, S. 70 und 140. — Egeiric, s. oben S. 20. — Eilmann
von Hachenburg, 1451 Glocke zu Hadamar im Oberlahnkreis. — Elers, Otto, zu
Berlin wohnhaft, goss seine Glocken an verschiedenen Orten der Marken, z. B.
in Kyritz, Havelberg, Puttlitz u. s. w., anscheinend im Umherziehen. Glocken von
ihm: 1701 zu Gohlitz (Kr. West-Sternberg), Ferchesar bei Rathenow, Rönnebeck
im Ruppinischen; 1702 Brandenburg die grosse Glocke in St. Gotthard, Stechow,
Döberitz, Grossleppin in der Prignitz; 1704 Puttlitz, Pirow, Krampfer; 1705 Havelberg, Brunne bei Fehrbellin, Spaatz, Gumtow; 1706 Betzin. — Embo, 1295
Glocke in Campen (Ostfriesland). — Engelcke, Johann, in Bielefeld, Glocken 1667
zu Riemsloh (A. Grönenberg), 1670 in der evangel. Kirche zu Huntoburg (A. Wittlage) in Hannover. H. Engelcke in Halberstadt, Glocken 1838 in St. Nikolai
zu Treuenbrietzen, 1845 mit Wilhelm E. in St. Andreas zu Eisleben; von letzterem Glocken 1864 zu Brachwitz bei Treuenbrietzen, 1869 zu Belzig. — Engsdorf,
Matthias, und August Behmo 1570, Glocke in Voigtstedt (Kr. Sangerhausen). —
Erhardus dictus Kesseler, urkundlich 1375 in Strassburg. — Ernst, Hans, von Regensburg, Stück- und Glockengiesser zu Stuttgart, 1490 Glocke in Weingarten,
1493 grosse Glocke der Frauenkirche zu München von 125 Centner. Bernhard
Ernst, im 17. Jahrhundert in München thätig. Peter Ernst zu Lindau, 1753
Glocke in Weissenau bei Ravensburg. Melchior Ernst zu Memmingen, 1733 bis
1766, wo er das Geschäft an seinen Sohn Joh. Georg E. übergab, der dasselbe
bis 1808 fortführte und es dann an seinen Schwiegersohn Joh. Hermann (s. d.)

übergab. Eigenhändige Aufzeichnungen über die von Melchior E. gegossenen Glocken sind in der Hermannschen Giesserei zu Memmingen noch vorhanden. — **Erlmarus**, 1339 Glocke in der Stephanskirche zu Osterwiek (Kr. Halberstadt). — **Ertz**, Nikolaus, der ältere, 1582 Glocke in Zorbau (Kr. Querfurt).

Fabri, s. Febure. — **Febure**, Edmundus le (Fabri), zu Koblenz, 1695 Glocke in Rheinbach, 1714 Wallhorn (Kr. Eupen); später arbeitete er in Verbindung mit Joh. Franssen (s. d.). — **Fele**, Walter, 1482 Glocke in St. Petri zu Mühlhausen i. Th. — **Felix** von Feldkirch, in Bern, 1723 Glocke zu Romainmôtier. — **Fevre**, Simon, 1705 in Reims. — **Fine**, Johannes a, 1549—1553, Verfertiger von Handglocken, vermutlich ein Oberdeutscher, s. oben S. 56. — **Fischer**, Paul, von Bingen, 1539 Glocke (ehemals) in Wallendorf (Kr. Merseburg). Johann Christoph F. in Weissenfels, dann in Zeitz, 1718 vier Glocken der Stadtkirche in Weissenfels, 1720 Glocke in Rössuln bei Weissenfels, 1721 Schimmel (Kr. Eckartsberga), 1725 Quesnitz, 1727 Markwerben, 1733 Steingrimma im Kr. Weissenfels. Fischer zu Königsberg i. N., 1798 drei Glocken zu Vierraden, eine zu Polssen, 1801 zu Lunow im Kr. Angermünde. — **Flauban** in Paris, um 1793. — **Fobben** (Fobbin), David, in Göttingen, 1619 Glocke in Volprichausen (A. Uslar), 1634 Sieboldshausen und 1636 Obernjesa (A. Reinhausen) in Hannover, 1648 Heuthen und 1651 Rohrberg im Kr. Heiligenstadt. — **Foissez**, s. Brocard. Nikolaus F. 1705 zu Diancourt in Lothringen. — **Folker** (Volker), Johann, in Westfalen, Gl. 1464 in St. Ludgeri zu Münster, 1474 und 1477 zu Schepsdorf bei Lingen, 1487 (ehemals) zu Venne (A. Wittlage). — **Forkerus**, s. oben S. 84. — **Frädenberger**, Johann, der Ulmer, 1440 Glocke zu Apfeltrach bei Mindelheim (Schwaben). — **François**, Isaak, 1656 kleine Glocke in St. Franciscus zu Lausanne. — **Frankfurt**, Johann (Hans) von, 1377 zwei Glocken zu Erbach im Rheingau, Glocke in der Dreikönigskirche zu Sachsenhausen; vergl. Hans. — **Franssen**, Johann in Aachen, 1711 im Rathause daselbst, 1721 und 1722 zu Berg bei Aachen, 1724 in St. Michael und 1731 in St. Nikolai u. St. Anna zu Aachen. — **Fremy**, Franz u. Joannes Fremy, Familie des 17. bis 19. Jahrhunderts, 1676 Glocke in Bentheim, 1680 Lorup und Heede im Emsland. Claudius und Johannes F., 1680 Glocke zu Heede. Mammäus F., 1728 Glocke in Esens, 1794 Cirkwehrum bei Emden. Claudius und Mammäus F. in Heidefeld, 1771 Glocke in Aschendorf, 1774 Leer, 1777 Oberlangen und 1786 Haselünne in Hannover. Vergl. Bergen. — **Fricke**, Johann, von Gütersloh, 1681 und 1685 Glocke in Bawinkel bei Lingen. B. Heinrich F., 1716 und 1752 Glocken in Laer bei Iburg, 1737 in Bersenbrück. — **Fritzen**, s. Petit. — **Fuchs**, Familie im 18. Jahrhundert zu Köln. Peter F., sein Sohn Engelbert und seine (vermutlichen) Brüder Peter Heinrich und Johann Engelbert kommen von 1724—1756 vor auf Glocken in Lautershoven bei Ahrweiler, Strümpf bei Lank, Düsseldorf (St. Lamberti), Antweiler und Flamersheim in der Rheinprovinz. Johann Joseph um 1794. — **Fuessli** in Zürich, beschrieb seine um 1525 gemachte Pilgerfahrt nach dem heiligen Lande. Peter F. daselbst, 1628. — **Fux**, Felix, 1511 Glocke in St. Nikol. zu Kopenhagen.

Gage, s. Wollo. — **Gaillot**, Abraham, von Flamersheim, 1614 Glocke in Brenig bei Bonn. — **Gans**, Hermann to der, Glocke 1471 zu Gross-Borssum, 1472 Noermoor, 1475 Thunum in Ostfriesland. — **Garbier**, s. Gros. — **Gaudericus**, Glocke der Frankenb. Kirche in Goslar von 1325. — **Gaulbiot**, Désiré, 1551 Glocke in St. Martial zu Limoges. — **Geier** (Geyer, Gayer), Familie des 16. bis 18. Jahrhunderts in Erfurt. Johann Christoph G. nennt sich auf einer Glocke von 1561 in Straussfurt (Kr. Weissensee), Andreas G. auf einer Glocke von 1587 zu Treffurt, Hans Wolf (Johann Wolfgang, auch J. W.) G. auf vielen Glocken von 1631 bis 1681 in den Kreisen Ziegenrück, Worbis, Langensalza, Weisensee, Eckartsberga, Querfurt und Sangerhausen, Franz Wolf G. auf einer Glocke von 1671 zu Schwerstedt (Kr. Weissensee), Johann Christoph G. auf Glocken von 1703 in Seena (Kr. Eckartsberga) und Oberdorf Nägelstedt (Kr. Langensalza), Adam Wilhelm Geyer aus Nordhausen 1705, J. Arnold Geyer (oder Geiser? s. d.) in Nordhausen auf mehreren Glocken von 1705—1724 in den Kr. Sangerhausen und Weissensee. — **Geilenkirchen**, Johann von, 1432 Glocke zu Würselen bei Aachen. **Geiser** (oder Geyer? s. d.), Joh. Arnold, in Nordhausen, 1736 zwei Glocken zu Harste bei Göttingen; vergl. Mithoff, Kunstdenkm. im Hannoverschen 2, 101. — **Gentsch**, Daniel, aus Salzwedel, 1664 und 1665 Glocken zu Dallmin und Verbitz in der Prignitz. — **Georgius**, auf einer ehemaligen Glocke zu Handorf bei Winsen a. L. (Hannover) aus dem 15. Jahrhundert. — **Gerardus**, 1425 Glocke zu Viktorbur bei Aurich. Zu Laar im Bentheimischen steht auf einer Glocke von 1490 „Gerhardus is myn naam" und auf einer anderen von 1511 „Gerardus me fecit." Als Giesser einer Glocke von 1497 (?) zu Neuruppin findet sich ein Detlof Gerhard von Erfurt angegeben, nach anderen Angaben ist jedoch die Glocke von 1490 und von Gerhard de Wou (s. d.) gegossen. — **Gerke**, H. G. G. A., und G. F. L. H., auf einer Glocke von 1614 zu Bretsch in der Prignitz. — **Gethwerth**, Johann Georg, in Halberstadt, 1791 Glocke zu Darlingerode (Kr. Wernigerode). Ch. W. Gettwerth daselbst, 1844 Glocke in der Johanniskirche zu Wernigerode. — **Getz**, Breslauer Familie des 16. bis 18. Jahrhunderts. Jakob G., Glocke von 1503 in der Nikolaikirche zu Brieg. Steffen G., erwähnt 1568, Jakob G. 1611 bis 1618, Sebastian G. 1646—1655, Sebastian und Sigismund G. 1708 bis 1710. Vergl. Schles. Vorzeit, Ber. 29, S. 66. — **Giesser**, Heintzo dictus, von Hagenau, urkundlich 1375 in Strassburg. — **Gille**, Johann, Glocken- und Stückgiesser in Montpellier, goss 1452 die dortige grosse Glocke und war noch 20 Jahre später thätig. — **Glocken**, Peter zur, in Speyer, 1500 Glocke zu Horchheim bei Worms. — **Glockengiesser**.[1] In Nürnberg werden als geschickte Glocken-, Stück- und Kunstgiesser genannt: Konrad Gl. † 1480, Hans † 1559, Christoph † 1594, möglicherweise derselben Familie angehörig. Diederich Glockengeter giesst 1413 Glocken in Lüneburg, Wirieus Glockengl. (= Glockengiesser), ein Deutscher, 1420 eine Glocke der Magdalenenkirche zu Genf. Ein Niklaus Glockengiesser kommt 1512 in Konstanz vor. Vergl. Clockengeter. — **Gnockhamer**, Konrad, zu Nürnberg, um 1440 verschiedentlich im Württemberg. thätig. — **Gobel**. Auf einer Glocke zu Schkeitbar (Kr. Merseburg) wohl aus dem 16. Jahrhundert steht: Condidit arte sua Gobel me prolibus una." Ein Simon G. kommt 1523 auf einer Glocke des Domes zu Frankfurt a. M. vor. — **Godiveau**, Jakob u. Ludwig, 1790 Glocke in N.-D. zu Melun. — **Gofridus** me fecit et socius meos stand auf der 1845 gesprungenen Paulusgloke zu Moissac von 1273. — **Goossens** (Goosens), Titin, Glocke 1707 in Rhede a. d. Ems, 1716 in Heede bei Aschendorf (Hannover). — **Götzger**, s. Hamm. — **Goulards** fils von Malmedy, ein wandernder Glockengiesser, der 1857 ein Glockenspiel von 32 Glocken in Aachen goss. — **Goussel-François** in

---

[1] Kein Familienname; ursprünglich wenigstens gewiss nicht.

Metz, schon seit dem 16. Jahrhundert bestehende Firma, welche unter dem jetzigen
Leiter seit 1850 bis 1883 bereits 2974 Glocken, die meisten jedoch vor 1870,
lieferte; darunter, abgesehen von vielen und noch schwereren für Frankreich, für
die preussische Rheinprovinz und die Rheinpfalz u. s. w. folgende Geläute: Pfarrkirche zu Saargemünd 5 Glocken (die grösste von 50 Centnern), Liebfrauenkirche
zu Gebweiler 3 Glocken (die grösste von 59⅘ Centner), Liebfrauenkirche in Cre-
feld 4 Glocken (die grösste 62½ Centner), St. Mauritius in Köln 4 Glocken (die
grösste 54 Centner), St. Joseph iu Duisburg 4 Glocken (die grösste 45⅗ Centner),
Garnisonkirche in Metz 3 Glocken (die grösste 81⅞ Centner). Auf den Ausstellungen 1855 zu Paris, 1860 Besançon, Troyes und St. Diziers, 1861 Metz, 1867
Paris, 1873 Wien war die Firma vertreten und erhielt Preismedaillen, in Wien
als höchste Auszeichnung die Fortschrittsmedaille. — Graave, Jan Albert de, in
Amsterdam, 1714 Glockenspiel in Berlin (s. oben S. 62), Glocke von 1717 in
Sögel (Kr. Meppen), 1727 Gymnasialkirche in Osnabrück. — Grasmeier in Brixen,
1792 Glocke zu Niederdorf und Welsborg im Oberpusterthale. — Gregory, s. Hemmerich. — Gremp, s. Hennin. — Greten, Johann, aus Magdeburg, 1697 Glocken im
Dom zu Brandenburg, zu Belzig (ehemals), zu Marzahn (Kr. Niederbarnim). Ebenfalls zu Ende des 17. Jahrhunderts kommt Arnold Gr. auf einer Glocke im Dom
zu Braunschweig vor. — Greullig, Hans, 1360 Glocke (ehemals) auf dem Rathause
zu Breslau. — Greve, Nikolaus, in Hannover, Glocke 1677 Neustadt a. R., 1680
Schloss Bevern, 1689 Kreuzkirche zu Hannover, 1690 Kirchhoffen und 1694 Döhren
im Calenb. Johann Heinrich Gr., 1689 Glocke in Rulle bei Osnabrück. Rotger Gr., 1776 Glocke in Eversberg (Kr. Meschede). — Griebel, Berlet, 1487 Glocke
in Brehme (Kr. Worbis). — Grompel, Engelbert, von Meren, Glocke 1687 in Gielsdorf bei Bonn. — Grongnart, Paul Joseph, Glocke 1704 zu Brand bei Aachen. —
Gröning, Sebald, von Erfurt, Glocke 1577 in Berdum (A. Wittmund), 1578 in Wittmund; 1577 und 1586 goss er Geschütze für Veste Leerorth a. d. Ems. — Gra-
pengheter [1], s. Bertoldus. — Gros, Raymond, von Perpignan, Johan Garbier von
Castres und Julien d'Hayric von Massilhaneques gossen 1370 zwei Glocken für
N.-D. des Tables in Montpellier. Eine Familie le Gros aus Malmedy war 1760
bis 1790 in Köln thätig. Von Christoph Gros rührt eine Glocke von 1607 zu
Daspig im Kr. Merseburg her. — Grosse, J. G., königl. Stück- und Glockengiesserei in Dresden, Firma gegründet 1835, lieferte unter Leitung ihres Gründers
Johann Gotthelf Grosse bis zu dessen im Jahre 1868 erfolgten Tode 513
Kirchenglocken. In seinen letzten Lebensjahren und bis 1872 war sein Sohn
Hermann Gr. Geschäftsführer und von da ab bis zu Ende des Jahres 1879 Mit-
inhaber der Firma, welche bis dahin 994 Glocken geliefert hatte und seit Über-
nahme der Giesserei durch den Ingenieur Robert Ebert bis Ende 1882 im Ganzen 1139 Glocken. Die grössten derselben von 160 Centner wurden in den Jahren
1875 und 1876 für die Dome zu Hildesheim und Halberstadt gegossen, und 1878
das grösste Geläute von 10 Glocken zum Gewichte von 540 Centner für den Dom
zu Frankfurt a. M. Der Glockengiessermeister Hermann Grosse ist neuerdings aus
der alten Firma ausgetreten und gegenwärtig in der Glockengiessereiabteilung des
Etablissements von C. Albert Bierling in Dresden thätig. — Gruhl, Friedrich,
in Kleinwelka bei Bautzen, lieferte seit 1803 bis Ende 1850 bereits 680 Glocken
für einen Umkreis von 50 Meilen, besonders nach dem Posenschen; die drei im

---

[1] D. i. Grapengiesser, also kein Eigenname.

Jahre 1843 gegossenen Glocken zu Hollsteitz (Kr. Weissenfels) tragen die Fabrik-
nummern 542—544; zu Gaumnitz (ebend.) befinden sich zwei Glocken aus dieser
Giesserei von 1863 und 1864: viele andere und spätere an anderen Orten. — **Grundt,**
Martin, Glocke 1605 zu Linum, 1611 zwei zu Grossbehnitz in Ost-, resp. Westhavelland. — **Grünewald,** Heinrich, in Nürnberg, 1482 Benedikta in St. Sebald daselbst. — **Grüninger,** B., Söhne, zu Villingen im Breisgau, seit dem 16. Jahrhundert
blühende, gegenwärtig 14 Ahnen zählende Familie, von welcher das grosse, aus
15 melodischen Glocken (die grösste von 130 Centner) bestehende Geläute der
Benediktiner-Abtei St. Blasien herrührte, dessen Glocken gegenwärtig in den Kirchen von Karlsruhe verteilt sind. Die Firma lieferte in den letzten drei Jahren
ausser vielen einzelnen Glocken 23 ganze Geläute, im Jahre 1882 gegen 50 Glocken.
— **Gugg,** Franz Xaver, von Salzburg, 1830 Glocke von 105 Centner zu Mariazell
in Steiermark. — **Guidottus,** s. Pisanus. — **Guillebert,** J. H., Guillebert. J. J.,
von Neuchâtel, und P. J. Meuron von Falk nennen sich auf einer Glocke der
Kathedrale zu Lausanne von 1726. — **Guiot,** Estienne, von Ste. Marie (Diöz. Langres), 1398 Uhrglocke von N.-D. in Montpellier; vergl. Rozier. — **Gunder,** Barthol.,
in Köln, 1753—1759 Glocken in St. Ursula, St. Severin und Gr. St. Martin daselbst. — **Gunterus** de Err. (Erfurt?), Glocke von 1351 in Görmar (Kr. Mühlhausen
i. Th.).

Habbo (Holbo?), angeblicher Name des Giessers zweier ehemals zu Arle und
zu Rysum in Ostfriesland befindlichen Glocken von 1332. — **Hachmann** (Hag-
mann), Albert, in Kleve, Glocke von 1523 in St. Pantaleon zu Köln, 1537 Horst
in Holland. Wilhelm H. nennt sich auf ebenfalls dem 16. Jahrhundert angehörigen Glocken zu Rindern und Qualburg im Kr. Kleve. — **Hack,** Hieronymus,
von Aschenburg, 1583 Glocke in Oberlahnstein bei Riedesheim. — **Haffen,** Gerhard von, 1527 Glocke in Xanten. — **Hagen,** Henricus de, Glocke von 1268 in der
Georgskirche zu Hagenau. — **Hahn,** Elias Gottfried, in Gotha, Glocke 1773 in Hen-
ningsleben, 1780 im Unterdorf Nägelstedt und 1787 Weberstedt im Kr. Langensalza. J. H. Gottfr. Hahn, der Verf. der Kampanologie (Erfurt 1802) war vermutlich sein Sohn. — **Halberstadt,** s. Hannes. — **Hamm,** Georg, in Kaiserslautern,
seit 1861, lieferte bis zu seinem im Jahre 1878 erfolgten Tode 631 Glocken Von
seinem Schwiegersohne Max Faber, welcher das Geschäft fortsetzte, wurden bis
Ende 1878 40 Glocken gegossen, und bis zum Jahre 1883 unter dem nunmehrigen
Besitzer der Giesserei, Karl Götzger, ca. 300 Glocken, die meisten für die
Pfalz, Hessen, Baden u. s. w., worunter viele ganze Geläute. Die schwersten
Glocken kamen im Jahre 1862 nach Kaiserslautern von 3642, 1867 nach Lampert-
heim bei Mannheim von 3112, 1869 nach Neunkirchen bei Saarbrücken von 3073,
1874 nach Gernsheim bei Darmstadt von 4888 Pfund, 1882 ein Viergeläute von
100 Centner nach Ludwigshafen. Bei A. Hamm in Frankenthal bei Ludwigshafen wurde 1874 die 500 Centner schwere Kaiserglocke des Domes in Köln gegossen. Fritz Hamm in Augsburg, etabliert seit 1876, lieferte bis 1883 bereits
33 ganze Geläute, darunter das stärkste, 106 Centner wiegende und aus 5 Glocken
bestehende nach Lamerdingen (Bezirksamt Kaufbeuren) mit der grössten Glocke
von über 50 Centner. — **Hankebosken** (?), Kerstianus, 1465 Glocke zu Sittensen
(A. Zeven) in Hannover. — **Hannes.** „*Magister, von Halverstat ein Meister was*
Sassenlant" nannte sich auf 2 nicht mehr vorhandenen Glocken von 1348 in der
Johanniskirche zu Göttingen und von 1350 im Dom zu Hildesheim. — **Hans,** zu

Frankfurt. 1513 Glocke zu Kiedrich im Rheingau. — **Hartholt**, 1527 Glocke zu Langenstrasse (Kr. Lippstadt). — **Harthwich**. 1512 Glocke in Friedensdorf bei Biedenkopf. — **Has**, Konrad. und Martin Hek in Regensburg. Glocke von 1478 daselbst. 1491 in Lüssenbach bei Regensburg und in St. Emmeram zu Regensburg (118 Centner). Severinus Hase, erwähnt als Giesser einer „päbstlichen Klosterglocke" im Hessischen (in Haina?), die mit seinem Wappen (3 langohrigen Hasen) geschmückt sei; vergl. Eilers, Chron. Belticense. S. 185. — **Haslauer**, Kaspar, zu Ingolstadt im 17. Jahrhundert. — **Hass**, Michael Gottfried, in Gera, 1840 Glocke zu Hohenkirchen (Kr. Zeitz). — **Hauser**, Gerg, ein Deutscher in Italien, goss 1595 eine Glocke für das 1618 durch Bergsturz verschüttete Dorf Piuro im Pergalla-Thal bei Chiavenna, welche 1859 wieder ausgegraben, jetzt auf dem Turme des nächsten Dorfes Prosto hängt.[1] — **Haubach**, Johann Christoph, Glocke 1765 zu Dorfmark (A. Fallingbostel). 1772 Scharnebeck und 1777 Kirchgallersen (A. Lüneburg) in Hannover. — **Hayrlc**, s. Gros. — **Heide**, Kort van der, Glocke 1473 Handorf (A. Winsen a. L.), 1485 Hittbergen (A. Lüneburg), 1486 Räthingen (A. Oldenstadt), 1490 Undeloh (A. Winsen a. L.), 1495 Hermannsburg (A. Bergen), 1498 Salzhausen (A. Winsen a. L.), 1507 Memerdingen (A. Fallingbostel), 1518 im Nikolaihof zu Lüneburg in Hannover. — **Helder**, Paul, und Christof, aus Hildburghausen. 1561 Glocke zu Christes (Kr. Schleusingen). — **Heidinricus**, „magister de Achim" (Aachen), goss 1246 zwei Glocken für das Peterskloster in Erfurt. — **Hein** in Tübingen, Glocke 1212 in Datzingen (Oberg. Böblingen) im Neckarkreis. — **Heineken** (Heinicke. Heineken. Heinke, Hennecke). Andreas, Glocke 1591 zu Beetzendorf bei Lüneburg. 1592 Rätzlingen (A. Oldenstadt), 1593 Ebstorf (A. Medingen) ebemals, 1600 in der Johanniskirche zu Lüneburg in Hannover. — **Heinrich**, Glocke angeblich von 1272 zu Echt in Holland. Heinrich von Koblenz, s. Coblenz. Heinrich von Prüm, s. Prüm. Heinrich von Strassburg, s. Hennin. — **Heinricus** de Hagen (Hagenouw), Glocken von 1260 und 1268 in St. Georg zu Hagenau. ? Weissfrauenkirche zu Frankfurt a. M. Heinricus, „filius Tiderici me fecit" steht in neugothischen Majuskeln auf einer Glocke zu Oetzsch (Kreis Merseburg); vergl. Tidericus. — **Heintze** (Heinze. Hinze, Heintz, Hins). Familie des 17. und 18. Jahrhunderts in Berlin, Spandau, Perleberg und Leipzig thätig. Christian (I.) II. in Spandau. Glocke 1622 zu Retzow (Westhavelland) und (wahrscheinlich) 1640 zu Nennhausen bei Rathenow. Vermutlich seine Söhne waren die Brüder Johann und Martin (I.), die 1673 kurfürstliche Stückgiesser in Berlin wurden und vorher in Perleberg und Spandau wohnten Von Johann sind nachgewiesen Glocken von 1680 zu Sommerfeld (Osthavell.) und zu Nichel bei Treuenbrietzen, 1681 Gadow (Ostprignitz), 1682 Gr.-Schönebeck (Niederbarnim), 1691 Gollwitz bei Brandenburg. Von Martin sind sehr viele Dorfkirchenglocken von 1672—1691 im Havellande, in der Prignitz, im Ruppinischen und in der Zauche nachgewiesen, im Dom zu Brandenburg eine von 1679, zwei von 1682 und 1691 im Dom zu Stendal; eine von 1689 in St. Nikolai zu Treuenbrietzen ist nicht mehr vorhanden. Im Jahre 1697 lehnte er wegen hohen Alters den Guss der Reiterstatue des grossen Kurfürsten ab. Zwei seiner Söhne, Christian (II.) und Georg sind nachgewiesen auf Glocken, ersterer 1695 zu Gr.-Luckow bei Prenzlow und 1696 zu Kudow im Ruppinischen, letzterer 1697 zu Dübow in der Prignitz. Ein jüngerer Christian (III.) kommt 1720—1745 auf vielen Dorfkirchenglocken.

---

[1] Mitteilung des Grafen Ed. Mella in Vercelli.

besonders in der Prignitz vor, und ein jüngerer Martin (II.) 1748 zu Hakenberg bei Fehrbellin, 1750 zu Deddin, 1758 zu Gr.-Werzin in der Prignitz. C. D. Heintze nennt sich 1744—1776 auf Glocken von Dörfern im Havellande, in der Prignitz, im Ruppinischen und 1757 auf einer Glocke zu Straussberg (Oberbarnim). Sehr wahrscheinlich gehört auch Martin Heintze in Leipzig einem Seitenzweige dieser märkischen Familie an; er ist auf Dörfern der Kreise Zeitz, Merseburg, Weissenfels, Eckartsberga u. s. w. von 1716—1754 nachgewiesen, in der Nikolaikirche zu Eisleben 1734 und in der Neumarktskirche zu Merseburg 1748. — Hek, s. Has. — Helling, Simon, von Kalkar, 1634 Glocke in Xanten. — Helmes, Brant, 1537 Glocke der Andreaskirche zu Hildesheim, 1527 zu Esbeck im Calenb. — Helmond, s. Veghel. — Hemmerich und Gregory, 1561 Glocke zu Neudorf bei Eltville. — Hemony, Franz, und sein Bruder Peter, aus Lothringen, wohnhaft zu Zütphen in Geldern, 1641—1665; s. oben S. 62. Einzelne Glocken sind nachgewiesen zu Düsseldorf 1641 zwei in der Jesuitenkirche, 1643 und 1644 zwei in der Lambertikirche daselbst, erstere 34, letztere 68 Centner an Gewicht, von Peter II. eine Glocke von 1648 zu Gildehaus (Amt Bentheim) in Hannover. — Hennin von Strosburg (Hans Gremp), Glocken im Münster zu Strassburg 1427, 1429 zu Neuweiler und zu Ammerschwir (Elsass). — Henricus me fecit, auf einer Glocke von 1317 in St. Blasien zu Northeim (Hannover). Ein „Henricus fusor campanorum" ist 1330 in Köln urkundlich nachgewiesen. — Henschele, Hans, von Mainz, 1636 Glocke zu Tringenstein bei Dillenburg (Reg.-Bez. Wiesbaden). — Herb, Conrad de, Glocke von 1352 im Neumünster zu Würzburg. — Herkswaren, Glocke von 1599 in Emsbüren (A. Lingen) in Hannover. — Herman in Ostfriesland, Glocke 1316 in Siegelsum, 1350 Wüllen bei Ahaus, 1352 Grotegaste; ohne Jahreszahl in neugothischen Majuskeln zu Osede (A. Iburg). — Hermann, Glocke von 1475 zu Esens im Harlingerland. — Hermann, Johann, in Memmingen, 1808—1843, Nachfolger von J. G. Ernst (s. d.) daselbst, dem sein gleichnamiger Sohn folgte und das Geschäft zu neuer Blüte brachte. Im Jahre 1864 hatte er die 1000ste Glocke vollendet und in diesem Jahre auch die grosse Glocke für Ottobeuren gegossen. Bei seinem im Jahre 1868 erfolgten Tode war die Zahl seiner Glocken auf 1159, und von da ab bis 1883 unter dem jetzigen Besitzer der Firma Carl Götzger (vergl. Hamm) aus Lindau auf 1690 gestiegen. Die grösste Glocke von 47½ Centner wurde im Jahre 1873 für Irrsee bei Kaufbeuron gegossen. Auf der Weltausstellung zu Wien 1873 erhielt die Firma die Fortschrittsmedaille. — Hermannus me fecit, auf dem Taufkessel von 1317 in Siegelsum (A. Berum) und auf einer Glocke von 1352 zu Grotegaste (A. Leer) in Hannover. — Herold, Andreas, aus Nürnberg, Inspektor der kurfürstl. Giesserei in Dresden und Nachfolger der Hilliger (s. d.), 1649—1695, von dem noch zahlreiche Glocken nachgewiesen sind, z. B. in etwa 20 Ortschaften der Amtshauptmannschaften Pirna und Dippoldiswalde, in 6 Ortschaften des Kr. Ziegenrück, zu Meineweh im Kr. Weissenfels u. s. w., sowie Kanonenrohre auf der Veste Königstein. Er bezeichnete seine Glocken gern mit seinem Wappen, welches im quadrirten Schilde auf 2 Feldern übereck ein H mit Glocke und in den beiden anderen den seine Jungen fütternden Pelikan zeigt, auf dem Helm einen Mann mit Tasterzirkel und Kugel. — Hiering, Christoph August, in Leipzig, nachgewiesen auf mehreren Glocken von 1714 bis 1749 in den Kr. Zeitz, Weissenfels und Merseburg; auf zwei Glocken von 1749 zu Schelkau (Kr. Weissenfels) steht (angeblich) Christian H., welcher dann etwa ein Sohn des Vorgenannten gewesen sein müsste. — Hilden, Jakob, in Köln,

Glocke von 1769 zu Mausbach bei Köln, 1779 Burg a. d. Wupper. — **Hilliger**
(Hiliger, Hillger, Hilger), Familie des 15. bis 17. Jahrhunderts in Freiberg und
Dresden. Als ältester des Geschlechtes erscheint in der (von Jul. Schmidt in
Mitteil. des Freiberger Altertumsver. 4, 341—364 u. 5, 508 aufgestellten) Reihe
1412 Hans, gen. Kannegiesser in Freiberg Dann folgt um 1460 Nicol II., aus
dessen Werkstatt bereits zahlreiche Glocken hervorgingen: sein einziger Sohn
Oswald goss nach dem Stadtbrande von 1484 die Freiberger Glocken aufs neue.
Als Stückgiesser zeichnete sich zuerst Oswalds zweiter Sohn Martin II., geb.
1484, seit 1614 aus; er wurde 1519 Ratsherr, und Kaiser Karl V. verlieh ihm
und seinen Nachkommen 1521 ein Wappen, welches im roten Felde einen auf-
rechten silbernen Bären mit einem goldenen Tasterzirkel in der rechten Pranke
zeigt, und auf dem geschlossenen Stechhelm wachsend dasselbe Wappentier. Ein
jüngerer Bruder Martins, Namens Andreas II., liess sich als Glockengiesser in
Breslau nieder. Von Martin II. rühren fast die sämtlichen Glocken in Freiberg
her, sowie die 165 Centner schwere Glocke der Petri - Paulikirche zu Görlitz von
1516. Er starb 1544 und hinterliess drei Söhne: Wolf, geb. 1511, Oswald,
geb. 1518, und Sebastian, geb. 1521. Oswald goss viele Glocken für Herzog
Philipp von Pommern, starb aber schon 1546 zu Stettin. Sein älterer Bruder
Wolf dagegen blieb in seiner Vaterstadt, gelangte daselbst zu wohlverdientem
bürgerlichen Ansehen, und durch seine ausgezeichneten Leistungen als Kunst-,
Stück- und Glockengiesser zu bedeutendem Vermögen und höchstem Ruhm, so
dass ihm 1567 auch die Leitung der kurfürstlichen Giesserei in Dresden übertragen wurde. Bereits 1557 war er zur Würde des regierenden Bürgermeisters
von Freiberg aufgestiegen und starb daselbst am 30. November 1576. Seine Wirk-
samkeit als Stückgiesser ging weit über die Grenzen Sachsens hinaus, am umfang-
reichsten aber war seine Thätigkeit als Giesser von Glocken, mit welchen er die
Städte, Schlösser und Dörfer fast des ganzen Kurstaates versorgte. Die Stadt
Leipzig allein besitzt von ihm 5 kunstreich verzierte Glocken: 2 auf dem Rathause aus den Jahren 1556 und 1557. Künstlerisch bedeutsamer sind die 8 gravierten und geschnittenen Messingplatten auf den Fürstengräbern im Dome zu
Freiberg und einige Epitaphien in der Schlosskirche zu Torgau, in der Thomas-
kirche zu Leipzig und in der Petrikirche zu Wolgast in Pommern. Sein Nachfolger in Freiberg und Dresden war sein ältester Sohn Martin; er wurde als
kurfürstlicher Stückgiesser 1577 auf zehn Jahre nach Graz in Steiermark beur-
laubt und starb in Dresden 1601, wo ihm sein jüngerer Sohn Hans oder Johannes
(geb. 1567) nachfolgte, während der ältere, mit dem Vater gleichnamige Sohn als
kaiserlicher Stückgiesser nach Wien berufen worden war. Hans wurde 1614
regierender Bürgermeister in Dresden und starb daselbst 1640. Nun stand sein
Sohn Hans Wilhelm dem kurfürstlichen Giesshause bis zu seinem 1649 erfolgten Tode vor, wo dann Andr. Herold (s. d.) sein Nachfolger wurde. Die
ursprüngliche Giesserei in Freiberg hatte der jüngere Bruder des 1601 zu Dresden verstorbenen Martin, Wolfgang Hilliger übernommen, welcher 1614 starb
und 14 Kinder hinterliess. Zwei seiner Söhne, Gabriel (geb. 1580, † 1633) und
Zacharias (geb. 1581, † 1648 ohne männliche Nachkommen) setzten das väter-
liche Geschäft gemeinschaftlich fort; Glocken von ihnen finden sich von 1615 zu
Geising und 1616 Hermsdorf in der A.-H. Dippoldiswalde, von 1625 und 1626 zu
Loitzsch (Kr. Zeitz), 1627 zu Niederpretzschendorf (A.-H. Dippoldiswalde), von
Zacharias allein von 1640 zu Spora (Kr. Zeitz). Ein Sohn Gabriels (I.), geb.

1614, ebenfalls Gabriel (II.) geheissen und 1684 gestorben, war der Nachfolger seines Vaters; eine seiner Glocken von 1653 findet sich in Niederpretzschendorf. Der einzige Sohn des letzteren, Gabriel (III.), geb. 1677, † 1756, widmete sich neben der Glockengiesserei dem Bergbau, zu dem auch seine Söhne übergingen. Die Hilligerschen Glocken, deren Zahl in Sachsen noch sehr gross ist, sind regelmässig mit ihrem Familienwappen in trefflicher Ausführung en relief geschmückt, aber häufig nur mit den Anfangsbuchstaben des Vor- und Zunamens bezeichnet, zuweilen selbst ohne Jahreszahl. Vergl. R. Steche, im N. Archiv für sächs. Geschichte III, 1, 86—91; H. Gerlach, in Mitteil. des Freib. Altert.-Vereins 18, 43 bis 47. — **Hirsdorffer**, Hans, 1418 Glocke zu Bruckbach bei Regensburg. — **Hoercken**, s. Voghel. — **Hoffmann**, Johann Jakob, in Halle, Glocke zu Kursdorf (Kr. Merseburg), 1679 Hohenmölsen (Kr. Weissenfels), 1681 Bennstedt (Mansfelder Seekr.), 1694 Merseburg Neumarktkirche, Annarode (M. Gebirgskr.), 1695 Kreipau (Kr. Merseb.), 1696 Kötzschau (ebend.), 1700 Endorf (M. Gebirgskr.), 1700 und 1705 Frankleben (Kr. Merseb.). Christian H. in Leipzig, Glocke von 1749 zu Schalkau (Kr. Weissenfels). — **Holbo**, s. Habbo. — **Hollitzer**, Georg Christoff, in Freiberg, Glocke von 1689 und 1692 zu Hallbach bei Sayda. — **Holste**, 1648 Glocke in Gross-Stein (Kr. Gr.-Strehlitz). — **Hooghuys** von Brügge, 1868 Glocke in Kiedrich im Rheingau. — **Horenbarch**, Christoffer, Glocke 1567 zu Leveste (Calenb.), 1581 Bömmen (A. Bockenen) und 1584 Kolenfeld (Calenb.) in Hannover. — **Hornemann**, Jobst Wilhelm, in Zeitz, Glocken von 1692 zu Weikelsdorf, 1697 Deumen und Köttichau im Kr. Weissenfels. — **Hubinger** zu Augsburg, 1815 Glocke in Hausen (wo?). — **Hultem** (Hüthum?), Johann von, Glocken von 1428 zu Kellen bei Kleve, 1429 Grieth bei Emmerich. — **Humpert**, Heinrich, in Brilon hat bis 1883 neue Dreigeläute geliefert für Warstein, Bredenborn (Kr. Höxter), Schliprüthen (Kr. Meschede), Hauren (Kr. Büren), Suttrop bei Warstein, Niedermarsberg (Kr. Brilon), Amelunxen (Kr. Höxter), Schwaney (Kr. Paderborn), Heddinghausen (Kr. Brilon), Ostuffeln bei Werl, Eissen bei Warburg, Diestedde (Kr. Bekkum), Vinsebeck bei Steinheim und Messinghausen (Kr. Brilon), ausserdem einzelne Glocken für etwa 200 Ortschaften, besonders in Westfalen und im Waldeck'schen; die schwersten kamen nach Warstein von 65 Centner, Brilon 50 Centner, Bücken 39¹, Centner, Warburg 36 Centner, Brilon und Steinheim à 35 Centner. — **Husiede**, Karsten, aus Lüneburg, Glocke von 1650 zu Wipshausen (A. Meinersen) in Hannover. — **Huter**, Hans, von Weissenburg, Glocken von 1466 in der Stiftskirche zu Weissenburg, 1467 Sigolsheim, 1472 Weiersheim im Elsass.

Jacob, Johann, von Venlo, Glocken von 1403 in Würm (Kr. Geilenkirchen), 1404 Keyenberg (Kr. Erkelenz), Wanlo (Kr. Grevenbroich), 1411 Würm; Glocke von 1468 in Venlo, 1498 Ratingen. — **Jacobi**, Johann, geb. 1664 zu Homburg v. d. H., lernte 1679 das Schmiedehandwerk, ging nach Paris, wo er, mit Balthasar Keller, dem Aufseher der königl. Giesserei bekannt geworden, sich der Giesskunst widmete. Im Jahre 1697 nach Berlin berufen, übernahm er den am 22. Oktober 1700 vollendeten Guss der Schlüterschen Reiterstatue des grossen Kurfürsten und wurde nach Heintzes (s. d.) Tode Inspektor der königl. Giesserei, † 1725. Im Jahre 1702 goss er die grosse, 266 Centner schwere Glocke des Domes zu Magdeburg; auch finden sich Glocken von ihm zu Gr.-Glienicke bei Spandau von 1703, Lentzen a. d. Elbe 1705, Gransee, ein Viergeläute, 1711—1725, Flatow bei Kremmen 1712, Pernitz 1717. H. J. Jacobi, vermutlich sein Sohn, nennt sich auf

Glocken von 1744 zu Schwarzenau (Kr. Prenzlau) und 1746 zu Nauen im Osthavelland. — **Jacobus,** Glocke von 1251 im Dom zu Minden, s. auch Croisilles. — **Jacop** (Jacobus), Busse. Glocken von 1496 zu Ronnenberg (Calenb.), 1498 Burgstemmen (A. Gronau) in Hannover. — **Janke,** Joachim, in Grossen-Salza (im Kreise Kalbe). Glocken von 1644 in Schönebeck (ebend.), 1652 Lodersleben (Kr. Querfurt), 1661 Dornstedt (Mansf. Seekr.), 1675 Dobergast (ehemals) und Teuchern (Kr. Weissenfels). — **Jaque,** vermutlich ein Lothringer, 1541—1591; von ihm eine Glocke von 1591 in St. Govre zu Nancy. — **Jaquier,** Isaak, zu Lausanne, Glocken daselbst von 1656 und 1666. — **Jarosch,** grosse Glocke des Domes zu Prag aus dem Jahre 1549 (225 Centner). — **Jauck,** Andreas, Ratsglockengiessermeister in Leipzig, seit 1796 etabliert; Glocke von 1818 in Domsen (Kr. Weissenfels). Seine Nachfolger, die Brüder J., in Firma G. A. Jauck, seit 1834 thätig, lieferten teils in ganzen harmonischen Geläuten, teils einzeln, bis 1883 755 grössere Kirchenglocken, darunter im Jahre 1861 ein Viergeläute für Duderstadt, 1869 ein desgl. von 155 Centner für die Nikolaikirche in Leipzig, 1878 ein solches von 115½ Centner für die zweite protestantische Kirche in München, die Dreigeläute der Johanniskirche (1841) und der katholischen Kirche (1848) zu Leipzig, und in den letzten Jahren 4 Glocken für Düsseldorf (die grösste von 58½, Centner), eine Glocke von 63¾ Centner für Gotha, 2 Glocken von 41 und von 24½, Centner für Dessau u. s. w. — **Jean** d'Amiens, s. Amiens. — **Jenderich** (Genderich), Joachim, zu Havelberg. Glocken 1585 in Bredow (Osthavell.), Schönhagen (Ostprignitz), 1587 Radewege (Westhavell.), 1590 auf dem Altstädt. Rathaus in Brandenburg, 1591 Quitzow (Westprignitz), 1592 Ribbeck (Westhavell.), Leddin (Kr. Ruppin). — **Johannes** (Johann), verschiedene Giesser dieses Namens. Glocke mit Inschrift in neugoth. Majuskeln zu Schierstein bei Wiesbaden, 1307 Glocke in Aschendorf (Emsland), 1328 zinnerner Taufkessel im Dom zu Mainz. „*Johan me conflarit dum stetit jubileus annus*" (1300 oder 1350) in neugoth. Majuskeln auf einer Glocke zu Osterode am Harz. Johann und Gerard von Lüttich, Glocke von 1275 zu St. Paul in Lüttich. „Johannes de Trajecto (Utrecht) *me fecit*", in Majuskeln auf einer Glocke zu Hönnepel bei Kalkar. „Johannes Bremensis *me fecit*", auf einer Glocke 1516 zu Loquard bei Emden. Johann von Menze (Mainz) auf einer Glocke aus dem 16. Jahrhundert zu Hallgarten bei Rüdesheim; vergl. Menel. Jan von Halberstadt, s. Hannes. — **Jolly** (Joli), Michel, aus Lothringen, 2 Glocken von 1674 im Dom zu Lausanne. Vergl. Paix. — **Jörg** von Speier, Gl. von 1482 in Hermersheim bei Worms. — **Jost,** Thomas, Ratsglocke von 1473 (ehemals) zu Strassburg, Glocke von 1475 in der Pfarrkirche zu Zabern. — **Jouvente** (Jouvence), Jean, 1371 grosse Glocke im Palais von Paris, 1380 Glocke auf dem Schlosse zu Montargis.

Kalwort, Wigant, von Butzbach, Glocke zu Laubenheim aus dem 16. Jahrhundert. — **Kangeser** [1], Heinrich (Heino), von Gesen, Glocke von 1485 zu Biedenkopf und Offenbach in Nassau. — **Kantengiesser** (offenbar = Kannengiesser), Michel, von Heidelberg, Glocke von 1513 in Braubach (Reg.-Bez. Wiesbaden). — **Karado,** Johan, Stück- und Glockengiesser in Paris, 1469. — **Karsten,** Ihonoe (?), Glocke von 1445 zu Oberhelmsdorf bei Stolpen in Sachsen. Magnus K., Glocke von 1573 in Goslar. — **Kästler** (Kestler, Kessler), Andreas, zu Mühlhausen i. Th., Glocken von

---

[1] Kangeser (Kannengiesser) ist kein eigentlicher Eigenname.

1705 in Allerheil. daselbst, Horsmar (Kr. Mühlh.) 1706 Trinitatiskirche zu Alten-
gottern (Kr. Langensalza). Andreas Gottlieb Kessler in Mühlhausen, Gl.
von 1717 in Treffurt und 1722 Saalfeld (Kr. Mühlh.). — Kaufmann, Peter, in Köln,
Glocke von 1644 auf dem Rathause daselbst. — Keiner, s. Kelner. — Keller, Johann
Balthasar, geb. zu Zürich 1638, † zu Paris 1702; s. Jacobi. Jacob K. in Unter-
strass, gest. 1867, goss 300 Glocken; sein Sohn setzte das Geschäft fort. — Kel-
lermann, Hans, Glocke von 1490 in Gross-Lopke bei Hildesheim. Harmen K.,
Glocke von 1612 zu St. Georgswold (A. Weener) in Hannover. — Kelner, Her
Herbort, von Dörn, Glocke von 1409 in Bleidenstatt (Reg.-Bez. Wiesbaden).
Andres Keiner (Kelner?), Glocke aus dem Anfange des 15. Jahrhunderts in
Schloss Fröhliche-Wiederkunft bei Trockenborn (S.-Altenburg). — Keppel, s. Teil. —
Kerle, Hans, Glocke von 1591 im Dom zu Frankfurt a. M. — Kern, Franz, zu Augs-
burg im 18. Jahrh. — Kerner, Kaspar, zu Nördlingen, Glocke von 1545 in Kaisheim
bei Donauwörth. — Kersten (Kerstan, Cherstan), Cort (Conrad), Gl. von 1482 in Alter-
stedt und 1499 Nägelstedt-Oberdorf (Kr. Langensalza), 1499 Niedertopfstedt (Kr.
Weissensee), 1503 Alterstedt, 1508 Bodenrode (Kr. Worbis), 1516 Martinfelde (Kr.
Heiligenstadt), 1517 Grossgrabe (Kr. Mühlhausen), 1518 Heroldsbausen (Kr. Langensalza). Franciscus Kersten, Glocke von 1517 in Grossburschla (Kr. Mühlhausen). — Kerstiens, Klaus, Glocke von 1518 zu Sögel (Kr. Meppen). — Kervand,
Georg, in Genf, grosse Glocke von 1830 in Carouge. — Kessler, Michael, von
Stuttgart, Glocke von 1552 zu Malchow bei Berlin. Vergl. Kästler. Vergl. Er-
hardus. — Kirsch, E. R., zu Chemnitz in Sachsen, etabliert seit 1876, hat bis 1883
120 Kirchenglocken gegossen, worunter harmonische Dreigeläute für Auerbach bei
Thum im Erzgebirge von 32 Centner, für Neukirchen bei Chemnitz von 30 Centner,
für die evangelische Kirche zu Schroda in Posen von 28 Centner. Die grösste
Glocke von 28 Centner kam nach Güsen bei Burg (Reg.-Bez. Magdeb.), die übrigen bis zu 6 Centner Gewicht in die Umgegend von Chemnitz. — Klapperbach,
Christian, zu Mentz (Mainz), Glocke von 1578 in Asmannshausen, 1585 in Schup-
bach bei Weilburg; derselbe Name auch auf einer Glocke zu Medenbach bei
Wiesbaden (angeblich) von 1651. — Klaus, Gebrüder, zu Heidingsfeld a. Main,
stammen aus einer alten, angeblich thüringischen Glockengiesserfamilie, deren
früher Claus geschriebener Name an Claus von Mühlhausen (s. d.) erinnert; sie
haben bis 1883 660 Glocken geliefert, darunter ein harmonisches Siebengeläute
von 166½ Centner (die grösste Glocke von 60 Centner) für Grafenrheinfeld bei
Schweinfurt, Viergeläute für Altbessingen (60 Centner), Bad Brückenau (60 Ctr.),
Euerdorf bei Kissingen (46 Centner), Salz bei Neustadt a. d. S. (32¾ Centner),
auf der Bayer. Landes-Industrieausstellung zu Nürnberg 1882 mit der silbernen
Medaille gekrönt, und mehrere andere Geläute von 3 Glocken u. s. w. Ein grosses
Geläute von 6 Glocken zum Gesamtgewicht von ca. 132 Centner war für Kissingen
im Sommer 1883 in Vorbereitung. — Kleimann (Kleinmann?), „Hans Kleinmann
goth mick" stand auf einer 1586 in Minden angekauften, 1871 umgegossenen
Glocke zu Ahlden (Kr. Fallingbostel) in Hannover. Von Christoffel Kleimann, in Lemgo, das Dreigeläute von 1662 zu Ärzen (Calenb.) in Hannover.
Arnold Kleinmann aus Lübeck, Glocke von 1687 in der Johanniskirche zu
Lüneburg. — Kleinschmidt, Heinrich Christoph, zu Mühlhausen i. Th., Glocke von
1726 zu Treffurt, 1738 Oberdorf Schönstedt (Kr. Langensalza), 1756 Georgskirche
zu Mühlhausen. — Kleveldt, Hans, von Landshut 1444. — Klinge (Klinghe, Klingke),
Familie des 15. bis 16. Jahrhunderts in Niedersachsen. Als der älteste erscheint

1404 auf einer Glocke in Kebdingbruch (A. Neuhaus a. d. Oste) Harm (Hermann) Kl., und nur wenig später der zuerst 1409 auf einer Glocke zu Pilsum (A. Emden) nachgewiesene Hinderk Klinge. Sehr häufig auf Glocken und Taufkesseln im Bremischen, Ostfriesland und in Lüneburg ist von 1407—1469 Gerd Kl. vertreten. Von Hinrik Kl. sind drei Taufen in Ostfriesland von 1473 und 1474 bekannt. Bartolt Kl. kommt von 1472—1505 in Ostfriesland. Goteke Kl. von 1475—1496 im Bremischen vor. Bernt (Berend) Kl. „von Bremen" ist auf einer Glocke von 1474 in Buttforde (A. Wittmund) und in Bremen selbst nachgewiesen Einem jüngeren Hermann Kl. gehören im Bremischen Glocken von 1461 zu Hechthausen, 1463 Balje und 1505 Bulkau an. Vergl. Mithoff, Kunstdenkm. im Hannoverschen 7, 22 und 240. — Klockgeter. s. Clockengeter. — Knoblauch, C. H., in Halberstadt, nachgewiesen 1744—1787. — Kobitzsch, Ed., in Torgau um 1840 bis etwa 1860 thätig; Glocken von ihm in Landkirchen der Umgegend von Torgau und Jüterbogk. Sein Geschäft wird nach seinem Tode von einem Sohne fortgesetzt. — Koch, Johann, Rotgiesser in Zerbst, Glocke von 1638 zu Müllerdorf (Mansf. Seekr.). Ein jüngerer Meister gl. N., Glocken von 1661 zu Hobeck u. 1666 Hohenziatz bei Loburg, 1684 Warnstedt und Weddersleben (Kr. Aschersleben). 1698 Gr.-Lübars bei Loburg. 1699 Croppenstedt und Niederbörnecke (Kr. Aschersleben), 1701 Rathaus zu Loburg. Eine Familie Koch im 18. und 19. Jahrhundert zu Mühlhausen i. Th. Johann Lorenz K. kommt zuerst 1767 auf einer Glocke zu Bothenheiligen (Kr. Langensalza) vor und steht noch 1812 auf einer Glocke zu Blankenburg (ebend.), ausserdem in 10 Dörfern der Kreise Langensalza und Mühlhausen auf Glocken aus der Zwischenzeit und zu St. Kiliani in Mühlhausen auf einer Glocke von 1797 und zu Thamsbrück von 1807. Johann Georg K. ist 1798 in der Walpurgiskirche zu Grossengottern (Kr. Langensalza) nachgewiesen. Von Ernst Christoph K. finden sich zu Bollstedt (Kr. Mühlhausen) 3 Glocken von 1800, 1803 und 1818, und in 5 Dörfern dieses Kreises Glocken bis 1828. — Köckeritz, Lorenz, in Stettin, Glocken in der Ukermark von 1653 zu Berkholz und Heinersdorf, 1671 Stolpe, 1681 Dobberg. — Koler (Köler, Köhler). Hans Koler (Köhler) aus Gandersheim, Glocken von 1593 zu Landolfshausen bei Göttingen, 1595 Kalteuohmfeld, 1596 Neuendorf und 1597 Leinefelde im Kr. Worbis (Prov. Sachsen). Alexander Kohler in Erfurt, Glocke von 1616 in Memleben (Kr. Eckartsberga). Johann Gottfried Köhler in Kassel, Glocke von 1651 zu Speele bei Minden (Hannover). Johann Philipp Kohler in Zelle, Glocken von 1701 und 1723 daselbst. — Kolle, s. Colle. — König (Konigk). Hermann, in Erfurt, Glocke von 1599 zu Pettstedt (Kr. Querfurt) und Uchteritz (Kr. Weissenfels), 1606 Gössnitz (Kr. Eckartsberga), Schkauditz (Kr. Zeitz), Geusa und Oberbeuna im Kr. Merseburg. Jakob König in Erfurt goss 1634 die grosse Glocke von 114 Centner für die Nikolaikirche in Leipzig und ist ausserdem nachgewiesen auf Glocken von 1612 zu Uftrungen (Kr. Sangerhausen), 1614 Weissensee i. Th., 1633 Klein-Ballhausen (Kr. Weissensee). 1641 Tennstedt, 1644 Artern, 1648 Grossvargula (Kr. Langensalza). Johann Philipp K. in Osnabrück goss 1703 eine Glocke zu Haselünne in Hannover. Ein Hermann K. ist zu Anfang des 19. Jahrhunderts in Erfurt thätig. — Kopp, Paulus, zu München im 17. Jahrhundert. - Körber, s. Lampe. — Korckow, Bartholomäus, Glocke von 1596 zu Beverstedt (A. Lehe) in Hannover — Koreiss, Peter, Glocke von 1507 zu Wiedersbach (Kr. Schleusingen). — Korn, Johann Nikolaus, goss 1697 mit Andr. Neithardt (s. d.) aus Leipzig zu Jüterbogk die 1871 gesprungene grosse Glocke der Frauenkirche auf dem Damm daselbst und gleichzeitig eine Glocke für das nahe Gräfendorf. — **Korteriche**, Johann von. s. Danneil. — **Korver**, Heinrich, Glocke von 1764 in Salzderhelden (A. Einbeck) in Hannover. — **Koster**, Harmen (Hermann) in Hildesheim, dessen Wirken sich über das Hildesheimische hinaus bis in den Harz erstreckte. Ob eine mit einem aus H und C gebildeten Monogramm bezeichnete Glocke von 1499 zu Sehlde bei Elze von ihm herrührt, ist umsomehr zweifelhaft, als er sonst seine Glocken ausser mit seinem Namen mit einem Giesserzeichen:

zu bezeichnen pflegte, welches zwar in verschiedener Bildung vorkommt, aber wesentlich stets als solches kenntlich bleibt. Eine Glocke von 1494 zu Lauenstein (Kr. Hameln) trägt die Bezeichnung „*hermen kester ein apengeter knecht*" und ist ebenfalls zweifelhaft; dagegen erscheint eine Glocke von 1500 in der Silvesterkirche zu Wernigerode, auf welcher er sich als Hildesheimer Bürger bezeichnet, als die älteste ihm bestimmt angehörige in einer bis 1520 (Glocke in Kloster Ilsenburg) reichenden, etwa 20 Ortschaften umfassenden Reihe. In Hildesheim selbst gehört ihm eine Glocke der Michaeliskirche von 1518 an. Wenn (nach Mithoff, Denkm. im Hannoverschen 2, 21) eine Glocke von Hermen Koster wirklich die Jahreszahl „*mccccxl*" (1540) trägt und kein Irrtum zu Grunde liegt, so ergäbe sich eine bis jetzt nicht auszufüllende Lücke von zwanzig Jahren. — **Kramer**, s. Cramer. — **Kraus**, Johann Lorenz, in München. Glocke von 1773 zu Nassenbeuren bei Mindelheim in Schwaben. — **Kridewit** (Kreideweiss) zu Zell goss 1676 eine Glocke in Wipshausen (A. Meinersen), derselbe in Kolberg 1679 eine Glocke zu Revahl bei Kammin. J. C. Kreiteweis in Braunschweig, Glocke von 1735 zu Stapelnburg bei Wernigerode. — **Krömmel**, Engelbert, in Meyen, Glocke von 1717 zu Kirspenich bei Münstereifel. — **Krumpler**, Johann Jakob, Glocke von 113 Centner im Dom zu Breslau 1721. — **Kruse**, Henny, Glocke von 1557 zu Brünighausen und 1560 Springe (Calenb.), von 1562 zu Breinum und Wetteborn (A. Alfeld) in Hannover. — **Kucher** (Kuchen, Kuchgen, Küchger), Eckhard, in Erfurt, dessen die Zeit von 1558—1602 umfassende Thätigkeit nach Norden hin bis Magdeburg in etwa 40 Ortschaften nachgewiesen ist. Die älteste bekannte Glocke von ihm aus dem Jahre 1558 findet sich zu Zorbau bei Weissenfels, eine Glocke von 1575, in welchem Jahre er die 100 Centner schwere Dominica des Magdeburger Domes umgoss, besitzt die Stephanskirche zu Aschersleben und die Marktkirche in Langensalza 3 Glocken von 1564 und 1592, deren grösste über 60 Centner schwer ist; die übrigen bis jetzt bekannten befinden sich auf Dörfern, 2 von 1592 zu Köllme im Mansf. Seekreise, die jüngste von 1602 zu Dittchenrode im Kreise Heiligenstadt. — **Kurtz**, Familie des 17. bis 19. Jahrhunderts zuerst in Reutlingen, seit 1803 in Stuttgart, jetzt Wilhelm und Heinrich K., in Firma Heinrich Kurtz daselbst, und sind aus der Stuttgarter Giesserei in der Zwischenzeit, teils einzeln, teils in ganzen Geläuten, über 1000 Kirchenglocken hervorgegangen, z. B. die Viergeläute der Johanniskirche in Stuttgart von 76 Centner im Jahre 1875, der evangel. Kirche in Baden-Baden von 62 Centner 1876, der Marienkirche in

Stuttgart von 43 Centner 1879, der Kirche in Echterdingen bei Stuttgart von 67 Centner 1880, der neuen Kirche in der Vorstadt Heslach daselbst von 53 Centner 1881, ferner das Dreigeläute der Garnisonkirche in Stuttgart von 105 Centner 1878 mit der Königsglocke von 60 Centner. Die vielen sonstigen Geläute sind meist kleiner. Prämiiert wurde die Firma auf der Pariser Ausstellung von 1867 mit der silbernen Medaille, zu Dresden 1880 mit dem Staatspreis und auf 13 anderen Ausstellungen in Deutschland, Ungarn und Belgien, viermal mit der grossen goldenen Medaille. — **Kutschbach** zu Naumburg, Glocke von 1744 in Klein-Ballhausen (Kr. Weissensee); derselbe „aus Kalbitz" (bei Dahlen in Sachsen), Glocke von 1761 in Wohlmirstedt (Kr. Eckartsberga).

Laibener (Leybener), Tobias, zur Zitaw, Glocken von 1568 zu Sebnitz und 1570 zu Ubersdorf in der Amtshauptm. Pirna. — **Lambert**, Jean, zu Dancourt in Lothringen, Glocke von 1683 (ehemals) im Dom zu Reims. — **Lamiral**, Claude, Glocken von 1640 zu Olfen, 1647 Siegburg und 1653 Dottendorf bei Bonn. — **Lampe** (Lampen), Henni (Hennig) in Hildesheim, Glocken von 1649 zu Deinsen und Aldendorf, 1653 Banteln im Calenbergischen und Sehnde (A. Burgdorf), 1667 Adensen (Calenb.); eine Glocke zu Steinwedel (A. Burgdorf) goss er 1656 mit Jakob Körber. Jost Heinrich L. zu Beinum bei Hildesheim, Glocken von 1682 im Dom zu Hildesheim, 1686 zu Adensen, 1699 zu Mahlerten bei Hildesheim; er arbeitete zusammen mit Joh. Barward Becker (s. d.). — **Lange**, Familie des 18. und 19. Jahrhunderts in Erfurt. G. H. Lange, s. Sorber. Gebrüder Lange, 1819 Glocke im Unterdorf Schönstedt (Kr. Weissensee). Michael Karl L., 1836 Glocke in Niedertopfstedt (ebend.), 1848 zu Grossengottern (Kr. Langensalza) in beiden Kirchen. — **Lamperti**, Johannes, oder Hans Lauprecht von Donievre (? Deneuvre, Meurthe), Glocke von 1474 zu Oberehnheim in Unter-Elsass, zu Mittelweiber in Ober-Elsass. — **Laubacher**, Ursus, zu Ingolstadt im 17. Jahrhundert. — **Launay**, J. B., von Avranches, Direktor der Metallgiesserei zu Paris unter Napoleon I. und Louis XVIII., Giesser der Vendome-Säule, vieler Geschütze und Glocken, verfasste 1827 die Schrift „Manuel du fondeur" (2. Aufl. 1836), welche sich auch über Glockengiesserei verbreitet. — **Leggebow**, Moritz, zu Wittstock, Glocke von 1570 zu Gottberg Kr. Ruppin. Philipp L. zu Perleberg, Glocke von 1616 zu Schilde bei Dramburg. — **Legros**, Martin, geb. 1704, † 1784, Bürger von Köln, und sein Sohn Peter Joseph Legros, geb. 1752, † 1808 in Malmedy, Glocken 1754 und 1756 zu Brenig bei Bonn, 1756 St. Quirin zu Neuss und Münster zu Bonn, 1771 St. Kolumba und St. Severin zu Köln, 1773 St. Kunibert daselbst, 1776 Gielsdorf, 1778 Lessenich bei Bonn, 1779 St. Gereon zu Köln, 1791 Echz bei Düren, 1801 St. Pantaleon zu Köln, zu Verviers, Zülpich, Malmedy (Glockenspiel). — **Leguay**, Florentin, von Noyon, um 1705 in Paris. — **Lehmann**, Th., s. Eberbach. — **Lehr**, Johannes de, Glocke von 1652 in der Jesuitenkirche zu Düsseldorf. — **Leonhardt**, George, in Leipzig, Glocke von 1740 zu Röglitz (Kr. Merseburg). — **Lichtenow**, Bernt, Glocke von 1549 zu Bruch im Osterstadischen. Adam und Salomon L., Glocke von 1576 zu Osterbruch im Lande Hadeln. — **Lippoldus**, per. me. feci steht in neugoth. Minuskeln auf einer Glocke zu Bühlitz (A. Lüchow) in Hannover. — **Livrenap**, A., aus Pontarli zu Ende des 17. Jahrhunderts, Glocke zu Compesières. — **Ledovicus**, mit unleserlichem Zunamen, auf einer Glocke von 1450 zu Rossbach bei Hachenburg im Westerwald. — **Leon**, Joannes, de Supe und Joannes Coloniensis, Glocke von

1546 zu Schönholthausen (Kr. Meschede). — **Löffler**, Peter, von Innsbruck, thätig 1490—1510. — **Loiseau**, s. Antoine. — **Lorenz** zu Mühlhausen i. Th., Glocke von 1866 im Unterdorf Schönstedt (Kr. Langensalza). — **Lösch**, Johann Ernst, zu Krailsheim, Glocke von 1780 zu Unterampfrach bei Schelldorf in Mittelfranken. **Lüttken** (Lütgen), Johann Heinrich, in Göttingen, Glocken von 1688 zu Dingelstedt (Kr. Heiligenstadt), 1699 zu Moringen in Hannover. — **Lüttich**, Johann, u. Gerard, von, s. Johann.

M . . . . (unleserlich), Josephus, Glocke von 1639 in Calle (Kr. Meschede). — **Mabilot** und Stoke, Glocke von 1732 zu Barweiler (Kr. Adenau). Maurice Mabillot, kurfürstlicher Stückgiesser zu Koblenz, Glocke von 1777 zu Mesum bei Rheine. Andreas M., Glocken von 1777 zu Notuln und in der Ludgerikirche zu Billerbeck, 1777 und 1778 zu Rorup. Joan und Andreas M., Geläute zu Stromberg bei Oelde 1781. — **Machon**, Jean le, in Chartres, 1501 die Glocke George d'Amboise in N.-D. zu Paris. — **Macmot** le Merchier, Glocke von 1421 zu St.-Just-en-Chaussée (Oise). — **Maes** (Mas, Mos, Moes), Paul (Pawel), Glocken von 1502 zu Hayurode (Kr. Worbis), 1505 Gatterstedt (Kr. Querfurt), 1506 Gatterstedt und Schraplau (Mansf. Seekr.), 1507 Barnstedt (Kr. Querfurt), 1508 Barnstedt und Bodenrode (Kr. Worbis), 1509 Eisleben in der Nikolaikirche und Petri-Paulikirche, 1514 Tilleda (Kr. Sangerhausen). — **Mancke**, Hans, in Lüneburg, Glocke von 1686 in Egestorf (Kr. Harburg). — **Mangold**, Johann Jakob, Glocke von 1695 zu Heinersdorf bei Angermünde, 1698 Prötzel bei Wrietzen. — **Marclay**, Guerri de, ein Franzose, goss 1407 die grosse Glocke in Genf und wurde 1414 Bürger dieser Stadt. — **Marel**, Friedr. Wilh. la, in Dresden, Glocke von 1811 zu Oberschaar bei Freiberg. — **Maritz**, Stückgiesserfamilie in der Schweiz. Jean Marc M., 1729 Glocke in Satigny. — **Matias**, Glocke von 1458 in Eddigehausen bei Göttingen; vergl. Stenhem. — **Mattheus**, Heinrich, kommt angeblich 1502 in der Provinz Sachsen vor. — **Mauben**, Pierre, Glocke von 1624 (ehemals) im Dom zu Reims. — **Mayer**, Christian August, in Rudolstadt, nachgewiesen von 1801 bis 1830 auf Glocken in der Prov. Sachsen. Fr. Mayer in Eisleben und Rudolstadt, Glocke von 1845 in Kreipau (Kr. Merseburg). Ernst und Robert M. in Rudolstadt, auf Glocken in der Prov. Sachsen 1849—1861. Johannes M. daselbst. Vergl. auch Meyer. — **Mears**, Thomas, und Sohn in London und Gloucester (s. oben S. 155), Nachfolger der Rudalls (s. d.), lieferten unter tausenden von Glocken 1835 den Great Tom für Lincoln von 108 Centner, 1845 den Great Peter für York von 215 Centner, 1847 die grosse Glocke für die katholische Kirche in Montreal von 255 Centner. — **Mebert**, s. Neubert. — **Meier**, s. Meyer. — **Melger**, Hans, Glocke von 1436 zu Eime (A. Gronau) in Hannover. — **Mencd**, Johann von, Glocke mit romanischer Majuskelinschrift zu Braubach im Reg.-Bez. Wiesbaden; vergl. Johann. — **Mente** (Monten, Mende), Familie des 16. und 17. Jahrhunderts in Braunschweig und Hildesheim. Heinrich M. in Braunschweig goss 1508 die Taufe in Tangermünde, 1510 die in Northeim, 1511 eine Glocke in St. Ludgeri zu Helmstedt, 1515 eine Glocke in Altencelle bei Celle. Cordt M. daselbst goss 1531 das Epitaphium des Livinus von Velten im Domkreuzgang zu Hildesheim, 1539 Kanonen und einen Flaschenzug, 1541 eine Inschriftplatte in St. Blasien zu Münden, 1566 eine Glocke in Wolfenbüttel. Diedrich Mende in Hildesheim, Glocken von 1617 in Kloster Teistungenburg (Kr. Worbis), 1620 Eidagsen im Calenbergischen. — **Menze**, s. Johann und Peter. — **Mertensdorf**, Gregor, Glocke von

1495 in St. Nikolai zu Jüterbogk. — **Mester**, s. Diderek. — **Meurer**, eine angeblich aus Württemberg stammende Familie des 18. Jahrhunderts in Berlin. Friedrich M., Glocke von 1727 zu Dalgow bei Spandau, 1730 Sydow bei Eberswalde. J. S. M., Glocke von 1737 zu Sieversdorf bei Neustadt a. d. Dosse, 1738 Rixdorf bei Berlin. — **Meuron**, s. Guillebert. — **Meyer** (Meier, vielleicht auch Maier, Mayer, s. d.), eine oder mehrere Familien des 16. bis 19. Jahrhunderts. Hans M., Glocke von 1578 in der Nikolaikirche zu Lüneburg. Heise (Heyso) M. in Wolfenbüttel, dessen älteste bekannte seiner noch in vielen ländlichen Ortschaften der Kreise Oschersleben, Wernigerode und Halberstadt vorhandenen Glocken sich in Aspenstedt bei Halberstadt befindet und von 1664 datiert, die jüngste von 1702 zu Berssel bei Ostorwieck; das Dreigeläute der Klosterkirche zu Mühlhausen i. Th. ist von 1701. Etwas später als Heise, zum Teil noch gleichzeitig mit ihm kommt Chr. Ludwig M. in Braunschweig vor, der in der Grafschaft Wernigerode auf Glocken von 1671 und 1698 zu Wasserleben, 1710 zu Minsleben nachgewiesen ist und angeblich noch 1721 thätig gewesen sein soll. Zu Mühlhausen i. Th. besitzen die Marien- und die Allerheiligenkirche von ihm Glocken aus dem Jahre 1701; die der Marienkirche wiegt etwa 50 Centner. J. Urban M. aus Magdeburg wird 1712, und Joh. Andreas M. aus Koburg 1753 erwähnt. Von Otto Gerhard M. aus Rostock sind Glocken von 1751 in Schwerin und Parchim, 1752 in Wittenburg nachgewiesen. J. Meier war gegen Ende des 18. Jahrhunderts herrschaftlicher Stück- und Glockengiesser in Celle; von ihm finden sich Glocken aus dem Jahre 1775 zu Müden bei Hermannsburg und 1787 zu Hänigsen (Kr. Celle). Gleichzeitig kommt eine noch im 19. Jahrhundert thätige Familie Meyer in Berlin vor. Johann Christian (Friedrich) M., Glocken von 1774 zu Gräfendorf bei Jüterbogk und zu Sommerfeld (Oberbarnim), 1775 Polssen bei Angermünde, 1776 Sydow bei Eberswalde, 1780 Rheinsberg. Meyer aus Berlin (ohne Vornamen) nennt sich auf Glocken von 1805 zu Dyrotz bei Nauen, 1807 Britz bei Eberswalde, 1811 Dalmin bei Perleberg und Strehlen; er bot 1813 in der Berliner (Voss.) Ztg. Nr. 11 16 Centner Glockengut zum Verkaufe aus. — **Meyfeldt**, Justus Andreas, aus Hannover, Glocke von 1736 zu Herzberg am Harz. — **Meza**, s. Diderich. — **Michelln** (Michelen), Joseph, Glocke von 1645 in der Johanniskirche zu Osnabrück. Peter M., Glocken von 1669 zu Mechernich (Kr. Schleiden), 1670 Barweiler bei Adenau; s. auch Bourlet. — **Mieson** von Marburg, Glocke von 1779 in Hilgerath (wo?). — **Miggais**, Steffan, zu Augsburg, Glocke von 1488 zu Agawang (Bez. Augsb.). — **Milde**, Georg, goss 1507 die grosse, 220 Centner schwere Glocke der Elisabethkirche in Breslau. — **Miller**, Martin, zu Esslingen, Glocke von 1586 in Kaisheim bei Donauwörth. Johann Christoph M. aus Vetschau in der Niederlausitz zu Wittenberg nennt sich auf einer Glocke von 1683 in Kossenblatt bei Beeskow. Conrad M. zu Augsburg lieferte seit 1873 mehrere Geläute für bayerische Ortschaften, z. B. 2 Viergeläute von 50 und 80 Centner für Augsburg, ein Dreigeläute von 30 Centner für Gablingen bei Gersthofen u. a. m. — **Mirar** (Mirat?), Thomas, goss 1473 die Colette in St. Peter zu Genf. — **Misner**, Hans, in Braunschweig, Glocke von 1601 zu Seershausen (A. Meinersen) in Hannover. — **Moer**, Gobel, und sein Sohn Wilhelm aus den Niederlanden, Glocke von 1495 in Ste. Marie-Cappelle am Fusse des Berges Castel. Die Brüder Wilhelm und Jaspar M., Glocke von 1515 in der Katharinenkirche zu Brandenburg. — **Moldenhauer** (Moldenhewer, Muldenbewer), Familie des 16. Jahrhunderts in Brandenburg, wo dieser Name schon im 14. Jahrhundert vorkommt.

Andreas M. in Alten-Brandenburg, Glocke von 1500 zu Deetz bei Brandenburg. Ein jüngerer Andreas M., Glocke von 1555 zu Brachwitz bei Treuenbrietzen, 1557 Altstadt Brandenburg, 1558 Linum bei Fehrbellin; vereint mit Merten M. kommt er auf einer Glocke von 1564 zu St. Pauli in Brandenburg vor, und letzterer allein 1571 zu Knobloch bei Wustermark. — Moll, Martin, aus Thüringen, Glocke von 1468 in der Liebfrauenkirche und 1473 (ehemals) im Dom zu Frankfurt a. M.; vergl. Moller, Mollner, Müller. — Moller, Martin, von Frankfurt a. M., Glocke von 1477 zu Hattenheim im Rheingau. — Mollner, Martin, Glocke von 1484 (ehemals) im Dom zu Frankfurt a. M.; er ist nicht unwahrscheinlich identisch mit Moll und mit Moller (s. d.), und vielleicht gehörte auch Heinrich Müller (s. diesen) derselben Familie an. — Müllich, Peter, und sein gleichnamiger Sohn, Stück- und Glockengiesser im 15. und 16. Jahrhundert zu Zwickau; der Vater war Schwiegersohn des Rotgiessers Hermann Vischer d. Ä. in Nürnberg; vergl. R. Bergau in „Wartburg" 1882, S. 9 ff. — Monterino, Michael, goss 1734 die grösste Glocke von 3800 Centner in Moskau. — Morel, G., renommierte Firma zu Lyon, welche ausser vielen anderen grossen Glocken 1862 die Bourdons von St. Benigne zu Dijon und von N.-D. de la Garde zu Marseille geliefert hat. — Möring (Möringk, Mörink, Möhring, Mehring), Familie des 16. und 17. Jahrhunderts in Erfurt, von welcher in mindestens 100 thüringisch-sächsischen Ortschaften viele Glocken aus der Zeit von 1570 bis 1633 nachweislich sind. Als der älteste erscheint Hans M. auf Glocken von 1570 zu Schilfa (Kr. Weissensee), 1571 Delitz am Berge (Kr. Merseburg) und Lodersleben (Kr. Querfurt), 1572 Bodelwitz (Kr. Ziegenrück), 1577 Seisla (ebend.) und Birkenfeld (Kr. Heiligenstadt). Nicht viel später traten Melchior und Hieronymus (Geronimus, auch wohl Caspar Hieronymus) auf, die sich teils jeder für sich allein, teils beide gemeinschaftlich auf den vielen, aus dieser Giessstätte hervorgegangenen Glocken nennen. Der Name Melchior M. ist zuerst 1580 auf einer Glocke zu Weberstedt (Kr. Langensalza), Hieronymus M. 1589 zu Gonna nachgewiesen, und beide zusammen 1593 zu Gross-Korbetha (Kr. Weissenfels). Eine von Hieronymus M. 1611 gegossene Glocke der Bergk. zu Langensalza ist mit Nr. 67 bezeichnet. Wenn es richtig ist, dass dieser Name noch auf Glocken zu Kölleda von 1667 und zu Keuschberg (Kr. Merseburg) von 1681 vorkommt, so sind zwei verschiedene Personen dieses Namens (etwa Vater und Sohn) anzunehmen; Melchior M. ist zuletzt 1633 in Artern nachgewiesen und kommt mit Hieronymus verbunden, so weit bekannt, zuletzt 1630 zu Blankenburg (Kr. Langensalza) vor. Von dieser Zeit an erscheint die Reihe der Möringschen Glocken, in welcher, obgleich die speziellen Nachweise aus dem Kr. Erfurt, den angrenzenden thüringischen Staaten und dem Saalkreise fehlen, seit 1594 jedes einzelne Jahr vertreten ist, bis auf die erwähnten und deshalb unsicher erscheinenden Daten (1667 und 1681) unterbrochen. — Mourer zu Soleure, grosse Glocke von 1646 zu Ifferten — Müller, Heinrich, von Frankfurt, Glocken von 1484 in Geisenheim; s. Moller, Mollner. Hans Jakob M. von Strassburg, Glocken von 1596 im Münster daselbst, von 1599 und 1603 zu Schlettstadt. Hans M. zu Naumburg a. d. S., Glocken von 1598 in Löbitz (Kr. Weissenfels), 1600 Schleckerode (Kr. Querfurt), 1602 Klein-Helmsdorf (Kr. Weissenfels); auf Glocken zu Gladitz (Kr. Weissenfels) von 1599, zu Raschwitz von 1600 und zu Ober-Klobikau (Kr. Merseburg) von 1601 hat er sich nur mit den Anfangsbuchstaben H. M. bezeichnet. Joachim M. aus Magdeburg, Glocke von 1662 zu Adersleben (Kr. Oschersleben). Der Name Müller (aus Stettin?) ohne Jahresangabe wird

als auf einer (neueren) Glocke zu Genz (Kr. Prenzlau) befindlich erwähnt. —
Munier, Andrieu, Handglocke von 1582 zu Poix (Somme).

Nainville, Nicolas de, und sein Schwiegersohn Claude Drouart zu Amiens,
Glocke von 1684 in N.-D. von Paris. Jean de Nainville 1679—1693, Glocke in
Gerberoy. — **Neidhardt** (Neitbart), Wolfgang, von Ulm, zu Augsburg, Glocken von
1636 (ehemals) im Dom zu Frankfurt a. M., 1642 zu Höchst. Andreas N. zu
Leipzig goss mit J. N. Korn (s. d.) 1697 eine Glocke zu Jüterbogk. Vergl. Stengel. — **Nelmann**, Peter, Glocken von 1592 in Reisten und Berentrop bei Meschede,
1609 Todtenglöcklein in Battenberg bei Biedenkopf. — **Nettke**, J., Gelb- und Glockengiessermeister in Berlin, 1883 Glocken für deutsche evangelische Missionsstationen
in Südafrika. — **Neubert** (Neuwert, Neuwerth, Newert), Jakob, Rot- und Stückgiesser in Berlin, der 1651 ein ausschliessliches Privilegium in der Kurmark zu
giessen erhielt und 1669 starb; Glocken von ihm finden sich von 1645 zu Miers-
dorf im Teltow, 1646 Guben, 1650 Markgrafpieske und Spreenhagen bei Beeskow,
1654 Schulzendorf bei Wriezen, 1655 Gross-Schönebeck bei Liebenwalde, 1657
Berlin in der Marienkirche, 1659 Havelberg. Zu derselben Familie scheinen
zu gehören Christian Siegmund Nebert aus Lúzow (Glocke von 1709 zu
Gross-Lüben bei Wilsnack) und M. G. S. Nebert aus Neuruppin (Glocke von
1717 zu Rägelin bei Neuruppin), der sich aber häufiger Mebert geschrieben hat,
z. B. 1714 zu Garlin und zu Warnow bei Perleberg, 1718 zu Gumtow bei Kyritz,
1721 Sonnenberg bei Gransee, 1725 Tramnitz und noch 1741 zu Rheinsberg. Auf
einer Glocke zu Kantow von 1706 nennen sich Mepert und Siebenbaum als
Giesser. Ein Glockengiesser Neuber kommt auch in Riga vor. — **Neubert** in
Ludwigsburg, Glocken von 1804 und 1832 zu Maulbronn. — **Neuburg**, Arnold von,
Glocke von 1667 in der Franziskanerkirche zu Düsseldorf. — **Neusel** (Nüsel, Nuestel), Hans, aus Hamburg, Glocken von 1616 in St. Marien zu Stendal, 1622 zu
Viesecke bei Perleberg, 1624 Dannenberg a. d. Jetzel. Vergl. Niesel. — **Nicolaus**
de Stetin nennt sich auf dem Taufkessel von 1392 in St. Blasien zu Münden und
stand auf einer nicht mehr vorhandenen Glocke von 1393 zu Bursfelde bei Münden. — **Niesel**, Matausson, zu Raudnitz a. d. Elbe, Glocke von 1602 in Fürstenau
bei Lauenstein in Sachsen. — **Nimperll**, s. Ranvelli. — **Noel**, Pierre, Glocke von
1510 in N.-D. zu Chartres. — **Norenbarch**, Matthias von, Glocke von 1544 zu Staff-
horst (A. Nienburg) in Hannover. — **Nortmeyer**, Hans, Glocke von 1614 in Geerds-
weer a. d. Ems. — **Notterot** aus Nordhausen, Glocke von 1574 zu Sinsleben (Mansfelder Seekr.). — **Nuestel**, s. Neusel. — **Nuys** (Neuss), Johannes van, und sein
Sohn Reynart, Glocken von 1522 in Kirchborchen, 1523 Ratingen (Kr. Düsseldorf).

Obenthrot (Obentbrot), Cornelius, Glocke von 1500 in Teistungen (Kr. Wor-
bis). Hans O., Glocken von 1507 in Herrenschwende (Kr. Weissensee), 1518 Stadtkirche zu Naumburg a. d. S., 1533 Neunheilingen (Kr. Langensalza). — **Oberlcher**,
Niclaus, in Konstanz, Glocke von 1524 zu Wängi (Thurgau). — **Ochtorpe**, Michael
von, Glocken von 1620 in Mesum (Kr. Steinfurt) und Salzbergen (Kr. Lingen). —
Oemann, Lorentz, in Lüneburg, Glocke von 1735 zu Barskamp (A. Bleckede) in
Hannover. — **Oeverradt**, Heinrich von, 1494 bis 1538 Glocken zu Runderoth (Kr.
Wipperfürth). Dierich (Derich) O., Klockengiesser, Burger und Stadtmeister
bynnen Collen, 1550—1586. Glocken von ihm 1550 in St. Cäcilien zu Köln, 1556
Rösberg bei Bonn, 1568 Rheinberg, 1570 in Gross-Martin zu Köln. Johann von

Overait, Glocke von 1719 zu Kirmutscheid bei Koblenz. — **Ohlsson**, Familie aus Ystad in Schweden, beschäftigt sich seit 1805 bereits in der dritten Generation (gegenwärtig O. Ohlsson, früher in Hamburg, jetzt in Lübeck) mit der Reparatur gesprungener Glocken; s. oben S. 151. — **Olemann**, Hans, von Magdeburg, Glocken von 1581 zu Drosa bei Köthen, 1585 Eikendorf (Kr. Kalbe a. S.). — **Ollvey**, Jehan, und Nicod Bueron, grosse Glocke von 1462 in N.-D. zu Ifferten. — **Olricus**, Giesser einer ehemals in der Michaeliskirche zu Lüneburg befindlichen Glocke von 1325. — **Onkel** (Unkel), Kerstgen van, Glocken von 1544 in Walsdorf (Kreis Daun), 1605 Gusdorf bei Neuss. — **Osmont**, Joan, von Paris, Uhrglocke in Poitiers von 1386. — **Ottink**, Hinrich, Glocke von 1619 in Gehrde (A. Bersenbrück) in Hannover. — **Otto**, Giesser einer aus Dissibodenberg stammenden Glocke von 1387 in Meisenheim. F. Otto in Hemelingen bei Bremen lieferte u. a. im Jahre 1875 eine 37$^1/_2$ Centner schwere Glocke für Jemgum in Ostfriesland, 1876 eine von 36$^1/_2$ Centner für die katholische Kirche in Harsum bei Hildesheim, ein Dreigeläute von 37 Centner für Lehe bei Geestemünde, 1877 zwei Glocken von 25$^1/_2$, und 12$^3/_4$ Centner für Aumund bei Vegesack u. s. w.

Paix, de la, aus Lothringen stammende Familie des 17. und 18. Jahrhunderts. Johann de la Pax (Jean de la Paix) in Arnsberg, Glocken von 1655 in Schönholthausen (Kr. Meschede), 1662 Bergkirche in Langensalza, 1665 Bickenriede (Kr. Mühlhausen i. Th.) und Arnsberg. Nicolas de la P., Glocken von 1665 in Mony und vom Ende des 17. Jahrhunderts in St.-Samson (Oise). Estienne de la P. goss mit seinen lothring. Landsleuten Michel und Alexis Joly (s. d.) 1678 eine Glocke für St. Peter zu Genf. A. de la P., Glocke von 1684 in Chaumont bei Langres. Charles und G. de la P., Glocken von 1745 in Meschede, 1748 Kirchrahrbach bei Fredeburg, 1767 Kalle bei Meschede. — **Pape** (Pappe, Pappenius), Jakob, in Erfurt, vermutlich Vater und Sohn, Glocken von 1636 zu Wollbrandshausen (A. Gieboldehausen) in Hannover, 1668 Steinbrücken (Kr. Sangerhausen), 1680 Frohndorf (Kr. Eckartsberga), 1681 Dom zu Erfurt und in Haussömmern (Kr. Langensalza), 1704 Griefstedt (Kr. Eckartsberga). — **Paris**, Johann und Antonius, aus Lothringen; Nachfolger von Lamiral (s. d.). Johann war Franziskaner-Laienbruder; Glocken von 1643 in Ahsen bei Recklinghausen, 1646 Freckenhorst (Kr. Warendorf), 1647 Siegburg (zum Teil jetzt in der Lambertikirche zu Düsseldorf), 1650 Kadamar (Untertaunus), 1654 Hadamar (Oberlahn); ausserdem viele Glocken im Münsterlande, 1633 Sudkirchen bei Werne, 1651 Albachten bei Münster, 1654 Seppenrade und Olfen bei Lüdinghausen, 1656 Bösensell bei Münster. — **Pegnitzer**, Andreas, in Nürnberg, 1521—1538 nachgewiesen. — **Peine**, Hennigk van, Glocke von 1456 in St. Gothard zu Brandenburg. — **Pelkingk** (Pelekink), Hans, in Hildesheim, Glocken von 1555 in der Marienkirche zu Heiligenstadt, 1564 Jakobikirche zu Göttingen. Mente P. goss 1592 die Taufe in Heil. Kreuz zu Hildesheim. — **Perrin**, Jean, 1705 in Reims; s. Causard. — **Peter** von Agspurg (Augsburg), erwähnt 1020. — **Peter**, Hans Ernst, goss 1699 „bei dem Hoen Offen zu Zehdenik" eine Glocke für Güterberg (Kr. Prenzlau). — **Petit**, französische Familie des 17. bis 19. Jahrhunderts, wohnhaft anfänglich zu Aarle-Rixtel bei Helmond in Nordbrabant, von welcher sich Glocken aus dem Jahre 1690 in Holland, 1723 in Haffern finden. Jean P. errichtete 1743 eine Giesserei nebst Magazin zu Nieder-Elten bei Emmerich und 1745 zu Hünxe bei Wesel, während sein Bruder Alexius P. in dem früheren Wohnorte verblieb, wo er 1801

starb. Von den drei Söhnen, Everhardus, Henricus und Alexius (II.), die
er hinterliess, wurde der letztere am berühmtesten; er begann seine meist in Verbindung mit seinen Brüdern betriebene Thätigkeit im Jahre 1762, wohnte 1781
in Enthoven, 1783 in Dinslaken, zog dann in die Grafschaft Burgsteinfurt und
endlich 1787 nach Gescher bei Koesfeld.   Im Jahre 1791 errichteten die drei
Brüder bei fortgesetzter Thätigkeit in Gescher noch eine zweite Giesserei in
Vechta, welche nach einem Brande von 1805 wieder aufgegeben wurde. Im Jahre
1806 heiratete er Theodora Edelbrock aus Horstmar, und nahm, da diese Ehe
kinderlos blieb, 1823 die verwaisten Bruderkinder seiner Frau (s. Edelbrock) in
sein Geschäft auf, das nach seinem 1843 erfolgten Tode von ihnen fortgesetzt
wurde. Seine Brüder, die unverheiratet geblieben waren, hatten sich nach Holland begeben, wo sie einen Sohn ihrer mit Fritzen in Aarle-Rixtel verheirateten
Schwester in ihr Geschäft aufnahmen, der dasselbe später unter der Firma
Petit & Fritzen in Holland weiterführte. Glocken der Petit sind nachgewiesen
von 1762 in Süchteln, 1764 Heinsberg, 1765 Duisburg, 1780 Creyfelt, 1781 Kett-
wig, 1787 Horstmar, 1788 Gescher und Haffen, 1789 Hagen, 1790 Burg und Oster-
wick, 1791 Vechta, 1793 Westersteden, 1794 Lorup, 1797 Spelle und Nienborg,
1806 und 1827 Borgloh. Vergl. Boeckeler, Beiträge, S. 69 f. — **Peyer**, Ludwig,
in Basel, Glocke von 1482 in der Kollegiatkirche zu Freiburg i. d. Schw. — **Phi-
lipsen**, Johann, Glocke von 1636 in Anholt (Kr. Borken), die er mit Peter van
Trier (s. d.) gegossen hat. — **Pipin**, Edmund, in Köln, Glocke von 1721 in Klein
St. Martin daselbst. — **Piroa**, Johann, Glocken von 1709 in der Stiftskirche zu
Heinsberg, 1713 zu Rheinbach. — **Pisanus**, Guidottus, Glocke von 1289 in St. Peter
zu Rom. — **Pitle** (Pithon), Jean Baptistto, in Carouge, Glocken von 1789 daselbst,
1792 in Veyrier (Kanton Genf); er goss auch einen Zwölfpfünder für Veste Leerorth
a. d. Ems. — **Platzert**, Johann Georg, in Erfurt, Glocke von
1685 in Klosterhäseler (Kr. Eckartsberga), 1686 Kirchscheidungen (Kr. Querfurt).
— **Poeck**, Johann, von Petershagen (a. d. Weser), Glocke von 1586 zu Gehrden
im Calenbergischen. — **Pol**, Herbort de, Glocke von 1551 zu Schlewecke (Kr.
Gandersheim). — **Potz**, Karl, von Linz, 298 Centner schwere Glocke von 1764 zu
Schenkenfelden im Mühlviertel von Oberösterreich. — **Powels**, Gert, in Emden,
Glocken von 1586 zu Berren im Emsland, 1587 Pewsum bei Emden, 1589 Jemgum
(A. Weener) und Nesse (A. Berum), 1590 Suurhusen (A. Emden), 1596 (ehemals)
in Etzen (A. Wittmund); er goss auch einen Zwölfpfünder für Veste Leerorth
a. d. Ems. — **Preger**, Bastian, aus Frankfurt a. O., Glocke von 1592 zu Zinndorf
(Niederbarnim). — **Prome**, Velten, in Einbeck, Glocke von 1557 in Markoldendorf
bei Einbeck. — **Prüm**, Heinrich von, Glocke von 1509 ehemals) in Nassau (Reg.-
Bez. Wiesbaden). — **Pulendorf**, Friedrich Ernst, Glocken von 1750 und 1753 in
der Dom-Peterkirche zu Avolsheim (Unterelsass).

Quenstedt, Heinrich, in Hildesheim, Glocken von 1635 zu Benstorf (A. Lauenstein), 1643 Dinklar (A. Marienburg), 1644 Eidagsen (Calenb.). — **Quingelberger**,
Johann Christian, zu Strassburg, goss 1643 die Mordglocke daselbst.

Radler, J. J., und Söhne in Hannover, 1883 Glocke für die Christuskirche
daselbst. — **Ranvelli** (Ravanel, Ranieli, Nimperli?), Jean, 1234, grosse Glocke der
Kathedrale zu Lausanne. — **Rausch**, Hans Heinrich, mit den Ortsbezeichnungen,
aus Gotha, Zeitz und Erfurt, arbeitete öfter mit Hans W. Geier (s. d.) und mit
Martin Ebers (s. d.); Glocken von ihm sind nachgewiesen von 1651 (zu Ulzige-

rode im Mansfeld. Seekr.) bis 1696 (in der Ulrichskirche zu Sangerhausen, zu Rohrleben im Kr. Weissensee und zu Wischroda im Kr. Eckartsberga) und finden sich aus der Zwischenzeit, ausser auf vielen thüringischen Dörfern, zu Zeitz in der Michaeliskirche von 1677 und in der Schlosskirche von 1680, in der Petrikirche zu Sömmerda von 1690, zu Ilfeld in Hannover von 1693. Gleichzeitig mit ihm, also vielleicht ein Bruder von ihm ist Nikolaus Rausch aus Zeitz, dessen Thätigkeit zwischen 1681 bis 1691 nachgewiesen ist; eine Glocke von ihm in der Stadtkirche zu Querfurt trägt die Jahreszahl 1688 und von demselben Jahre datiert sind Glocken zu Schleusingen, St. Kilian bei Schleusingen und Loitzsch (Kr. Zeitz). Ein älterer Rausch müsste es sein, also etwa der Vater der vorstehenden beiden Brüder, der sich auf einer angeblich 1634 gegossenen Glocke zu Naundorf (Kr. Weissenfels) als Giesser nennt. — **Reber**, Familie von Avon im 14. Jahrhundert in den Bisthümern Basel und Lausanne; von **Walter R.** Glocke in St. Nikolai zu Freiburg von 1367, von **Johannes R.** Glocke zu Delemont (Basel) von 1396. — **Reichart**, Johann, Glocke von 1654 zu Unterampfrach in Mittelfranken. — **Rese**, Hans, Glocken von 1505 in Martinfelde (Kr. Heiligenstadt), 1520 Diedorf (Kr. Mühlhausen i. Th.); er goss auch den Taufkessel der Ägidienkirche in Heiligenstadt. — **Reuter** (Reuters), Hans, in Göttingen, Glocke von 1607 in Wehnde (Kr. Worbis), 1608 (ehemals) Kerstlingerode (A. Reinhausen). Johann Reuter von Mainz (oder Linz?), Glocken von 1620 zu Köln in St. Johann, 1623 zu Graurheindorf bei Bonn, 1631 in Maria Himmelfahrt zu Köln. — **Revillard**, Louis, Glocken von 1760 in Satigny, 1765 Dardagny. — **Richard**, s. Rozier. — **Richenet**, Jean, von Vevey, Glocken von 1654 im Collège, 1674 Dom zu Lausanne. — **Richter**, Klaus Kerstens, Glocke von 1518 zu Sögel im Emsland. Lorenz R. in Halle, Glocken von 1602 zu Kollenbey, 1605 zu Thalschütz, 1606 und 1612 zu Daspig im Kr. Merseburg, 1612 Daspig und Höhnstedt (Mansf. Seekr.), 1613 Unter-Esperstedt (daselbst). — **Rideweg**, Thomas, von welchem viele Glocken im Hannoverschen aus der Zeit von 1700 (in der Ägidienkirche zu Hannover) bis 1733 (ehemals im Dom zu Hildesheim) nachgewiesen sind. — **Riederer**, Glocke von 1661 zu Mündelheim (Kr. Düsseldorf). — **Riman**, Nikolaus (Klaus), in Naumburg a. d. S., Glocke von 1471 in Krumpa (Kr. Querfurt), 1475 auf dem Rathause zu Naumburg, 1478 zu Gatterstedt und 1481 zu St. Micheln im Kr. Querfurt. Sein Giesserzeichen ist:

Rincker, Familie des 17. bis 19. Jahrhunderts. Jakob R. von Aslar (bei Wetzlar). Glocke von 1696 zu Königstein bei Homburg v. d. H. Wilhelm Anton R. von Aslar, Glocke von 1738 in Breithart bei Langenschwalbach. Wilhelm Anton und Friedrich Moritz Rinken in Osnabrück, Glocken von 1773 in Salzbergen bei Rheine, 1780 Rulle bei Osnabrück, 1798 Baccum bei Lingen, 1817 Bokelob bei Wunstorf. — P. H. Rincker zu Hof Sinn bei Herborn, aus dessen noch blühender Giesserei eine Glocke von 1838 in Breithart. — Jakob Rincker zu Leun bei Wetzlar, erwähnt seit etwa 1850. — H. Rincker zu Westhofen in Westfalen lieferte seit 1850 bis 1883 ausser ca. 400 Glocken von 1—5 Centner ein melodisches Viergeläute von 35 Centner für die katholische Kirche zu Böhle bei Hagen und gegen 30 grösstentheils harmonische Dreigeläute für westfäl. und rheinländ. Kirchen, das schwerste von 111½ Centner für die 1. lutherische Kirche in Elberfeld; je 2 Glocken kamen nach ca. 14 Ortschaften der beiden genannten Provinzen

und ins Oldenburgische, die schwersten von 40 Centner an die evangelische Kirche
zu Flierich bei Hemmerde. — **Robinet**, s. Bouticle. — **Roden**, Winert, aus Northeim, Glocken von 1590 und 1591 zu Wintzingerode (Kr. Worbis). — **Rolliet**, s.
Caillet. — **Roming**, Sebald, aus Nürnberg, Glocke von 1656 zu Niedern-Stöcken
bei Mandelsloh. — **Rose** (Roose), Dieric, ein Niederländer, Glocken von 1504 zu
St. Dionys bei Lüneburg, 1514 Eschede bei Celle. J o h a n n e s R o s e aus Volk-
stedt (bei Rudolstadt), von dem Glocken aus den Jahren 1701 bis 1707 in der
Provinz Sachsen vorhanden sind. J o h a n n C h r i s t o p h R. in Apolda, Glocken von
1731 in Meyhen (Kr. Weissenfels) und in Steinburg (Kr. Eckartsberga), 1732 in
Eckartsberga. — **Rosen**, Hans von der, von München um 1468. — **Rosenhart**, Hans,
in Nürnberg um 1550; C h r i s t o p h R. daselbst um 1615. — **Rosenkranz**, Sebastian,
zu München, Glocke von 1550 zu Winkl bei Schwabhausen in Oberfranken. —
Rosier, s. Bonbon. — **Rotcy**, Guillaume de, Uhrglocke von 1398 in Poitiers. —
Rotger, Andreas, Glocke von 1517 zu Hilkerode und zu Gemershausen bei Duderstadt. — **Roth**, Familie des 17. und 18. Jahrhunderts in Mainz. K a s p a r R., Gl.
von 1678 in Mosbach bei Wiesbaden. G e o r g C h r i s t o p h R., nachgewiesen von
1711—1727 auf Glocken in Asmannshausen, Mosbach und Neudorf im Rheingau.
J o h a n n M a r t i n R., kurmainz. Artillerie-Oberstleutnant goss 1733 fünf Glocken
für den Dom zu Hildesheim. — **Roudbertus**, Mönch in Chiemsee um 1135. — **Rozier**, Honoré, Franz Guyot und Johann Richard aus Lothringen gossen 1637
das Geläute in Einsiedeln. — **Ruben**, Cornelius, in Berlin, † 1870; Glocken von
1841 zu Grossbreese und Grabow i. d. Prignitz, 1842 Britz bei Eberswalde und
Köritz bei Neustadt a. d. D., 1850 das Dreigeläute der kathol. Kirche zu Brandenburg a. d. H. — **Rudall**, Familie in London, welche von 1684 bis 1774 3595
Glocken lieferte; die Giesserei wurde von den Mears (s. d.) im grössten Umfange
fortgeführt. — **Rumpel**, Ernst Christoph, zu Mühlhausen i. Th., von welchem
Glocken aus den Jahren 1830 bis 1859 im Reg.-Bez. Erfurt u. s. w. nachgewiesen
sind, in der Kilianskirche zu Mühlhausen eine Glocke von 1836, in Flarchheim
(Kr. Langensalza) 5 Glocken aus den Jahren 1835 bis 1852.

Sarzgyn (Cürsgin), Johann, Glocken von 1500 in St. Gereon und Klein St.
Martin zu Köln. — **Sautray**, J.-B., Stückgiesserei-Kommissar zu Paris, Glocke
von 1729 in N.-D. daselbst. — **Savoie**, Joan, von Romain-en-Barrois, Glocken aus
der Zeit zwischen 1405 und 1521 in Locle (K. Neuchâtel). — **Scerrus** (Scherr?)
aus Northeim, Glocke von 1530 in Silkerode (Kr. Worbis). — **Schallenberg**, Glocke
von 1790 zu Dohren (A. Haselünne) in Hannover. — **Scheel**, Johann Heinrich, in
Stettin; Glocken von ihm aus den Jahren 1755—1769 in Dörfern der Uckermark
(Kleinluckow, Menkin, Dobberzin), von seiner Witwe 1773 zu Schmiedeberg bei
Greifenberg, 1781 zu Lübbenow bei Strasburg i. U. — **Scheichshorn**, Familie aus
Regensburg um Mitte des 16. bis ins 18. Jahrhundert; von Georg Sch. eine Gl.
von 1668 in Montabaur (Reg.-Bez. Wiesbaden); von Christoph Sch. aus Ehren-
breitenstein, Glocke von 1715 in Serkenrade (Reg.-Bez. Arnsberg). — **Schesler**,
Georg, aus Leipzig; Glocken aus den Jahren 1630 (Gerstewitz im Kr. Weissenfels)
bis 1692 (Löbitz, ebend.) mit diesem Giessernamen sind in etwa 15 Ortschaften
der Kr. Weissenfels, Merseburg, Zeitz und Querfurt nachgewiesen. Auf einer
Glocke von 1667 zu Oberschitz (Kr. Weissenfels) steht angeblich C h r i s t o p h
S c h e s l e r. — **Schirner**, Hans, Rotgiesser und herzogl. Büchsenmeister zu Brieg,
giesst 1560 eine Glocke für Poppelau (Kr. Oppeln), deren Klang der Gemeinde

nicht gefällt. — **Schmid**, Dilman, von Aslar (bei Wetzlar), Glocke von 1690 zu Usingen (Reg.-Bez. Wiesbaden). — **Schmidt**, Stettiner Familie des 17. bis 18. Jahrhunderts. Johann Schmidt, Glocke von 1614 zu Gustow bei Prenzlau. Schmidt ohne Vorname, 1704 und 1760 Neu-Künkendorf und 1721 Melzow bei Angermünde. — **Schneidewindt**, Familie des 17. u. 18. Jahrhunderts in Frankfurt a. M. Benedikt Schn., Glocke von 1685 in der Barfüsser- und Dreigeläute von 1679 in der Katharinenkirche daselbst. Johannes Schn., Glocke von 1697 zu Mosbach bei Wiesbaden. Johann und Andreas Schn., Glocke von 1719 in der Barfüsserkirche zu Frankfurt a. M. Johann Georg Schn., Glocke von 1738 zu Steckenrod bei Langenschwalbach. — **Schober**, Urban, Glocken von 1603 und 1606 zu Golzow bei Brandenburg, 1607 Buckow bei Rathenow, 1608 Marzahna bei Brandenburg. — **Schoneburch** (Schöneborch), niederländ. Familie des 16. Jahrhunderts. Gerhard Sch., Glocke von 1512 zu Emlichheim in der Niedergrafschaft Bentheim, Lüdern van Sch. und Johannes, Glocke von 1516 daselbst. · Johann Sch., Gehilfe des Gerhard de Wou (s. d.), Glocke von 1513 zu Oldenzaal in Holland. Johannes Sconeborch und sein Sohn Wolter, Glocken von 1520 zu Victorbur bei Aurich, 1524 Larrelt bei Emden, 1528 ehemals in der Grossen Kirche zu Emden. Wolter Sch., Glocke von 1518, ehemals in Aurich-Oldendorf. — **Schorst**, Hans, Glocke von 1478 zu Satemin bei Lüchow in Hannover. — **Schott**, Ewald, von Mainz, Glocke von 1836 zu Kamberg bei Langenschwalbach. Vergl. Zechbauer. — **Schrader** (Scrader), Joachim, in Hannover, Glocken von 1601 im Dom zu Hildesheim, 1603 Hemmendorf (Kr. Hameln), 1605 Eitsdorf (Kr. Oschersleben), 1608 Loveste (Kr. Wenigsen), 1612 Kirchwehren bei Hannover, 1615 Moringen, 1616 Benigsen bei Springe, 1625 Rössing bei Nordstemmen. — **Schramm**, Johann Friedrich, Glocke von 1720 zu Selchow bei Storkow im Reg.-Bez. Potsdam. — **Schreiber**, Georg, aus Magdeburg, Glocken von 1644 zu Schönebeck (Kr. Kalbe), 1650 in der Jakobikirche zu Magdeburg, 1652 Borne und 1657 Stassfurt (Kr. Kalbe), 1660 in St. Nikolai zu Zerbst; auch Glocken der Dome zu Magdeburg und Stendal und der Stiftskirche zu Wernigerode. Johann Justus Schr. aus Allendorf (a. d. Werra), Glocke von 1664 zu Brevörde (Kr. Hameln). — **Schukar**, Daniel, Glocke von 1595 zu Sommerfeld (Kr. Oberbarnim). — **Schüler**, Georg, in Apolda begründete sein Geschäft 1873 und lieferte bis 1883 etwa 50—60 Glocken, z. B. ein Viergeläute von 21 Centner für Beutnitz bei Dornburg, ein Dreigeläute von 26 Centner für Rothenstein bei Apolda; mehrfach arbeitete er auf Rechnung anderer Kollegen und goss in dieser Weise z. B. 2 Glocken von 32 Centner für Frohse bei Magdeburg; eine von 16 Centner für Lesse im Braunschweigischen u. s. w. — **Schulmeister**, Johann Peter Joseph, und Matthias, wohnten 1798 zu Köln. — **Schulthes**, Dionys, von Passau, Glocke von 1615 zu Aurolzmünster. — **Schultze**, eine oder mehrere Familien in Berlin, auch Schultz, Schulze, Schulz, Schulte geschrieben. Besonders häufig kommt Johann Jakob Sch. vor, von dem sich Glocken vom Jahre 1698 (Langen im Kr. Ruppin) bis 1716 (Gohlitz im Westhavell.) in den Kirchen der Mark Brandenburg befinden, die zum Teil nicht in Berlin, sondern in Prenzlau gegossen wurden. Daniel Sch., Glocke von 1709 in Buskow bei Neuruppin. Andreas Sch., Glocken von 1711 und 1713 in Wiepersdorf bei Jüterbogk. Wilhelm Sch., Glocke von 1718 in Schmargendorf bei Angermünde. Joh. Christian Sch., Glocke von 1850 zu Schilde i. d. Prignitz. Ob der 1594 auf einer Glocke zu Postlin in der Westprignitz vorkommende Schulte diesen Familien angehörte, ist fraglich. — **Schwenn**, Gebrüder, in Stettin,

Glocke von 1825 zu Wismar (Kr. Prenzlau). — **Schweys**, Johann, kommt 1650 im
Münsterlande vor, ein späterer desselben Namens zu Münster ist auf Glocken von
1727 (Rheinberg im Kr. Mörs) an bis 1778 (Lathen im Kr. Meppen) nachgewiesen.
— **See**, Familie des 18. bis 19. Jahrhunderts in Kreuzburg a. d. Werra. Chri-
stoph S. um 1783. Gebrüder S. daselbst, nachgewiesen auf Glocken von 1813
bis 1857 in etwa 8 Dörfern in den Kreisen Langensalza, Mühlhausen, Weissensee
und Eckartsberga; ausserdem kommen vor: Johann Christian S. auf einer
Glocke von 1819 in Klein-Vargula (Kr. Langensalza), Christoph S. 1821 in
Wachstedt (Kr. Mühlhausen) und Friedrich S. in Merxleben (Kr. Langensalza).
— **Seeger**, Paul. in Gotha, Glocke von 1681 zu Alten-Dambach (Kr. Schleusingen).
— **Seel**, Christian, zu Magdeburg, Glocken von 1730 in Dalchau und 1746 und 1757
in Kalitz bei Loburg im Reg.-Bez. Magdeburg. — **Segen**, Arnolt van, Glocke von
1453 zu Altstadt bei Hachenburg im Westerwald. — **Seghebodus**, Glocke von 1377
zu Esklum bei Leer in Ostfriesland. — **Sehne**, Haus, Glocke von 1528 zu Hatten-
heim im Rheingau. — **Senger**, Kaspar, in Zwickau, Glocke von 1584 zu Trebnitz
(Kr. Merseburg). — **Sermund**, Franz, in Bern goss 1583 die grossen Glocken zu
Lausanne und Cossonay. — **Seyfrid**, „*campanifex*", Glocke von 1415 in Schwabach.
— **Sidler**, Pantaleon, von Esslingen, Glocken von 1501 zu Deizislau bei Esslingen,
1517 Adelberg bei Schorndorf. — **Siebenbaum**, Veit. zu Kölln a. d. Spree, später
in Mecklenburg zu Grabow, Schwerin und Rostock, Glocken von 1664 (ehemals) zu
Treuenbrietzen, 1665 zu Laaslich in der Westprignitz und zu Schönhagen in der
Ostprignitz, 1690 Steven in Mecklenburg-Strelitz, 1697 Zechlin in der Ostprignitz.
Vergl. Neubert. — **Sieber**, Johann Christian, in Leipzig, Glocken von 1451 zu Altran-
stedt, 1771 Kötzschlitz; G. F. Sieber daselbst, Glocke von 1788 zu Klein-Lie-
benau, sämtlich im Kr. Merseburg. — **Siedle**, Salomon, in Furtwangen 1883
giesst nur kleine abgestimmte Glocken von 8—30 Tönen und 4—50 cm Durchm.
für Musikwerke, auch Uhrglocken und gewöhnliche Klingeln u. s. w. — **Siegfrid**
(Siegefriedt), Ludolf, in Hannover, viele Glocken aus den Jahren 1640 (Kreuzkirche
zu Hameln) bis 1673 (Marktkirche daselbst) meist im Calenbergischen. Georg
Siegfried in Hannover kommt auf einer Glocke zu Obernjesa (A. Reinhausen)
vor. — **Simon**, Thomas, und François Breutel Cousin, Dreigeläute von 1617
zu Bischofrode (Kr. Worbis). — **Siop**, Hans, in Hamburg, Glocke von 1595 zu
Harsefeld und 1597 (ehemals) zu Etzel im A. Wittmund. — **Sivvercz**, Hans, 1547
in Hildesheim. — **Snitker** (Cnitker), Johann, Glocke von 1440 zu Embsen bei Lüneburg. — **Sober** (Sorber? s. d.), Nikolaus Jonas, in Erfurt, Glocken von 1720 und
1721 im Dome daselbst. — **Sorber**, Familie des 18. bis 19. Jahrhunderts in Erfurt. Viele Glocken in den Reg.-Bez. Erfurt und Merseburg aus der Zeit von
1715 bis 1797 tragen den Namen N. J. Sorber; ausserdem findet sich G. C. Sorber 1799 zu Obertopfstedt (Kr. Weissensee) und 1801 zu Sömmerda in der Bonifatiuskirche. Er arbeitete gemeinschaftlich mit C. W. Lange und G. H. Lange.
— **Sorge**, Benjamin, in Erfurt lieferte, nachweislich seit 1835 (Wundersleben im
Kr. Mühlhausen) bis 1874, etwa 15 Glocken für Ortschaften in den Kreisen Mühlhausen, Langensalza, Merseburg und Sangerhausen. — **Spannagl**, Otto, in Landshut lieferte seit 1869 bis 1883 148 Glocken von über 1 Centner teils in ganzen
Geläuten von 2 bis 5 Glocken, teils einzeln; das schwerste Geläute von 100 Centner
kam nach Vilsbiburg (Bez.-A. Mühldorf), die schwerste einzelne Glocke von 18¹/₂
Centner nach Malching in Österreich. — **Spatz**, M. Chr., in Halberstadt um 1754
bis 1764. — **Speyer**, Georg von, Bürger zu Strassburg, Glocken von 1482 zu Herrns-

heim bei Worms, 1519 im Münster zu Strassburg. — **Spronneaux**, Franziskus, und Hugo Weri, Glocke von 1690 zu Larrelt und (ehemals) zu Rysum bei Emden. — **Stainheim**, Borchert von, und Mathias to Northeim, Glocke von 1445 zu Northeim. — **Stege** (Steghe), Jan ter, Glocke von 1538 zu Delft; vergl. Wou. — **Steger**, Wolfgang, in München, Glocken von 1549 zu Hochdorf bei Althegnenberg und 1575 Winkl bei Schwabhausen in Oberbayern. Sixtus St. lebte im 17. Jahrhundert zu München. — **Stengel**, Peter, in Leipzig, Glocke von 1650 in Teuchern (Kr. Weissenfels). Gottfried und Peter St. daselbst, Glocke von 1689 in Horburg (Kr. Merseburg). Peter St. und Andreas Neithart (s. d.), Glocken von 1695 in Schkeitbar (Kr. Mersch.), 1697 Ebersroda (Kr. Querfurt). — **Stephan** von Frankfurt, Glocke von 1517 zu Hallgarten bei Rüdesheim. — **Stettin**, s. Nicolaus. — **Stocke**, Johann Michael, von Saarburg (Reg.-Bez. Trier), Glocken von 1767 und 1768 in Arnsberg, 1769 Kirchrahrbach bei Fredeburg, 1770 Elslohe, 1796 Dockweiler (Kr. Daun). Vergl. auch Mabilot. — **Stommeln** (bei Köln), Goerdt van, Glocken von 1660 in Wanlo bei Wickrath, 1666 Graurheindorf bei Bonn. — **Straelen**, s. Venlo. — **Strahlborn**, Laurentz, Stückgiesser der Stadt Lübeck, grosse Glocke von 1727 im Dom zu Ratzeburg. — **Stützer**, C. H., zu Benneckenstein im Harz, auch Gebrüder St., nachweislich thätig von 1833—1874; Glocken z. B. von 1841 in der Marienkirche zu Wernigerode, 1843 Ortskirche in Drübeck. Karl St. daselbst 1883 liefert Perron- und Fabrikglocken von 8—10 Kilo, abgestimmte Kuh- und Schlittengeläute u. s. w. — **Suardus** in Köln, Glocke von 1313 in St. Pantaleon daselbst. — **Sutris** (Culris), Joris, Glocken von 1517 zu Guttekoven, 1524 Heel in Holland. — **Sunterus** de Er. (Erfurt?) nennt sich auf einer Glocke von 1351 zu Görmar (Kr. Mühlhausen), wo indes vielleicht Gunterus zu lesen ist. — **Swys**, Johann, zu Wesel, Glocke von 1706 zu Unterbruch bei Heinsberg, 1715 in der Marienkirche zu Duisburg. — **Sydler**, s. Sidler.

Tanco, Mönch von St. Gallen, s. oben S. 79. — **Taupin**, Jean, in Paris, Glocke von 1714 in N.-D. daselbst. — **Teil** van Keppel (Kr. Siegen), Glocke von 1447 zu Niedererbach bei Montabaur. — **Teps**, Otting, Glocke von 1683 zu Thuine (Kr. Lingen). — **Terborg** (Derborg). *Terborg goet mi* steht auf einer Glocke zu Manslagt bei Emden. Hans Derborg, Glocken von 1579 zu Pogum (A. Weener); 1576 und 1577 goss er Geschütze für Veste Leerorth a. d. Ems. Vergl. Borg. — **Teskendorf**, Joachim, Glocke von 1569 zu Schulzendorf bei Wriezen. — **Thiele**, Familie, die von 1727 bis um Mitte des 19. Jahrhunderts meist in Berlin thätig war. Der Name Joachim Friedrich Th., der schon auf einer Glocke von 1727 zu Bölkendorf (Kr. Angermünde) und noch 1800 zu Börnicke bei Nauen, sowie auf vielen Glocken der Zwischenzeit in der Provinz Brandenburg vorkommt, ist deshalb auf mehrere Generationen zu verteilen. Zu Anfang des 19. Jahrhunderts findet sich Johann Th. (auf einer Glocke von 1803 zu Paaren bei Nauen), und dann folgt von 1817 (Glocken zu Herzsprung bei Angermünde und Markgrafpieske bei Fürstenwalde) bis 1838 (Glocken zu Altruppin und Zechlin bei Rheinsberg) Ernst Ludwig Wilhelm Th., welcher auch die Glocken der Nikolaikirche in Potsdam und 1824 die wiedergesprungene grosse Glocke der Katharinenkirche in Brandenburg gegossen hat. Zuletzt setzte eine Witwe Th. in Berlin das Geschäft fort. — **Thielmann** (Dielmann) von Hachenburg, Glocken von 1462 zu Hoen bei Hachenburg, 1464 Breithart bei Langenschwalbach. — **Thiemo**, Bischof von Salzburg, s. oben S. 79. — **Thon**, Kurth Karl, und Franziskus, Glocke von 1500 zu Körner bei

Mühlhausen i. Th. — **Tidericus**, Glocke von 1278, ehemals zu Lühnde bei Hildesheim; vergl. Henricus filius Tiderici. — **Tismeier**, Georgius, Glocke von 1574 zu Tagewerben (Kr. Weissenfels). — **Tollhuis**, Joannes, in Utrecht, Glocke von 1557 zu Xanten. — **Tönis** zu Köln, Glocke in Herkenrath (Kr. Mühlheim a. Rh. mit deutscher Inschrift, vermutlich von 1509 (nicht von 1109, wie angeblich darauf steht). — **Treboux**, Marc., Neffe des Peter Dreffet (s. d.), in Vevey, Glocke von 1812 zu Peney im Wadtlande. Samuel Tr. goss viele Glocken im Uferlande des Sees Leman, u. a. die 42 Centner schwere Glocke in St. Peter zu Genf. — **Tremonio**, Johannes de, s. Dortmund. — **Trier**, aus Holland stammende Familie des 15. bis 18. Jahrhunderts zu Aachen, über deren zahlreiche Glieder und umfassende Thätigkeit als Stück- und Glockengiesser sich Boeckeler (Beitr., S. 16—45) ausführlich verbreitet und Hugo Lörsch in der Zeitschr. des Aachener Gesch.-Vereins IV, S. 350 Nachträge geliefert hat. Es werden der Reihe nach erwähnt: Peter von Trier (s. Beyschen), Glocke von 1414 in dem holländ. Dorfe Hoensbrock. Gregor von Tr., der sich auf einer Glocke zu Simmerath von 1483 Gorgus von Aichen (Aachen) nennt, und dessen Thätigkeit bis 1513 nachgewiesen ist, auf Glocken zu Brand bei Aachen, Gressenich bei Stolberg, Birgden bei Gangelt, Oberzier bei Düren, in St. Jakob zu Aachen, St. Michael zu Burtscheid, Buchten in Holland, Grevenbroich und Kall i. d. Eifel. Jan von Tr. (Johannes Trevirus) kommt von 1510 bis 1620 vor, weshalb zwei oder mehrere gleichnamige Glieder der Familie in diesem Zeitraume von 110 Jahren thätig gewesen sein müssen; Glocken zu Düren, Gressenich, Frelenberg bei Geilenkirchen, St. Adalbert zu Aachen, Adenau, Noorbeck in Holland, Bemelen in Holland, Frenz bei Düren, Tümpelfeld (Kr. Adenau), Münster zu Aachen (ehemals), Oberzier bei Düren, diese alle bis zum Jahre 1546; die folgenden von 1574 bis 1620: Kirspenich, St. Peter zu Aachen, Randerath, Derichsweiler bei Düren, Düren, Tegelen in Holland, Kirspenich. Hendrick van Tr., Glocken aus den Jahren 1557 bis 1576 zu Viersen, Münstermaifeld, Lorch, Bornich bei Rüdesheim, St. Anna in Düren (Glockenspiel), Werth. Gregorius Treverensis, zweite Glocke in Lorch von 1565. Peter von Trier kommt in dem langen Zeitraum von 1573 bis 1696 vor; es wird mindestens zwei Meister dieses Namens gegeben haben, und von dem älteren werden die zwischen 1573 und 1626 gegossenen Glocken zu Helferskirchen bei Montabaur, Oberlahr ((Kr. Altenkirchen), Afferden und Helden in Holland herrühren, von dem jüngeren jedenfalls die Glocke zu Süchteln (Kr. Kempen) 1690 und die 1875 umgegossene zu Millingen bei Rees von 1696. Franz von Tr. 1627 bis 1662, arbeitete seit 1650 zusammen mit Jakob von Tr., Glocken zu Baesweiler, Würselen, Odenkirchen, Kraudorf bei Randerath, St. Jakob in Aachen, Hahn bei Cornelimünster, Linnich, und von 1650 an zu Konzen (Kr. Montjoie), Simmerath (daselbst), im Rathaus zu Aachen (ehemals), im Münster daselbst nach dem Brande von 1656 im Jahre 1659 ein Geläute von 8 Glocken, deren grösste später umgegossen wurde, eine Glocke in St. Elisabeth, in St. Anna und St. Nikolai daselbst, Burtscheid in St. Joh. Bapt. und in der Marienkapelle, Broich bei Aachen. Christophorus und Jakob von Tr. gossen 1688 die Bannglocke zu Steijn und eine Glocke zu Urmond in Holland, um 1700 Glocken in Nideggen und Düren. Der letzte des Geschlechtes war Franz Heinrich von Tr., von welchem unter vielen anderen eine Glocke von 1761 in St. Adalbert zu Aachen und eine 1763 in Eschweiler gegossene Glocke zu Brand bei Aachen herrühren. Die Trier pflegten ihre Glocken häufig mit ihrem Wappen zu schmücken, welches im Schilde eine Glocke und auf dem Helme eine montirte Kanone zeigt (Abbildung bei Boeckeler, Taf. 8); zuweilen sind demselben die Anfangsbuchstaben der Namen hinzugefügt. — **Triticus** zu Köln, erwähnt im Jahre 1056. — **Trost,** Jochem, Glocke von 1649 zu Kirchrahrbach bei Fredeburg (Kr. Meschede). — **Tuppenesser**, Nikolaus, von Mühlhausen i. Th., Glocke von 1448 zu Grossgrabe (Kr. Mühlhausen). Der angebliche Name Tuppenesser erinnert an Topfgiesser. Vergl. **Claus.**

Udodeni, Heinrich, Glocke von 1317, ehemals in St. Gereon zu Köln, nach Boeckeler, Beitr., S. 47, wo der Name Udedoni geschrieben ist, auch eine Gl. zu Nordheim (wo?) vom Jahre 1330. — **Ulrich** (Uhlrich, Ullrich), aus Hessen stammende Familie des 17. bis 19. Jahrhunderts zu Laucha und Apolda in Thüringen, als deren Stammvater Johannes U. aus Hersfeld zu bezeichnen ist, der sich auf Glocken von 1681 zu Eigenroda (Kr. Mühlhausen), Bickenriede (daselbst) und 1699 Kreuzeber (Kr. Heiligenstadt) nennt. Dann folgt Johann Georg U., der auf einer Glocke vom Jahre 1730 in Rossleben (Kr. Querfurt) Laucha als seinen Wohnort bezeichnet und vermutlich einen gleichnamigen Sohn hatte, da dieser Name noch 1789 (Glocke zu Frohndorf im Kr. Eckartsberga) vorkommt. Gleichzeitig mit dem jüngeren Johann Georg in Laucha tritt dann Johann Gottfried U. in Apolda auf (Glocken von 1782 zu Gebesee und Ottenhausen im Kr. Weissensee); beide nennen sich als „Gebrüder zu Apolda" auf einer Glocke von 1774 zu Herrengosserstedt (Kr. Eckartsberga), werden also ihr Geschäft als Begründer der seit 1790 (Glocken zu Leubingen im Kr. Eckartsberga und zu Rothfeld und Klein-Corbetha im Kr. Merseburg) nachgewiesenen und noch gegenwärtig bestehenden Firma Gebrüder Ulrich (Ulriche) in Laucha (in Apolda, auch in Laucha und Apolda) meist auf gemeinsame Rechnung betrieben haben. Vermutlich ein dritter Bruder derselben war Johann Christian U. zu Apolda, der auf einer Glocke zu Clettstedt (Kr. Langensalza) vom Jahre 1775 vorkommt, aber auf Glocken von 1773 zu Profen (Kr. Zeitz) und von 1775 zu Gross-Welsbach (Kr. Langensalza) Eckartsberga als seinen Wohnort bezeichnet. Im 19. Jahrhundert erscheint der Name Johann Heinrich U. zu Laucha durch Glocken von 1805 (Waldau im Kr. Weissenfels) bis 1850 (Rössen im Kr. Merseburg) vertreten, 1836 kommen auf einer Glocke zu Vehra (Kr. Weissensee) J. Georg und O. Gottfried U. in Laucha vor, und im letzten Jahrzehnt werden J. F. Ulrich in Laucha, Franz U. und August U. und Sohn in Apolda und Laucha genannt. Auf der Gewerbeausstellung in Halle im Jahre 1881 war die sehr thätige Firma Gebr. Ulrich in Laucha durch ein Geläute vertreten und hat im Jahre 1883 zwanzig „Lutherglocken" für verschiedene Ortschaften geliefert. Die Firma Carl Friedrich Ulrich in Apolda besteht seit 1826, und von derselben sind bis Ende des Jahres 1882 1610 Kirchenglocken ausgegangen; eine Glocke von 80 Ctr. kam nach Sondershausen, 3 Stück nach Halle auf den Dom, 3 zum Gewichte von 87 Centner nach Barby a. d. Elbe; die meisten waren für die thüringisch-sächsischen Gegenden bestimmt (in denen überhaupt die seit ca. 150 Jahren von den verschiedenen Ulrich gegossenen Glocken namentlich auf den Dörfern fast überall anzutreffen sind), einzelne kamen westlich bis nach Westfalen (Warburg 65 Ctr.) und an den Niederrhein, südlich nach Bayern und Hessen-Darmstadt, nördlich nach der Provinz Preussen, wo der jetzige Besitzer der Firma, der dieselbe im Jahre 1878 käuflich erwarb, 1880 zu Allenstein (Westpr.) noch eine zweite Giesserei errichtet hat. — **Umberg** in Riga, s. oben S. 104. — **Unckel**, Nikolaus, Glocke von 1627 in St. Georg zu Köln. Vergl. Onkel. — **Usleve**, Johannes de, Bürger zu Erfurt, Glocke von 1367 ehemals in der Oberkirche zu Duderstadt.

Vallidier, Louis, grosse Glocke von 314 Centner in St. Peter zu Rom 1775. — **Vam Dam**, Nikolaus, grosse Glocke in Schloss Friedrichsburg bei Kopenhagen 1618. — **Vandenchein**, s. Chein. — **Vannorkeime**, drei Brüder in Flandern 1399, Gl. von 1400 zu Hondeghcen. — **Veghgel** (Vechgel, Veghel, Vechel in Nordbrabant), Familie des 14. und 15. Jahrhunderts. Johannes V., 2 Glocken von 1374 in Kalkar. Wilhelm von V., vermutlich identisch mit dem gleichzeitigen Wilhelm von Helmond (welches nur 12 Stunden von Voghel entfernt ist), Vater und Sohn gleiches Namens (vermutlich bezw. Bruder und Neffe Johanns), 4 Glocken von 1372—1376 in St. Viktor zu Xanten. Johann Hörcken von V., vermutlich Descendent der beiden Wilhelm, Glocken zu Köln in St. Gereon von 1446, im Dom 1449, zu Burtscheid in St. Michael 1451, zu Steijn in Holland und zu Noorbeck. Vergl. Steph. Beissel, Baugesch. der St. Viktorkirche zu Xanten. 1883. S. 115. Ein Wilhelm Hörken steht auf einer Glocke von 1458 zu Konzen (Kr. Montjoie). — **Venlo** (Venloo), Gerhard von, mit Johann von Straelen, Glocken von 1476 in Ameren St. Anton (Kr. Kempen), 1506 Oedt (daselbst), 1514 Hinsbeck (Kr. Geldern), 1521 Boisheim (Kr. Kempen). Johann von V., Glocke von 1480 in Elsloo. Vergl. auch Jacob. — **Venrald**, Jakob, in Limburg, Glocke von 1521 in Venray. — **Venrode**, Jakob von, Glocken von 1477 und 1478 zu Süggerath (Kr. Geilenkirchen). — **Viewerger**, Jogam, Glocke von 1654 zu Hassel (Kr. Weissenfels). — **Vigoureu**, François, Dreigeläute von 1613 zu Escaches (Oise). — **Vogel**, Hermann, Glocke von 1501 zu Polkritz (Kr. Osterburg). — **Voigt**, Familie des 18. Jahrhunderts zu Isselburg im Klevischen und zu Münster. Christian V. und sein Sohn Christian Diederich V., Glocke zu Bochold nach Brand von 1745. Christian Wilhelm V., Glocken von 1766 zu Wulfen bei Haltern, 1776 Ramsdorf (Kr. Borken), 1777 Dülmen, 1786 Wesecke, 1779 Wattenscheid und Hövel bei Werne; gemeinschaftlich mit seinem Sohne Rutgerus nennt er sich auf Glocken von 1767 in Herbern, 1768 Werne, auch in Dortmund. Johann Rütger V., Glocken von 1779 zu Wittlaer bei Kaiserswerth, 1790 zu Dingden. — **Voilo** (Voillo), Claudius, aus Lothringen arbeitete mit Gottfried Baulard, Glocken von 1645 zu Dykhausen, 1650 Haren, auch die Taufe von 1646 zu Engershafo im Emsland. — **Volker**, s. Folker. — **Vollgold**, S., in Nordhausen um 1864. — **Voltschen**, David, Glocke von 1572 zu Reckentin bei Pritzwalk. — **Vordol** von Köln, als Giesser erwähnt 1160. — **Voss**, Familie des 16. bis 18. Jahrhunderts zu Lüneburg, aus deren Giesshütten nach einem Verzeichnisse aus dem Jahre 1723 von 1589—1600 28 Glocken, von 1600—1699 122 Glocken und bis 1723 noch 2 Glocken hervorgegangen sind. Viele Glocken im Hannoverschen von 1607 (in Kirchgellersen, Scharnebeck, Suderburg) bis 1697 (in Raven), auch noch eine gegen 60 Centner schwere Glocke der Lambertikirche zu Lüneburg vom Jahre 1723 tragen den Namen Pawel Vos (Paul Voss). Eine Glocke zu Rosche (Kr. Ülzen) ist 1681 von Georg Wilh. Hans V. gegossen. Vergl. Mithoff, Kunstdenkm. im Hannoverschen 4, 147. Auf einer Glocke von 1719 zu Alfter bei Bonn nennt sich Peter V. von Köln, und auf einer Glocke von 1844 zu Briest (Kr. Angermünde) C. Voss in Stettin, dessen Giesserei gegenwärtig unter der Firma Voss & Sohn im Betriebe steht. — **Vrese**, Johann, Glocken von 1494 zu Osterkappeln bei Osnabrück und Barkhausen bei Wittlage in Hannover; — **Vrigbuse**, Cord, vermutlich in Hannover, nennt sich mit La u r e n s A p e n g e t e r auf dem Taufkessel in Hittefeld (A. Harburg) vom Jahre 1438; Glocken von ihm sind nachgewiesen aus dem Jahre 1466 in Reinstorf (A. Lüne), 1467 Nikolaihof bei Bardowick, 1468 im Nikolaihof zu Lüneburg.

Waghenens (Waghevens, Wagheners, Waghemans), niederländ. Familie des 15. bis 16. Jahrhunderts aus Mecheln. H e n r i c W a g h e n e n s, Glocke von 1474 in der Katharinenkirche zu Brandenburg. Ge o r g W a g h e n e r s, Glocke von 1520 zu Bützflüth (A. Freiburg) in Hannover. J a n W a g h e m a n s, Glocken von 1535 zu Bilsen (A. Lingen), 1566 Trebnitz (Kr. Merseburg). — **Walle**, Johann, Glocke von 1500 in St. Gereon zu Köln. — **Wärckherr**, Heinrich Friedrich, in Gera, Glocken von 1765 zu Rippicha und Wuitz im Kr. Zeitz. — **Warner**, Johann, und Söhne in London, Parlamentsglocke von 308 Centner 1856 daselbst. — **Wastenowig**, Johann de, Glocke aus dem 15. Jahrhundert in der Nikolaikirche zu Kopenhagen. — **Wedel**, G. A., in Erfurt, Glocke von 1877 zu Battgendorf (Kr. Eckartsberga). — **Wegewaart**, Wilhelm, Gehilfe Gerhards de Won, Glocke von 1560 zu Albachten (Kr. Münster in W.). — **Weidemann**, s. Widemann. — **Weigel**, Hilibrant, Glocke (ohne Krone) von 1569 im Bayer. National-Museum zu München. — **Weinhold** (Weinholdt), Familie des 17. bis 19. Jahrhunderts in Dresden, Nachfolger Herolds (s. d.), deren Glocken über den ganzen Umfang des kursächsischen Gebietes verbreitet sind. Als der älteste erscheint M i c h a e l W., nachgewiesen auf Glocken von 1697 (in Seifersdorf und Schloss Lauenstein bei Dippoldiswalde) bis 1743 (Ottendorf bei Pirna). Die Kirche zu Papstdorf bei Schandau besitzt von ihm eine Glocke aus dem Jahre 1711, eine andere von J o h a n n G o t t f r i e d W. von 1733, und eine dritte von A u g u s t S i e g i s m u n d W. von 1787. Joh. Gottfried kommt noch auf einer Glocke von 1764 zu Nieder-Pretschendorf bei Dippoldiswalde vor. Zwischen ihm und Michael sind einzuschieben J o h a n n G o t t h o l d W. (welcher schon im Jahre 1700 auf einer Glocke zu Belzig vorkommt und vielleicht ein jüngerer Bruder Michaels war; eine spätere Glocke von ihm aus dem Jahre 1739 ist zu Bärenstein bei Lauenstein) und A. E. L. We i n h o l d t (Glocke von 1716 zu Naundorf bei Dippoldiswalde). Zwischen Joh. Gottfried und Aug. Sieg. W., der bereits auf einer Glocke von 1780 zu Röhrsdorf bei Dohna nachgewiesen ist, auf 3 Glocken von 1789 zu Rosenthal bei Dahme vorkommt und sich noch 1793 auf einer Glocke zu Fürstenau bei Lauenstein nennt, taucht auf einer Glocke von 1773 zu Höckendorf bei Dippoldiswalde J o h a n n G o t t l i e b W. auf. Als der jüngste der Familie endlich ist der auf einer Glocke vom Jahre 1800 zu Rechenberg bei Frauenstein nachgewiesene H e i n r i c h A u g u s t W. zu erwähnen. Die Weinhold liebten es auf ihren Glocken Abgüsse von der Bildseite sächsischer Speziesthaler anzubringen; eine der grössten aus der unter ihrer Leitung stehenden kurfürstlichen Stückgiesserei hervorgegangenen Glocken ist die 102 Centner schwere Uhrschelle der Kreuzkirche in Dresden vom Jahre 1787. — **Weiss**, Urban, in Wien goss 1558 die 208 Centner schwere Pummerin der Stephanskirche daselbst. Vergl. Albus. Ein Glockengiesser W e i s s in München findet sich 1844 erwähnt. — **Wenig**, Jakob, von Magdeburg wird als Giesser einer nicht mehr vorhandenen Glocke der Annakirche in Eisleben von 1687 genannt. — **Wentlinger**, s. Zweilinger. — **Wentzel**, Hans, Glocke von 1660 zu Unterteutschenthal im Mansf. Seekreis. J a k o b W., Glockengiesser, Bürger und Brauer zu Magdeburg. † 1693, von dem Glocken nachgewiesen sind aus den Jahren 1666 zu Karsdorf, Leiha, Möckerling, Nebra und Stöbnitz im Kr. Querfurt, 1667 Borne (Kr. Kalbe), 1670 Jakobikirche zu Magdeburg, 1674 Marienkirche zu Halle, 1675 Üchteritz bei Weissenfels, Felgeleben (Kr. Kalbe) und Süd-Gröningen (Kr. Oschersleben), 1677 Ermsleben (Mansfelder Gebirgskr.), 1685 Dom zu Berlin, 1687 Marienkirche zu Wernigerode, 1690 die Apostolica des Domes zu Magdeburg von 115 Centner. Johann Gottfried W., Glocke von 1705 zu Dalchau bei Loburg. Christoph W. in Magdeburg, erwähnt 1870. – Werl, s. Spronneaux. — Werner, Emil, in Artern, Glocke von 1832 zu Hemmleben (Kr. Eckartsberga). F. A. Werner daselbst, Glocke von 1867 zu Schillingstedt bei Kölleda; das Geschäft besteht noch jetzt. — Werpe, Johann, Glocke von 1530 zu Emsbüren (A. Lingen). — Wessel, Gerhard, Glocke von 1546 im Münster zu Essen. — Westerburg, Konrad, Glocke von 1496 zu Offheim bei Weilburg. — Westerhuys, Wolter, zu Münster i. W., thätig von 1499–1526; Glocken von ihm sind unter anderen nachgewiesen von 1503 zu Albersloh (Kr. Münster) und Haselünne, 1505 (ehemals) Venne (A. Wittlage), 1507 Ludgerikirche in Münster, 1509 Berssen (A. Haselünne), 1510 Wietmarschen (A. Neuenhaus), 1516 Haselünne, 1525 Vorhelm bei Ablen. Vergl. Boeckeler, Beitr., S. 57 f. — Wettig, Johann Georg, in Erfurt, thätig seit etwa 1825, wo er Glocken für die dortige Predigerkirche lieferte; Glocken von ihm finden sich von 1843 zu Herrenschwende und Lützensömern im Kr. Mühlhausen, 1856 Herrengossersdedt (Kr. Eckartsberga). Das Geschäft besteht noch fort. — Wibert, wahrscheinlich ein Laie, geschickt in den verschiedensten Zweigen der Metalltechnik, verfertigte in der zweiten Hälfte des 12. Jahrhunderts in Aachen Glocken für das Münster. — Wickrath (Weckrat), H., Giesser der Taufe in St. Maria im Kapit. zu Köln 1594. Johann Heinrich und Laurentius W., Brüder, Stückgiesser in Köln, Glocken von 1682 und 1692 in St. Joh. und von 1684 in St. Ursula daselbst. — Widemann (Weidemann), Hans, Glocken von 1557 zu Althausen (A. Bersenbrück), 1564 Gross-Hesepe bei Meppen. Johann Heinrich Christoffer Weidemann in Hannover, Glocken in Dorfkirchen von 1743 (Hänigsen im A. Burgdorf) bis 1776 (Barsinghausen im A. Wennigsen); eine Glocke von 1756 in der Marktkirche zu Hameln. — Wildt, Simon, in Halle a. d. S., Glocken von 1652 zu Benkendorf und Langenbogen im Mansf. Seekreis, 1653 zu Spergau, 1654 Beuchlitz und Dörstewitz, und 1661 Klein-Lauchstedt im Kr. Merseburg, 1662 zu Siebigerode (Mansf. Gebirgskr.), 1675 Weissenschirmbach (Kr. Querfurt). Peter W. in Halle, wahrscheinlich ein Sohn Simons, Glocken von 1686 zu Vatterode (Mansf. Gebirgskr.) und Bischofrode (Mansf. Seekreis), 1701 zu Ulzigerode (Mansf. Gebirgskr.). — Wilhelmus me fecit, steht auf einer Glocke zu Bramsche bei Lingen von 1452 und „mester Willem" auf einer Glocke der reformierten Kirche zu Lingen von 1457; „Willehelm di machte mich" in verzierten romanischen Majuskeln auf einer nicht datierten Glocke zu Martinsrieth (Kr. Sangerhausen). — Wilken, Hans, in Braunschweig, goss eine im Dom zu Halberstadt befindliche Grabplatte von 1588, Glocken von 1591 zu Hundeshagen (Kr. Worbis) und 1599 zu Mehrum im A. Peine. — Wirth, Glocke von 1706 in Hamm bei Düsseldorf. — Wolf, Doderich, von Prom (Prüm), Glocke von 1504 in Dockweiler (Kr. Daun). Heinrich W. von Proem, Glocke von 1511 im Dom zu Trier und zu Longuich bei Trier. Dederich W. von Wintzfeld, Glocke von 1553 im Dom zu Trier. — Wolfgerus me fecit N, steht in breitgezogenen, alten lateinischen Majuskeln auf einer Glocke zu Teissen (Kr. Weissenfels). — Wollo, Steffen, und Nikolaus Gage aus Lothringen, Glocke von 1661 zu Genin bei

Lübeck. — **Werledt**, Arnd von, Gehilfe Heinrichs von Kampen (s. Wou) beim Gusse der Annaglocke zu Gardelegen. — **Wou** (Wouw, ein Dorf in Nordbrabant), niederländische Familie des 15. und 16. Jahrhunderts. Johann de Wou, erwähnt um 1470, identisch mit Johannes Glockengiesser von Hyntham (Dorf zwischen Bosch und Rosmalen), von dem Glocken nicht nachgewiesen sind; vergl. jedoch Clockengeter. Sein Sohn war Wilhelm (I.) de W., welcher 1472 angesessener Bürger in Bosch wurde, aber schon 1474 starb. Ein anderer Wilhelm (II.) de W. wurde 1461 zum Glockengusse nach Xanten berufen und war noch zu Anfang des 16. Jahrhunderts thätig; Glocken von ihm aus den Jahren 1461 zu Xanten, 1474 zu Kranenburg (Kr. Kleve), 1494 Til bei Kalkar, 1500 Oudewater, 1504 Utrecht, 1506 Soest. Ein Bruder Wilhelms I. war der berühmte Gerhard (Gerrit, Gert) van W., der 1474 im Bürgerbuche von Bosch (Herzogenbusch) als „*magister Gerardus de Woude*" vorkommt, nach seiner Verheiratung nach Kampen zog und sich deshalb (mindestens seit 1490) Gerhardus Wou de Campis (Campensis schrieb. Mit seinen Gehilfen, unter denen Wolter und Willem Wegewaart, Jan ter Stege, Jochem van Mollem und Johann Schonenborch genannt werden, fortwährend auf Geschäftsreisen, die sich bis nach Thüringen erstreckten, goss er nicht bloss viele Glocken (deren circa 50 bekannt, aber bei weitem nicht mehr alle vorhanden sind), sondern auch Geschütze, gelangte in seinem Wohnorte zu Ansehen und bedeutendem Vermögen und starb daselbst in sehr hohem Alter Mitte Dezember 1527 mit Hinterlassung von 4 Söhnen (Wilhelm, Jasper, Jan und Gert) und 2 Töchtern. Die älteste bekannte seiner Glocken ist vom Jahre 1465 im Dome zu Osnabrück, welcher noch zwei andere von ihm von 1485 und 1486 besitzt; die weithin berühmteste ist die Riesenglocke des Domes zu Erfurt von 275 Centner, wo sich auch in St. Severi eine gleichzeitig von ihm 1497 gegossene Glocke befindet; die jüngste bekannte Glocke mit dem Namen Gherhardus de Wou, worunter aber wohl sein vierter gleichnamiger Sohn (s. weiter unten) zu verstehen sein dürfte, ist zu Barfelde bei Gronau in Hannover vom Jahre 1523. Andere sind nachgewiesen von 1476 zu Elten, 1460 in der Nikolaikirche zu Kampen, 1481 in der Liebfrauenkirche daselbst, 1483 Haselünne, 1483 Kalkar, 1484 bis 1486 Liebfrauenkirche zu Zwolle, 1487 Petrikirche in Hamburg, 1490 Neu-Ruppin (Glocke von 110 Centner), Marienkirche zu Stendal (2 Glocken, die Maria und die Anna, erstere speziell datiert „*pridie Idus Junij*"), Krusemark (Kr. Stendal) und Oldenzaal, 1491 und 1492 Michaeliskirche in Lüneburg, 1493—1496 Michaeliskirche in Kampen, 1493 Ahaus, Lambertikirche zu Münster i. W., 1494 Wibelsum, 1495 Logum bei Emden, Rinkerode bei Münster i. W., 1496 Wüllen und Wessum bei Ahaus, 1497 Rorichum bei Emden, 1499 Wessum, 1500 Recklinghausen, 1502 Dome zu Braunschweig und Naumburg, 1503 Uhrglocke in Haarlem, 1505 Glockenspiel im Dom zu Utrecht, 1507 Lübeck, 1513 Oldenzaal. Das Geschäft des Vaters setzte der jüngste (4.) Sohn Gert Wou fort; er erscheint 1541 als Glockengiesser in Hamburg, verliess 1543 Kampen für immer und starb im Auslande; Glocken von ihm finden sich von 1528 in Hoorn, 1538, wo er mit Jan ter Stege (s. d.) zusammen arbeitete, in Delft, 1540 in Leuwarden. Der dritte Sohn, Jan Wou, lebte in Nordbrabant und starb 1553 in Oldebrock; eine Glocke von ihm aus dem Jahre 1515 ist in Zon. Zu dieser Familie soll auch Heinrich von Campen gehören, der in Lübeck und nach den Renteirechnungen von 1507—1517 als Giesser zu Gadebusch thätig war, wo er für die Herzöge von Mecklenburg Geschütze goss; sein Name findet sich auf 6 Glocken des Braunschweiger Domes von 1506, ferner auf Glocken von 1508 zu Gadebusch und Klütz, 1511 zu Ülzen, 1512 Wichmannsburg (A. Medingen), 1513 Schwerin, 1516 und 1518 in der Johannis- und in der Nikolaikirche zu Lüneburg, 1518 zu Perleberg; auch zu Mölln in Lauenburg. (Vergl. von Tettau, in Mitteil. des Erfurter Geschichtsvereins 2, 129 ff. und 3, 178 ff. — Register van Charters en bescheiden in het oude archief van Kampen. Kampen 1863 ff. 1, 263; 2, 279. — H. B. Poppe in Het Gildeboek (Zeitschr. für kirchl. Kunst). Utrecht 1880. 2, 111—133. — Hach, im Repertorium für Kunstwissensch. 4, 417—420. — Boeckeler, Beitr. u. s. w. S. 50 ff. — Über die bisher noch nicht beachteten Glocken Gerhards de Wou zu Osnabrück und Barfelde s. Mithoff, Kunstdenkm. im Hannoverschen 6, 115 f. und 3, 19, zu Neu-Ruppin und Stendal s. v. Ledebur in Märk. Forschungen, Bd. 6. Über Hinrik van Kampen s. Mecklenb. Jahrb. u. Berichte 3, 193 f.; 8, 142; 15, 162. Hach a. a. O.) — Wulf, Glocke von 1400 zu Markau bei Nauen im Osthavellande.

Zechbaur, Johann, in Erfurt, Glocke von 1787 in Haussömmern (Kr. Langensalza). Joseph Zechbauer und Ewald Schott von Mainz, Glocke von 1810 in Eltville. — **Zeitler**, s. Zeydler. — **Zeitheim**, Familie des 18. und 19. Jahrhunderts in Naumburg a. d. S. J. Christoph Zeitheim, Glocken von 1781 zu Wäblitz, 1784 Jaucha und 1785 Deumen im Kr. Weissenfels. C. A. Zeitheim, nachgewiesen auf Glocken in den Kreisen Weissenfels, Zeitz und Eckartsberga von 1812 (Zschorgula im Kr. Weissenfels) bis 1849 (Haynsburg im Kr. Zeitz); auch auf 2 Glocken zu Gross-Kayna (Kr. Weissenfels) vom Jahre 1876 steht angeblich diese Firma. Auf anderen Glocken derselben Gegend aus der Zeit um 1822—1846 findet sich C. G. Zeitheim. — **Zender**, Abraham, in Bern, Glocke von 1595 in Romainmôtiers. — **Zeydler**, Hans, und Yorg Behem, Glocke von 1583 zu Dalldorf bei Berlin. Zeitler (ohne Vornamen) in Naumburg, steht auf einer Glocke zu Lindau (Kr. Weissenfels) von 1798. — **Ziegen**, Jakob, Glocke von 1589 in der Annakirche zu Eisleben. — **Ziegener**, Familie des 18. Jahrhunderts. Johann Christian Z. in Lüneburg, Glocke von 1707 zu Römstedt (A. Medingen). Johann Georg Z. in Salzwedel, Glocke von 1744 zu Wehningen (A. Neuhaus) in Hannover. Christian Gotthold Ziegner in Magdeburg, Glocken von 1788 zu Wittenberge, 1796 Gramzow bei Prenzlau; auf einer Glocke von 1786 zu Friedrichsdorf bei Neustadt a. d. D. soll (statt Z.) Miegner stehen. In der Provinz Sachsen kommt der Meister auf Glocken von 1777 bis 1798 vor. — **Zimmermann**, Paulus, Glocke von 1599 zu Berod bei Montabaur. Petor Z. von Mentz (Mainz), Glocke von 1605 in Montabaur. Hermann Z., Glocke von 1620 in der Bonifatiuskirche zu Sömmerda. — **Zwellinger** (oder Wentinger?), Jonas Paulus, zu Berlin, auf 2 Glocken von 1743 zu Nauen, 1750 zu Schöpfurth bei Eberswalde.

———

Nachzutragen sind S. 191 im Buchstaben H Zeile 6:

Hackenschmidt, Joh. Karl, in Berlin nachweislich seit 1818 thätig, gest. 1858 im 80sten Jahre; von ihm sind die Geläute zu Reppen und Kyritz, der Jakobi-, Matthäi- und Petrikirche zu Berlin, der Nikolai- und der Friedenskirche in Potsdam. Die grösste von ihm gegossene Glocke wiegt 64 Centner und befindet sich in Brandenburg. — **Hadank** in Hoyerswerda um 1850 bis 1860 u. s. w.

Monogrammisten.

a. r. auf einer Glocke von 1522 zu Pleismar im Kr. Eckartsberga.

b r auf einer Glocke zu Gross-Urleben (Kr. Langensalza) von 1516.

r. p. auf einer Glocke von 1456 zu Silkerode im Kr. Worbis.

r. i. auf einer Glocke von 1556 zu Falken im Kr. Mühlhausen i. Th.

ḥ. r. sind sehr wahrscheinlich die Anfangsbuchstaben des thüringischen Glockengiessers Heinrich Ciegeler 1502—1556; s. d.

H. M. ZV NAVMBVRG auf einer Glocke zu Raschwitz (Kr. Merseburg) von 1600, bezeichnet ohne Zweifel den Glockengiesser Hans Muller (s. d.) in Naumburg a. d. S.

I. G. V. (Joh. Georg Ulrich) und **I. GF. V.** (Joh. Gottfr. Ulrich) neben einem Wappen mit Glocke, Tasterzirkel und Geschützrohr, auf einer Glocke zu Frömstedt (Kr. Weissensee) aus dem 18. Jahrhundert; s. Ulrich.

M T auf einer Glocke von 1517 zu Lauchstedt.

T auf Glocken von 1482 zu Weigmannsdorf bei Sayda, 1483 zu Wiedersbach (Kr. Schleusingen), 1499 Kämmerswalde bei Sayda, 1505 Zipsendorf (Kr. Zeitz), 1507 Ober-Klobikau (Kr. Merseburg). Auf einer Glocke zu Predel (Kr. Zeitz) von 1479 steht neben einem gekrönten sehr grossen ℳ (Maria?) in viel kleinerer Schrift ḥans Ttụme †.

T. O. M. auf einer Glocke von 1599 zu Emsbüren bei Lingen.

W. H. (Wolff Hilger) auf einer Glocke zu Oelsen bei Gottleuba von 1534 und auf 2 Glocken des Rathauses zu Leipzig von 1556 und 1557 neben dem ererbten Familienwappen (s. oben S. 194); ebenso auf einer Glocke von 1627 zu Niederpretzschendorf bei Dippoldiswalde bezeichnen die neben dem Wappen stehenden Initialen **G. H.** und **Z. H.** die Brüder Gabriel und Zacharias Hilliger (s. d.).

auf einer Glocke zu Pettstedt (Kr. Querfurt) von 1515.

das Wappen der Stadt Halle a. d. S. auf vielen Glocken aus der Zeit von etwa 1489—1518 in der Umgegend dieser Stadt, ohne Zweifel als Zeichen eines daselbst wohnhaften Giessers.

 auf einer Glocke der Bonifatiuskirche zu Sömmerda von 1467.

Nicht selten finden sich besonders auf Glocken anonymer Giesser des 15. und 16. Jahrhunderts den Hausmarken ähnliche Giesserzeichen; wir geben davon einige Beispiele aus der Provinz Sachsen, die wir der gütigen Mitteilung des Herrn Bauinspektor G. Sommer zu Wernigerode verdanken.

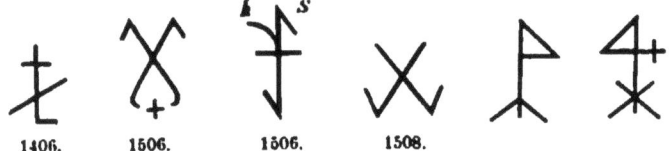

1406.   1506.   1506.   1508.

Ähnliche Zeichen neben den ausgeschriebenen Giessernamen des 15. und 16. Jahrhunderts s. oben unter Becker, Koster, Riman.

Berichtigung.

Seite 178 Note 1, Zeile 2 von unten lies *furto* statt *forto*.

Druck von A. Th. Engelhardt in Leipzig.

Archäologischer Katechismus.

Kurzer Unterricht
in der
kirchlichen Kunstarchäologie des deutschen Mittelalters.
Zweite verbesserte Auflage.
Mit 90 eingedruckten Holzschnitten.
1873. gr. 8. Geh. 2 ℳ 40 ₰.

Geschichte der kirchlichen Kunst
des deutschen Mittelalters
in ausgewählten Beispielen.
Mit einer archäologischen Einleitung.
Mit 118 Holzschnitten. 1862. gr. 8. Geheftet 4 ℳ.

Kurzer Abriss
einer
kirchlichen Kunst-Archäologie des Mittelalters
mit ausschliesslicher Berücksichtigung
der deutschen Lande.

Zweite umgearbeitete und erweiterte Auflage.
Nebst fünf Steindrucktafeln.
1845. gr. 8. Geheftet 4 ℳ (Vergriffen.)

Kurzer Abriss einer kirchlichen Kunst-Archäologie des Mittelalters
mit besonderer Berücksichtigung
auf die Königlich preussische Provinz Sachsen.
Nebst drei Steindrucktafeln.
1842. 8. Geheftet 1 ℳ

Sonstige Schriften kunstgeschichtlichen Inhalts
aus demselben Verlage.

—◦◦◦—

Dr. August Reichensperger:
Fingerzeige
auf dem
Gebiete der kirchlichen Kunst.
Nebst einem Titelkupfer u. 31 Tafeln mit 125 Abbildungen.
1854. Geheftet 11 ℳ

———

Dasselbe Werk.
Kleinere Ausgabe mit 3 Tafeln.
1855. 3 ℳ

———

Vermischte Schriften
über
christliche Kunst.
Nebst 8 Tafeln mit Abbildungen.
1856. 10 ℳ

— — ◆ — —

Ursprung und Entwickelung
des
christlichen Kirchengebäudes.
Von
Wilhelm Weingärtner.
1858. 4 ℳ

— — ◄≡≍∴≻ — —

Kunstdenkmäler

des

christlichen Mittelalters

in den Rheinlanden.

Herausgegeben von Professor Dr. **Ernst aus'm Weerth.**

5 Bände in 2 Abtheilungen. 1857—1880. 200 ℳ.

Die Organisation der Gewölbe

im christlichen Kirchenbau.

Eine kunstgeschichtliche Studie von Dr. **H. Leibnitz.**

Mit 96 Abbildungen. 1855. 4 ℳ

Zeitschrift

für

christliche Archäologie und Kunst.

Herausgegeben von

F. von Quast und **H. Otte.**

I. Band 1856—1857.   II. Band 1858—1860.   Jeder Band 30 ℳ

(Mehr nicht erschienen.)

Leitfaden zum Studium

der

Mittelalterlichen Baukunst.

Formenlehre

der deutschen u. französischen Baukunst des romanischen u. gothischen
Stils auf Grundlage ihrer historischen Entwickelung.

Von

Rudolf Redtenbacher, Architekt.

Mit 544 Figuren und 4 Tafeln Abbildungen. 1881. Geheftet 8 ℳ Gebunden 9 ℳ. 50 ₰.